张国刚 著

唐代藩镇研究

（三版）

生活·讀書·新知三联书店

Copyright © 2023 by SDX Joint Publishing Company.
All Rights Reserved.

本作品版权由生活·读书·新知三联书店所有。
未经许可，不得翻印。

图书在版编目（CIP）数据

唐代藩镇研究 / 张国刚著 . —3 版 . —北京：生活·读书·新知三联书店 , 2023.8　（2024.4 重印）
（名山）
ISBN 978-7-108-07539-0

Ⅰ . ①唐…　Ⅱ . ①张…　Ⅲ . ①藩镇割据–研究　Ⅳ . ① K242.07

中国版本图书馆 CIP 数据核字 (2022) 第 206221 号

责任编辑	张　龙
装帧设计	蔡立国
责任印制	董　欢
出版发行	生活·讀書·新知 三联书店
	（北京市东城区美术馆东街 22 号 100010）
网　　址	www.sdxjpc.com
经　　销	新华书店
制　　作	北京金舵手世纪图文设计有限公司
印　　刷	河北鹏润印刷有限公司
版　　次	2023 年 8 月北京第 1 版
	2024 年 4 月北京第 3 次印刷
开　　本	635 毫米 × 965 毫米　1/16　印张 21.5
字　　数	279 千字
印　　数	08,001 – 11,000 册
定　　价	79.00 元

（印装查询：01064002715；邮购查询：01084010542）

目 录

新版前言　1
序　杨志玖　3

引言　唐代藩镇的历史真相　1
第一章　唐代藩镇形成的历史考察　11
第二章　肃代之际的政治军事形势与藩镇割据局面形成的关系　25
第三章　唐代藩镇割据的社会基础　37
第四章　唐代藩镇的类型分析　50
第五章　唐代藩镇的动乱特点　72
第六章　唐代藩镇割据为什么长期存续　86
第七章　唐代藩镇的军事体制　100
第八章　唐代藩镇军将职级　110
第九章　唐代藩镇行营制度　125
第十章　唐代藩镇宦官监军制度　142
第十一章　唐代藩镇进奏院制度　165
第十二章　唐代藩镇使府辟署制度　179
第十三章　唐代藩镇财政收入与分配　195
第十四章　唐代藩镇进奉试析　212
第十五章　藩镇体制与唐代政局的演变　223

附录一　唐节度使始置年代考定　252
附录二　武则天废监军制辨误　257
附录三　敦煌唐代"进奏院状"辨　261
附录四　唐代藩镇动乱年表　276
参考文献　308
近年所出唐代藩镇论著与博论　315
跋　语　324
增订版后记　326

新版前言

《唐代藩镇研究》出版于35年前，增订版2010年被收入中国人民大学出版社的"当代中国人文大系"。现在的第三版，又有一定篇幅的增补。

藩镇是对唐代地方一级军政与监察机关"道"的借代说法。《新唐书·兵志》："夫所谓方镇者，节度使之兵也"，也不准确。方镇或藩镇起源于边防兵制，但是，它本身并不只是节度使之兵。宋朝人对于藩镇体制有着自然的反感，以致宋人的历史书写中藩镇完全只有负面意义。唐朝人只是批判河朔等藩镇跋扈行为，很少全面否定藩镇体制本身。因为藩镇的出现有历史的必然，也满足了现实的需要。本书从历史的维度在这方面进行了一些初步的探索。

本书也对唐代藩镇的格局进行了一番分析和讨论。这些分析和讨论，不仅涉及藩镇与中央的关系，也涉及藩镇本身的功能定位、制度框架。拙著中的一些见解得到学术同行的肯定，有些看法还被纳入历史教科书和中学历史教学中。但是，这并不意味着藩镇研究的终结。相反，许多年轻的同道进一步写出了许多更具体的专著，对于河北藩镇、中原藩镇、东南藩镇、边疆藩镇进行深入的专题研究，也有学者对整个藩镇格局做出更细致的总体分析。就学术发展规律而言，一部学术著作，如果能够生发出更多的思考，引出更多的研究思路，才是正常的学术生态。

唐代为了边疆地区的安全而设置藩镇这样的军区，并不是历史上的孤立事件。几乎是同时期，在西边遥遥相对的东罗马帝国也建立了类似功能的"军区制"。东罗马又称拜占庭帝国,就是杜佑（735—812）《通典》中所记载的大秦国。《通典》卷193还引述了杜佑族侄杜环《经行记》关于大秦国的具体记载。

大秦即东罗马帝国的军区制,初见于7世纪。创始人是大约与唐太宗同时代的罗马皇帝希拉克略（Flavius Heraclius,575—641）。拜占庭军区制设立的初衷,是为了对付帝国领土拉文纳和迦太基周边蛮族的侵扰,边境的行省（总督）被赋予强大的军事权力。军区制后来推广到帝国的东部地区。这些情况颇类似唐代边境节度使被推广到全境。学术界都肯定军区制对于拜占庭帝国生存与发展的积极意义。[1]

同样,对于唐朝来说,沿边节度使的设立,以及唐后期藩镇在地方的统治,也是一个应对军事和政治变局的积极行为。当然,由于唐朝中国与东罗马帝国分属不同文明体系,两者的社会结构、政治结构、经济结构完全不同,唐朝皇帝通常不会像罗马皇帝那样亲自率兵打仗,所以唐朝的藩镇问题始终是内政治理的一个环节,而军区制使得拜占庭变成了一个军事国家。东西方历史在一些制度与事件上的同中有异、异中有同,是文明与历史逻辑的统一性与多样性的体现,不仅饶有趣味,也值得研究。

张国刚

2022年11月6日

---

[1] 参见［美］A. A. 瓦西列夫《拜占庭帝国史》第一卷,徐家玲译,商务印书馆,2019年,第352—357页;陈志强《拜占庭帝国史》第三章,商务印书馆,2018年,第156—164页。

序

杨志玖

唐朝的国势,在唐玄宗统治时期达到了兴盛的顶点。天宝十四载(755)的安史之乱,动摇了他的统治。战乱费了八年的时间虽然平定了,但安史余党仍然盘踞在河朔一带,成为和唐中央对抗的藩镇,而唐朝在中原内地以至江南、岭南地区也设置了许多藩镇。藩镇割据和藩镇林立的局面是唐中后期政治形势的突出点。由于藩镇的割据,统一的帝国元气大伤,唐王朝再也恢复不了当年丰腴的英姿。但它并不是奄奄一息,仍然维持了一个半世纪。这一历史现象,引起了人们的重视和沉思。

长期以来,人们把藩镇问题作为唐代中后期的重要课题加以注意和研究,是很自然的。然而,就个人所知,人们多半把"藩镇割据"作为一个不可分离的凝固的词来看待,似乎所有的藩镇都是割据势力。同时,人们还把藩镇内部的动乱也一概视为和唐中央对抗的割据行为。从这一前提出发,遂把藩镇和唐王朝看作势不两立的敌国,似乎两者只有斗争而无妥协,只有互相对抗而无互相依存和互相制约的关系。对于藩镇割据产生的社会背景,则认为是大土地所有制的产物,把藩帅作为庄园主利益的代表者,甚至把和藩镇有过联系的士子文人视为拥护分裂割据的大地主势力。这些看法纵非绝对错误,但起码是简单化和绝对化,没有对错综复杂的历史现象做具体的和细致的分析。

张国刚同志的《唐代藩镇研究》,对上面列举的观点给予新的评价,发表了独立的、新颖的见解。看了以后,令人有耳目一新之感。

一

书中的《唐代藩镇的类型分析》，首先把藩镇和"割据"区分开来。他把唐代藩镇分为四个类型，其中割据一方的只是以河北三镇为代表的"河朔割据型"（简称河朔型）。除魏、镇、幽三镇外，还有易定、沧景、淮西、淄青四镇。这些镇主要由安史余孽组成。

第二为"中原防遏型"（简称中原型）。其中以宣武、武宁、忠武、泽潞、河阳、义成六镇为典型代表。另有河东、河中、陕虢、山南东、金商等五镇。它们是为防御镇遏河朔藩镇而设的，同时也担负保护东南漕运之责。

第三为"边疆御边型"（简称边疆型）。分西北疆和西南疆两部分。西北疆包括凤翔、邠宁等八镇，西南疆包括山南西、西川等九镇。它们是为防御吐蕃和西南少数民族而设的。

第四为"东南财源型"（简称东南型）。包括浙东、浙西、淮南及荆南等九镇。它们供给唐廷以财赋，是维持唐朝生存的生命线。

著者在举出四种类型后，还考察了它们的基本状况、特点，它们和唐中央的关系及各类藩镇的相互制约关系。

根据以上分析，可见所谓"藩镇割据"只是藩镇中的一部分。在类型上，它只占四分之一；在绝对数上，它只占六分之一强。而且自宪宗削藩以后，只有河朔三镇还顽强存在，迄于唐末。这就澄清了过去对藩镇割据的笼统的、片面的看法。

当然，河朔三镇，数量虽小，能量却很大。它对唐中央的冲击，国势的削弱，政治、经济、军事诸方面的影响都不可等闲视之。但在强调这一点时，人们往往走上极端，认为这一地区已完全脱离了与唐朝政治、军事、财政的隶属关系，甚至在风习文化上也成为形同化外的夷狄之邦。著者不同意这一看法。他根据大量事实指出，唐朝的政策法令（甚至两税法）在河北地区亦曾施行，中央在这一带仍有人事调动之权，三镇士人也有应科举者。他特别对唐廷在藩镇设立的监军院和各镇在长安朝廷设置的进奏院进行了研究（分见《唐代藩镇宦官监军制度》和《唐代藩镇进奏院制度》），认为监军院和进奏院不仅是唐廷与骄藩联系的桥梁，还成为唐廷在割据地区行使自己的统治和骄藩在政治上奉事朝廷的象征。唐廷通过设在藩镇的监军，可以了解方镇情况，监视地方刑政，以至消弭兵乱，稳定军情。即使在割据的藩镇中，监军也是受到重视和礼遇的，因为朝廷的旌节多半通过他们奏请和授予。进奏院则担负了中央和藩帅间转达文件、传递信息、办理杂务、提供住宿等任务，其沟通中央和藩镇联系的作用是明显的。这两个机构的设置，反映了唐代割据藩镇既企图游离于中央政权之外，又不能彻底否定中央统治这一特点。也许可以用"若即若离，藕断丝连"形容他们间的关系吧。著者在引用了李德裕"河朔兵力虽强，不能自立，须借朝廷官爵威命以安军情"的话后说："可见，河朔型藩镇是具有游离性与依附性并存的双重特点的，不能把它们的割据绝对化。"这是很有见地的。

顺便提一下，过去学者多把唐代宦官监军看作扰权干政、贻误戎机的消极事物而加以口诛笔伐，这虽然也有一定根据，但未免片面。张国刚此书则详尽探讨了宦官监军制度产生的时代背景及其历史作用，指出它是在唐代府兵制到募兵制的过程中，中央与方镇的矛盾斗争中发展起来的，是新形势下中央控制地方军政的一种尝试，一项措施。在唐代中后期的政治生活中，它具有重要的政治意义，不能不加分析地认为它是唐王朝政治躯体上的赘疣。这是实事求是的历史主义的态度。至于进奏院的一些具体情况及其在唐代中央与藩镇关系上的重要作用，过去学者则多半忽视而缺乏研究，张国刚的论文正填补了这一课题的空白。

二

唐代的藩镇，并不都是割据的，已如上述。但在藩镇活动的历史中，却不断有频繁而激烈的动乱发生。传统的看法总是把这些动乱同藩镇割据搅和在一起而不加分辨，这当然无助于搞清历史的真相。张国刚在《唐代藩镇的动乱特点》中对此做了些分析。

他把藩镇动乱分成四种形式：①兵士哗变；②将校作乱；③反叛中央；④藩帅杀其部下。其中只有第三种是和唐中央的武装对抗，即割据行为，其他三种都是发生在藩镇内部的动乱。他统计了自广德到乾符间（763—879）河朔型的藩镇动乱共65起，其中反叛中央的动乱仅13起，约占20%。可见，除了建中、元和时期的一些战争外，河朔藩镇与中央的关系基本上是稳定的、宁谧的，并不像一般人想象的那样剑拔弩张，岁无宁日。由于动乱大半在藩镇内部发生，他称这种动乱为"封闭性"；又由于这些动乱大部分是由士卒或偏裨小校发动的，故他称之为"凌上性"。这是就形式而分。就内容或性质而分，则具有"反暴性"与"嗜利性"。所谓"反暴性"，即指反对节度使的苛虐残暴、不恤士卒的动乱；所谓"嗜利性"，即指士卒或牙兵为争厚赏优奖而发动的变乱。这些动乱，不仅河朔型藩镇有，其他三型亦屡有发生。

这些动乱为什么有这几种特点？张国刚分析说，首先，各类藩镇之间的相互制约关系以及它们各自的力量对比，是出现"封闭性"的主要原因。唐王朝本身虽然没有强大的武装力量，但藩镇间的相互制约及力量对比，却使任何藩镇都不敢轻举妄动。宋人尹源说："夫弱唐者，诸侯也；唐既弱矣，而久不亡者，诸侯维之也。"正说明了此中内情。其次，又与藩镇割据所凭借的骄兵的政治品格有关。他们是雇佣的职业兵，以当兵维持其本人及家属的生计。一旦经济利益受到损害，便会起而反抗（反暴性），或为求得更大的财富而劫帅邀赏（嗜利性）。唯其如此，他们虽有"喧噪邀求"的胆量，却没有开拓疆土或取唐而代之的野心。他们甚至厌恶或反对叛帅的对唐战争，因而限制了骄藩悍将的恣意反叛，使藩镇动乱主要表现为内在的封闭形式。同时，因其为雇佣兵，与主帅的关系不像农奴兵有那样强的依附性，因而有"士卒得以凌偏裨，偏裨得以凌将帅"的"凌上性"动乱。这从一个侧面反映了唐代农民人身依附关系的减弱。最后，张国刚还从唐代安史之乱后财政制度上的军费开支地方化，说明了这些特点的由来。他指出，安史乱前的租庸调时期，全国财赋由中央统一调配；安史乱起，中央无力调拨军食，只好给予地方节镇以自调兵食权。两税法制定的上供、留使、留州的财赋三分制把允许藩镇自调兵食的权宜之计进一步制度化，更加强了地方财政的独立地位。这样，藩帅掌握了财权，兵饷由地方开支，因而使兵士与藩帅在财赋的分配上处于对立的状态。兵士为维护本身利益而掀起的动乱，其矛头自然是指向本镇的节度使而不是中央政府了。

既然割据的和非割据的藩镇的动乱都有共同的特点，为什么只有河朔要求割据呢？过去有人用河朔的民族特点，即河朔的"胡化"来说明问题，张国刚不同意这一说法。他认为，安史乱后河北诸镇人口的绝大多数仍是汉族及汉化的少数民族；其经济仍然是农业生产而不是游牧经济；其军队的主要来源是破产农民，虽有少数民族参加，但这仅表现在军事意义上，许多少数民族藩帅不仅本身多已汉化，而且为其部下骄兵所左右，并未推行民族隔阂的政策，民族问题不是河朔割据的关键所在。他指出，主要原因在于，河朔诸镇只有在政治上游离于中央集权之外，通过拥立节度使来牢牢掌握本镇的财赋支配权，才能实现瓜分王赋而不上供的经济利益。其他类型的藩镇则由于客观形势的需要，唐王朝不得不允许他们拥有重兵，并畀付他们以经济上的特权，因此他们不必也不需要游离于中央政权之外。而河朔藩镇的拥重兵则被唐廷视为腹心之患，必欲消之而后快。然而消兵又引起他们的反抗，加剧他们的割据性。这就形成了一个恶性循环。在唐廷无力消灭他们的情况下，只有不减其兵，不收其财，不触动他们的根本利益，才能相安无事。

三

唐朝为什么不能消灭河朔三镇，或者说，河朔三镇为什么能长期割据？张国刚从三个方面对这一问题进行了探讨。

一是河朔方面的原因。除了河朔三镇具有优越的经济条件和物质财富外，他着重从军事力量、联盟策略、政治态度和统治状况几方面进行探索。河朔兵员众多、骑兵骁勇、民风强悍、军事组织严密，使他们抵得住唐朝官兵的讨伐；与邻藩联盟结好，特别是三镇之间结成巩固的政治军事联盟，利害一致，互为声援；在政治态度上，他们不否定唐王朝的最高权威，只要朝廷授予旌节，承认其世袭地位，他们就不反叛，这就避免了与唐廷处于势不两立的地位，而使他们"家业不坠"；河朔的统治状况并非一塌糊涂，一无是处。一些节度使为求稳固其统治，也注意发展生产，均减赋税，努力保持境内稳定局面。

二是唐朝方面的原因。开元天宝间，边疆拥有重兵，中央军备不振，形成外重内轻局面，酿成安史之乱。战后，中原、边疆皆宿重兵，保证了内外局势的平衡。但唐中央仍没有强大的军力，其依靠的防遏叛镇的中原藩镇，多半"倚贼自重""养寇藩身"，并不出死力作战。此其一。中央虽掌握了神策军这一重要的禁军，但此军主要是守卫京西京北地区，控制该区藩镇；加之此军操于宦者之手，中原藩镇不欲与之合作，朝臣也和它有矛盾。如宪宗时以宦官吐突承璀为帅征成德镇，即因中原藩镇的不合作与朝臣的反对而失败。此其二。两税法的赋税三分制使中央所能控制的财力有限，平时养兵费用开支已多，一遇用兵，更形支绌。此其三。唐廷中枢机构中朝臣、宦官、平叛功臣、皇室之间的错综复杂的矛盾斗争，削弱了自身的力量，影响了讨叛战争的决策和行动。此其四。

三是边疆形势的影响。东北的奚和契丹这"两蕃"，安史乱前经常扰边。河朔藩镇割据期间，由于诸镇（特别是幽州镇）的保卫屏障，使得边境平静，奚、契丹还入朝长安。牛僧孺在幽州军乱时劝文宗说："因而抚之，俾扞奚、契丹不令入寇，朝廷所赖也。假以节旄，必自陈力，不足以逆顺治之。"这话不是没有道理的。这样唐廷在无力讨叛时采取"姑息"政策，也就可以理解了。西北方面则为了防御吐蕃，需要重兵（西北藩镇兵、中原防秋兵、神策军）驻守和大量财政支出，影响了唐廷对河朔的用兵。唐宣宗以后，西南边疆则有南诏的进扰，更使唐廷无力顾及河朔。

以上这些分析，可说是细致而中肯的。

四

藩镇割据产生的社会背景或藩镇割据的社会基础，是唐代藩镇研究中的又一重要课题。长期以来，学者们往往把它和唐代中后期的大土地所有制或庄园制联系起来，认为均田制破坏后，庄园经济发展，藩镇节度使就是大土地所有者或大庄园主。他们为了维持本镇大地主的经济利益不被唐中央或他镇染指而割据一方。这种从经济背景解释问题的方法在方法论上似乎不无可取，但核之事实，却有许多令人费解之处。如上所述，并不是所有藩镇都是割据的；有些据有大片庄园的节度使（如郭子仪）也没有割据行为；在藩镇统治下的庄园主也并不拥护、支持割据；而且，同样是大土地所有制的北宋，当时皇帝还鼓励武人"择便好田宅市之"，为什么就没有地方割据现象？

由于有这些疑问，我本人曾提出另一说法，即藩镇割据的社会基础是投身于割据军阀的破产农民和游民无产者（参见《试论唐代藩镇割据的社会基础》，载《历史教学》1980年第6期）。可能由于文中表达不够清楚，说理不够透彻，有些提法不够确切，而且和传统的看法大相径庭，文章发表以后，引起了一些同行的不同意见。这是很正常的，我欢迎不同意见的批评，因为它不仅促使我进一步思考，还会在不同见解的争鸣中推动学术研究的发展。张国刚的《藩镇割据与唐代的封建大土地所有制——再论唐代藩镇割据的社会基础》（载《学术月刊》1982年第6期。本书中列为《唐代藩镇割据的社会基础》之一章），是对不同意见的答复，也是对拙稿的补充和修订。

张国刚首先就大土地所有制与割据现象的联系问题展开讨论。他指出，在中外历史上确有一些割据现象与封建大庄园制紧密联系在一起，例如中世纪的欧洲和魏晋南北朝时期的中国。那是在封建领主和世族豪强稳固地占有田庄和农奴部曲，商品经济不发达，地产转移滞缓，以及人身依附关系加强等条件下出现的。唐朝的情况却与此不同。中唐以后，由于商品经济的发展，土地兼并虽然激烈，但土地买卖的频率增大，地产转移迅速、经常。所有权的不稳定性使土地私有者难以长期地保持对大地产的垄断，因而很难形成巩固的地方势力。由于社会经济的发展和人民群众的斗争以及租佃契约的发展，农民的人身依附关系也有所削弱，这些特点，都是对地方割据势力的制约因素。用具有这些特点的大土地所有制来解释中唐以后的藩镇割据现象，是很难说清楚的。

大土地所有者是否都是藩镇割据的拥护和支持者呢？张国刚举出大量例证，给予否定的回答。

他指出，唐代中后期大土地所有制最发达的是两京及江南地区，但这些地区并未形成割据。许多庄园主的著名代表人物如元载、韦宙、司空图等，都不是藩镇割据的支持者。许多节度使虽是有田有地的地主（河北地区也不例外），但他们在为藩帅以前，既不是他们所控制方镇内的土著，也不是田连阡陌的大庄园主。他们是当了节度使后才发财致富的。以此来说明这些大庄园主是割据的社会基础，未免因果倒置了。实际上，他们并不是以大庄园主的身份进行割据，而是以唐朝封疆大吏的资格自擅一方的。其财政基础是封建国家的赋税，不是自给自足的庄园经济；其武力凭借是法律上属于国家的军队——"官健",不是亦耕亦战的部曲家兵;其政治统治权也不是像欧洲中世纪封建领主那样与土地所有权合二而一。藩镇统治动乱频仍,但和唐中央直接冲突的战争占的比例很小,绝大部分都发生在藩镇内部。这些动乱,使藩镇内部不得安宁,"民坠涂炭,无所控诉",也破坏了正常的封建秩序,"纷扰剽掠,莫能禁止""虽王公之家,亦所不免",侵及有产者的利益。田悦曾"悉出府库所有及敛富民之财,得百余万以赏士卒",在这种情况下,很难说富民,即地主阶级对藩镇有什么好感。大土地所有者对藩镇抱不支持不合作的消极态度是很自然的。

张国刚最后举出一些例证,揭示藩镇割据地区的军士为了自身的经济利益而逐帅杀帅和拥立新帅的实质是"军士控制本镇的赋税支配和攫取额外赏赐的手段",认为"军士瓜分王赋而不上供,正是藩镇割据的真谛",以此证明唐代藩镇割据的社会基础不是大土地所有者,而是充当职业雇佣兵的破产农民和无业游民这个结论。

我在《试论唐代藩镇割据的社会基础》一文中说:"藩镇割据的社会基础在于割据地区的军士,节度使只有代表他们的利益,执行他们的意志,才能站得住脚。"这一结论是综合了大量事实得出来的。也许这个提法太刺眼了:节度使是统治者,破产农民组成的军士是被统治者,统治者会代表被统治者的利益,这不是离经叛道吗?(请读《路易·波拿巴的雾月十八日》)马克思说,"波拿巴是流氓无产阶级的首领","波拿巴代表一个阶级,而且是代表法国社会中人数最多的一个阶级——小农","波拿巴王朝是农民的王朝,即法国人民群众的王朝"。(分见《马克思恩格斯选集》2版,第1卷,第635、677页,人民出版社,1995年)因此而引起惊讶和异议是很自然的。有同志说:"我们认真分析一下有关史料,在广大军士无权的情况下,往往是军队中一些军官或野心家,利用军士拥立或反对一些藩镇,这不能看作军士意志的体现,而是成为某些军官或野心家利用的工具。"当然有这种情况,但并不是全部如此。而且,即令有人利用,那一定也是和军士的利益一致,符合他们的愿望和要求,也就是说,在执行他们的意志的前提下实现的。又说"地方割据政权完全失去了人民的支持";又以魏博牙兵和徐州银刀等军是"军中子弟"和"凶豪之卒"为例,说这些人"似不能作为农民支持藩镇割据的例证"。我完全同意人民不支持藩镇割据的说法,我也没有说"农民支持藩镇割据"。我只是说,军士支持藩镇割据,而这些军士是破产农民和无业游民组成的。而且,一旦穿上军装,他们就脱离了农民身份,加入了军阀集团。我不但同意人民不支持藩镇割据,如上所述,我还认为割据地区的地主们也不支持藩镇割据,虽然那些藩帅已经变成大地主。

当然,可能我那些话还有漏洞,有些用词不当或词不达意,容易使人产生疑窦。这里我引用张国刚的一段话作为弥补吧。他说:"我们论证唐代藩镇割据的社会基础不是大土地所有者,而是投身军戎充当职业雇佣军的破产农民和无业游民,是不是可以推论出割据藩镇不是代表地主阶级的专政机关,而是代表破产农民和无业游民的政权呢?回答是否定的。因为这是两个具有严格区别的问题,不能混为一谈。我们说藩镇政权是地主阶级专政,主要是从它的阶级属性,从它维护地主剥削压迫农民的封建生产关系而言。但是藩镇政权采取的游离于中央集权之外的特殊政权形式,既然不是在当时封建大土地所有制形态上产生的,那就必然有一股特殊的社会力量在起作用,必然有它赖以存在下去的社会基础。因此我们说藩镇割据的社会基础是投身军戎为职业雇佣兵的破产农民和无业游民,则主要是从割据现象本身的社会属性,从它能为哪些人带来经济实惠因而受到这些人支持来进行考察的。"

张国刚在本书中还回答了另一驳议,即有的同志把一些不得志的知识分子去藩镇谋求出路,作为大地主势力与藩镇结合的证据。张国刚认为这一说法"似欠细察"。因为这些人或由于举进士不得志而远适燕赵(如董邵南),或由于久不升迁而北游河朔(如李益)。

他们既不是割据方镇的大地主,更谈不上有什么大庄园利益需要在割据政权下求得庇护,只因为官场失意才愤而北投。给他们冠以"地主阶级知识分子"帽子,证明他们支持代表大庄园主的藩镇割据,似不合适。

张国刚在《唐代藩镇使府辟署制度》中,更详细地论证了这一问题。他指出,在唐代,节度使聘请知识分子入幕,士子投于藩镇幕下,是经常发生的,为唐政府所承认的一项政治制度。不少中央宰臣都由方镇幕府中选拔而来。他对这一制度的渊源、内容、作用和意义做了详尽的探讨,填补了唐史研究的一项空白。对于使府辟署是否助长了藩镇割据问题,他做了否定的回答。他认为,人们之所以产生这种看法,主要原因是对唐代藩镇缺乏正确的认识,未能正确理解唐廷对大多数藩镇既加控制又加利用的关系。他说,对于河朔等割据藩镇而言,辟署只是形式,他们早已擅自署置文武官吏,不必依靠辟署制度。对于绝大多数藩镇来说,辟署幕职完全是中央所认可的。入幕者不仅不会助纣为虐,对抗中央;相反,他们入幕的目的本身就在于以此为跳板、为要津,然后跻身中央。有的文人不愿涉足骄藩,有的幕职还反对藩帅的跋扈行为,并协助中央政府戡乱平叛。当然,确有个别文人由于科举失意,仕途多舛,而到骄藩另谋出路,并为之出谋划策,但这种人为数不多,这只是由于科举和铨选制的某些弊端或不足引起的。如上所述,这些人只是为了个人的出路,并不是为了保护地主庄园主的阶级利益而去想干一番事业的。

当然,历史现象总是复杂的,河朔藩镇割据行为还有其他一些因素,这在前面已有论述,这里只是就社会基础而言,并不否认那些因素的重要性。

五

以上简要地评介了张国刚藩镇研究中的若干重要篇章。书中还有一些篇章也是作者在唐史园地上辛勤耕耘的成果。如《唐代藩镇形成的历史考察》和《肃代之际的政治军事形势与藩镇割据局面形成的关系》，从安史乱前唐代的兵制变化、边疆形势的发展、地方行政机构的沿革及安史乱后唐王朝内部各派政治势力的矛盾、边疆情势的分析、中原藩镇设置的原因等各方面进行了考察，揭示了河朔藩镇割据形成的历史背景，纠正了笼统地归之于唐王朝的姑息苟安政策的传统看法。《唐代藩镇财政收入与分配》《唐代藩镇进奉试析》则从财政经济方面分析了唐代藩镇动乱的经济背景，藩镇和中央在财政经济关系上的矛盾，等等。其中一些统计数字的计算颇见功力，这也是过去忽略的问题。附录中《唐节度使始置年代考定》《武则天废监军制辨误》，澄清了过去一些模糊看法。

总之，张国刚这一系列的关于唐代藩镇研究的成果，涉及藩镇问题的各方面，基本上勾画出唐代藩镇的真实面貌，对过去学术界忽略的或认识模糊的问题做了补充和澄清。到目前为止，这可以说是唐代藩镇研究的一个新阶段。当然，学问无止境，前面的道路还很长。他的研究成果，无论从资料还是论点方面，都有补充和修订的余地。希望本书出版以后，能引起唐史学界的关注，给他批评和指正，为他在学术竞赛的跑道上鼓劲加油，使他永远向前。

1987年5月2日

引言　唐代藩镇的历史真相

藩镇，在一般读者眼里，几乎成了分裂割据的代名词，一部藩镇史似乎就是混乱割据的历史。这实际上是不合乎历史事实的。唐代藩镇近五十个，被列入《新唐书·藩镇传》的不过七八个，是不能代表整个藩镇的情况的。那么，藩镇的历史真相又是怎样的呢？在此，我们先做一个初步的、简略的探讨。

一　"道"的历史演变

藩镇又称藩岳、藩翰、藩垣、藩侯，在历史上并不是一个贬义词。《诗经·大雅·板》就有"价人（勇士）维藩，大师（民众）维垣，大邦维屏，大宗（嫡子）维翰"[1]的说法。潘岳《为贾谧作赠陆机》诗有"藩岳作镇，辅我京室"[2]的赞词。韩愈致书凤翔节度使邢君牙亦誉称："今阁下为王爪牙，为国藩垣。"[3]可见，藩镇乃是形容地方军政机构能够屏藩（保卫）王室（中央）、镇守一方的美称。

唐代的藩镇称作"道"。道的长官为观察使，雄藩重镇的长官又兼节度使，一般的则兼都团练使或防御使以掌军事。道在名义上是监察区，但实际上已成为凌驾于州县之上的一级行政实体。这一行

---

[1]《毛诗正义》卷17，《十三经注疏》，中华书局，2009年，第1185页。
[2] 潘岳《为贾谧作赠陆机》，丁福保编《全汉三国南北朝诗·全晋诗》卷4，中华书局，1959年，第372页。
[3] 韩愈《与凤翔邢尚书书》，《韩愈文集汇校笺注》卷8，中华书局，2010年，第841页。

政实体形成的根本原因,必须放到秦汉以来中央与地方的矛盾关系这一广阔的历史背景中去探求。

秦始皇第一次在幅员辽阔而交通落后的历史条件下建立了中央集权的统一国家,初置36郡,后来增至40余郡,大约与唐代藩镇数目相当。为了有效地统治广土众民,秦朝采取了以御史监察郡守的措施,于诸郡皆派监御史。

汉初郡国并行,"七国之乱"后,诸侯国逐渐被削弱、废除,郡县数较秦代增加了近两倍,这样,中央直接统辖郡县便有不少困难,武帝时把全国划分为十三部州,各置刺史以察郡守,就是为适应这种情况而采取的措施。东汉末年,刺史改州牧(时或并置),拥有赋政治民之权,州由监察区变成了行政区,出现了州、郡、县三级行政区。

魏晋南北朝时代,在各个分裂政权内部大都实行三级制,天下州郡不胜其多。真可谓"或地无百里,数县并置;或户不满千,二郡分领","民少官多,十羊九牧"。[1]于是隋初废郡存州(炀帝改州为郡),又变成了州、县二级。这样,历史似乎又回到了汉武帝设十三部州以前的情况——由中央直接统领郡县了。但是,在当时的历史条件下,由中央政府直接统领数百个郡,上千个县,势必要削弱中央统治。于是汉代统治者曾经碰到的问题,又严峻地摆到了唐朝统治者面前。

唐初在这方面采取的主要措施是不时地派使巡省天下,监察州县。大约从武则天称帝后不久,十道巡察已成定制。景云二年(711)敕分天下为二十四都督府,"察刺史以下善恶",这等于在州县之上另置一级机构,朝廷经过一番激烈的争论,还是以权重难制而罢[2],依然置十道巡察使。开元二年(714)改为按察采访处置使,至四年(716)又罢,八年(720)复置,十年(722)又罢……这样置而旋罢、罢而复置的举措,充分说明了唐王朝既惧怕地方事权过

---

[1] 《隋书》卷46《杨尚希传》,中华书局,1973年,第1253页。
[2] 参见《新唐书》卷49下《百官志四下》,中华书局,1975年,第1310—1311页;《唐会要》卷68《都督府》,中华书局,1960年,第1192—1196页。

重，又无力直接控制千百个郡县的矛盾心理。但是，统治手段（交通、通信等）既是如此落后，统治疆域与人口又是如此广袤众多，要想有效地施行对全国的统治，在州县之上另立一级机构是势所难免的，唐代的"道"正是这种矛盾运动的产物。

事实表明，在众多州县之上另立一级机构，不仅是秦汉以来中央与地方矛盾关系的必然结果，而且一直影响到宋、元、明、清各代，并且得到了进一步的完善。宋代的路即相当于唐代的道，宣和时全国凡二十六路。元代疆域辽阔，在路之上又置行中书省，简称行省，作为中央政府的派出机关。明代改置布政使司，习惯上仍称省，并且一直沿用到清代以至今天。明清时代在"省"这一级设置巡抚或总督，成为地方一级大员。总而言之，中国古代中央政府通过设立数目较少的一级机关（如道、路、省）来统领千百个州县，是封建统治者为解决统治技术落后与统治区域广阔之间的矛盾长期摸索的结果，是历史的必然。

二　藩镇格局的形成

为什么唐代道级机构会以藩镇的形式出现呢？这就必须研究一下安史之乱及其平定后（肃宗、代宗时）的特殊政治、军事形势。正是在这种形势下，边疆节度使与内地采访使结合而成藩镇，中原内地亦屯结重兵，形成了所谓藩镇林立的格局。这个问题的关键有两个：其一，为什么安史降将安堵河北如故？其二，为什么中原内地亦设节度使并且在战后仍不罢去？

安史之乱是一场旨在推翻李唐王朝的叛乱。战争开始不久，唐朝就丢掉了两京，失去了统筹全局的能力。玄宗在逃往四川的途中下了一道制命，准许所在节镇自募军队，自调兵食，自署官吏。[1]

---

[1]　参见贾至《玄宗幸普安郡制》，《全唐文》卷366，中华书局，1983年，第3719—3720页。

当时在前线鏖战的除以朔方军为首的入援边军外，中原内地也"分命节帅以扼险要""其所统之增减离合，随时制宜"[1]。在战争期间，停废了采访使，旋即改置观察处置使，由节度使或都团练使、都防御使兼领，其目的还在于加强所在作战将领的应变能力。然而除同安史势力激烈搏斗外，整个战争形势还受到其他多种复杂的政治、军事矛盾的制约。

首先是朝廷与前线平叛将领的矛盾。肃宗在灵武建立的班子基本上是在朔方军保护下成立的，它本身十分虚弱。为了控制以朔方军为首的各地平叛军队，朝廷一方面频频更换平叛战争的领导人，如朔方军首领、讨叛主力副元帅就先后换了郭子仪、李光弼、仆固怀恩等数人，河南战场上的领导人亦更调频繁。[2]另一方面，又大力扶植宦官势力来与之相抗衡。宦官李辅国身为元帅府行军司马，实际上掌握着战争的决策权。宦官鱼朝恩曾以观军容使的身份监领九节度使围相州之战，后来又曾亲自带兵镇陕。更重要的是，在前线的每一支作战部队中，都派有宦官监军，许多节度使都是因与宦官不协而或被罢兵权，如郭子仪；或被赐死，如来瑱；或惊恐自杀，如同华节度使李怀让；或被迫谋反，如仆固怀恩。这就大大牵制了唐朝的平叛力量。

其次是唐朝中央皇权与宦官及宰相的矛盾。宦官虽然被皇帝扶植起来对付新兴军阀，但当他们的势力膨胀到有逼主之势时，又会与皇帝发生尖锐的冲突。例如，当李辅国提出"大家（代宗）弟坐宫中，外事听老奴处决"[3]时，代宗便利用另一宦官程元振除去李辅国。不久又重用鱼朝恩而流放程元振。当鱼朝恩认为"天下事有不由我乎"[4]时，代宗马上利用宰相元载来剪除鱼朝恩。一旦元载专权作势，代宗又与

---

[1]《资治通鉴》卷220，唐肃宗乾元元年（758）九月胡注，中华书局，1956年，第7060页。
[2] 参见吴廷燮《唐方镇年表》卷2《宣武镇》，中华书局，1980年，第185—188页。
[3]《新唐书》卷208《李辅国传》，第5882页。
[4]《新唐书》卷207《鱼朝恩传》，第5865页。

外戚吴凑密计图之，终于在大历十二年（777）诛之。其时离代宗死不过一年多时间。可见几乎终代宗之世，宫廷内部的权力争斗一直未已。

最后，还有唐王朝在肘腋之地与吐蕃、党项的矛盾。由于战乱期间西北军队赴援勤王，边防空虚，吐蕃、党项乘机进逼邠、泾，虎视长安，朝廷被迫抽调兵力防守西北。仆固怀恩的叛乱又加剧了西北战场上的严峻形势。就在平定安史之乱的同一年，唐朝的皇帝又一次被赶出了长安城，吐蕃立广武王承宏为帝，几乎颠覆了唐政权。仆固怀恩死后，吐蕃仍频岁进犯，朝廷被迫每年征调大批防秋兵，最多时达28万人以上。一直到大历末年，吐蕃兵锋还时常达于京郊。

上述在前线、中央和边疆发生的这些矛盾究竟对藩镇局面的形成产生了什么影响呢？首先是使唐王朝与安史势力的政治斗争逐渐让位于唐朝内部皇权与军将及宦官的斗争；唐王朝与安史势力的军事斗争逐渐让位于唐朝在京西、京北地区与吐蕃、党项的武装抗争。正是由于政治、军事斗争重心的转移，安史首领相继死去后，其旧部才被悉原其罪，"一切不问"[1]。他们也就在这种情况下"招还散亡，治城邑甲兵"[2]。其次，由于河朔地区安史旧部的受降和西北边疆地区的防守，皆需重兵驻屯，所以中原地区的宿兵也就不能罢去。王夫之认为安史之乱的重要教训之一就是边疆宿重兵，而中原弛武备，"外强中枵，乱亡之势成矣"[3]。战争后中原藩镇的宿兵正好解决了这个问题，从而维持了一种内外平衡的均势。所以宋人尹源说："夫弱唐者，诸侯也；唐既弱矣，而久不亡者，诸侯维之也。"[4]

总之，唐代藩镇局面的形成是安史之乱及其平定前后各种复杂的政治、军事形势和矛盾相互作用的结果。[5]

---

[1]《资治通鉴》卷222，唐肃宗宝应元年（762）十一月丁丑，第7136页。
[2]《新唐书》卷212《李怀仙传》，第5968页。
[3] 王夫之著，舒士彦点校《读通鉴论》卷22《玄宗十七》，中华书局，1975年，第667页。
[4]《宋史》卷442《尹源传》，中华书局，1985年，第13082页。
[5] 本节所论参见本书第二章《肃代之际的政治军事形势与藩镇割据局面形成的关系》。

三　藩镇的类型分析

安史之乱以后，直到黄巢大起义爆发以前，唐代藩镇——道，稳定在四五十个。这些藩镇与唐王朝究竟存在一种什么关系呢？我们认为可分成如下四种类型。

一是割据型。这些藩镇主要集中在河朔，大多是安史旧部归降者（一小部分及于河南部分地区），其代表则是魏、镇、幽三镇。这里的藩帅不由中央任命而由本镇拥立，赋税不上供中央而由将士瓜分。代、德、宪、穆诸朝，朝廷曾数兴讨伐之师，无不以屈辱容忍而告终。据《资治通鉴》的记载统计，广德元年（763）到乾符元年（874）所发生的171起藩镇动乱中，有65起发生在这类藩镇中，约占38%。

二是防遏型。这些藩镇主要集中在中原一带，以宣武、武宁、忠武、泽潞、河阳、义成、河东等为代表。这一带是安史之乱期间厮杀最激烈的战场，这些藩镇一般也由战争期间临时设置的军镇分合变化而来。它们的特点：一是平时常宿数十万重兵，"严备常若有敌"[1]，是重兵驻扎之地；二是这里的赋税基本上是当道自供，所谓"河东、盟津、滑台、大梁、彭城、东平，尽宿厚兵，以塞虏冲"，"则沿淮已北、循河之南，东尽海，西叩洛，经数千里赤地，尽取才能应费"[2]。这种情况使中原诸镇既是唐后期收功弭乱的重要力量，又是乱兵频生的是非之地。中原诸镇的动乱凡52起，占总数的30.4%，仅次于河朔而居第二位，但它们并非割据藩镇。在讨伐战争中出现的藩帅如刘玄佐、韩弘、王智兴等，虽然时或不听调遣，却仍不失为朝廷制遏骄叛的屏障，他们"镇定一方，居强寇之间"，割据藩镇"皆惮之"[3]。所以柳宗元中肯地说："将骄卒暴，则近忧且

---

[1]《新唐书》卷147《李芃传》，第4756页。
[2] 杜牧《战论》，《杜牧集系年校注》卷5，吴在庆校注，中华书局，2008年，第649页。
[3]《资治通鉴》卷239，唐宪宗元和十年（815）九月"考异"，第7718页；《资治通鉴》卷236，唐顺宗永贞元年（805）二月，第7609页。

至,非所以和众而乂民也;将诛卒削,则外虞实生,非所以捍城而固圉也。"[1]

三是御边型。这些藩镇主要集中在西北、西南边疆,其中尤以西北地区最为典型。唐代京西、京北地区本来是朔方军的天下,德宗时朔方军被肢解,神策军的势力控制了这一地区,从而巩固了关中的军事地位。重兵驻扎和仰赖度支供馈是这类藩镇的两大特点。西北地区的兵力集结一般在20万人以上,"除所在营田税亩自供之外,仰给于度支者尚八九万人"[2]。在边疆藩镇的42起动乱中,有29起就是由于衣粮欠缺和"债帅"贪黩而引起的。

四是财源型。这主要在东南地区,最典型的有浙东、浙西、淮南、福建、江西等八道。它们很大程度上相当于安史之乱前的采访使,只是管地较小。其特点:一是兵力寡弱,二是财富丰赡。所以它们是唐王朝的"赋税之地,与关右诸镇(西北边疆)及河南(中原镇)河北(河朔镇)有重兵处体例不同"[3]。黄巢起义爆发以前,东南诸道动乱仅12起,不到这时期全部藩镇动乱的7%。所以史称"天下方镇,东南最宁"[4]。

根据以上论述,我们可以看到:在唐代后期近50个藩镇中,真正割据的主要是河朔型藩镇,宪宗以后,基本上只有河北三镇而已,其余中原、边疆、东南藩镇都是不割据的。东南藩镇从财力上支撑朝廷,边疆藩镇从武力上巩固关中,而中原藩镇则具有镇遏河朔、屏障关中、沟通江淮的重要作用。这样,河朔镇与中原镇在割据与防割据的相持关系上,中原镇与边疆镇在维系内外均势的平衡关系上,边疆镇、东南镇与中原镇在武力和财力的相互依赖关系上,构

---

[1] 柳宗元《送杨凝郎中使还汴宋诗后序》,《柳宗元集》卷22,中华书局,1979年,第587页。
[2] 陆贽《请减京东水运收脚价于缘边州镇储蓄军粮事宜状》,《陆贽集》卷18,王素点校,中华书局,2006年,第584页。
[3] 《唐会要》卷78《节度使》,第1433页。
[4] 常衮《代杜相公让河南等道副元帅第二表》,《全唐文》卷417,第4265页。

成了一个既密切联系又互相制约的整体结构,并从而维系唐王朝相对稳定地统治了一百多年。

四　藩镇与中央关系剖析

众所周知,唐代藩镇权力是比较大的,尤其与宋代中央对地方统辖过严的局面形成了鲜明的对比。这种权力主要表现在以下几点:一是人事权,即藩镇幕府官员,本道可以自行辟署。二是财政权,即留用本道军费可以自己支配。三是对州县的监察权,即对州县官员的任免黜陟,藩镇具有相当的权力。过去的论者过于强调藩镇权重难制的一面,而忽视中央对藩镇责成事功的一面,不免陷于偏颇。

在用人问题上,事实证明,藩镇幕府人才济济,辟署制度是起了积极作用的。由于"诸使辟吏,各自精求",故"大凡才能之士,名位未达,多在方镇"[1]。白居易说,"先辟于征镇,次升于朝廷","异日人为大夫公卿者十八九焉"[2],据统计,安史之乱以后,大约有三分之二的宰相曾经有过供职幕府的经历。所以后来的统治者对唐代藩镇得人之盛是称羡不已的。[3]

在财政问题上,唐代实行两税法以后,地方赋税的分配原则是除留足当道军费、官俸及其他办公费用外,多则上供中央,少则由中央补贴。有时中央无法补贴,则让当道"圆融支使",即自行设法;有时地方在定额赋税之外还有余裕,则通过奖励进奉的形式收归中央。这是一种类似于经费包干的办法(其间许多弊病如税外横

---

[1] 《旧唐书》卷138《赵憬传》,第3778页。
[2] 白居易《温尧卿等授官赐绯充沧景江陵判官制》,《白居易文集校注》卷12,谢思炜校注,中华书局,2011年,第564页。
[3] 参见曹彦约《经幄管见》卷4,"丛书集成续编"本,上海书店,1994年,第471页;李埴《阅史郤视》卷3,"丛书集成初编"本,中华书局,1985年,第28—29页。

敛乃封建官僚制度本身的问题），并不是唐代特有的现象，宋初曾一度将地方财税悉数改名"系省"归中央，后来事实证明行不通，又恢复旧制，把地方留用部分留给地方。[1]可见地方财政包干并不一定是需要否定的。

在对州县官吏的监察上，观察使又称廉帅，监察州县是其本职工作，他们的巡属号称支郡、支州，说明道已经有成为凌驾于州县之上的一级行政区划的趋势（犹如后世的省）。事实证明，唐朝中央曾经反复强调诸道应加强对巡属的督察。宣宗大中时中书门下的一份奏疏说得如此剀切："观察使职当廉问，位重藩维，受明王之宠寄，同国家之休戚。岂可但享崇贵，唯务优游，罗声色以自娱，顾凋残而莫问，纵逃显责，必受阴诛！自今以后，并请责其成效，专其事权，使得展意尽心，恢张皇化，敬事以守法度，节用以减征徭。"[2]由此可见，唐代中央是十分寄重于藩镇对州县的督察的，以至说出"纵逃显责，必受阴诛"的话来。这种对诸道为"责其成效"而"专其事权"的做法，用现代社会通信理论来解释就是，在金字塔式结构中，只有给各个权力层次以相应的权力（"专其事权"），才能使它们有效地应付各种具体情况（"责其成效"）。否则，事权尽总于中央，和不分层没有什么两样，是无法有力地控制一个巨大社会组织的。

那么，唐代藩镇的问题究竟在哪里呢？简言之有两点：一是军事权与行政权的合一；二是地方拥重兵而中央却没有一支能控摄全局的武装。唐代完全依赖藩镇势力之间的平衡关系，才得以维持下来，一旦黄巢起义冲垮了这种平衡，唐朝的末日就来临了。宋代地方军权与行政权严格分开，由中央直接控制庞大的禁军，可说是接

---

[1] 参见陈傅良《赴桂阳军拟奏事札子》第二，《陈傅良文集》卷19，周梦江点校，浙江大学出版社，1999年，第267—268页；陈傅良《吏部员外郎初对札子》第一，《陈傅良文集》卷20，第282—283页。
[2]《唐会要》卷79《诸使杂录下》，第1453页。

受了唐代的教训。但是，宋代地方权力过于削弱，"兵也收了，财也收了，赏罚刑政一切收了"[1]，也是不足为训的。因为它违背了要"责其成效"，必须"专其事权"的道理。总之，我们在理解宋人诟病唐代藩镇"既有其土地，又有其人民，又有其甲兵，又有其财赋"[2]时，应该对其得失做出实事求是的分析。不能仅仅以"权重难制"去认识这一段藩镇的历史，"分裂割据"也未必能概括唐代藩镇问题的全部！

---

[1] 黎靖德编《朱子语类》卷128《本朝二·法制》，王星贤点校，中华书局，1986年，第3070页。
[2] 《新唐书》卷50《兵志》，第1328页。

第一章　唐代藩镇形成的历史考察

唐代藩镇是怎样形成的？这是一个颇为复杂的问题。藩镇作为实际上凌驾于州县之上的一级军政机关，并不是一朝一夕所致，而是有一个历史的发展过程。它也不是某种单一历史条件的产物，而是由诸种社会矛盾和各方面因素所造成的。在安史之乱以前，边疆节度使体制的形成和内地采访使权力的发展是藩镇形成的背景条件；安史之乱以及肃代之际的政治、军事形势则对内地藩镇林立局面的形成起到了关键作用。后一方面的情况我们将在下一章分析，这里只讨论前一个问题。而这个问题又可从三个方面来进行探讨，即社会矛盾的发展引起军队素质的变化；边疆地区战争形势的发展引起边防体制的变化；现实统治的需要导致采访使制度的确立。这几方面的因素为藩镇的出现准备了充分的条件。当安史之乱期间节度使与观察使（采访使）合二而一时，集军政权力于一身的藩镇就最终形成了。

一　社会矛盾的发展与军队成分的变化

《新唐书》卷50《兵志》云："所谓方镇者，节度使之兵也。原其始，起于边将之屯防者。"[1]欧阳修的这种概括虽并不很准确，却也说明兵制和边防体制的变化在藩镇形成过程中举足轻重。

---

[1]《新唐书》卷50《兵志》，第1328页。

众所周知，唐前期实行征兵制，主要有府兵和兵募。府兵是固定的兵制，原则上"成丁而入，六十出役"[1]。兵募则由天下诸州差遣，"取户殷丁多，人材骁勇"[2]。这种亦农亦兵的征点制度之所以实行，显然是以当时均田制的较好贯彻为基础的。随着均田制的破坏，土地兼并的发展，这种征点兵制也势必难以维持，趋向崩溃，其具体表现则是大批农民纷纷逃亡，武则天时韦嗣立就有"今天下户口，亡逃过半"[3]的说法。

均田制和征点兵制的破坏以及流民客户的激增，形成了一种互为因果的恶性循环，给唐王朝带来了一系列严重的社会问题，这在证圣元年（695）凤阁舍人李峤的上表中有集中的反映：

> 今天下之人，流散非一。或违背军镇，或因缘逐粮，苟免岁时，偷避徭役。此等浮衣寓食，积岁淹年，王役不供，簿籍不挂，或出入关防，或往来山泽。非直课调虚蠲，阙于恒赋，亦自诱动愚俗，堪为祸患，不可不深虑也。[4]

李峤这番忧心忡忡的上奏包括三方面的问题。首先是"王役不供，簿籍不挂""课调虚蠲，阙于恒赋"，严重地影响到政府的财政收入。唐玄宗时的《禁逃亡诏》也说："虽户口至多，而逃亡未息……遂令邦赋不入、人伪斯甚。"[5]其次是逃亡农民"亡命山泽、挟藏军器"[6]，"诱动愚俗，堪为祸患"，威胁到唐王朝的统治。狄仁杰曾警告说："山东群盗，缘兹聚结。臣以边尘暂起，不足为忧，中

---

[1]《通典》卷29《折冲府》，第810页。
[2]《唐六典》卷5《尚书兵部》，第157页。
[3]《旧唐书》卷38《韦思谦附嗣立传》，第2867页。
[4]《唐会要》卷85《逃户》，第1560页。
[5] 唐玄宗《禁逃亡诏》，《全唐文》卷28，第320页。
[6] 武则天《改元光宅赦文》，《全唐文》卷96，第996页。

土不安,以此为事。"[1]最后由于前线兵士"违背军镇",后方农民大量逃亡,使唐朝在对外战争中兵源枯竭。不光府兵因负担沉重,"浸以贫弱,逃亡略尽"[2],而且"近闻诸军兵募逃丧者多",使统治者有"倘或临戎,如何破敌"[3]之虞!

上述社会矛盾既然从经济(财政)、政治、军事等方面严重威胁到唐王朝,统治者则势必要寻求各种对策以摆脱困境。

限制土地兼并、维持均田制吗?这样的敕书、诏令俯拾即是。高宗时曾明令禁止买卖口分、永业,玄宗开元二十五年(737)甚至还颁布过一道最详尽的均田法令,但诚如杜佑所说,"虽有此制,开元之季,天宝以来,法令弛宽",土地"兼并之弊,有逾于汉成、哀之间"[4]。检括逃户,勒还原籍吗?这样的措施也曾被采用,但收效至微。因为农民既已丧失产业,押送原籍,亦是枉然,何况这也并不能遏止其再度逃亡。令客户所在落籍,据地出税吗?这样做确实曾收到了一定效果,开元九年(721)宇文融上书简括逃户,获得批准,短期内就得客户一百二十万、钱八十万,田亦称是。但它至多只是给政府带来了一些财政收入[5],不仅未彻底解决流民问题,而且等于确认了人口流徙的合法性,从而给以征召为特征的唐朝兵制以致命一击,于是以募兵制代替征兵制便应运而生了。

开元二十五年(737),玄宗颁布了《命诸道节度使募取丁壮诏》:"宜令中书门下与诸道节度使各量军镇闲剧,审利害,计兵防健儿等作定额,委节度使放诸色征行人内及客户中召募,取丁壮情愿充健儿长任边军者,每岁加于常例,给田地屋宅,务加优恤,便

---

[1]《旧唐书》卷89《狄仁杰传》,第2892页。
[2]《资治通鉴》卷212,唐玄宗开元十年(722)八月,第6753页。
[3]《册府元龟》卷63《帝王部·发号令二》,周勋初等校订,凤凰出版社,2006年,第676页。
[4]《通典》卷2《田制下》,第32页。
[5]《新唐书》卷134《宇文融传》,第4567页,云:"(宇文)融度帝方调兵食,故议取隐户剩田,以中主欲。"

得存济，每年逐季本使具数报中书门下，至年终一时录奏。"[1]由此诏可知，新的长征健儿主要是从诸色征行人及客户中召募的。这种做法使得"逋逃者必争出应募"[2]，保证了唐廷对外战争中有足够的常规部队，解决了兵源枯竭的问题。同时，把流亡客户征召入伍，也消弭了一个不安定因素。早在武后时，陈子昂就主张过这个办法。他说："臣伏思即日山东愚人，有亡命不事产业者，有游侠聚盗者，有奸豪强宗者，有交通州县造罪过者。如此等色，皆是奸雄。国家又不以法制役之，臣恐无赖子弟，暴横日广，上不为国法所制，下不为州县所羁，又不从军，又不守业，坐观成败，养其奸心，在于国家，甚非长计。以臣愚见，望降墨敕、使臣，与州县相知，子细采访，有粗豪游侠、亡命奸盗、失业浮浪、富族强宗者，并稍优与赐物，悉募从军，仍宣恩旨慰劳，以礼发遣。若如此，则山东浮人，安于太山，一者以慴奸豪异心，二者得精兵讨贼。"[3]

总而言之，募兵制的出现既是唐初一系列社会矛盾发展的结果，也是解决这些社会矛盾的一剂良药，它的意义远不止于兵制变革本身。受人称道的开元盛世，一方面固然是受惠于唐开国百余年社会经济文化的发展，另一方面也是由于玄宗君臣通过募兵制，暂时地解决了当时经济、政治、军事方面的一些问题，从而使社会出现了一个相对繁荣和安定的局面。

募兵制当然也带来了新的问题。首先是军费的膨胀，开元中军费二百万两，天宝时猛增至一千二百万两。其次是军队素质的问题，大量的流民客户包括归附的少数民族入伍为雇佣职业兵，使军队成分变得十分复杂，以至难以驾驭，安禄山等人利用粟特宗教团结兵种，结成团团伙伙；同时，流民入伍使得军队内部纪律松弛，官兵之间冲突加剧，使问题更加复杂化。《资治通鉴》卷二一六天宝九

---

[1] 唐玄宗《命诸道节度使募取丁壮诏（增补）》，《全唐文》卷31，第345—346页。
[2] 《资治通鉴》卷212，唐玄宗开元十年（722）八月，第6753页。
[3] 陈子昂《上军国机要事》，《全唐文》卷211，第2136页。

载（750）八月有这样一则记事："朔方节度使张齐丘给粮失宜，军士怒，殴其判官；兵马使郭子仪以身捍齐丘，乃得免。"胡三省慨叹说："世皆知郭子仪得众，然后能捍免张齐丘，而不知当此之时，唐之军政果安在也！"[1]这种情况在府兵、兵募制度之下是极其罕见的，而在雇佣职业兵队伍里却并不新鲜。这次兵变乃是唐代中后期藩镇动乱的序幕。

二 边境形势的发展与防戍体制的变化

唐开元天宝年间所设置的缘边节度使，是安史之乱以后藩镇局面的先导。那么，为什么要在边疆地区宿重兵、设藩镇呢？这必须从唐初以来同周边少数民族的关系和当时的边疆形势中去探讨。

唐初武德年间，天下甫定，面对控弦数十万的突厥侵扰，唐廷采取了委曲求和、力避战事的方针。[2]贞观初年，唐朝内部业已稳定，太宗秣马厉兵，积草屯粮，做了充分准备，有计划、有步骤地开展了一系列进攻战，从贞观四年（630）开始，先后击破东突厥、薛延陀，降服漠北诸部，设都督府和羁縻府州以统之。贞观十四年（640）又破西突厥，平高昌，于其地设置州县。唐朝声威由此大振。史称："自北殄突厥颉利，西平高昌，北逾阴山，西抵大漠。其地东极海，西至焉耆，南尽林州南境，北接薛延陀界。凡东西九千五百一十里，南北万六千九百一十八里。"[3]唐代辽阔的疆域基本上是这时奠定的。高宗前期，奋贞观之余烈，继续采取积极进攻的方针。显庆二年（657）平西突厥贺鲁，置濛池、昆陵二都护府统其地。又在于阗以西、波斯以东地区分置都督府十六、州七十二、县一百一十。显庆五年（660）伐百济，总章二年（669）平高丽。

---

[1]《资治通鉴》卷216，唐玄宗天宝九载（750）八月，第6899页。
[2] 参见《旧唐书》卷1《高祖纪》，第3—16页。
[3]《旧唐书》卷38《地理志一》，第1384页。

至此，唐代的边功达于极盛阶段。

这一阶段的征讨主要是由行军总管、大总管统兵募、府兵、蕃兵等临时出征，事解辄罢。故杜佑云："国朝李靖平突厥，李勣灭高丽，侯君集覆高昌，苏定方夷百济，李敬玄、王孝杰、娄师德、刘审礼，皆是卿相，率兵御戎，戎平师还，并无久镇。"缘边都督"其在边境，唯明烽燧，审斥候，立障塞，备不虞而已"[1]。

从高宗仪凤年间（676—679）开始，到景云、开元之际（710—713），边疆形势逐渐发生变化，唐王朝为守住已开拓的疆土，做了不懈的努力。在吐蕃方面，从7世纪70年代以来，唐廷连续两次惨败折兵，仪凤三年（678），刘审礼葬身青海，损失惨重。高宗急忙召集侍臣讨论"绥御之策"。当时有两派意见，守边派认为"攻之则兵威不足，镇之则国力有余，且抚养士卒，守御边境"（给事中刘景先）；提出"少发兵募，且遣备边，明立烽候，勿令侵掠"（中书舍人郭正一）；"且令大将镇抚，畜养将士；仍命良吏营田，以收粮储"（给事中皇甫文亮）。另外一派则主张采取强硬措施，认为"敌不可纵，纵敌则患生；边不可守，守边则卒老；不如料简士卒，一举灭之"（中书侍郎薛元超）。两派之中以前一派占上风，高宗也认为"李勣已后，实无好将"，"自非投戈俊杰，安能克灭凶渠"[2]，表明了自己对守边派的支持。前此一年（仪凤二年，即677年），唐廷已于陇右设置河源、莫门、积石三军，加强对吐蕃的守备，至此又派大将黑齿常之为河源军使，"以镇御之"[3]。武后时，狄仁杰又进一步呼吁要"敕边兵谨守备，蓄锐以待敌。待其自至，然后击之"，认为"当今所要者，莫若令边城警守备，远斥候，聚军实，蓄威武"，

---

[1]《通典》卷148《兵典·总序》，第3780页。
[2]《唐会要》卷97《吐蕃》，第1731—1732页。《旧唐书》卷196上《吐蕃传上》，第5223—5224页。
[3]《旧唐书》卷196上《吐蕃传上》，第5224页。

"以逸待劳""以主御客"[1]。在突厥方面，神龙时曾令内外官各进破突厥之策，右补阙卢俌的"利在保境，不可穷兵"的策略得到了中宗的赞同，"览而善之"[2]。定远城及东中西三受降城就是这时设防的。在东北方面，奚、契丹调露六年（679）时即因突厥的诱煽，侵掠州县[3]，唐廷于朔方置云中守捉及大同军以镇之，特别是自万岁通天（696—697）以后，契丹、奚"常递为表里，号曰'两蕃'"[4]，唐廷多次调发大兵与战，几乎每战皆北。[5]范阳的清夷军、威武军及平卢军都是这时陆续置立的。

综上所述，自高宗后期，迄开元初年，唐廷几乎与周边各族都进行着激烈的战争，在东北部、北部、西部和西北部，唐廷都被迫采取防守边疆的方针，与此前积极进攻的军事行动形成鲜明的对比。发生这一转变的原因是多方面的，主要有以下几点：第一，从唐朝内部情况来说，高宗后期，到开元初年，王朝内部政局动荡不安，宫廷政变频仍，这不能不影响到对外政策和军事行动。第二，从唐朝外部情况来看，唐初的羁縻府州制，促进了周边少数民族的社会进步、经济开发和文化发展，使其势力逐渐强大。北突厥的崛起，吐蕃的猖獗，奚、契丹的反叛，使唐廷几乎陷入四面受敌的境况。陈寅恪先生曾说唐得高丽而"终不能有，则以吐蕃炽盛"[6]。岑仲勉先生也认为当时"突厥脱离，北边要警，环顾内外，情势迥殊"，"东北两蕃（契丹、奚），渐多作梗，顾此失彼，有同捉襟"[7]。

---

[1]《旧唐书》卷89《狄仁杰传》，第2891页。
[2]《旧唐书》卷144上《突厥传上》，第5171—5172页。
[3] 参见《旧唐书》卷93《唐休璟传》，第2978页。
[4]《旧唐书》卷199下《北狄传》，第5354页。
[5] 武后时，先是曹仁师全军败绩，其后王孝杰死于战阵（《唐会要》卷96《契丹》，第1717—1718页）。延和元年（712）幽州都督孙佺与奚战，丧师十二万（《旧唐书》卷199下《北狄传》，第5355页）。开元二年（714），薛讷全军又为契丹所覆灭（《旧唐书》卷93《薛讷传》，第2984页）。
[6] 陈寅恪《隋唐制度渊源略论稿·唐代政治史述论稿》，生活·读书·新知三联书店，2001年，第345页。
[7] 岑仲勉《隋唐史》，上海古籍出版社，2020年，第109页。

这种情况必然使唐廷防不胜防,无力进攻。第三,从贞观到高宗前期的武功,拓定了辽阔的疆域,特别是当时东西两个战场的激烈战争,使唐廷必须以重兵分守,广置军镇。这样,边防体制渐渐发生了变化。[1]

玄宗朝前期,虽然唐廷声威复振,但高武以来的边境形势却继续在发展。以节度使的设置为标志,唐廷的边境防线业已渐渐向后退缩。开元之际,大都护府实际上已为八节度使所代替,缘边驻扎着数十万镇兵。在开元时代,唐廷十分注意避免两线作战,采取了与一方联合,与另一方作战的策略,从而改变了过去的被动局面,但从整个形势来说,仍然是守而不是攻。

开元元年(713),唐朝复在奚和契丹置饶乐和松漠都督府,封其首领为郡王,并妻以固安公主和永乐公主。开元十年(722),又妻契丹王以燕郡公主;又妻以东华公主,并妻奚王以东光公主[2]。又将奚、契丹主皆由郡王晋封为王。而在北部和西部,唐廷与吐蕃和突厥进行了频繁而激烈的战争,赖东北乂安,唐廷在这些战争中未致大败。

开元十八年(730),契丹、奚反叛,附于突厥,和亲公主奔还平卢,东北战事大起。唐军连连失利,因而从开元十九年(731)起,唐廷遂主动与吐蕃媾和,双方使节往还,声问相继。开元二十二年(734),双方还在赤岭立分界碑。西部战场的宁谧,使唐廷得以悉心对付东北"两蕃",通过几场恶战,才勉强于二十五年(737)春天最后击破契丹余部。

从开元二十五年(737)起,东北战场稍暇,唐廷与吐蕃的干戈又起。自此以后,直至安禄山起兵,是唐朝军事上极其难堪的时期。首先,唐廷又陷入了与周边各族四面作战的境地,北有突骑施

---

[1] 参见唐长孺《唐代军事制度之演变》,《国立武汉大学社会科学季刊》1948年第9卷第1期。
[2] 有关东华公主、东光公主出嫁时间,据《资治通鉴》《旧唐书·玄宗纪》为开元十四年(726);据《旧唐书·奚传》及新出《安建墓志》,嫁东光公主时间为开元十年(722)。《安建墓志》,齐运通《洛阳新获墓志百品》,国家图书馆出版社,2020年,第164—165页。

和阿布思,东北有契丹、奚,西有吐蕃,南有南诏。虽然在唐廷与吐蕃激烈鏖战之秋,曾企图缓和与东北"两蕃"的关系,并于天宝四载(745)再唱"和亲"之策,但契丹、奚旋杀公主而叛,唐廷始终未能腾出东北这只拳头。相反,必须在那里集结大批兵力,屯集巨额财富,故范阳军队冠八镇之首,清河粮仓号"天下北库"。其次,特别是在天宝后期一些大的对外战争中,唐廷多遭惨败。天宝六载(747),高仙芝征小勃律,只是唐廷企图保持对西域控制的最后努力而已,当九载(750)再次出师远征时,便惨败于怛罗斯。与此同时,再次丧兵折将于云南;十三载(754),李宓的十五万大军,全军覆没。天宝十载(751)安禄山又大败于奚、契丹。只有哥舒翰与吐蕃打了几个胜仗。

开元天宝时期的上述边境形势,使唐廷所在都要驻兵防守,因而开元以来,边军城镇愈置愈多。这些军镇的设立有两种方式,一是行军留镇,如刘仁轨镇百济[1];一是派兵镇守,如姚州驻屯兵等[2]。到天宝元年(742),缘边军镇已达八十余处,以八节度使统之。同时,由于军队素质的变化,长征健儿在整个戍防兵中的比例愈来愈大,唐初以防丁、行人为主,军城镇戍为辅的防御体制逐渐发生变化,而让位于所谓节度使体制。

三 采访使制度的确立及其与军政权力的合一

节度使体制的出现是唐代藩镇形成过程中的一个重要阶段和重要方面。同时,还有一个不可忽视的方面便是采访使制度的确立及其权力发展。过去人们往往把开元天宝时的缘边节度使与安史之乱以后的藩镇等量齐观,把安史之乱以后藩镇林立简单地看成是边疆

---

[1] 参见《旧唐书》卷84《刘仁轨传》,第2790页。
[2] 参见《旧唐书》卷91《张柬之传》,第2939—2940页。

节度使在内地的移植，这是十分片面的。

节度使之设立，可上溯到睿宗景云年间[1]，这时它所统领的军队主要还是府兵和兵募等征点制军队，只是当边疆上逐渐增设久镇长征之兵时，它所统领的军队素质才为之一变。但就其权限来说，仍基本上未超过唐初的都督："都督掌督诸州兵马、甲械、城隍、镇戍、粮禀，总判府事。"[2]只是节度使作为诸军统帅，所领兵力更为广大些罢了，人们往往把节度使兼支度营田使看成是"有其财赋"的证据，实则不然。支度使是管军资粮饷的事务官，"凡天下边军，有支度使，以计军资粮仗之用。每岁所费，皆申度支会计，以长行旨为准"[3]。支度使由节度使兼领时，一般由副使、判官主其事。屯田或营田是为了解决边军粮食供应问题，"凡军州边防镇守，转运不给，则设屯田，以益军储。"[4]这种办法自汉代已然，不足以说明节度使独立的财政权力，至多只是表明节度使有权调配本镇的军资而已，而军资的支付则必须以中央度支所定"长行旨"为准。总之，还在募兵制实行以前，唐代边疆节度使已带了支度营田使职[5]，而元和以后，诸道又都解除了支度营田使[6]，可这并没有改变藩镇财政独立地位。因此我们不能把开元天宝时周边节度使带支度营田使职作为"又有其财赋"的证明。

这里，最值得注意的是采访使权力的发展。

采访使全称采访处置使，始置于玄宗开元二十二年（734），它的前身是唐初不时派遣的巡察等使，经历了一个长期的发展过程。本来隋代地方上有州、郡、县三级区划，"开皇初，有州三百一十，

---

[1] 参见本书附录一《唐节度使始置年代考定》。
[2] 《新唐书》卷49下《百官志四下》，第1315页。
[3] 《旧唐书》卷43《职官志二》，第1827页。
[4] 《唐六典》卷7《尚书工部》，第222页。
[5] 诸镇带支度营田使最早为景云元年（710）的河西，最晚为开元十年（722）的陇右、幽州。分别见《新唐书·方镇表》（第1760页）和《唐会要》卷78《节度使》（第1424—1425页）。
[6] 参见《唐会要》卷78《节度使》，第1433—1434页。

郡五百八",州、郡之数相差无几,于是存州废郡,"以州亲人"[1]。但是以三百余州(后改州为郡)直属中央,毕竟不利于统治,于是有司隶台等掌巡按天下郡县。隋祚短促,问题暴露得还不明显。入唐,仍承隋制置州、县二级,并自贞观以来就不时遣使巡察州县,贞观十五年(641)又分天下为十道,巡抚、按抚、存抚等使的派遣更是络绎不绝。[2]但正如垂拱年间(685—688)陈子昂所说的那样:"使愈出而天下愈弊,使弥多而天下弥不宁。其故何哉?是朝廷轻其任也。"他提出应"授以旌节而遣之"[3]。万岁通天元年(696)李峤也有类似的呼吁。这说明临时任命一些位轻职微的使者,倏忽往来,已不能适应当时政治统治的需要。

为了改变这一状况,景云二年(711)朝廷做出设置二十四都督府的重大决定:"天下诸州分隶都督,专生杀之柄,典刑赏之科。"[4]每个都督府治所及隶州的划分、都督人选的拟定本来业已就绪,但"议者以为权重难制,所授多非精选,请罢之"[5]。为此,朝廷召集九品以上官员的会议进行辩论。侍御史宋务光举出了三条"可建之理"。首先,他针对反对派都督人选不精,权力下移的理由反驳说:"授非其才,或可详择,权归于下,未之前闻。且率计天下三百余州矣。今补二十四都督,物议以为未可,则良二千石安得三百余人耶!"其次,他指出临时使节巡察的弊端很多:"巡察使人,数年一出,驰轩按俗,往复如飞。"不仅一些"隐慝潜过",不可得知,即使"设有举按,多不周悉",使节一返,讼者势必受到官吏迫害。"都督则不然,久于其职,无得苟且,岁时巡按,物无冤情。行者无远诣之劳,贪者有终身之惧。"在他列举的最后一条理由中,辩明秦

---

[1]《通典》卷33《郡太守》,第907—908页。
[2] 参见《唐会要》卷77《巡察按察巡抚等使》,第1412—1413页。
[3] 参见《唐会要》卷77《巡察按察巡抚等使》,第1413页。
[4] 卢俌《置都督不便议》,《全唐文》卷267,2713页。
[5]《唐会要》卷68《都督府》,第1194页。

汉之亡并非因为设有"监郡"和刺史。"秦人以役烦流祸，岂监郡之过耶？汉室以外氏专宠，岂刺举之罪耶！古有明征，事无深惑。"但是反对派太子右庶子李景伯、中书舍人卢补、吏部员外郎崔莅却正是抓住"权归于下，未之前闻"这一条大做文章。主张要"防微杜渐""强干弱枝"，不可"倒持太阿"。都督"权柄既重"，"虽初委任得士，政颇有方，后恐未必皆贤，弊从此起矣"。提出要回到"贞观制度"上去。[1] 于是二十四都督之议最终搁浅了。

然而，社会矛盾的发展，早已不容回到"贞观制度"上去了。贞观时全国户不满三百万，开元二十年（732）达七百八十六万余户，天宝十四载（755）又增至八百九十一万多户。[2] 而土地兼并、官吏贪残、人口逃亡等社会问题都要求加强地方统治。所谓"天下至大，郡邑至多，贤牧良宰，诚难尽得"，迫切需要设置不可"暂往速还"[3] 的监察使职。于是开元二十一年（733）在著名贤相张九龄的奏请下，设置了十五道采访使。朝廷要求他们"不可匆遽，徒有往来，宜准刺史例入奏"[4]。刺史是州级行政长官，让采访使"准刺史例入奏"，从中可以窥知它已有发展成地方行政长官的苗头。开元末，采访使的权力已经达到"许其专停刺史务，废置由己"[5] 的程度。

但是，采访使如果没有掌握一支强大的军队，即行政权若不与军事权合二为一，是不可能形成尾大不掉的局面的。天宝年间采访使与节度使的区域划分并不完全吻合，二者也是分开设置的。如安禄山于天宝三载（744）由平卢节度使加范阳节度使，并不兼领河北采访使，直到天宝九载（750）才兼领该职。天宝十二载（753）李憕为河东采访使，河东节度使则由安禄山兼领。[6] 又如，剑南节度

---

［1］ 以上并见《唐会要》卷68《都督府》，第1195—1196页。
［2］ 参见《通典》卷7《历代盛衰户口》，第148—153页。
［3］ 《唐会要》卷77《巡察按察巡抚等使》，第1415页。
［4］ 《唐会要》卷78《采访处置使》，第1420页。
［5］ 《唐会要》卷78《采访处置使》，第1421页。
［6］ 《唐会要》卷78《采访处置使》，第1420—1421页。

使曾兼山南西道采访使，尔后则"或兼，或不兼，无定制"[1]。李憕等采访使曾建议："请依旧通前置两员交使，望以周载。"[2]采访使既然由两员交替出使，也足可说明一般采访使并不由节度使兼领。《通典》卷32《都督》说："初，节度与采访各置一人，天宝中始一人兼领之。"[3]一些学者也因袭此说。正确的理解应该是天宝中有一人兼任两使的情况，但不普遍。安史之乱爆发后，内地亦置节度使，也并不是都兼采访之职。如至德时高适为淮南节度使，而李成式为淮南采访使。[4]李光弼为河北节度使，而同时有颜真卿为河北采访使。[5]

这种二使并设的二元体制实际上是不适应于当时的战争情况的。早在长安失守后，玄宗流亡四川途中即已下令赋予各道节度使自调兵食、总管内征发、任免管内官吏等权力[6]，另外再设置一个采访使其实并不能正常发挥其作用。所以乾元元年（758）诏："近缘狂寇乱常，每道分置节度，其管内缘征发及文牒兼使命来往，州县非不艰辛，仍加采访，转益烦扰，其采访使置来日久，并诸道黜陟使便宜且停。待后当有处分。"[7]这条诏书充分说明，节度、采访并置的二元体制确实不适应当时战争形势的需要，因而把采访使罢省了。但采访使督察州县的职任并不是不需要，于是上引《唐会要》那条材料后又加了一个补注说："其年改为观察处置使。"[8]

我们无须去探究"采访"与"观察"在字义上的细微差别，只要从此后它例由节度等使兼任就可以明白，此时诸道军事权与行政督察权实际上是合二而一了——这正是唐代藩镇的症结问题之一。

---

[1]《唐会要》卷78《节度使》，第1431页。
[2]《唐会要》卷78《采访处置使》，第1420—1421页。
[3]《通典》卷32《都督》，第895页。
[4] 参见《资治通鉴》卷219，唐肃宗至德元载（756）十二月，第7007—7008页。
[5] 参见《资治通鉴》卷217，唐肃宗至德元载（756）三月，第6957页。
[6] 参见贾至《玄宗幸普安郡制》，《全唐文》卷366，第3719—3720页。
[7]《唐会要》卷78《采访处置使》，第1421页。
[8]《唐会要》卷78《采访处置使》，第1421页。

安史之乱以后所谓"道"或"藩镇",实际上应该指观察使,因为观察使不一定带节度使,很多只带都团练使、都防御使或经略使,但节度使、都团练使、都防御使、经略使则必带观察使。颜真卿《送福建观察使高宽仁序》这样写道:"国家设观察使,即古州牧部使之职,代朝廷班导风化而宣布德意;振举万事而沙汰百吏者也。民俗之舒惨,兵赋之调发,刑狱之冤滥,政治之得失,皆得以观察而行之,其任可谓重矣。"[1]李观《浙西观察判官厅壁记》也说:"乃本而言之:厥自兵兴,上忧天下列郡无纲纪文章,是用命忠臣登车为观察使。而镇抚其民人,今来亦三纪于兹。古者所谓出连城守,今则大者或十数城,或七八城,小者或四五城,观其所以,察其所由,使乱不得长,使理不得渝,犹川之有防,犹户之有枢,其系厚矣,其临高矣。"[2]由此可见,与其说安史之乱以后的藩镇是节度使体制在内地的移植、再版,还不如说是开元天宝时内地采访使与边疆节度使权力的结合和扩展。

安史之乱期间,不仅节度等军事使职与观察这一行政监察职能合并,而且又进一步攫取了独立的财政权力,所谓"应须士马、甲仗、粮赐等,并于当路自供"[3],所谓"四方大镇,又自给于节度团练使"[4],即是其反映。至此,唐代真正"既有其土地,又有其人民,又有其甲兵,又有其财赋"[5]的藩镇才算是普遍形成了。值得指出的是,当时的许多规定,如罢采访使,置观察使,内地设藩镇,给诸道以自调兵食之权,等等,都只是临时措施或权宜之计,"待后当有处分"。但是,为什么安史之乱以后这种状况不仅没有改变,而且进一步固定化、制度化了呢?为什么平定藩镇叛乱战争的胜利却带来了一个藩镇林立的局面呢?这正是下文我们所要探究的。

---

[1] 颜真卿《送福建观察使高宽仁序》,《全唐文》卷337,第3416页。
[2] 李观《浙西观察判官厅壁记》,《全唐文》卷534,第5421页。
[3] 《资治通鉴》卷218,唐肃宗至德元载(756)七月,第6984页。
[4] 《唐会要》卷83《租税上》,第1536页。
[5] 《新唐书》卷50《兵志》,第1328页。

第二章 肃代之际的政治军事形势与藩镇割据局面形成的关系

关于唐代藩镇割据局面的形成，上文从社会矛盾的发展和兵制的变化等方面所做的研究，揭示了它所由产生的一般社会背景，但还不足以说明为什么安史之乱的平定竟会带来藩镇林立这一格局的特定原因。传统的观点总是用藩镇势力过于强大，中央无可奈何，代宗君臣姑息养奸等来加以解释。我们认为，藩镇割据局面的形成诚然集中反映了中央与地方的力量对比，但是其时唐王朝内部各派政治势力的矛盾重心的转移，唐王朝与周边少数民族矛盾的激化，以及保持地方军阀之间势力平衡的需要等实际因素也不可忽视。

一 安史之乱与唐中央的政治博弈

安史之乱平定后的藩镇武装，主要有三种：一是河朔一带的安史旧部；二是中原一带的新设节度使；三是缘边地区的旧有藩镇。

天宝十四载（755）十一月初九（公历12月16日），安禄山率领15万大军号称20万，发动叛乱，仅仅一个多月就攻入东都洛阳，次年正月初一安禄山称帝，建立大燕政权。唐王朝风雨飘摇，处于生死存亡之秋，中央没有一支可靠的劲旅前往抵御：封常清纠集的乌合之众一触即溃，高仙芝被杀后，身统数十万大军的哥舒翰也一战被擒。六月，潼关失守，玄宗奔蜀，天下几危。这时在前线作战的主要有两支武装：一是北部和西北旧有藩镇，以郭子仪等率领的朔方军为代表，河西、陇右余部及安西、北庭赴援军队亦归其麾下，势力颇盛,是讨叛的主力。另一支是河南地区新设的节度使,所谓"分命节帅以扼险要,其所统之增减离合,随时制宜"[1],因属草创,在战争中一般只有招架之功,并无还手之力。在其时海内动荡、王室衰微的情况下,这些新、老节镇都被获准可以自募军队,自调兵食和自署官吏。[2]因而,随着战争的推移,他们的势力也获得从小到大的迅速发展。唐王朝如果不能控制住这些讨叛军队,显然是难以存在下去的。还在战争之初,肃宗就为郭子仪、李光弼的功高不赏而显得忧心忡忡。[3]伐叛主力的副元帅先后换了郭子仪、李光弼、仆固怀恩等数人,河南战场的节度使亦频频更换。[4]更重要的是,唐廷又大力扶植了另一股政治势力——宦官势力,以此来与之相抗衡。

历史上宦官势力总是在王权微弱的时候急剧膨胀起来,但他们又实实在在是为了加强王权的需要才应运而生的。唐代宦官权势虽然在玄宗时代就已经炙手可热,只是在安史之乱爆发后,才作为一种救危扶倾的势力而飞黄腾达起来。这时期的宦官,有的在中央掌管枢密,肃宗时的军事行动就基本上是在李辅国的策划下进行的。[5]有的领兵征战,鱼朝恩曾出征命将,在镇陕战役中立过大功。[6]更多的则是出任监军使,深入到每一支作战部队中,"监视刑赏,奏察违谬"[7]。因而在整个战争期间,在在都可以看到宦官与军将的矛盾冲突。典型的例子如乾元元年(758)九节度使围相州,朝廷不置统帅而以宦官鱼朝恩为观军容使。由于双方互不相协,导致了叛乱势力的卷土重来。肃代之际,叛乱接近尾声,有些军阀已不大听朝廷

---

[1]《资治通鉴》卷220,唐肃宗乾元元年(758)九月胡注,第7060页。
[2] 参见贾至《玄宗幸普安郡制》,《全唐文》卷366,第3719—3720页。
[3] 参见《资治通鉴》卷222,唐肃宗至德二载(757)正月,第7132页。
[4] 参见吴廷燮《唐方镇年表》卷2《宣武镇》,第185—187页。
[5] 参见《资治通鉴》卷221,唐肃宗乾元二年(759)四月,第7073—7074页。
[6] 参见《新唐书》卷207《鱼朝恩传》,第5863—5864页;王行先《为赵侍郎论兵表》,《全唐文》卷445,第4537页。
[7]《唐会要》卷72《京城诸军》,第1296页。

调遣：田神功平刘展后逗留于扬州，尚衡、殷仲卿相攻于兖郓，来瑱旅拒于襄阳，[1]都显示出军帅与宦官双方冲突更形加剧。宝应元年（762）八月，郭子仪入朝，为宦官程元振所谮，解除了兵权，"遂留京师"[2]。同年来瑱入朝，因程元振"谮瑱言涉不顺"，赐死。史称由是"藩镇皆切齿"[3]。李光弼、令狐彰等亦因与宦官不协而不敢入朝。[4]同华节度使李怀让则因之"恐惧自杀"[5]。对于这些带有普遍性的事件，我们显然不能解释为宦官与军将的个人嫌隙之争，它真实地反映了唐廷对这些膨胀起来的军阀势力的猜忌和防范以及由此产生的矛盾冲突。所以，在这些事件中，皇帝总是坚定不移地站在宦官一边。

安史之乱结束后，上述矛盾仍然有增无已。郭子仪依然闲居京师，"部曲离散"[6]。李光弼因与朝廷相猜间，不久郁郁而亡。而仆固怀恩的叛乱，尤其是中央皇权与军阀势力矛盾白热化的集中表现。

仆固怀恩是继郭、李之后的另一位朔方军领袖。肃宗时即因与李辅国不睦，"几至破家，便夺兵权"[7]。宝应中，他以副元帅带兵追击史朝义，最后收复了大河南北。然而，正当他血战疆场时，朝廷已经"密为之备"[8]，在打他的主意了。宋人孙甫论及此事说："肃宗宠信内臣，为将帅之患。郭子仪讨平大乱，收复二京，元勋厚德，天下瞻望，但不与鱼朝恩相协，为其逸间，遂罢兵权。李光弼战伐尽力，动有奇功，才谋忠勇，冠于诸将，亦为朝恩所挠，致有败衂。怀恩前从子仪，知其事矣；后事光弼，惮其严而不附，遂与朝恩协

---

[1] 参见《资治通鉴》卷222，唐肃宗宝应元年（762）四月，第7127—7128页。
[2] 《资治通鉴》卷222，唐肃宗宝应元年（762）八月，第7130页。
[3] 《资治通鉴》卷222，唐代宗广德元年（763）正月，第7138页。
[4] 参见《新唐书》卷136《李光弼传》，第4590页；《新唐书》卷148《令狐彰传》，第4765—4766页。
[5] 《资治通鉴》卷222，唐代宗广德元年（763）六月庚寅，第7144页。
[6] 《新唐书》卷137《郭子仪传》，第4603页。
[7] 《旧唐书》卷121《仆固怀恩传》，第3483—3484页。
[8] 《资治通鉴》卷222，唐肃宗宝应元年（762）十一月丁丑，第7136页。

议，以败其功，又施其计矣；以李郭之功，不能固其权任，况他帅乎？又观代宗即位之始，程元振辈用事于内，甚于朝恩。来瑱居将相之任，一不从元振请托，无罪而杀。此怀恩所以不肯尽忠也。"[1] 可见仆固怀恩事件不是偶然，它是长期以来领兵将帅受到唐朝中央及宦官势力的猜忌、排斥、打击而发生激烈的矛盾冲突的必然结果。后来，有个节度使对宦官说："仆固怀恩岂反者邪？皆鼠辈弄威作福趣之祸也。我本不反，今为尔反！"[2] 生动地表明了宦官与军阀的矛盾对立。

宦官势力虽然是皇帝牵制军阀势力的工具，但他们与中央皇权也产生摩擦。有唐一代，莫不如此。这时二者的关系与德宗以后"九重之废立由己"[3]的情况稍有不同之处，在于皇帝尚未被宦官完全控制，因而一旦宦官势力有逼主之嫌，就被皇帝毫不犹豫地除去。如李辅国专权时，"上（肃宗）颇不悦"[4]，"辅国行事，多所变更"[5]。代宗即位之初，李辅国权势更炽，他对代宗说："大家弟坐宫中，外事听老奴处决。"结果，"帝矍然欲剪除"[6]。代宗遂倚程元振而除之。后来又流放程元振而重用鱼朝恩。及鱼朝恩复蹈前辙，认为"天下事有不由我乎"！[7] 代宗又倚元载而除鱼朝恩。朝恩既诛，代宗又恶元载，"将加之法，恐左右泄漏，无与言者"，遂与外戚吴凑"密计图之"[8]，至大历十二年（777）方将其党一网打尽。可见，几乎终代宗之世，宫廷内部一直进行着夺权与反夺权的斗争。[9]

安史之乱平定前后，不仅唐王朝内部各派政治势力的矛盾交织

---

[1] 孙甫《唐史论断》卷中，"丛书集成初编"本，中华书局，1985年，第37页。
[2] 《新唐书》卷224上《周智光传》，第6373页。
[3] 《旧唐书》卷184《宦官传·序》，第4754页。
[4] 《资治通鉴》卷221，唐肃宗乾元二年（759）二月，第7068页。
[5] 《资治通鉴》卷221，唐肃宗乾元二年（759）四月，第7074页。
[6] 《新唐书》卷208《李辅国传》，第5882页。
[7] 《新唐书》卷207《鱼朝恩传》，第5865页。
[8] 《旧唐书》卷183《吴溆附凑传》，第4747页。
[9] 肃代之际唐王朝内部斗争中，还有新老皇帝交替时的皇位之争。如肃宗的擅自即位灵武、玄宗的被逼迁西内、张良娣谋夺代宗之位等，对其时的藩镇战争也产生了重要影响。

在一起，而且唐王朝与西北地区吐蕃、党项的民族斗争也穿插其间，使它陷入内忧外扰的交困境地。还在安史之乱以前，西北地区就是与河北遥遥相对的军事重镇，哥舒翰身统河西、陇右二镇，与安禄山的幽州、平卢、河东三镇相对峙。战乱期间，河陇军队赴难东讨，边防空虚，吐蕃、党项乘机进逼邠、泾一线，虎视长安。唐廷被迫分部分兵力加强西北边防。[1]及仆固怀恩叛乱，"连诸蕃之众，为国大患，士不解甲，粮尽馈军"[2]，其危害之烈"不啻于禄山、思明之难"[3]。唐廷受到沉重打击。广德元年（763）十月，吐蕃兵锋直指长安，代宗出奔，吐蕃立广武王承宏为帝，几乎颠覆了唐政权。仆固怀恩死后，吐蕃仍然频岁进犯，"边羌挈战不解"[4]，唐廷曾征调幽州、魏博、成德、淄青、汴宋、河中及申、黄、安、息等军队二十八万众以备边。[5]直到大历季年，吐蕃还时常在京畿附近"大掠人畜而去，百官往往遣家属出城窜匿"[6]。唐朝每岁都要征调大批防秋兵以资守备，西北地区的武装集结一般在二十万人以上。即便如此，还有人倡起迁都河中、秋抄行幸避狄的退让之策[7]，可见其时形势之严峻。

由上可知，在安史之乱平定前后，唐王朝面临的政治矛盾的焦点和军事斗争的重心都已发生新的转移。唐廷与安史叛乱势力的矛盾已相对地让位于它与反叛乱势力——新起军阀和宦官势力的矛盾；唐廷与叛乱势力的军事斗争中心地区也相对地让位于在唐王朝肘腋之地——京西京北地区与吐蕃势力的武装抗争。[8]在这种情况

---

[1] 参见《资治通鉴》卷221，唐肃宗上元元年（758）正月，第7090页。
[2] 《旧唐书》卷121《仆固怀恩传》，第3489页。
[3] 穆员《相国义阳郡王李公墓志铭》，《全唐文》卷784，第8193页。
[4] 《新唐书》卷212《李怀仙传》，第5968页。
[5] 参见唐代宗《命郭子仪等备边敕》，《全唐文》卷48，第533页。
[6] 《资治通鉴》卷225，唐代宗大历十年（775）九月壬子，第7232页。
[7] 参见《旧唐书》卷118《元载传》，第3411—3412页。
[8] 安史之乱平定前后，江淮地区农民起义蜂起，特别是袁晁的起义队伍众至二十万人，数陷浙东州县，唐廷不得不从中原战场抽调兵力来对付。因旋即被镇压，故对唐朝的军事牵制不如西北地区那么持久和重大。

下，唐廷迫切要求早日了结河北战事，处理日益激化的新矛盾。因此代宗即位之初即明确规定："逆贼史朝义已下，有能投降及率众归附者，当超与封赏。"[1]东都收复的捷报传来才四天，又下制："东都河北应受贼胁从署伪官并伪出身，悉原其罪，一切不问。"[2]于是，张忠志（李宝臣）、李怀仙、薛嵩、田承嗣等在史朝义授首之前纷纷投降，正是唐廷所期望的，特别是张忠志开土门（井陉口）纳王师之功，一直受到唐廷的重视。[3]援往日处置安史降将如能元皓、令狐彰之例，各授以节度使，自是情理中事。诚如王昶跋《李宝臣碑》所说，"不如此不足以慰来投之心"[4]。并且，唐廷通过"分而帅之"的做法，大大缩小了各镇的势力地盘，较之当年安禄山独擅三镇和史思明乾元中投降时授以整个河北节度使的情况，已不可同日而语。而战后上述新的政治矛盾与军事斗争既然愈演愈烈，恰好为安史旧将恢复元气、发展势力造成了可乘之机。故史称："属怀恩反，边羌挈战不解，朝廷方勤西师，故怀仙与田承嗣、薛嵩、张忠志等得招还散亡，治城邑甲兵，自署文武将吏，私贡赋，天子不能制。"[5]"河、湟六镇既陷，岁发防秋兵三万戍京西，资粮百五十余万缗。而中官鱼朝恩方恃恩擅权，代宗与宰相元载日夜图之。及朝恩诛，帝复与载贰，君臣猜间不协，边计兵食，置而不议者几十年。而诸镇擅地，结为表里，日治兵缮垒，天子不能绳以法。"[6]

史实清楚地说明，河朔割据的形成，不单单是安史之乱的后遗症，实际上还是新的政治形势和军事形势所造成的一种局面，笼统地归结为"君臣皆幸安，故瓜分河北地，付授叛将，护养孽萌，以

---

[1]《代宗即位赦》，《唐大诏令集》卷2，中华书局，2008年，第9页。
[2]《册府元龟》卷88《帝王部·赦宥七》，第927页；《资治通鉴》卷222，唐肃宗宝应元年（762）十一月丁丑条作"东京及河南、北"，第7136页。
[3] 参见《唐会要》卷65《宗正寺》元和四年（809）四月诏及原注，第1143页。
[4] 王佑《李宝臣碑》，载王昶《金石萃编》卷93，《石刻史料新编》（第1辑·第3册），新文丰出版社，1977年，第1563页。
[5]《新唐书》卷212《李怀仙传》，第5968页。
[6]《新唐书》卷51《食货志一》，第1348页。

成祸根"[1],不免失之肤浅。

二 安史乱后唐朝面临的军事形势

安史之乱期间中原各地新设了许多藩镇,在战后不曾罢去,大量军队亦未销兵归农,从而出现了"天下尽裂于藩镇"的局面。这也是因为代宗君臣的姑息和苟且偷安吗?回答是否定的。正确的答案,仍要从当时的政治和军事形势中去寻找。

河北战争一结束,就不乏销兵罢镇的言论。广德二年(764),郭子仪曾上言:"安、史昔据洛阳,故诸道置节度使以制其要冲;今大盗已平,而所在聚兵,耗蠹百姓,表请罢之,仍自河中为始。"六月"敕罢河中节度及耀德军"[2]。翌年三月,左拾遗独孤及又上疏,指责:"倾天下之货,竭天下之谷,以给不用之军,臣不知其故。假令居安思危,自可厄要害之地,俾置屯御,悉休其余,以粮储屝屦之资,充疲人贡赋,岁可减国租之半。陛下岂可持疑于改作,使率土之患日甚一日乎!"独孤及这番话语恳切言明,但"上不能用"[3]。为什么代宗无动于衷呢?

安史之乱以前,"惟边州置重兵,中原乃包其戈甲,示不复用"[4],诚如王夫之所说:"天宝元年置十节度使,其九皆西北边徼也,唯河东一镇治太原,较居内地……若畿辅内地、河雒、江淮、汴蔡、荆楚、兖泗、魏邢,咸弛武备,幸苟安,而倚沿边之节镇,以冀旦夕之无虞,外强中枵,乱亡之势成矣。"[5]这种内外不均的形势最终酿成了安史之乱。安史之乱以后,河北、河东、剑南、岭南

---

[1] 《新唐书》卷210《藩镇传》序,第5921页。
[2] 《资治通鉴》卷223,唐代宗广德二年(764)五月庚申,第7165页。
[3] 《资治通鉴》卷223,唐代宗永泰元年(765)三月壬辰,第7173页。
[4] 《唐会要》卷72《军杂录》,第1300页。
[5] 王夫之《读通鉴论》卷22《玄宗十七》,第667页。

依然要驻兵戍守,而西北地区尤其是激烈的战场。这些地方的军队不仅不能削减,而且时有所增,如李元谅在边镇,"籍马蒐乘,补卒济师,始编簿者二千,终载书者一万……此其徇国之功四也"[1]。仅江淮赋税之地稍见安宁,时称"天下方镇,东南最宁"[2]。

边疆之重兵既不可去,如果唯罢内地诸镇、尽销其兵的话,势必又会使内外的军事布局失去平衡,重演天宝末年的悲剧。相反,若中原诸镇继续保持足够的兵力,即可维持住一种均势,使内外互相牵制。故王夫之认为,"即令外寇果强,侵陵相迫,抑必内屯重旅,以时应敌"。"夫使禄山之乱,两河、汝、雒、淮、楚之间,有大臣屯重旅,拊其入关之背而迫之以前却两难之势,贼其敢轻窥函谷哉!"[3]中原诸镇的宿兵正好解决了这个问题。打开唐代中后期的藩镇形势图可知,如果把河朔叛镇、东南财赋之地及关中地区连成一个三角形的话,那么中原型藩镇便居于这个三角形的中心。史称:"大梁当天下之要,总舟车之繁,控河朔之咽喉,通淮湖之运漕。"[4]"今之徐方,控临东极,淮海闽越,千里遥赖。"[5]汝州"捍蔽东都,联唐许,当蔡西面"。河阳"乃魏博之津"[6]。滑州,"用武地,东有淄青,北魏博"[7]。昭义"据山东要害,魏博、恒、幽诸镇蟠结,朝廷惟恃此以制之"[8]。总之,中原型藩镇居腹心之地,具有控扼河朔、屏障关中、沟通江淮的重要战略地位。事实证明,唐后期伐叛战争,主要是征调这些藩镇的军队,所谓"其先也,欲以方镇御四夷;而其后也,则以方镇御方镇"[9]。故宋人尹源也说:"夫弱唐者,

---

[1] 张濛《李元谅颂》,《金石萃编》卷103,《石刻史料新编》(第1辑·第3册),第1714—1715页。
[2] 常衮《代杜相公让河南等道副元帅第二表》,《全唐文》卷417,第4265页。
[3] 王夫之《读通鉴论》卷22《玄宗十七》,第667—668页。
[4] 刘宽夫《汴州纠曹厅壁记》,《全唐文》卷740,第7649页。
[5] 高瑀《使院石幢记》,《金石萃编》卷107,《石刻史料新编》(第1辑·第3册),第1797页。
[6] 《新唐书》卷146《李栖筠附吉甫传》,第4743页。
[7] 《新唐书》卷151《袁滋传》,第4824—4825页。
[8] 《资治通鉴》卷238,唐宪宗元和五年(810)三月丁亥,第7675页。
[9] 王谠《唐语林校证》卷8《补遗》,周勋初校证,中华书局,2008年,第695页。

诸侯也；唐既弱矣，而久不亡者，诸侯维之也。"[1]确实是切中其要的真知灼见。

当然，安史之乱以后之兵不可销，除维持地方军阀势力的均衡这一因素外，还有更深刻的社会原因也不可不提。高宗、武后以来，均田制渐趋破坏，流民、逃户成为严重的社会问题，玄宗之世采用多种办法，试图加以解决。一是重申均田法令，严禁流徙[2]；二是检括客户，听其所在落籍[3]；三是招募流民客户充军[4]。在这几种办法中，前两种都失败了，而募流民客户为兵的办法虽能诱得"逋逃者""争出应募"[5]，却使这批人渐渐成为雇佣职业兵而不可卒去。八年战乱又制造了一批流民，社会经济愈益凋敝。关中地区是"诸军亡卒及乡曲无赖子弟相聚为盗"[6]，河东地区是"百姓饥馑，难为聚敛"[7]，剑南一带是"寇盗充斥"[8]，江淮一带是"税外横敛""人不堪命，皆去为盗贼"[9]。如元结所说"百姓恋坟墓者盖少，思流亡者乃众"[10]。既然一般农民尚不恋故土，"流亡转甚"[11]，欲使那些无业可操的军士解甲归农，无疑等于痴人说梦。永泰元年（765），元结在今湖北樊水一带碰到昔日部下的兵士，有诗记其事云："漫游樊水阴，忽见旧部曲。尚言军中好，犹望有所属。"[12]可见那些由于种种原因脱离军队的散兵游勇对昔日的戎马生活仍十分向往。其原因何在

---

[1]《宋史》卷442《尹源传》，第13082页。
[2] 参见《通典》卷2《田制下》，第29—32页。
[3] 参见《旧唐书》卷105《宇文融传》，第3217—3218页。
[4] 参见《唐六典》卷5《尚书兵部》，第150—151页。
[5]《资治通鉴》卷212，唐玄宗开元十年（722）八月癸未，第6753页。
[6]《资治通鉴》卷223，唐代宗广德二年（764）正月甲寅，第7160页。
[7]《旧唐书》卷112《李国贞传》，第3340页。
[8]《京兆尹兼中丞杭州刺史剑南东川节度使杜公墓志铭》，《陕西金石志》卷14，《石刻史料新编》（第1辑·第22册），第16552页。
[9]《新唐书》卷149《刘晏传》，第4798页。
[10] 元结《谢上表》，《全唐文》卷380，第3863页。
[11] 元结《谢上表》，《全唐文》卷380，第3864页。
[12] 元结《喻旧部曲》，《元次山集》卷2，孙望校，中华书局上海编辑所，1960年，第32—33页。

呢？元结的另一首诗实际做了回答："山泽多饥人，闾里多坏屋。战争且未息，征敛何时足。"[1]这里的战争当指唐廷与仆固怀恩和吐蕃的战争。可见，闾里凋敝和横征暴敛以及无休无止的战事便是兵士们不愿和不能释戈操耒的主要原因。集聚山泽的散兵游勇毕竟是一股不安定的社会因素，代宗曾下诏招携云：逃亡官健，"仍委刺史县令，自赍诏书，亲至山谷，分明谕旨，一一招携。所有怀附，切加慰纳；问其所欲，各使便安。若愿归田农，当恤生业；如请入军伍，亦听食粮"[2]。逃亡兵士，尚且听其"入军伍""食粮"，足见当时销兵之不可能了。

三 唐代后期影响藩镇格局的诸因素

我们简略地剖析了安史之乱前后的政治形势和军事形势，指出它们对河朔藩镇割据和天下藩镇林立局面形成的意义，对于进一步认识整个唐代藩镇形势的发展也有作用。因为我们前面提到的诸种因素或矛盾，在尔后的藩镇割据和动乱的历史上，仍在发生影响。

德宗初年，朝廷文臣、武将和宦官的明争暗斗，仍不减当年，德宗在各方面寻求依恃，以至"不知所倚仗矣"[3]。兴元以后，德宗"颇忌宿将握兵多者"[4]，又与宦官站在一边。"自燕盗已来，惟朔方多军功，内以遏不轨，外以拓胡虏"[5]的朔方军，在德宗即位初便肢解为三[6]，宦官控制的神策军逐渐取而代之，控制了整个京西京北。西北藩镇与神策军无论在政治隶属关系上，还是在经济

---

[1] 元结《喻常吾直》，《元次山集》卷2，第27页。
[2] 《招谕金商邓州界逃亡官健制》，《唐大诏令集》卷118，第618页。
[3] 《资治通鉴》卷226，唐德宗建中元年（780）十月，第7290页。
[4] 《资治通鉴》卷231，唐德宗兴元元年（784）十月乙丑，第7445页。
[5] 刘轲《再上崔相公书》，《全唐文》卷742，第7672页。
[6] 参见《资治通鉴》卷225，唐代宗大历十四年（779）闰五月，第7259页。

关系上，都有很深的矛盾。元和十四年（819）邠宁李光颜率兵赴敌，"邠师喧然曰：'人给五十千而不识战阵，彼何人也！常额衣资不得而前蹈白刃，此何人也！'愤声恟恟不可遏"[1]，搞得"京师恟惧"[2]。可见形势之严重！德宗初年的李怀光之叛，陈寅恪先生指出："神策军与朔方军廪赐之不均要为此大事变之一主因。"[3]可谓一针见血。

　　边疆形势对藩镇割据的影响亦有清晰的脉络可寻。"平时安西万里疆，今日边防在凤翔。"[4]由于西北地区经常需要重师镇守，既从财力上影响到本已十分拮据的唐廷财政，又严重地牵制了唐朝大量军队包括中原防秋兵、西北藩镇兵和中央神策军三方面的兵力。因此，唐廷对藩镇的战争，常常要顾及西北的形势。元和时议讨王承宗，李绛所持的反对理由就是：万一"兵连祸结，财尽力竭，西戎、北狄乘间窥窬，其为忧患可胜道哉"[5]。建中初，德宗为"内靖方镇"[6]而主动与吐蕃结盟通好，才得以征调西北军队东征[7]。贞元（785—805）后，西北形势又趋严重，故朝廷不敢对骄藩采取强硬方针。元和时大力讨伐叛镇，即因西北战事稍暇，吐蕃"遣使朝贡不绝"[8]。自元和十三年（818）以后，迄于长庆（821—824）初，吐蕃又频岁入寇[9]，因而河朔三镇复叛时，唐廷又力不能支了。待吐蕃势力衰歇，河湟之地收复后，西南边疆战事却越闹越大，南诏的进犯，遂成晚唐之大患。

　　代宗朝不能销兵罢镇的一些客观原因也长期存在。中原藩镇长

---

[1]《旧唐书》卷161《李光进附光颜传》，第4222页。
[2]《资治通鉴》卷241，唐宪宗元和十四年（819）十一月己亥，第7776页。
[3] 陈寅恪《论李怀光之叛》，《金明馆丛稿二编》，生活·读书·新知三联书店，2001年，第319页。
[4] 白居易《西凉伎》，《白居易诗集校注》卷4，谢思炜校注，中华书局，2006年，第367页。
[5]《资治通鉴》卷238，唐宪宗元和四年（809）七月丁卯，第7664页。
[6]《新唐书》卷216下《吐蕃传下》，第6092页。
[7] 参见《旧唐书》卷12《德宗纪上》，第335页。
[8]《旧唐书》卷196下《吐蕃传下》，第5261页。
[9] 参见《旧唐书》卷196下《吐蕃传下》，第5262—5263页。

期是唐廷用以对抗河朔叛镇的重要力量,所谓"梁、徐、陈、汝、白马津、盟津、襄、邓、安、黄、寿春,皆戍厚兵"[1],"以塞虏冲","严饰护疆,不可他使"[2]。这种内外相持的制约关系,维持唐王朝相对稳定地存在达一百多年,至黄巢起义才打破这种格局。

---

〔1〕 杜牧《罪言》,《杜牧集系年校注》卷5,第634页。
〔2〕 杜牧《战论》,《杜牧集系年校注》卷5,第649页。

第三章 唐代藩镇割据的社会基础

不少论著都认为唐代藩镇割据的社会基础是封建大土地所有者，或曰大庄园主；认为由于大庄园主为维护自己的经济利益不被中央政府染指而支持藩镇割据，使得这种局面得以维持和发展。我们不同意这种看法。杨志玖先生撰文认为，那些投身军戎成为职业雇佣兵的破产农民和无业游民才是藩镇割据的社会基础。[1]但藩镇割据与唐代的大土地所有者究竟存在着什么关系，尚未具论。本章试图在这方面做一初步探讨，并就杨先生提出的这个问题做进一步补充论证。至于后来又有一些同志提出东北少数民族是藩镇割据的社会条件，实质上是陈寅恪先生早年观点的进一步引申。我们认为，在河朔割据藩镇的雇佣职业兵中，有较多的少数民族血统的士兵，他们强悍剽勇，比一般农民出身的士兵更易于参与和发动杀帅逐帅的动乱，这是可以肯定的，但也仅此而已，如果夸大民族矛盾或民族差异在藩镇割据中的作用，则不可取。关于这个问题，我在本书第五章《唐代藩镇的动乱特点》第三部分将有所说明，这里不拟讨论了。

一 唐代大土地所有制的若干特色

分裂割据是封建社会经常出现的社会现象，其表现形态也多种多样：有豪强地主的分裂，有民族政权的自立，还有农民的武装割

---

[1] 参见杨志玖《试论唐代藩镇割据的社会基础》，《历史教学》1980年第6期。

据，等等。封建国家政权是地主阶级专政，这是由生产资料的地主所有制决定的。但是其政权形式究竟表现为中央集权，还是地方割据，则不一定亦步亦趋地受地主土地所有制的影响，而取决于多方面的因素。它既可能来自上层建筑，如政治的、军事的原因；也可能取决于经济基础，如大土地所有制发展状况、商品经济发展水平等；还可能受到民族关系，如民族隔阂和民族融合方式等的影响；更可能是多元因素而以某种因素为主。总之，必须具体问题具体分析。

在中外历史上，确有一些割据现象，与封建大庄园制度紧密联系在一起。例如，中世纪欧洲庄园盛行时期，封建领主稳定占有大片地产和农奴，那里没有土地买卖，很少有地产转移，形成了一种"已经硬化了的私有财产"[1]，封建主在领地内行使行政、司法、军事、财政等权，所有这些权力都随同领地世代传袭。这是欧洲中世纪四分五裂，未能形成中央集权的主要原因。东汉末年及魏晋南北朝的长期分裂有与此类似的情况。世族豪强占有大块田庄和部曲、田客，被荫占的徒附既是操耒于庄园的农奴，又是执戈于坞堡的甲士[2]，石勒对坞堡主"皆就拜守宰"[3]，北魏前期带有浓厚宗法色彩的宗主督护制，都生动地说明了其时世族豪强对土地的所有权和在邑里的政治统治权的合二为一。又由于这时期商品经济发展的限制和地产转移的滞缓，以及人身依附关系的加强，世族豪强更具有历世不衰的强大政治势力和经济势力，加以民族矛盾的影响，导致了当时的中央集权长期不得振作。

但是，中唐以后的大土地所有制发展状况则与此不同。这时期土地兼并固然是"恣人相吞，无复畛限"[4]，但它却表现出新的历史特征：地产转移迅速而经常，土地买卖频率增大，不肖子弟"鬻庄

---

[1]《马克思恩格斯全集》第1卷，人民出版社，1956年，第369页。
[2] 参见王仲荦《魏晋南北朝史》上册，上海人民出版社，1979年，第145—149页。
[3]《晋书》卷105《石勒载记下》，第2740页。
[4] 陆贽《均节赋税恤百姓六条 其六论兼并之家私敛重于公税》，《陆贽集》卷22，第768页。

而食"[1]，成为突出而普遍的社会现象。大官僚张嘉贞慨叹"比见朝士广占良田，及身殁后，皆为无赖子弟作酒色之资"[2]。郭子仪在黄峰岭及河池关中间百余里的大田产，唐末已"为飞龙租入地耳"[3]。常被人们称引的大地主屈突仲任，"父卒时，家僮数十人，资数百万，庄第甚众，而仲任纵赏好色，荒饮博戏，卖易且尽，数年后，惟温县庄存焉。即货易田畴，拆卖屋宇，又已尽矣"[4]。又如东川节度使李叔明"总戎年深，积聚财货，崇饰第宅，田园极膏腴"，但"殁才数年，遗业荡尽，故代之言多藏者，咸以叔明为鉴诫"[5]。敦煌文书中还留下了一些藩镇将校兵马使之间发生财产移易的记载。[6]总之，中唐以后，由于商品经济发展水平的提高，土地兼并毫无畔限的发展，"田亩移换，非旧额矣，贫富升降，非旧第矣"[7]，地产不断地"从一个人手中转入另一个人手中，任何法令都无法使它再保持在少数特定的人手中"[8]，所谓"庄田置后频移主，书画残来亦卖钱"[9]。所有权的不稳定性使土地私有者难以长期地保持对大地产的垄断，在这种土地形态上便很难形成巩固的地方势力。

唐代庄园制（如果能称为庄园制的话）的另一突出特点是与社会经济联系极为密切广泛，它与欧洲中世纪闭塞型的庄园制度和崔寔《四民月令》中所揭示的自然经济色彩极为浓重的田庄经济，都

---

[1] 孙光宪《北梦琐言》卷3《不肖子三变》，贾二强点校，中华书局，2002年，第60页。
[2] 《旧唐书》卷99《张嘉贞传》，第3093页。
[3] 孙樵《兴元新路记》，《孙可之文集》卷4，上海古籍出版社，1994年，第43页。
[4] 李昉《太平广记》卷100《屈突仲任》，中华书局，1961年，第668页。
[5] 《册府元龟》卷455《将帅部·贪黩》，第5117页。
[6] 参见中国社会科学院历史研究所资料室编《敦煌资料》第1辑，中华书局，1961年，第300—301页。
[7] 《唐会要》卷83《租税上》，第1535—1536页。
[8] 马克思《1844年经济学哲学手稿》，《马克思恩格斯全集》第42卷，人民出版社，1979年，第87页。
[9] 刘克庄《故宅》，《后村先生大全集》卷1，王蓉贵等校点，四川大学出版社，2008年，第24页。关于地产转移可参见顾炎武《日知录集释》卷13，黄汝成集释，栾保群等校点，上海古籍出版社，2014年，第315页。傅筑夫《中国经济史论丛》（上册），生活·读书·新知三联书店，1980年，第139—140、221—224页。

迥然有别。不仅一个田庄里不能生产全部的生活资料和生产资料，而且各地区的商品交流也十分频繁，以割据最烈的河北地区而论，"江淮河朔间，悉有贾客仗其货买易往来"[1]，南方的茶叶即畅销于河北[2]，唐末皮日休《汴河铭》赞其时运河的作用云："今自九河外，复有淇汴，北通涿郡之渔商，南运江都之转输，其为利也博哉！"[3]正是在这种情况下，中唐以后的商品经济仍有相当的发展。

唐代还有一种所谓"寄庄"的经济现象。一些地主或官僚，在外地购置产业，这些产业为"寄庄"，他们自己便成为寄庄户。唐代法令有"如数处有庄田，亦每处纳税"[4]的规定，可见"寄庄"还是比较普遍的[5]，甚至如淄青悍帅李师道也曾"多买田伊阙、陆浑之间，凡十余处"[6]。这种情况既反映出地产转移的频繁和激烈程度，也说明了在商品经济高度发展的情况下，地主经济已不再局促于一隅，而是在全国范围内普遍地发展，从而呈现出大土地所有制的分散性特点。

由于社会经济的发展和人民群众的阶级斗争，这时期农民的人身依附关系也有所减弱，租佃契约关系已有显著的发展，唐以前那种世族豪强稳固地在大地产上役属部曲、田客的情况已成历史的陈迹。上述这些地主土地所有制关系上的一系列新现象，虽然唐以前并非绝对没有，却是在中唐以后日益明朗化，并作为一种历史特点而区别于以前各个时代的。显而易见，地主土地所有制的不稳定性和分散性，封建庄园与社会经济的广泛联系和依赖，农民人身依附关系一定程度的减弱，都是对形成长期巩固的局促于一隅的地方割据势力的制约因素。如果用具有这些特点的大土地所有制来解释中

---

[1]《太平广记》卷499《郭使君》，第4097页。
[2] 参见《新唐书》卷212《刘仁恭传》，第5987页。
[3] 皮日休《汴河铭》，《全唐文》卷797，第8363页。
[4]《唐会要》卷83《租税上》，1535页。
[5] 参见张泽咸《唐代的寄庄户》，《文史》第五辑，中华书局，1978年，第53—62页。
[6]《册府元龟》卷695《牧守部·屏盗》，第8024页。

唐以后的藩镇割据现象，那就难把问题说清。

二　唐代藩镇节度使身份特征

从唐代大土地所有制度的历史特点进行考察，我们论证了它与藩镇割据没有不解之缘。如果进一步就大土地所有者与藩镇割据的关系做一具体分析，也会得出同样的结论。

从现有材料看，唐代中后期大土地所有制最发达的是两京及江南地区，许多著名大田庄多分布在东都、西京、汝颍、江陵、金陵一带，但这些地区并未形成割据。经常成为典型例子被人们用以说明唐代庄园制度的著名代表，如"膏腴别墅，连疆接畛，凡数十所"[1]的元载，"良田美产，最号膏腴"[2]的韦宙，有着"周回十余里"[3]王官谷庄的司空图等，都不是藩镇割据的支持者。

毋庸否认，节度使无论是割据地区的悍帅，还是听命于唐廷的藩臣，都是有田有地的地主。但是，就像人们没有任何理由认为安史之乱的肇起，是由于安禄山、史思明等人或河北地区的大地主为维护自己的庄园利益而诉诸武力一样，人们也找不出什么根据来说明河北悍帅是为了维护其庄园利益不为唐廷和他人染指，才拥兵割据的。从那些著名悍帅的出身来看，魏博田承嗣，"平州人，世事卢龙军为裨校，祖璟、父守义，以豪侠闻于辽、碣"[4]。成德李宝臣，"范阳城旁奚族也，故范阳将张锁高之假子"[5]。卢龙李怀仙，"柳城胡人也，世事契丹，降将，守营州"[6]。淄青李正己，"高丽人也，本

----

[1]　《旧唐书》卷118《元载传》，第3411页。
[2]　《北梦琐言》卷3《韦宙相足谷翁》，第54页。
[3]　钱易《南部新书》辛卷，黄寿成点校，中华书局，2002年，第133页。
[4]　《旧唐书》卷141《田承嗣传》，第3837页。
[5]　《旧唐书》卷142《李宝臣传》，第3865页。
[6]　《旧唐书》卷143《李怀仙传》，第3895页。

名怀玉,生于平卢"[1]。泽潞刘悟是一个"破肩镝"[2]而盗钱的无赖。淮西李希烈为辽西人,吴少诚为幽州潞县人,吴少阳为沧州清池人。[3]这些悍帅的出身有两个特点:第一,他们不是自己所控制方镇内的土著;第二,他们任帅以前都不是田连阡陌的大庄园主,是节度使的崇高地位,才使他们发财致富的。所谓"但是禆兵总有钱"[4],所谓"或仕燕或仕赵,两地皆多良田畜马"[5],政治上的显贵,必然带来经济上的富有,这是封建社会带有规律性的普遍现象。因此,节度使的有田有地,并不能构成藩镇割据的社会基础是大庄园主的依据。

有的同志把一些落拓不得志的知识分子去藩镇谋求出身,作为大地主势力与割据藩镇结合的证据,似欠细察。因为这些士人或由于"举进士,连不得志于有司","郁郁适兹土"(指骄镇)[6];或由于"久之不调,而流辈皆居显位","北游河朔"[7]。他们既不是割据方镇的大地主,更谈不上有什么大庄园利益需要在割据政权下求得庇护,仕途坎坷才是驱使他们助桀为虐的真正原因。

尤其应该注意的是,唐代藩镇节度使,并不是以大庄园主的身份进行割据,而是以唐朝封疆大吏的资格自擅一方的。其财政基础依赖于封建国家的赋税收入,而不是自给自足的大庄园经济;其武力凭借是法律上属于国家的军队,即所谓"官健",而不是亦耕亦战的部曲家兵。藩镇的政治统治权已超离出土地所有权,而不像欧洲

---

[1]《旧唐书》卷124《李正己传》,第3534页。
[2]《旧唐书》卷161《刘悟传》,第4230页。
[3] 参见《旧唐书》卷145《李希烈、吴少诚、吴少阳传》,第3943—3948页。
[4] 封演《封氏闻见记校注》卷10《侮谑》,赵贞信校注,中华书局,2005年,第100页。
[5] 杜牧《唐故范阳卢秀才墓志》,《杜牧集系年校注》卷9,第767页。按,墓志云:"自天宝后三代或仕燕或仕赵,两地皆多良田畜马……曾祖昌嗣,涿州刺史;祖颙,易州长史;父劝,镇州石邑令。"则卢需父祖系任州县长吏。元和十四年(819)二月敕云:"如闻诸道州府长吏等,或有本任得替后,遂于当处买百姓庄园舍宅。"(《唐会要》卷83《租税上》)可见州县官卸任后在该地购置产业,是很普遍的情况,卢氏三代,或同于此。
[6] 韩愈《送董邵南游河北序》,《韩愈文集汇校笺注》卷10,刘真伦等校注,中华书局,2010年,第1055页。
[7]《旧唐书》卷137《李益传》,第3771页。

中世纪的封建领主那样合二为一。这种情况反映在政治上，便产生出割据藩镇既企图游离于中央集权之外，又不能彻底否定中央统治的特点。我们考察了司马光在《资治通鉴》中所记载的自安史之乱平定的广德元年（763），迄黄巢起义前夕的乾符元年（874）共110余年的170余起藩镇动乱，其中与中央发生冲突的或者带有扩张性的不过20余起，绝大多数都是在方镇内部发生的，表现出藩镇动乱的封闭性特点。而这些动乱又以"士卒得以陵偏裨，偏裨得以陵将帅"[1]的以下叛上的兵乱为主要内容，表现出藩镇动乱的凌上性特点。

封闭性的内部动乱和叛上性的杀逐节帅，必然使藩镇内部不得安宁。"祸乱继起，兵革不息"，固然使广大人民首当其冲地深受其害，"民坠涂炭，无所控诉"[2]，同时也必然会破坏正常的封建统治秩序，"纷扰剽劫，莫能禁止"，"虽至王公，不免剽劫"[3]，侵及有产者的利益。如田悦曾"悉出府库所有及敛富民之财，得百余万，以赏士卒"[4]。陈敬瑄曾"括富民财以供军"[5]。更进一步说，所谓正常的封建统治秩序，也就是地主阶级对农民施以经济剥削和政治压迫的秩序，这是封建大土地所有制的根本实质所在。我们不能认为，只有兵荒马乱与战火连绵，才是封建大土地制度最适宜的生存土壤。

由于割据藩镇的武力凭借是"常虚耗衣粮，无所事"的官健，不同于亦耕亦战的部曲家兵，因而军费开支必然成为藩镇的沉重负担。又由于藩镇的财政基础依赖于赋税收入，因而其经济负担只能通过横征暴敛转给管内居民。从这个意义上来说，骄藩的统治与唐朝中央统治并无二致。但是，一般地说，割据藩镇的诛敛比唐廷要严酷得多，因而尽管大土地所有者可以不被中央政府"染指"，却坚

---

[1]《资治通鉴》卷220，唐肃宗乾元元年（758）十二月"臣光曰"，第7066页。
[2]《资治通鉴》卷220，唐肃宗乾元元年（758）十二月"臣光曰"，第7066页。
[3] 张舜民《画墁录》卷1，"丛书集成初编"本，中华书局，1991年，第10页。
[4]《资治通鉴》卷227，唐德宗建中三年（782）正月，第7315页。
[5]《资治通鉴》卷258，唐昭宗大顺元年（890）八月，第8403页。

决不可能完全悠游于藩镇苛敛诛求之外,独吞佃农创造的剩余价值。因此,在他们看来,赋税是上供朝廷,还是截留藩镇,并没有经济上的实际区别。同样是与封建政府共同压迫剥削农民,并以交纳一定赋税的形式与之共同瓜分农民创造的剩余价值,在骄藩控制下,同时在一定程度上受到战乱的殃及,并不比在中央集权统治下能得到更多的经济好处。因此,大土地所有者对藩镇割据事件抱着不支持不合作的消极态度,乃是他们本身的客观经济利益所决定的。贞元时,李希烈叛乱,张建封奉命防遏,"大豪杰俊,争来效节",建封"随其才而用之"[1],其原因即在于此。

三 唐代藩镇兵乱与割据的本质

我们论证唐代藩镇割据的社会基础不是大土地所有者,而是投身军戎充当职业雇佣军的破产农民和无业游民,是不是可以推论出割据藩镇不是代表地主阶级的专政机关,而是代表破产农民和无业游民的政权呢?回答是否定的。因为这是两个具有严格区别的问题,不能混为一谈。我们说藩镇政权是地主阶级专政,主要是从它的阶级属性,从它维护地主剥削压迫农民的封建生产关系而言。但是藩镇政权采取的游离于中央集权之外的特殊政权形式,既然不是在当时封建大土地所有制形态上产生的,那就必然有一股特殊的社会力量在起作用,必然有它赖以存在下去的社会基础。因此我们说藩镇割据的社会基础是投身军戎为职业雇佣兵的破产农民和无业游民,则主要是从割据现象本身的社会属性,从它能为哪些人带来经济实惠因而受到这些人支持来进行考察的。

翻开一部唐代藩镇割据史,骄兵逐帅的动乱史不绝书,所谓

---

[1] 赵元一《奉天录》卷3,夏婧点校,中华书局,2014年,第66页。

"杀帅长，大钞劫，狃于利而然也"[1]，它实质上成了军士控制本镇的赋税支配和攫取额外赏赐的手段。以汴州为例："初，玄佐遇军士厚，士宁惧，复加厚焉，至万荣，如士宁志，及韩、张乱，又加厚以怀之，至于惟恭，每加厚焉。"[2]节帅为了不违逆军士们的索求，必须绞尽脑汁敛财供军，刘玄佐以相国寺佛出汗敛钱的事为众所周知。李抱真在泽潞也有类似的行动。"李抱真镇潞州，军资匮缺，计无所为。有老僧，大为郡人信服"，抱真请他"为七日道场"，结果"士女骈填，舍财亿计……数日，籍所得货财，辇入军资库"[3]。所谓河北贼"以钱买健儿取旄节"[4]，既说明藩镇割据的凭借是这批健儿，又反映出"健儿"通过邀求旄节而获得经济上的好处。

有的同志说真正在藩镇割据事件中获得好处的只是少数野心家，军士只是被人利用和收买而分得部分赏赐。这种说法有一定道理，但不全面，也没有道出问题的实质。我们不否认个别觊觎帅位的将校在藩镇割据中起推波助澜的重要作用，也不否认那些穷则为兵、达则为帅的将士被推上节度使宝座后享受着一般将士无可比拟的荣华富贵。但是这与藩镇割据代表大庄园主的意志是两个根本不同的命题，并不能因此而否定士兵在割据中的支配作用。不管节度使如何千方百计地采取种种办法来维护自己的统治，一旦他们损害了军士的利益，或不能满足军士的"喧噪邀求"[5]，就会顷刻垮台，所谓"优奖小不如意，则举族被害"[6]。众所周知，藩镇割据最主要的表现是赋税不上供中央，节帅由士卒拥立，而节帅的任命权最根本的经济意义还在于本镇赋税的支配权。那么，割据藩镇的赋税由什么人

---

[1]《新唐书》卷214《刘玄佐传》，第6000页。
[2] 韩愈《董公行状》，《韩愈文集汇校笺注》卷27，第2765页。
[3]《太平广记》卷495《李抱真》，第4065—4066页。《广记》作"李抱贞"，可说明据《旧唐书》《册府》等改为"李抱真"。
[4]《旧唐书》卷145《陆长源传》，第3938页。
[5]《旧唐书》卷19上《懿宗纪》，第653页。
[6]《旧唐书》卷181《罗弘信附威传》，第4692页。

瓜分了呢？我们不妨对几个著名骄藩的户数和兵数以及赋税收入和军费开支，做一简单的比较考察。试据《元和郡县志》所载户数及其他材料所载兵数列成下表：

镇别	户数	兵数	户：兵	兵数出处
魏博	74498	70000	1.1：1	《旧唐书》卷127《洪经纶传》
成德	63604	50000	1.3：1	《旧唐书》卷144《阳惠元传》
武宁	37251	30000	1.2：1	《全唐文》卷716，高瑀《使院新修石幢记》[1]
泽潞	26059	20000	1.3：1	《旧唐书》卷132《李抱真传》[2]
淮西	12867	50000	0.3：1	《新唐书》卷214《吴元济传》[3]

［1］［2］武宁、泽潞虽时有悍帅，但并非割据藩镇，此处只是为了说明军费之重而举例。
［3］据韩愈《平淮西碑》中的数字计算。

由此可见，诸镇一般是一户多养一兵，唐代一个兵士的费用一般在24贯上下[1]，唐后期一户"中人赋"[2]的两税负担平均约为12贯上下。[3]可见藩镇的全部两税收入尚不足以支付军费开支。[4]当然，

---

［1］参见本书第十三章《唐代藩镇财政收入与分配》第三节。
［2］白居易《秦中吟·买花》："一丛深色花，十户中人赋。"则在两税法时代，亦有"中人赋"的说法。参见白居易《秦中吟》第十首《买花》，《白居易诗集校注》卷2，第181页。
［3］两税法本无全国统一的税率。各地税率不同，但差别不会很大，而作为考察某地两税收入的手段，考求得一个"中人赋"即平均每户纳税额也是可以的。据建中时定两税，户310万（一作380余万，一作308万，按时黜陟使定诸道户口，勘得土户180万，客户130万，故两税户当为310万），税钱3000万贯，粟1600万斛（参见《通典》卷6《赋税下》，第109—110页；《新唐书》卷52《食货志二》，第1360页。粟以每斛500文计，则此时全国平均每户纳税额约为12.3贯。又宝历时和州户18000余，输缗钱16万（参见刘禹锡《和州刺史厅壁记》，《刘禹锡集》卷8，《刘禹锡集》整理组点校，卞孝萱校订，中华书局，1990年，第102页），平均每户9.4贯。大历时淮南舒州有户33000，税钱30万贯（按：建中定两税以大历时最高税额为准），则平均每户8.9贯（参见独孤及《答杨贲处士书》，《毗陵集校注》卷18，刘鹏等校注，辽海出版社，2006年，第395页。再，《文苑英华》卷426，中华书局，1966年，第2159页）。长庆元年（821）正月三日《南郊改元赦文》："其江淮诸道县。户一万以上，税钱5万贯以上，皆谓之大县。"则平均每户出钱5贯，这恐怕是指上供的税钱，若全部计算在内，亦在10贯左右。总之，我们把"中人赋"定在12贯上下，皆在做足够的估计，这比租庸调时代每户的负担要重得多。
［4］这里应指出，在法令上，河北骄藩也是按两税法征税的，建中时，往河北道定两税的是黜陟使洪经纶。不过，其后在实际上骄藩不择手段的征敛当然存在。又，两税法实行后，除建中三年（782）诸道加20%，贞元中西川又加20%外，税额未见再有增加（参见日野开三郎《唐代两税的分收制》，载《东洋史学》1957年8月，第17辑），封建政府的剥削主要是通过税外之税增加的。

上述户数并非藩镇征税实数[1],元和时衡州隐没户为在籍户的87%弱[2],若用这个比例数来计算藩镇的实际征税户的话,其赋税收入与军费负担才约略相当。但军费仅仅是藩镇一项主要的财政开支,而不包括全部。至于淮西等镇户口与兵力的比例极为悬殊[3],其入不敷出的情况当更为严重,这就是刘玄佐、李抱真出歪主意筹集军资的原因所在。当然,以上这种粗略的统计,难免有许多随机误差,但是它仍然可以充分印证:骄藩之所以"贯缗尺帛,不入王府",乃是由于"征赋所入,尽留赡军"[4]。军士瓜分王赋而不上供,正是藩镇割据的真谛。后周太祖所谓"专以赡军为念,府库蓄积,四方贡献,赡军之外,鲜有赢余"[5],吴越王弘俶所谓"吾之财与士卒共之,奚多少之限邪"[6],都反映了这一信息。故史称军士"眛为寇之腴,见为寇之利"[7],信然!

兵士不仅从支持割据中获得经济实惠,而且归附中央与否亦视此为转移。元和长庆间,河北三镇相继归附,其原因自然是多方面的。但有两点值得我们注意:第一,魏博归顺时,对于军士拥立田兴为帅的既成事实,朝廷不仅完全承认,而且为了"收此一道人心",赏钱150万。因而"及诏书到魏博,钱帛随路而至。军中踊

---

[1] 安史之乱以后,唐廷难以掌握地方政府征税的真实户数(参见黄永年《唐代两税法杂考》,《历史研究》1981年第1期,第102—113页)。跋扈藩镇当更是如此,元和二年(807)李吉甫作《国计簿》时,云河朔等十五镇未上户口,《元和郡县志》所载河朔户数疑为建中定两税时户数。

[2] 《册府元龟》卷486《邦计部·户籍》,第5514页。"当州旧额户一万八千四百七……到后团定户税次,检责出所由隐藏不输税户一万六千七。"参见《唐会要》卷85《定户等第》,第1558页。

[3] 宣武镇也有类似情况,《元和郡县志》载其户数31449户,《新唐书》卷214《刘玄佐传》、《旧唐书》卷156《韩弘传》、《韩昌黎全集》外集卷3《送汴州监军俱文珍序》均作兵十万,恐有夸大,即以五万而论,也够不上一户一兵。又,元稹谓,吴少诚"躬服节俭,衣食与士卒同,蓄货力耕,向三十载,然后粗能支一战"(元稹《代谕淮西书》,《元稹集》卷31,冀勤点校,中华书局,2010年,第414页)。《旧唐书》卷145《吴少诚传》也说:"少诚善为治,勤俭无私,日事完聚。"(第3946页)

[4] 《旧唐书》卷165《殷侑传》,第4321页。

[5] 《资治通鉴》卷291,后周太祖显德元年(954)正月,第9499页。

[6] 《资治通鉴》卷287,后晋高祖天福十二年(947)十一月,第9379页。

[7] 《资治通鉴》卷247,唐武宗会昌三年(843)四月,第7982页。

跃，向阙拜泣"[1]，"魏之人相喜曰：归天子乃如是邪"[2]。老实说，魏人"归天子"确实是看在150万钱帛上。据说成德兖郓等兵士睹魏人获此厚利，"皆垂手失色"，惊叹："恩泽如此之厚，反叛有何益！""河朔人心大变，至今称之。"[3]可见河朔人津津乐道的是从天子那里得到的飞来之利。归顺天子否，亦看其有益无益。后来成德、卢龙相继归附，除慑于当时的形势外，各许诺赐钱100万贯应该是一个重要的原因。

第二，河朔三镇虽然归附了中央，藩帅也替换了，但租赋却是"朝廷耗费百万，终不得范阳尺帛斗粟入于天府"[4]。而三镇的反叛，首先是因为裁减那些无业可归的士卒，《旧唐书》卷172《萧俛传》："穆宗乘章武恢复之余，即位之始，两河廓定，四鄙无虞"，"密诏天下军镇有兵处，每年百人之中，限八人逃死，谓之'消兵'……而藩籍之卒，合而为盗，伏于山林。明年，朱克融、王廷凑复乱河朔，一呼而遗卒皆至……由是复失河朔，盖'消兵'之失也"[5]。其次，都是因为触犯了兵士的经济利益。先看首乱的幽州，其原因除了张弘靖等人的违逆人情，动辄以"反虏"斥之外，有一条就是"(刘)总之朝，诏以钱百万缗赉将士，弘靖取二十万市府杂费，有怨言"[6]。再看成德，王承元归国时，穆宗亦答应赐钱100万缗，但实际上当时"国用不足"[7]，库府空虚，"天子赐钱一百万缗，不时至，军有怨言"[8]，"成德军征赏钱颇急"，朝廷只能请柏耆"先往谕之"[9]，暂时敷衍。而田弘正却在镇州大肆搜刮，"魏、镇州之财，皆

---

[1] 李绛《李相国论事集》卷5《论魏博事》，"丛书集成初编"本，中华书局，1985年，第42页。
[2] 元稹《沂国公魏博德政碑》，《元稹集》卷52，第652页。
[3] 李绛《李相国论事集》卷5《论魏博事》，第42页。
[4] 《旧唐书》卷172《牛僧孺传》，第4471页。
[5] 《旧唐书》卷172《萧俛传》，第4477—4478页。
[6] 《新唐书》卷127《张嘉贞附弘靖传》，第4448页。
[7] 《旧唐书》卷16《穆宗纪》，第478页。
[8] 《新唐书》卷148《田弘正传》，第4784页。
[9] 《旧唐书》卷16《穆宗纪》，第483页。

辇属于道,河北将卒心不平之,故不能尽变其俗,竟以此致乱"[1]。以上引文说得很明白:致乱之由,职在于此。最后看魏博,早在李愬代田弘正帅魏时,"众以贪乱,李不能制,闭域以自固,重币以贷死"[2],李愬是靠重币以苟且维持。田布入魏后,幽镇已乱,他"凡将士老者,兄事之,禄奉月百万,一不入私门,又发家钱十余万缗颁士卒"[3],因而魏兵"初犹哀公之诚,悦公之赏,虽未心化,暂忘旧风"[4]。但当田布驱之使与成德战的时候,"度支馈饷不继,布辄以六州租赋给军",军人就不高兴了,他们感到继续听天子令没有任何好处。史称"魏军骄,惮格战,会下雪,师寒粮乏,军中谤曰'它日用兵,团粒米尽仰朝廷。今六州刮肉与镇冀角死生,虽尚书瘠已肥国,魏人何罪?"所以"宪诚得间,因以摇乱",田布不能为士兵"行河朔旧事"[5],只得饮剑以殁。

最后,我们引宋人叶适的一段话作为本章的结束。《水心别集》卷11《兵总论二》:

> 自唐至德以后,节度专地而抗上令,喜怒叛服在于暑刻,而藩镇之祸,当时以为大论矣。然国擅于将,犹可言也。未久而将擅于兵,将之所为,惟兵之听,而遂以劫制朝廷。故国擅于将,人皆知之,将擅于兵,则不知也。大历、贞元之间,节度使固已为士卒所立,唐末尤甚。而五代接于本朝之初,人主之兴废,皆群卒为之,推戴一出,天下俯首听命而不敢较。而论者特以为其忧在于藩镇,岂不疏哉![6]

---

[1]《旧唐书》卷141《田弘正传》,第3851—3852页。
[2] 庾承宣《魏博节度使田布碑》,《全唐文》卷615,第6214页。
[3]《新唐书》卷148《田弘正附布传》,第4785页。
[4] 庾承宣《魏博节度使田布碑》,《全唐文》卷615,第6213页。
[5]《新唐书》卷148《田弘正附布传》,第4785—4786页。
[6] 叶适《叶适集》卷11《兵总论二》,刘公纯等点校,中华书局,2010年,第780—781页。

第四章 唐代藩镇的类型分析

唐代藩镇由于其本身政治、经济、军事状况的差异，以及它们各自与中央政府之间关系的不同，它们各自在整个藩镇形势中的地位也有所不同，因而形成了若干各具特色的类型。然而，以往的藩镇研究，大都忽略了这一点，习惯于对藩镇做平面的研究，缺乏分类考察和立体分析。这样一来，人们总是自觉不自觉地把藩镇与割据联系在一起，不加分析地在二者之间画了等号，大量的藩镇动乱也都一概被视为藩镇割据和叛乱。有的论著甚至以是否曾在藩镇幕府任职、是否出任过节度使作为判别该历史人物是支持还是反对分裂割据的标准；有的论著虽然特别强调了河朔三镇，以示与其他藩镇的区别，但对整个藩镇割据状况仍然缺乏足够的分析。似乎安史之乱以后的唐朝已经是四分五裂，气息奄奄了。其结果不仅使唐代藩镇问题的研究长期停留在诅咒割据的泛泛之论上不能引向深入，而且模糊了人们对唐后期一百五十多年间政治风潮、经济变革、制度更替以至文学艺术现象的正确认识和理解，使长达一个半世纪的复杂历史在所谓"藩镇割据"的苍白一页中被笼统地一笔轻轻带过。本章试图从藩镇的类型划分入手，对各类藩镇的基本状况及其与中央的关系做一分析。关于藩镇动乱的特点与原因以及藩镇割据的长期性等问题将在以下各章逐一探讨。

一 藩镇的四种类型

众所周知，唐代藩镇割据与动乱的历史，是从安史之乱以后开始的，所谓"安史平而藩镇之祸方始"[1]。黄巢起义以后，"天下分裂而无纪"，接于五代，陷于军阀混战的另一番境地，故史称"唐亡于黄巢"[2]。从安史之乱平定的广德元年（763），到黄巢起义爆发的乾符年间（874—879），110多年时间里，藩镇的总体格局是比较稳定的，藩镇数目也大体固定在四十五六个。[3]我们的藩镇类型分析就以这一段历史时期的这些藩镇为基本对象。

那么，唐代藩镇究竟应该划分为哪几种类型？各类藩镇又有一些什么特点呢？我们不妨从当时人的看法，特别是那些著名政治家与政论家的议论入手。

晚唐著名政论家杜牧在《战论》《罪言》等文中曾一再论述到唐代藩镇形势。他在《战论》中说：

> 河北视天下犹珠玑也，天下视河北犹四支也……河北既虏，则精甲锐卒利刀良弓健马无有也。卒然夷狄惊四边，摩封疆，出表里，吾何以御之？是天下一支兵去矣。河东、盟津、滑台、大梁、彭城、东平，尽宿厚兵，以塞虏冲，是六郡之师，严饰护疆，不可他使，是天下二支兵去矣。六郡之师，厥数三亿，低首仰给，横拱不为，则沿淮已北、循河之南，东尽海，西叩

---

[1] 《玉海》卷138《兵制三》，上海书店，1987年，第2581页。
[2] 《新唐书》卷222中《南诏传》"赞曰"，第6295页。
[3] 唐代藩镇数目，《新唐书·方镇表》（卷64—69，第1759—1954页）列42目，《旧唐书·地理志》（卷38，第1385—1393页）列44镇。贾耽《贞元十道录》载50个（参见权德舆《魏国公贞元十道录序》，《权德舆诗文编年校注》，蒋寅笺，唐元校，张静注，辽海出版社，2013年，第423—424页），李吉甫《元和国计簿》云48个［参见《旧唐书·宪宗纪上》；《资治通鉴》卷237，唐宪宗元和二年（807）十二月，第7647页］；一作46个（参见王谠《唐语林校证》卷3《识鉴》，第261页），《元和郡县图志》载47个（参见李吉甫《上元和郡县图表》，《元和郡县图志·序》，第2页。吴廷燮《唐方镇年表·考证叙录》（第1291页）云："总四十七镇，以唐乾符六年《方镇表》为定。"《旧唐书》卷17下《文宗纪下》（第567页）："至德、乾元之后，迄于贞元、元和之际，天下有观察者十，节度二十有九，防御者四，经略者三。"（并参见《旧唐书》卷157，第4156—4157页；《新唐书》卷164，第5057页；《册府元龟》卷486，第5515页；《全唐文》卷729，第7516页）是共有46镇。高瑀元和十二年（817）九月二十日所撰《使院石幢记》云："连帅大府，今天下三十有九。"［高瑀《使院石幢记》，《金石萃编》卷107，《石刻史料新编》（第1辑·第3册），第1797页］盖仅指节度、观察而未及防御、经略。

洛，经数千里赤地，尽取才能应费，是天下三支财去矣。咸阳西北，戎夷大屯，吓呼膻臊，彻于帝居，周秦单师，不能排辟，于是尽铲吴越荆楚之饶，以啖兵戎，是天下四支财去矣。乃使吾用度不周，征徭不常，无以膏齐民，无以接四夷。礼乐刑政，不暇修治；品式条章，不能备具。是天下四支尽解，头腹兀然而已。焉有人解四支，其自以能久为安乎？[1]

杜牧在此描述了一幅生动的藩镇形势图。他把藩镇划分为四类：一是河北藩镇，割据跋扈；二是中原地区的河东、汴、徐等镇，防遏河朔；三是西北藩镇，式遏戎夷；四是吴越荆楚等南方藩镇，尽铲其财富"以啖兵戎"。

杜牧大和年间（827—835）描述的这种藩镇形势，在元和（806—820）时著名宰臣李吉甫的《国计簿》中亦有所反映。《资治通鉴》卷237元和二年（807）末云：

> 是岁，李吉甫撰《元和国计簿》上之，总计天下方镇四十八，州府二百九十五，县千四百五十三。其凤翔、鄜坊、邠宁、振武、泾原、银夏、灵盐、河东、易定、魏博、镇冀、范阳、沧景、淮西、淄青等十五道七十一州不申户口外（凤翔、鄜坊、邠宁、振武、泾原、银夏、灵盐、河东皆被边，易定、魏博、镇冀、范阳、沧景、淮西、淄青皆藩镇世袭，故并不申户口，纳赋税），每岁赋税倚办止于浙江东西、宣歙、淮南、江西、鄂岳、福建、湖南八道四十九州，一百四十四万户。[2]

李吉甫撰写《国计簿》主要是从财政着眼看问题。在他所统计的不申户口的十五道中，"皆藩镇世袭"的易定、魏博、镇冀、范阳

---

[1] 杜牧《战论》，《杜牧集系年校注》卷5，第649—650页。
[2] 《资治通鉴》卷237，唐宪宗元和二年（807），第7647页。

等镇，实即杜牧所说的河北藩镇；"皆被边"的凤翔、鄜坊、邠宁等镇，实即杜牧所说的"咸阳西北"诸镇。吉甫所说的"每岁赋税倚办"的东南八道，实即杜牧的"吴越荆楚等镇"。此外，杜牧的河南地区河阳、汴、徐等镇盖因其"尽取才能应费"的缘故吧，所以李吉甫在讨论"国计"时没有提及。

从杜牧、李吉甫的前述议论中，我们可以清楚地看出，唐代藩镇由于它们与中央政治、财政、军事关系的不同，可以划分为四种不同的类型。根据杜、李这种分类思想的启示，这四种藩镇可以分别称之为河朔割据型、中原防遏型、边疆御边型、东南财源型。如果把《元和郡县志》所载公元 9 世纪初叶 44 个藩镇（两京、同、华及陇右不计）做一划分，可以归类如下：

（1）河朔割据型（简称河朔型）：魏博、成德、卢龙、易定、沧景、淮西、淄青。[1]

（2）中原防遏型（简称中原型）：宣武、忠武、武宁、河阳、义成、昭义、河东、陕虢[2]。

（3）边疆御边型（简称边疆型）：分西北疆和西南疆两部分。

西北有：凤翔、邠宁、鄜坊、泾原、振武、银夏、天德、灵武。西南有：山南西、西川、东川、黔中、桂管、容管、邕管、安南、岭南。[3]

（4）东南财源型（简称东南型）：浙东、浙西、宣歙、淮南、江

---

[1] 李翱《韩吏部行状》："自安禄山起范阳，陷两京，河南北七镇节度使，身死则立其子。"见《李文公集》卷 11，上海古籍出版社，1993 年，第 54 页。又见辛文房《韩愈》，《唐才子传笺证》卷 5 上，周绍良笺证，中华书局，2010 年，第 1064 页。这里"河南北七镇"即指上举《元和国计簿》中的"世袭"七镇。

[2] 中原型藩镇的情况比较复杂。如河东镇，既有"与山东连接处"的镇兵，又有"西北镇兵"（李德裕《条疏太原以北边备事宜》，《李德裕文集校笺》卷 13，傅璇琮、周建国校笺，中华书局，2018 年，第 279 页），故在杜牧《战论》中列在中原型，李吉甫《元和国计簿》则列在边疆型，说明它有两重性。但从该镇的整体情况来看，主要还属中原防遏型。又，宣武、昭义两镇，《新唐书·藩镇传》置在叛镇之列，我们不以为然。参见王鸣盛《十七史商榷》卷 73《宣武帅李董刘韩事》，中华书局，2010 年，第 1011—1013 页。

[3] 在李吉甫《元和国计簿》中未提的藩镇中，除中原型外，就是西南边藩镇如剑南、岭南、黔中、邕管、容管、桂管、安南等。在元和十五年（820）和长庆元年（821）的两次户口统计中，它们与西北边的定、盐、夏等州一样，亦多未申户帐，参见《旧唐书》卷 16《穆宗纪》，第 484 页。

西、鄂岳、福建、湖南、荆南。[1]

应该指出,上述分类只是代表一种基本趋向,具体到某些藩镇的归属,有的可能有两重性,有的可能因藩镇的废置并合及割据形势的变化而有所变化,但是,一些典型藩镇的基本特点则是明显而稳定的。因此,我们主要就这些典型藩镇的基本状况及其与中央关系的特点做一剖析。

二 各类藩镇的基本情况

首先研究河朔型。

在前举元和时的河朔型藩镇中,除幽州(卢龙)镇为景云至开元年间所置缘边十镇之一外,成德、魏博、淄青、淮西皆安史之乱期间或平定后所置,易定、沧景镇的设立更在德宗初年。其典型代表为河北平原上的魏、镇、幽三镇。元和以后其他藩镇或消灭或归附,唯此三镇绝而复苏,强梁迄于唐末。

安史之乱以前,"东滨海,南控三齐,西阻太行,北届沙漠"[2]的河北地区,就是唐王朝最重要的军事基地,兵雄马壮,安禄山即恃此而起事。叛乱平定后,安史旧将分帅河北,仍然保持着强大的军事武装。随后他们各厉兵缮甲,扩军备战,更进一步巩固了其军事优势。

河北地区的富庶繁荣,是从战国秦汉以来就著称于世的。在唐代,这里的农业、手工业和商业仍然是全国最发达的地区之一。开元时,河北的屯田数在全国首屈一指。天宝中,这里的纺织贡品总数和贡赋种类数也冠首诸道,而绫、绢等精美丝织品尤其素享盛誉。在商业方面,河北与江南、中原地区以及周边少数民族都有密切的

---

[1]《唐会要》卷78《节度使》:"荆南是赋税之地,与关右诸镇及河南、河北有重兵处体例不同。"(第1433页)故荆南亦列为东南财源型。
[2] 顾祖禹《读史方舆纪要》卷10《北直一·封域》,贺次君、施和金点校,中华书局,2005年,第412页。

贸易往来[1]，安史之乱虽使这里遭到严重的破坏，但战后河北的经济依然有相当发展[2]，天然物质条件仍十分优越，所谓"出则胜，处则饶，不窥天下之产，自可封殖"[3]。

河北藩镇割据有三个最基本的特征。在政治上，节度使不由中央派遣，而由本镇拥立。如魏博、成德、卢龙三镇的节度使前后凡57人，唐廷所任者仅4人[4]，其余的都是父死子继，兄终弟及或偏裨擅立。在财政上，赋税截留本镇，而拒不上供中央。如田承嗣"户版不籍于天府，税赋不入于朝廷"[5]；李宝臣"以七州自给，军用殷积"[6]；李怀仙"贡赋不入于朝廷"[7]。在军事上，违背中央意志养蓄重兵，专恣一方，并倚之作为与中央政府分庭抗礼的凭借，所谓"招合遗孽，治兵缮邑，部下各数万劲兵"[8]。总之，河朔自安史之乱以后，长期陷入割据局面。杜牧说："山东，王者不得不可为王；霸者不得不可为霸；猾贼得之，是以致天下不安。"元和年间，唐廷"洗削更革，罔不顺适。唯山东不服，亦再攻之，皆不利以返"[9]。所谓"一寇死，一贼生，迄唐亡百余年，卒不为王土"[10]，故杜牧长叹："何其艰哉！"[11]根据司马光《资治通鉴》的记载，从广德元年（763）到乾符元年（874），共110余年间，发生过171起藩镇动乱。[12]河朔凡65起，在四类藩镇中居于首位，而反叛事件则多发生在河朔（详下

---

[1] 参见黄冕堂《论唐代河北道的经济地位》，载《山东大学学报（人文科学版）》1957年第1期，第59—90页。
[2] 参见金宝祥《安史之乱后唐代封建经济的特色》，载《甘肃师大学报》1981年第2期，第5—7页。
[3] 杜牧《战论》，《杜牧集系年校注》卷5，第649页。
[4] 参见岑仲勉《隋唐史》，第221页。
[5] 《旧唐书》卷141《田承嗣传》，第3838页。
[6] 《旧唐书》卷142《李宝臣传》，第3866页。
[7] 《旧唐书》卷143《李怀仙传》，第3896页。
[8] 《旧唐书》卷143《李怀仙传》，第3895页。
[9] 杜牧《罪言》，《杜牧集系年校注》卷5，第634页。
[10] 《新唐书》卷210《藩镇传·序》，第5921页。
[11] 杜牧《罪言》，《杜牧集系年校注》卷5，第634页。
[12] 《资治通鉴》所不载的方镇动乱亦有，如贞元三年（787）宣武兵八千北出五原时兵乱；贞元十四年（798）归化堡军乱（均见《新唐书》卷170《刘昌传》，第5173—5174页）。但《资治通鉴》"专取关国家盛衰，系民生休戚"，根据它所载方镇动乱做统计，应该说反映了一定的趋向。

第四章　唐代藩镇的类型分析

章),这说明唐代藩镇割据主要集中于河朔地区。

但是,我们能否因此就把河朔诸镇视为"其政治、军事、财政等与长安中央政府实际上固无隶属之关系,其民间社会亦未深受汉文化之影响,即不以长安、洛阳之周孔名教及科举仕进为其安身立命之归宿"的夷狄之邦,从而得出"当时大唐帝国版图以内实有截然不同之二分域"[1]的结论呢?显然不能!因为它割裂了河朔割据藩镇与唐朝中央千丝万缕的联系,不符合历史事实。

大量事实表明,唐朝的政策法令在河北地区亦有施行。比如,河北地区的州县行政区划的改易和废置[2],官吏员额的增减[3],唐廷

----

[1] 陈寅恪《隋唐制度渊源略论稿·唐代政治史述论稿》,第209—210页。
[2] 据《太平寰宇记》,参以《唐会要》卷71,列表如下:

改易年代	改易简况	出处
永泰中	复置磁州	《太平寰宇记》卷56,磁州
永泰中	瀛州博野县割隶深州	《太平寰宇记》卷68,宁边军
永泰中	以洺州武安、邯郸县属磁州	《太平寰宇记》卷58,洺州
大历三年	割恒州行唐县、灵寿县及定州恒阳县置	《太平寰宇记》卷61,镇州
大历三年	割赵州栾城县隶恒州	《太平寰宇记》卷61,镇州
大历三年	割定州鼓城县隶恒州	《太平寰宇记》卷61,镇州
大历四年	割幽州范阳、归义、固安县置涿州	《太平寰宇记》卷54,魏州
大历四年	以沧州景城县隶瀛州	《太平寰宇记》卷54,魏州
大历七年	新置澶州,领顿邱、德丰、观城、临黄四县	《太平寰宇记》卷57,澶州
大历七年	以清平店新置清平县	《太平寰宇记》卷57,澶州
大历九年	废恒州,各还为县	《太平寰宇记》卷61,镇州
贞元中	以瀛州景城县改隶贝州	《太平寰宇记》卷54,魏州
元和三年	新置德州归化县	《太平寰宇记》卷64,德州
大和六年	新置涿州新城县	《唐会要》卷71
大和六年	析涿州固安县置新昌县	《太平寰宇记》卷70,涿州
会昌三年	洺水县并入曲州县	《太平寰宇记》卷58,洺州
会昌三年	清漳县并入肥乡县	《太平寰宇记》卷58,洺州

[3] 参见《唐会要》卷69《州府及县加减官》,第1223—1229页。

的敕令就有一定作用,甚至河北官员也有从中央调进或从本镇征出的。[1]只因时人对河朔地区的歧视,关于这方面的情况,在一般的公私记载里都削而不载。[2]元和末,克定两河,乌重胤看到河朔"刺史失其职,反使镇将领兵事"的情况时,上奏曰:"所以河朔六十年能拒朝命者,只以夺刺史、县令之职,自作威福故也。"[3]这从侧面反映出河朔地区的刺史、县令并非都与节度使同流合污。是否因为在他们的任免问题上,与中央的关系密切些?值得探讨。

进士科也是河朔文人的主要仕途。幽州人王仲堪大历年举进士及第。[4]卢龙节度使刘怦的儿子刘济"游学京师,第进士"[5]。魏州人公乘亿"以辞赋著名"[6],垂三十举而及第。淄青镇郓州人高沐贞

---

[1] 略举数例列表如下:

年代	迁调简况	出处
大历	相卫镇尧山县令樊泽举贤良方正及第,擢左补阙。	《新唐书》卷159《樊泽传》
大历	太原府参军事王仲堪,丁忧服阙为幽州户曹参军。	王叔平《唐故监察御史里行太原王公墓志铭》,《全唐文》卷614
大历	相卫薛嵩幕职陆长源历建、信二州刺史。	《新唐书》卷151《陆长源传》
贞元	摄蓟州刺史马实征为右骁卫将军宿卫	欧阳詹《大唐故辅国大将军兼左骁卫将军御史中丞马公墓志铭》,《全唐文》卷598
元和	卢士玫元和初为起居郎,幽州归附前已任瀛州刺史。	《白居易集》卷55《除卢士玫等官制》;《旧唐书》卷143《刘总传》
元和	幽州幕职李益征入中央为官。	《旧唐书》卷137《李益传》
元和	镇州史刘栖楚被荐于宰相任官。	《旧唐书》卷154《刘栖楚传》

[2] 如河东忻州刺史崔弘礼元和十二年(817)被义武节度使陈楚"表授检校户部郎中兼侍御史,赐金章充义武军节度副使"(王璠《崔公墓志铭》,周绍良主编《唐代墓志汇编》下,上海古籍出版社,1992年,第2123页)。《旧唐书》卷163、《新唐书》卷164崔傅历记弘礼迁官经历,于此事却削而不载。王璠《崔公墓志铭》虽记其事,却又于下文为他开脱说:"公念以河朔旧事,未可以驯服而变也,偷安受禄,非平生心。"
[3] 《旧唐书》卷161《乌重胤传》,第4223页。
[4] 参见王叔平《唐故监察御史里行太原王公墓志铭》,《全唐文》卷614,第6203—6204页。
[5] 《新唐书》卷212《刘怦附济传》,第5974页。
[6] 王定保《唐摭言》卷8《忧中有喜》,上海古籍出版社,1978年,第88页。

元中"进士及第"[1]。会昌五年(845)"举格节文"详载诸道州府解送应试士人员额,魏博幽州等处的员额是"进士不得过十一人,明经不得过十五人"。[2]

河朔诸镇不输王赋,但两税法亦仍实行。建中元年(780),黜陟使洪经纶在河北推行两税法期间,还曾在洺州树立碑铭[3],在幽州表彰风化[4],在魏博裁减官卒[5]。贞元八年(792)朝廷派秘书少监常咸往恒冀德棣深赵等州,中书舍人奚陟往申光蔡等州宣慰赈给诸州遭水灾百姓,敕令其赈给与赐物"并以所在官中两税钱物、地税米充给"[6]。贞元十八年(802)二月敕又云:"蔡申光三州言:春大水,夏大旱。诏其当道两税,除当军将士春冬衣赐及支用外,各供上都钱物已征及在百姓腹内者,量放二年。"[7]这些材料都是河朔型藩镇实行两税法的有力证据。

唐朝中央在包括河朔在内的各个藩镇皆设有监军院,各镇在首都长安亦置有进奏院。它们都发挥了重要政治作用。就河朔型藩镇而论,唐廷不能任派这些藩镇的节度使,但是诸镇藩帅的拥立,毫无例外地都要得到监军使的认可,并由他们奏报中央批准。[8]唐廷难以直接对河朔发号施令,河朔藩帅多终身不入朝。这种情况下,进奏院在传递中央文书公函中的作用,进奏官在朝廷礼仪上的虚应

---

[1]《旧唐书》卷187下《高沐传》,第4911页。
[2]《唐摭言》卷1《会昌五年举格节文》,第2页。
[3] 参见《宝刻丛编》卷6《洺州》引《金石录》,《石刻史料新编》(第1辑·第24册),第18190页。
[4] 参见《旧唐书》卷162《高霞寓传》,第4249—4250页。
[5] 参见《旧唐书》卷127《洪经纶传》,第3579页。
[6]《遣使赈恤天下遭水灾百姓敕》,《文苑英华》卷435,第2203页。
[7]《册府元龟》卷491《邦计部·蠲复三》,第5565页。
[8] 元和时,成德节度使王承宗死,诸将请其弟承元嗣位,"承元泣且拜,不受,诸将牢请,承元曰:'上使中贵人监军,盍先请?'监军至,又如命,乃谢。"(《新唐书》卷148《王承元传》,第4787页)。中和时,成德帅王景崇死,"子镕始十岁,三军推为留后,行军司马窦权夷与三军等进奏曰:'臣等有状诣监军院,请故使男节度副使镕权知军府事。'寻蒙监军使李彦融列镕所请以讫。僖宗因授镕钺"(《册府元龟》卷436《将帅部·继袭》,第4927页)。可见,立帅的实权虽在将帅手上,但表面上又得监军同意,中央批准。

故事，都具有重要意义。监军院与进奏院不仅构成了唐廷与骄藩联系的桥梁，而且成为唐廷在割据地区施行自己的统治和骄藩在政治上奉事朝廷的象征。[1]总之，如果我们把前述河朔型藩镇企图摆脱中央集权的政治倾向称为游离性的话，那么，它们在实际上表现出来的这种不否定中央统治的特点则可称之为依附性。正如李德裕所说："河朔兵力虽强，不能自立，须借朝廷官爵威命以安军情。"可见，河朔型藩镇具有游离性与依附性并存的双重特点，不能把它们的割据绝对化。

河朔型以外的中原、边疆、东南型藩镇都是非割据藩镇。其中仅泽潞刘稹（中原型）、夏州杨惠琳（边疆型、西北边）、西川刘辟（边疆型、西南边）、浙西李锜（东南型）曾有短暂的叛乱。但总的来说，这里是"顺地"[2]，而非"反侧之地"[3]。在这一点上，它们具有一致性。然而，它们彼此之间又确实有很多不同，其中尤以中原型最为复杂。下面分别讨论之。

中原型藩镇以宣武、武宁、忠武、泽潞、河阳、义成等为典型代表。这一带在安史之乱期间是双方厮杀最激烈的战场，这些藩镇一般也由战争期间临时所置军镇分合变化而来。其中如宣武（治汴州）、武宁（治徐州）、忠武（治陈州）、河阳（治怀州）、义成（治滑州）等镇至德宗初年为防遏山东藩镇，又经过一番整顿，才定下它们日后的基本格局。

从地理位置来看，如果把河朔、东南、关中看作一个三角形的三个顶点的话，那么中原型藩镇便居于这个三角形的中心。史称

---

[1] 关于唐代监军制度及进奏院制度，分别参见本书之《唐代藩镇宦官监军制度》《唐代藩镇进奏院制度》。

[2] 李翱《韩吏部行状》："贞元季年，虽顺地节将死，多即军中取行军、副使将校以授之节。"此"顺地"指河朔型以外藩镇。（《李文公集》卷11，上海古籍出版社，1993年，第54页；又见辛文房《韩愈》，《唐才子传笺证》卷5上，第1064页）

[3] 李绛《李相国论事集》卷3《又上镇州事》："今镇州事势与刘辟、李锜不同。何者？剑南、浙西本非反侧之地。"（第20页）

"大梁当天下之要,总舟车之繁,控河朔之咽喉,通淮湖之运漕"[1],滑州"用武地,东有淄青,北魏博"[2]。昭义"据山东要害,魏博、恒、幽诸镇蟠结,朝廷惟恃此以制之"[3],"今之徐方,控临东极,淮海闽越,千里遥赖"[4]。汝州"捍蔽东都,连唐许,当蔡西面"。河阳"乃魏博之津"[5]。总之,中原型藩镇居腹心之地,具有控扼河朔、屏障关中、沟通江淮的重要战略地位和军事地位。

在非战争状态下,这一带"国家常宿数十万兵以为守御"[6],"严备常若有敌"[7]。在讨叛战争期间,中原型藩镇更是唐廷方面的主要兵力征发对象,如大历时讨魏博田承嗣[8],建中时讨山东及淮西李希烈[9],贞元时讨淮西吴少诚[10],元和时讨淮西吴元济、淄青李师道[11],长庆时讨成德王廷凑、卢龙朱克融、宣武李齐[12],大和时讨沧景李同捷[13],会昌时讨泽潞刘稹[14],这些大的战役,所调藩镇,皆以中原型为多。所谓"以方镇御方镇"[15],即此。

中原型藩镇中汴宋、武宁、陕虢等处在漕运干线上,尤其是汴、徐、泗、宿一线,乃构成南北联系与东西交通的纽带,"饷道所会"[16],"东南纲运输上都者,皆由此道"[17]。史称泗州"防戍淮浙等贡

---

[1] 刘宽夫《汴州纠曹厅壁记》,《全唐文》卷740,第7649页。又如"汴州抱吴楚之津梁,据咽喉之要地",参见元稹《贺汴州诛李齐表》,《元稹集》卷33,第445页。
[2] 《新唐书》卷151《袁滋传》,第4824—4825页。
[3] 《资治通鉴》卷238,唐宪宗元和五年(810)三月,第7675页。
[4] 高瑀《使院石幢记》,《金石萃编》卷107,《石刻史料新编》(第1辑·第3册),第1797页。
[5] 《新唐书》卷146《李栖筠附吉甫传》,第4743页。
[6] 《旧唐书》卷148《李吉甫传》,第3996页。
[7] 《新唐书》卷147《李芃传》,第4756页。
[8] 参见《旧唐书》卷11《代宗纪》大历十年(775)四月,第307页。
[9] 参见《旧唐书》卷12《德宗纪上》,第335页。
[10] 参见《旧唐书》卷13《德宗纪下》贞元十五年(799)、十六年(800),第389—393页。
[11] 参见《旧唐书》卷15《宪宗纪下》元和九年至十五年(814—820),第448—472页。
[12] 参见《旧唐书》卷16《穆宗纪》长庆元年(821)、二年(822),第491—497页。
[13] 参见《资治通鉴》卷243,唐文宗大和元年(827)七月,第7855页。
[14] 参见《旧唐书》卷18上《武宗纪》,第595—601页。
[15] 《唐语林校证》卷8《补遗》,第695页。
[16] 《新唐书》卷146《李栖筠附吉甫传》,第4739页。
[17] 《资治通鉴》卷252,唐僖宗乾符三年(876)四月胡注,第8183页。

上钱贯数百万"[1],流经宋州的"东方诸侯井赋盐泉所入岁约三千万缗"[2]。中原型藩镇对于保护唐廷财源的重要意义于此可见一斑。

中原型藩镇的这种客观状况,使它必须保持强大的军事防务。元和时,崔弘礼镇河阳,时称"斯镇也,咽喉河外,承卫洛师,惟兵士戎器,为务之要"[3]。故弘礼在镇"整练戈矛,颇壮戎备"[4]而受到称道。由于这里"兵寡不足惮寇"[5],中原诸镇的兵力甚或时有所增加。大历末,马遂经营河东,有"选兵三万"[6]。元和时范希朝在河东,因讨成德王承宗,"耗散甚众……兵不满三万人,马不过六百匹"[7],可见三万人已是不敷应用了。因而,及朝廷以王锷代之,"锷缉绥训练,军府称理"[8],"岁余,兵至五万人,马有五千匹,器械精利,仓库充实"[9],受到表彰。加强中原镇的"戎备",不仅是节度使"为务之要",而且为唐廷所亟亟关心。贞元初,徐州尚未设镇,"地迫于寇,常困蘩不支",宰相李泌陈述利害云:"东南漕自淮达诸汴,徐之埇桥为江、淮计口",徐州一失,"是失江、淮也"。他建议置重镇于徐州,"夫徐地重而兵劲,若帅又贤,即淄青震矣"。这个意见被德宗采纳,"由是徐复为雄镇"[10]。这些例子充分说明了中原镇重兵驻防的现实必然性。否则,"苟不修其军政,合其大势,制其死命,则不足以辍东顾之忧",担起"实制东夏"[11]之责。

军队的庞大与军费的浩繁总是连在一起的,军事上的重镇往往就是经济上的重负。中原型藩镇的情况正是这样。根据我们的初步

---

[1] 李磎《泗州重修鼓角楼记》,《全唐文》卷803,第8443页。
[2] 顾况《宋州刺史厅壁记》,《全唐文》卷529,第5371页。
[3] 王璠《崔公墓志》,《唐代墓志汇编》下,第2123页。
[4] 《旧唐书》卷163《崔弘礼传》,第4265页。
[5] 《新唐书》卷146《李栖筠附吉甫传》,第4743页。
[6] 《资治通鉴》卷225,唐代宗大历十四年(779)五月,第7260页。
[7] 《资治通鉴》卷238,唐宪宗元和五年(810)十一月,第7681页。
[8] 《旧唐书》卷151《王锷传》,第4061页。
[9] 《资治通鉴》卷238,唐宪宗元和五年(810)十一月,第7681页。
[10] 《新唐书》卷158《张建封传》,第4940页。
[11] 柳冕《答徐州张尚书论文武书》,《全唐文》卷527,第5358页。

统计，唐代一个雇佣兵的费用一般在 24 贯上下。[1] 5 万兵士即年支 120 万贯，10 万兵士年支 240 万贯，这是一笔多么沉重的开支！而战争状态下，固然按规定朝廷要付一笔"出界粮"，但本道军费并不因此而减[2]，还要另加"资遣"[3]，因而耗费更巨。所以杜牧在谈到中原型藩镇时说，"河东、盟津、滑台、大梁、彭城、东平，尽宿厚兵，以塞房冲，是六郡之师，严饰护疆，不可他使"，而"六郡之师，厥数三亿，低首仰给，横拱不为，则沿淮已北、循河之南，东尽海，西叩洛，经数千里赤地，尽取才能应费"[4]。"尽取才能应费"正是李吉甫在《元和国计簿》的中央预算中，于中原型诸镇只字不提的原因所在。

军事上和财政上的上述状况，对中原型藩镇动乱产生了深刻的影响。由于这里是"用武地"[5]，节度使多系武人，因而不可避免地出现一批骄悍的藩帅，如刘玄佐、韩弘、于頔、王智兴等。他们在讨伐叛镇战争中，获得帅位，并发展了自己的军事势力[6]，又利用朝廷借之镇遏骄藩的需要而拥兵自重，"专恣一方"，所谓"逢时扰攘"，"乘险蹈利"[7]。朝廷不能对这些藩镇指挥自如，却要倚为武力屏障。如刘玄佐在宣武，淄青"（李）纳最惮之"[8]。韩弘在那里

---

[1] 关于一个兵士费用参见本书第十三章《唐代藩镇财政收入与分配》第三节。
[2] 崔致远《奏除天征军任从海等衣粮状》，《桂苑笔耕集校注》卷 5，党银平校注，中华书局，2007 年，第 120—121 页。"臣得都将任从海及节级状，称自赴征行，已逾五载……各得家信，知西川已停衣粮，伏缘从海等皆是贫寒，更无营业……今者身在东吴，职居西蜀，此方苦于羁旅，彼已停其衣粮，远路音书，难写征人之恨，贫家亲戚，先怀饿孚之忧。"可见，将士出征，法令上是不准停减原额衣粮的。
[3] 《资治通鉴》卷 239，唐宪宗元和十年（815）五月，第 7712 页。"今诸道发兵……其本军各须资遣，道路辽远，劳费倍多。"又，河东"旧例发军，人给二缣"。会昌时讨刘稹，李石"以支计不足，量减一匹，军人聚怨"（《旧唐书》卷 172《李石传》，第 4487 页）。
[4] 杜牧《战论》，《杜牧集系年校注》卷 5，第 649 页。
[5] 《新唐书》卷 151《袁滋传》，第 4824 页。
[6] 如刘玄佐以讨李希烈而立功得帅位。王智兴以讨河北立功，并发展了势力，故得以驱崔群而得帅位。于頔贞元时讨淮西吴少诚期间，乘机广募甲兵，扩张势力，以至玩弄朝廷。韩弘之即位宣武亦值吴少诚出兵四掠之机，他斩少诚使者，并请出兵讨贼，因而博得了朝廷信任（以上并见两《唐书》本传）。
[7] 《旧唐书》卷 156《于頔、韩弘、王智兴传》"赞曰""史臣曰"，第 4141 页。
[8] 《新唐书》卷 214《刘玄佐传》，第 6000 页。

也是"镇定一方,居强寇之间,威望甚著"[1],吴少诚、李师古"皆惮之"[2]。王智兴在徐州,"历滕、丰、沛、狄四镇将"[3],"常以徐军抗(李)纳",大和中,李同捷据沧德叛,他上章"请躬督士卒讨贼","自备五月粮饷",战后以"首功"[4]封王。于頔在襄阳,"时吴少诚张淮西,独惮頔威强"[5]。欧阳修云"唐自中世以后,收功弭乱","常倚镇兵"[6],所倚者主要是这些方镇。在保护漕路上,唐廷对中原型藩镇亦十分倚重。如大历时敕缘河节度使置防援兵士"分界捉搦"[7]。贞元时敕汴宋郑徐泗诸州,加强对运路管理,"分界勾当"[8]。元和八年(813)诏韩弘"发卒以通汴河","通漕至郾城下北颍口"[9],甚至在唐末王仙芝、黄巢起义期间,唐廷仍"赐宣武、感化(即武宁)节度、泗州防御使密诏,选精兵数百人于巡内游弈,防卫纲船,五日一具上供钱米平安状闻奏"[10]。柳宗元曾一针见血地道出中原型藩镇的复杂情形:"将骄卒暴,则近忧且至,非所以和众而乂民也;将诛卒削,则外虞实生,非所以捍城而固圉也。"[11]

中原型藩镇动乱凡52起,仅次于河朔而居于第二位。其中兵变32起,占全部这类事件的三分之一强,而在四类藩镇中居于首位。

再看边疆型藩镇。

---

[1]《资治通鉴》卷239,唐宪宗元和十年(815)九月"考异",第7718页。
[2]《资治通鉴》卷236,唐顺宗永贞元年(806)二月,第7609页。
[3]《旧唐书》卷156《王智兴传》,第4139页。按:滕、丰、沛皆徐州属县。狄,当指徐州彭城县的狄丘冶,它邻近淄青镇的兖、沂等州。作"狄丘冶",见《新唐书》卷38《地理志二》,第990页。作"秋丘冶",见谭其骧主编《中国历史地图集》第5册《隋唐五代十国》分册,中国地图出版社,1982年,第44—45页。作"狭丘冶",恐非是。《太平寰宇记》卷15《利国监》,第305页:"利国监,本徐州之狄邱务烹铁之所。至皇朝开为利国监,以董其事。可证。"
[4]《旧唐书》卷156《王智兴传》,第4139—4140页。
[5]《新唐书》卷154《李晟附宪传》,第4874页。
[6]《新唐书》卷64《方镇表一》,第1759页。
[7] 唐代宗《缘汴河置防援诏》,《全唐文》卷46,第513页。
[8]《唐会要》卷87《漕运盐铁总序》,第1598页。
[9]《太平御览》卷332《漕运》(第3册),夏剑钦校点,河北教育出版社,1994年,第959页;《册府元龟》卷497《邦计部·河渠二》,第5648页。
[10]《资治通鉴》卷252,唐僖宗乾符三年(876)四月,第8183页。
[11] 柳宗元《送杨凝郎中使还汴宋诗后序》,《柳宗元集》卷22,中华书局,1979年,第587页。

边疆型藩镇是河朔型、中原型之外的另一重兵驻扎区，包括西北（即京西京北）和西南两部分。它们的前身是开元天宝时缘边节度使中的朔方、河西、陇右、剑南、岭南等镇，故"资格"最老。在此我们主要以京西京北诸镇为典型进行考察。

安史之乱以前，西北边疆就是军务繁剧之地。天宝末年，哥舒翰身兼河西、陇右二帅，统重师以镇之。战乱期间，边防军悉师东讨，吐蕃乘机步步进逼，唐朝失去河西陇右之地，防线退至邠、泾一线。河北战事稍平，京西京北的形势已十分紧张。由于仆固怀恩的叛乱，吐蕃军锋直逼京师。代宗出奔，长安失守，尔后一直是"边羌挈战不解"[1]。唐廷除大力巩固这里的军镇外，又大征山东防秋兵以资守备。大历九年（774）征以备边的幽蓟、魏博、成德、淄青、汴宋、河中及申、黄、安、息等军队竟达二十八万人。[2]尔后，京西京北地区一直是重兵集结，兵力一般在20万人以上[3]，甚至有些方镇的兵力还时有所增。[4]西北地区由是成为唐朝军事布防的重心。

唐王室所在地附近如此庞大的武装集结，固然是边防的需要，但客观上却形成了对唐廷的军事压力和威胁。因此，能否控制京西京北藩镇，是关系其政权存亡和统治安全的关键性问题，唐朝中央不能不有所措置，尤其是朔方军一系的势力曾一度膨胀，早在安史

---

[1]《新唐书》卷212《李怀仙传》，第5968页。
[2] 参见唐代宗《命郭子仪等备边敕》，《全唐文》卷48，第533页。
[3]《册府元龟》卷90《帝王部·赦宥九》唐穆宗元和十五年（820）二月大赦诏："在城诸军将士节级赏赐，仍加阶爵。京西京北及振武天德八道节度、都防御使下及神策一十二镇将士等共一十八万六千七百余人，都赐物一百八万一千八百余匹。"（第993页。《册府元龟》卷81《帝王部·庆赐三》与此同，第885页。）此外，大历、建中时防秋兵一般在四万人以上，如《资治通鉴》卷268，后梁太祖乾化元年（911）十一月"考异"引《实录》："……唐建中初为吐蕃所陷，砥其墉而去。由是银、夏、宁延洎于灵武，岁以河南、山东、淮南、青、徐、江、浙等道兵士不啻四万分护其地，谓之防秋。"（第8748页）又见《册府元龟》卷484《邦计部·经费》（第5488页）大历九年（774）五月敕所举诸道防秋兵马数。
[4] 如元和中，严砺在山南西道奏请新加军士2386人。大和中，王承元在凤翔新添骑兵1500骑（参见《册府元龟》卷413《将帅部·召募》，第4684页）。又李元谅在边镇也是"籍马搜乘，补卒济师，始编簿者二千，终载书者一万……此其徇国之功四也"[张濛《李元谅颂》，《金石萃编》卷103，《石刻史料新编》（第1辑·第3册），第1714—1715页］。

之乱期间，肃宗"中兴"就"唯倚朔方军为根本"[1]；安史之乱以后，京西京北地区节度使亦多出自朔方军。唐人刘轲说："自燕盗已来，惟朔方多军功，内以遏不轨，外以拓胡虏，故朔方之于朝廷，虽手足之捍头目，不足过也。"[2]但朔方军的势力也因此遭到猜忌和排挤。郭子仪、李光弼、仆固怀恩等朔方军领袖，在战争中相继被撤换。德宗初年，首先分割肢解了郭子仪领导的朔方军；后因仆固怀恩之叛和李怀光之叛，其军队"割裂诛锄所余无几"，以至"分朔方之地，建牙拥节者凡三使焉，其余诸军，数且四十"[3]。唐廷通过化大为小、削弱单位藩镇的力量，来加强对这一地区的控制。

在朔方军势力被排挤的同时，神策军势力逐渐伸向京西京北地区，并成为唐廷监制西北藩镇的又一重要手段。唐神策军分中央禁军与外镇军两部分。[4] 外镇军凡十三镇[5]，而其势力则遍及京西的凤翔、秦、陇、原、泾、渭，京北的邠、宁、丹、延、鄜、坊、庆、灵、盐、夏、绥、银、宥等地区。这些军队皆"取中尉处分"，与所在节度使"相视如平交"[6]。它们既是拱卫京畿的屏障，又是监制西北边疆型藩镇的重要力量，"建国威，捍非常，实天子之爪牙也"[7]。无论是在政治隶属关系上，还是在经济财政关系上，神策军与西北藩镇都有很深的矛盾。元和十四年（819），邠宁节度使李光颜"料兵赴救，邠师喧然曰：'人给五十千而不识战阵，彼何人也！常额衣

---

[1]《新唐书》卷137《郭子仪传》，第4600页。
[2] 刘轲《再上崔相公书》，《全唐文》卷742，第7672页。
[3] 陆贽《论缘边守备事宜状》，《陆贽集》卷19，第620—621页。
[4] 参见西川恭司《神策军的两面性》，载龙谷大学《东洋史苑》第16辑，1980年；转见《史学杂志》1981年第5期，第192—193页。
[5] 关于神策军十三镇，《资治通鉴》卷237，唐宪宗元和二年（807）四月甲子胡注："按宋白《续通典》，左神策，京西北八镇：普润镇、崇信城、定平镇、□□□、归化城、定远城、永安城、邠阳县也。右神策五镇：奉天镇、麟游镇、良原镇、庆州镇、怀远城也。"（第7639页）《资治通鉴》卷241，唐穆宗元和十五年（820）十月癸未胡注又云："左、右神策军分屯近畿，凡八镇，长武、兴平、好畤、普闰、邠阳、良原、定平、奉天也。宋白所记与此稍异。"（第7784页）
[6]《资治通鉴》卷239，唐宪宗元和七年（812），第7695—7698页。
[7] 王夫之《读通鉴论》卷25《宪宗十二》，第767页。

第四章 唐代藩镇的类型分析

资不得而前蹈白刃,此何人也!'愤声恟恟不可遏"[1]。李光颜"忧惧欲自杀",搞得"京师恟惧"[2]。可见形势之严重!德宗初年的李怀光之叛,陈寅恪先生指出:"神策军与朔方军廪赐之不均要为此大事变之一主因。"[3]可谓一针见血。

西北边疆型藩镇的节度使,几乎都是武人,并且多为出自禁军的"债帅"。如邠宁镇以禁军将校出任者凡十四人,夏绥十一人,泾原十四人,鄜坊十三人。[4]所谓"自大历以来,节度使多出禁军"[5],主要是指这一带。故吴廷燮才说:"并汴大镇,多畀词臣,泾、鄜边藩,或为债帅。"[6]这不仅进一步巩固了宦官在西北诸镇的势力,还因之而加强了唐廷对这些方镇的控制。

京西京北地区是边徼贫瘠之地,人口稀少,军旅众多,饷费浩大。各镇"除所在营田税亩自供之外,仰给于度支者尚八九万人"[7]。如泾原镇"其军皆仰给度支"[8]。夏州"军士皆仰给县官"[9]。加上关东防秋兵的开支,军费更是巨大。

史称"戎狄每岁犯边,所在宿重兵,仰给县官,所费不赀"[10],"以编户倾家破产之资,兼有司榷盐税酒之利,总其所入,半以事

---

[1]《旧唐书》卷161《李光进附光颜传》,第4222页。
[2]《资治通鉴》卷241,唐宪宗元和十四年(819)十一月,第7775—7776页。
[3] 陈寅恪《论李怀光之叛》,《金明馆丛稿二编》,第319页。
[4] 邠宁十四人是:张献甫、李朝寀、阎巨源、郭钊、高霞寓、高承简、孟友亮、李用、李直臣、史孝章、郭旼、符澈、高承恭、刘昱。夏绥十一人是:韩潭、韩全义、李演、李愿、田缙、李佑、董重质、李昌言、高□□、田在宾、李宴元。泾原十四人是:李观、朱忠亮、朱光荣、李汇、杨元卿、李佑、张惟卿、康志睦、朱叔夜、刘沔、杨续、史宪忠、浑鐬、周宝。鄜坊十三人是:吴希光、论惟明、王栖耀、路恕、薛伾、康艺全、李文悦、邱直方、史孝章、赵儋、傅毅、李昌元、刘础(参见吴廷燮《唐方镇年表》卷1,第28—54页)。按上述统计未包括虽任前不是禁军将领,但以前是禁军将领出身的,如邠宁的高崇文,夏绥的傅良弼、李寰,等等。
[5]《资治通鉴》卷243,唐文宗太和元年(827)四月,第7854页。
[6] 吴廷燮《唐方镇年表·叙录》,第1页。
[7] 陆贽《请减京东水运收脚价于沿边州镇储蓄军粮事宜状》,《陆贽集》卷18,第584页。
[8]《太平御览》卷812《银》(第7册),第555页;《册府元龟》卷169《帝王部·纳贡献》,第1876页。
[9]《旧唐书》卷158《郑余庆传》,第4164页。
[10]《资治通鉴》卷226,唐德宗建中元年(780)七月,第7284页。

边"[1]。边疆藩镇仰给度支的情况，固然加强了其对中央的依赖，但是，由于唐后期财政上严重入不敷出，边军衣赐欠阙尤多，加上"债帅"的苛刻与暴敛，更易引起边军骚动，从而成为京西京北藩镇动乱所由产生的重要原因。陆贽说，"自昔败乱之由，多因馈饷不足"[2]。权德舆说，"边上诸军皆至悬缺，自今秋以来，并不支粮"[3]。裴度揭露"皇甫镈自掌财赋，唯事割剥，以苛为察，以刻为明，自京兆西城镇及百司并远近州府，应是仰给度支之处，无不苦口切齿，愿食其肉"[4]。文宗大和以后，南诏频岁犯边，唐朝在西南边疆遣有"防冬兵"[5]。那里的情况也是"为将者刻薄以自入，馈运者纵吏而鼠窃，县官当给帛则以苦而易良，当赈粟则以砂而掺粒"[6]。总之，供馈不足与藩帅苛刻是边疆型藩镇的共同特点，由此而引发的兵乱是藩镇动乱的主要内容。在边疆型藩镇的42起动乱中，这类兵变即达29起，占全部动乱的70%。

最后，谈东南型藩镇。

安史之乱以前，东南诸道即是唐王朝的重要财赋来源。战后，"两河宿兵，户赋不入。军国费用，取资江淮"[7]。东南诸道的赋税收入成为唐廷赖以存在的根基，所谓"唐立国于西北而植根本于东南"，屡经大乱"而唐终不倾者，东南为之根本也"[8]。因此，如何控制东南藩镇，是唐朝后期政治生活中的一个重大课题。

限制东南诸道的兵力，始终是唐朝的一个基本方针。安史之乱以

---

[1] 陆贽《论缘边守备事宜状》，《陆贽集》卷19，第618页。
[2] 陆贽《请边城贮备米粟等状》，《陆贽集》卷20，第664页。
[3] 权德舆《论裴延龄不应复判度支疏》，《全唐文》卷486，第4965页。
[4] 《册府元龟》卷317《宰辅部·正直二》，第3591页。
[5] "南方炎瘴，至冬，瘴轻，蛮乘此时为寇，故置防冬兵。"《资治通鉴》卷249，唐宣宗大中十二年（858）六月胡注，第8070页。
[6] 孙樵《书田将军边事》，《孙可之文集》卷2，第22页。
[7] 《文苑英华》卷422《元和十四年七月二十三日上尊号赦》，第2139页。
[8] 王夫之《读通鉴论》卷26《宣宗九》，第818页。

前,这一带既鲜设府[1],亦少甲兵[2]。战争期间,陆续设置了防御、团练、节度诸使,但除了寿春、鄂岳北部一线外,一般兵力很少,而且旨在防御"盗贼"。如萧颖士所说,"楚越之地,重山积阻,江湖浩漫,乐兴永嘉,南通岭表,北至吴会,皆境濒巨海。自古平日,常备不虞,中原或扰,不无盗贼为患。故宜察其要害,增以兵力"[3]。但是,即便在与安史势力艰苦鏖战之秋,这里的兵力也受到严格限制。有的节度使"饬偏师,利五刃,水陆战备,以时增修",被指为"过防骇众"[4]。而"减兵归农"[5]者则受到表扬。永王璘之乱,刘展之乱及袁晁起义,都是靠从中原战场抽调兵力才解决了问题。[6]安史之乱以后,东南诸道一般都先后易节度为观察。元和中,唐朝以"东南是赋税之地,与关右诸镇及河南、河北有重兵处体例不同",而大量裁罢其军额,其中有江陵永平军、润州镇海军、宣州采石军、越州义胜军、洪州南昌军、福州静海军等[7]。因此,东南型藩镇的军队一般较少,仅鄂岳、寿春等少数地方,因逼近中原,兵力稍众,故吴廷燮说,"并、汴戎士皆诩十万;洪、福、潭、越不过万人"[8]。

东南型藩帅一般很少武人,多为"儒帅"。淮南大镇更是宰相回翔之地。[9]其平均任期一般不超过3年。截至乾符元年(874),浙东藩帅平均任期2.8年,浙西2.9年,宣歙2.8年,福建2.6年,江西2.3年,荆南2.8年,湖南2年,仅鄂岳镇与淮南镇分别为3.5与

---

[1] 参见谷霁光《府兵制度考释》,上海人民出版社,1962年,第154—155页。
[2] 李翰《淮南节度行军司马厅壁记》,《全唐文》卷430,第4381页。"扬州本大都督府,亲王居中,长史理人,有府号而无兵甲。至德初,羯胡难作。始以长史为节度而有行军司马"。
[3] 萧颖士《与崔中书圆书》,《全唐文》卷323,第3271页。
[4] 令狐峘《光禄大夫太子太师上柱国鲁郡开国公颜真卿墓志铭》,《全唐文》卷394,第4012页。
[5] 李白《天长节度鄂州刺史韦公德政碑》,《李白全集编年笺注》卷18,中华书局,2015年,第1918页。
[6] 参见宁可《唐代宗初年的江南农民起义》,《历史研究》1961年第3期。
[7] 参见《唐会要》卷78《节度使》,第1434页。
[8] 吴廷燮《唐方镇年表·旧序》,第1287页。
[9] 参见杜牧《淮南监军使院厅壁记》,《杜牧集系年校注》卷10,第809页;又见《文苑英华》卷802《厅壁记六·州郡下》,第4241页。

3.6年[1]，尤其是宪宗即位初年，图谋经划两河之际，东南型九镇藩帅皆曾一易或数易。[2]这种频繁的调任，有效地限制了藩帅在本镇培植盘根错节的势力，保证了唐朝中央对东南型藩镇的牢牢控制。因而广德乾符间，东南型藩镇动乱仅12起，占这时期全部藩镇动乱的7%。其中只有李锜一起昙花一现般的反叛，故史称"天下方镇，东南最宁"[3]。

对东南型藩镇兵力的限制还大大降低了这里的军费开支。为什么"赋出于天下，江南居十九"[4]？除了江南地区本身的富庶外，主要原因就是这里养兵少、军费低，因而上供数量大。其实当时东南地区真正经济发达的只是扬州、楚州、润州、常州、苏州、湖州、杭州、越州、明州等包括太湖流域附近的长江三角洲一带。[5]至于江西、福建、荆南等地，其经济开发水平尚较低，之所以也成为唐王朝所倚重的"赋税之地"，更主要是因为它们与关右诸镇（边疆型）及河南（中原型）、河北（河朔型）有重兵处体例不同，即养兵少、开支小的缘故。

三 各类藩镇与中央关系特点小结

综上所述，我们将四类藩镇与中央关系的特点，列成简表如下。

藩镇类型	主要演变渊源	政治关系	财政关系	军事关系	动乱次数
河朔型	安史残余势力	割据	不上供	拥重兵自擅	65
中原型	战乱中新兴藩镇	不割据	无上供（或少上供）	驻重兵，防骄藩	52

---

[1] 参见吴廷燮《唐方镇年表》卷5、卷6。
[2] 参见《旧唐书》卷14《宪宗纪上》，第411—438页。
[3] 常衮《代杜相公让河南等道副元帅第二表》，《全唐文》卷417，第4265页。
[4] 韩愈《送陆歙州参序并诗》，《韩愈文集汇校笺注》卷9，第976页。
[5] 参见史念海《三门峡与古代漕运》，见《河山集》，生活·读书·新知三联书店，1963年，第247页。

续表

藩镇类型	主要演变渊源	政治关系	财政关系	军事关系	动乱次数
边疆型	开天时缘边节镇	不割据	度支补贴（或少上供）	驻重兵，防边疆	42
东南型	相当于开天时采访使	不割据	赋税之地	驻兵少，防"盗贼"	12

根据这个简表，可以对唐代藩镇割据形势归纳出如下几点认识：

第一，唐代藩镇割据主要表现在河朔，而河朔割据又集中在三镇。此外的绝大多数藩镇，虽然也有重兵驻扎，也不是唐廷的赋税之地（东南型除外），也有频繁的动乱，但它们都是唐王朝控制下的地方政权，其节度使的调任和派遣基本上由唐朝中央决定。这就是所谓藩镇割据的区域性。

第二，中原、边疆、东南型藩镇虽然不割据，但是它们本身以各自不同的地理特点及其与唐王朝的政治、财政、军事关系，深刻影响着整个藩镇割据形势的发展。具体说就是，东南型从财力上支撑朝廷，边疆型（西北）从武力上奠定关中，中原型从军事上镇遏叛镇。河朔割据形势的变化，不光取决于河朔本身的势力消长，更大程度上取决于上述三类藩镇的动向。这一点，可以称之为藩镇割据的制约性。

第三，各类藩镇之间的相互制约关系，维系唐王朝相对稳定地统治了一百多年，故宋人尹源说："夫弱唐者，诸侯也；唐既弱矣，而久不亡者，诸侯维之也。"[1]黄巢起义打破了这种格局。举足轻重的中原型藩镇被野心勃勃的朱温所吞并，李克用则据有河东及西北边镇之一部而与之抗衡；西北边镇之另一部则为李茂贞等所据，并且动辄称兵犯阙；东南型藩镇也不再供给唐朝的财源；"国命所能制者，河西、山南、剑南、岭南西道数十州"[2]——主要是西南边镇。

---

[1]《宋史》卷442《尹源传》，第13082页。
[2]《旧唐书》卷19下《僖宗纪》，第720页。

唐朝的灭亡只待时日了。但五代的历史，仍然明显地受到唐代藩镇格局的影响：北方相继递嬗的五个小朝廷的激烈争夺和东南相对安定的若干小王国，实际上多多少少地反映着唐代北部藩镇（河朔、中原、西北边疆型）的重兵驻扎与动乱频仍和南部藩镇（东南型）的驻兵寡弱与相对安定的差异。

第五章　唐代藩镇的动乱特点

一　藩镇动乱的四个特点

通过藩镇类型的分析，我们考察了唐代藩镇割据具有区域性与制约性共存的特点；而河朔区域的割据，又具有游离性与依附性并存的特点。因此，我们既不能把藩镇都说成是割据的，也不能把河朔割据绝对化。纵观一部唐代藩镇割据史，可以发现，表现得最突出最普遍而又最引人注目的现象，并不是地方政权因闹割据而反抗中央政府的斗争（当然也有这种斗争），而是频繁而激烈的藩镇动乱。那么，应该怎样看待这些动乱呢？上一章对各类藩镇的动乱仅略有提及而未深论。传统的看法总是把它同藩镇割据搅缠在一起而不加分别或者分辨不清。因此，对它们做一定量定性的分析，弄清其特点和原因，便成为唐代藩镇问题研究中的又一关键。

唐代藩镇动乱就其表现形式来说，一般可分为以下四种情形：第一，兵士哗变。其表现多为广大士兵为反抗暴虐或谋求赏赐、贪图眼前经济利益而发生变乱。所谓"杀帅长，大钞劫，狃于利而然也"[1]。第二，将校作乱。其表现多为少数觊觎帅位的将校杀帅谋位，而以利诱其众。第三，反叛中央。其表现为与中央公开武装对抗。第四，藩帅杀其部下。主要表现是藩帅为除去威胁自己的骄兵悍将而发生动乱。这四种情形中，前两种和后一种都发生在藩镇内部，

---

[1]《新唐书》卷214《刘玄佐传》，第6000页。

并且多半由内部自身解决。只有第三种发生在藩镇外部，用较大规模的战争形式加以解决。而且前两种都是自下而上的动乱，后一种则是自上而下的动乱。对此，司马光曾形容说："为下者常眈眈焉伺其上，苟得间则攻而族之；为上者常惴惴焉畏其下，苟得间则掩而屠之。"胡三省赞叹"二语曲尽唐末藩镇、将卒之情状"[1]。那么，这些不同的动乱中究竟哪种情形占主要位置呢？

我们先来分析河朔藩镇的动乱情形。广德乾符间，河朔型藩镇动乱凡65起，其中与中央发生武装冲突或带扩张性的仅13起，占20%。因而除了建中元和时的一些战争外，河朔藩镇与中央的关系基本上是稳定的、宁谧的，很少兵戎相见；中原型藩镇虽然始终与之处于剑拔弩张的相持状态，但真正大兴干戈的事件也屈指可数。其余80%的动乱不仅都发生在藩镇内部，而且都在自身矛盾斗争中得到平息，表现出藩镇动乱的封闭性。而这些动乱又以"士卒得以陵偏裨，偏裨得以陵将帅"[2]的以下替上的兵乱为其主要特征，表现出藩镇动乱的凌上性。

假如我们推而广之，再考察一下藩镇动乱的全局，就不难发现，这些特点不仅存在于割据的河朔，而且遍及于中原型、边疆型（甚至东南型）等非割据藩镇。广德乾符间四类藩镇共发生的171起动乱中，与中央产生外部冲突的不过22起，仅占13%；兵变达99起，占60%；节帅杀部下事件14起，占7%；其余将校作乱等内部火并37起，占20%。总起来说就是，有87%的藩镇动乱表现出内在的封闭性，80%的藩镇动乱表现出以下替上的凌上性。而魏博牙兵、宣武悍卒、徐州骄兵等，无一不是以在内部杀逐藩帅的斗争中"变易主帅，有同儿戏"[3]而著迹于史。故清人赵翼说："秦汉六朝以来，有叛将，无叛兵。至唐中叶以后，则方镇兵变比比而是"，"逐帅杀帅，视为常

---

[1]《资治通鉴》卷220，唐肃宗乾元元年（758）十二月"臣光曰"及其下胡注，第7065页。
[2]《资治通鉴》卷220，唐肃宗乾元元年（758）十二月"臣光曰"，第7066页。
[3]《旧唐书》卷181《罗弘信附威传》，第4692页。

事"[1]。可见封闭性与凌上性乃是唐代各类藩镇动乱的普遍特征。

在形式上，各类藩镇动乱都表现出封闭性与凌上性，而在内容上，藩镇动乱的反暴性与嗜利性则构成了它们的另一共同特征。所谓反暴性，是指这些动乱具有反抗节度使的苛虐残暴的色彩，或下级将士争取生存的反压迫性质，这类例子简直不胜枚举。如河朔型的横海军，"节度使程怀直，不恤士卒"[2]，为部下所逐。中原型的武宁军，"节度使康季荣，不恤军士，部下噪而逐之"[3]。边疆型的振武军，"节度使李进贤，不恤士卒；判官严澈，绶之子也，以刻核得幸于进贤"[4]，亦为军士所逐。大中时南方藩镇"数有不宁"，也是因为藩帅"停废将士，减削衣粮"[5]。

还有许多动乱则属于骄兵"杀其将帅，以利劫"的事件。如武宁节帅被逐，朝廷派"曾任徐州，有政声"的田牟去镇守，"于是安帖"[6]。田牟是怎样统治武宁，使军情"安帖"的呢？史称："田牟镇徐日，每与骄卒杂坐，酒酣抚背，时把板为之唱歌。其徒日费万计，每有宾宴，必先厌食饫酒，祁寒暑雨，卮酒盈前，然犹喧噪邀求，动谋逐帅。"[7]河朔型的魏博牙军，更是"皆丰给厚赐，不胜骄宠"，"优奖小不如意，则举族被害"[8]。边疆型藩镇也是如此。如邠宁易帅之际，军士先是以"若命帅于他军，彼必以其麾下来，吾属被斥矣"而"拒之"。及朝廷派神策军将李朝寀赴任，军士又以"李公欲内麾下二千为腹心，吾辈妻子其可保乎"[9]而发动叛乱。东南型藩镇也有"指漕货激众谋乱"[10]的事件。总之，这些动乱的主体是被

---

[1] 赵翼《廿二史札记校证》卷20《方镇骄兵》，王树民校证，中华书局，2013年，第431页。
[2]《资治通鉴》卷235，唐德宗贞元十一年（795）九月，第7570页。
[3] 裴庭裕《东观奏记》卷下《田牟调任武宁军节度使》，中华书局，1994年，第131页。
[4]《资治通鉴》卷239，唐宪宗元和八年（813）十月，第7702页。
[5]《资治通鉴》卷249，唐宣宗大中十二年（858）七月，第8071页。
[6] 裴庭裕《东观奏记》卷下《田牟调任武宁军节度使》，第131页。
[7]《旧唐书》卷19上《懿宗纪》，第653页。
[8]《旧唐书》卷181《罗弘信附威传》，第4692页。
[9]《资治通鉴》卷236，唐德宗贞元十七年（801）五月、六月，第7595页。
[10]《新唐书》卷151《窦易直传》，第4828页。

称为"此皆嗜利者"[1]的骄兵。他们"利在此而此为主矣,利在彼而彼为主矣"[2]。动乱的原因则是所谓"杀帅长,大钞劫,狃于利而然也"[3]。因此,我们把它称之为藩镇动乱的嗜利性。其实,藩镇动乱的反暴性与嗜利性往往是孪生在一起的。而前述80%以上的内部动乱,基本上又是反暴性与嗜利性相结合的产物。反抗暴虐时常是满足利欲的理由甚或借口;嗜利常常是反暴的动力。

藩镇动乱的这些特点说明了什么呢?藩镇动乱的封闭性,说明问题的症结所在主要是藩镇内部而不是外部,因而它们不是表现为带有扩张性的与中央政府或邻道的武装冲突,而是内在的烧杀劫掠。藩镇动乱的凌上性,说明动乱的根源主要来自下层而不是上层,因而节度使政权长期动荡不安,藩帅动辄废立于将校兵士之手。藩镇动乱的反暴性,说明某些兵士哗变具有一定程度的正义性,因而它们具有发展成农民起义的潜在可能,如咸通九年(868)的庞勋起义、乾符二年(875)的王郢起义等。[4]而藩镇动乱的嗜利性则贯穿于全部藩镇动乱中并且具有左右局势的力量,它使得:第一,许多兵变往往被一些上层将校和野心家所利用,所谓"凡据军府,结众心以擅命者,皆用此术而蛊众以逞志"[5],从而增加了藩镇动乱的复杂色彩;第二,有些兵变即使发展成为声势颇大的农民起义,也易于被收买而中途夭折。[6]总而言之,集中到一点,唐代藩镇动乱绝

---

[1] 《新唐书》卷213《李正己附师道传》,第5994页。
[2] 王夫之《读通鉴论》卷24《德宗十五》,第727页。
[3] 《新唐书》卷214《刘玄佐传》,第6000页。
[4] 《资治通鉴》卷252,唐僖宗乾符二年(875)四月:"浙西狼山镇遏使王郢等六十九人有战功,节度使赵隐赏以职名而不给衣粮,郢等论诉不获,遂劫库兵作乱,行收党众近万人,攻陷苏、常,乘舟往来,泛江入海,转掠二浙、南及福建,大为人患。"(第8178—8179页)张泽咸《唐五代农民战争史料汇编》曾收有这类兵乱若干起,可参看。
[5] 王夫之《读通鉴论》卷24《德宗十五》,第727页。
[6] 如唐僖宗《讨王郢诏》,《全唐文》卷87,诱惑"王郢部下徒党"云:"如生擒及斫得王郢头归顺者,当授四品正员官,并赏钱一万贯,赐庄宅一区,如能率众于所在解甲归降者,亦当厚与爵赏。"(第910页)故当王郢激战浙西时,"镇海节度使裴璩严兵设备,不与之战,密招其党朱实降之,散其徒六千人……敕以实为金吾将军,于是郢党离散"[《资治通鉴》卷253,唐僖宗乾符四年(877)二月,第8190页]。所谓"事成富贵,不成为群盗耳"[《资治通鉴》卷273,后唐庄宗同光二年(924)四月,第8919页],正活脱脱地表现了这些兵变的性质。

大多数是发生在藩镇内部的以骄兵为主体,以反抗节度使为主要形式,以邀求赏赐、瓜分本镇赋税为指归的变乱。它们同与中央政府分庭抗礼的藩镇割据和叛乱是有重大区别的,不能混为一谈。

二 为什么藩镇动乱具有这些特点

为什么唐代藩镇动乱会表现出这种封闭性、凌上性和反暴性、嗜利性的特点呢?其原因是极其复杂和多方面的,主要有如下几点。

首先,唐代藩镇动乱之所以表现出内在的封闭性而不表现为外在的扩张性,与各类藩镇之间的相互制约关系以及它们各自的力量对比有关。河朔型与中原型藩镇在割据与防割据的相持关系上,中原型与边疆型藩镇在维系内外均势的平衡关系上,中原型、边疆型与东南型藩镇同唐朝中央在武力和财力的相互依赖关系上,构成了一个密切联系而又相互制约的整体结构。唐朝中央本身虽然没有强大的武装力量,但这些藩镇之间的相互制约关系及其各自力量对比,却使任何藩镇都不敢轻举妄动,独行其是。宋人尹源说:"夫弱唐者,诸侯也;唐既弱矣,而久不亡者,诸侯维之也。"[1]就包括这个意思。中原型、边疆型、东南型藩镇固然在政治态度上不否认唐朝中央政权,即以河朔型藩镇而论,也具有游离性与依附性并存的双重特点。它们尽管桀骜不羁,但仍然与唐廷保持着若即若离的羁縻关系。而维系这一关系的纽带,则是朝廷的旌节授予。这种旌节授予不仅标志着这些藩帅的政治身份是唐朝的封疆大吏,这些藩镇的财政基础是封建国家的赋税收入,武力凭借是法律上属于国家的"官健",而且构成了藩帅稳定内部统治的合法依据,所谓"须借朝廷官爵威命以安军情"[2]。因此,旌节授予问题便成为藩镇与中央

---

[1]《宋史》卷442《尹源传》,第13082页。
[2]《资治通鉴》卷248,唐武宗会昌四年(844)八月,第8010页。

关系的焦点。建中（780—783）年间的战争就是围绕山东藩镇的世袭问题而爆发的。元和（806—820）战争亦然，如王夫之说，"（吴）元济岂有滔天之逆志如安、史哉，待赦而得有其旌节耳。王承宗、李师道亦犹是也"[1]。河朔型藩镇如此，企图效法割据的其他藩镇更是这样。会昌（841—846）时，泽潞节度使刘从谏死，其侄刘稹先是"严奉监军，厚遗敕使"，以图"旌节自至"[2]。及与唐军对垒，又担心"其兵犯王略深，朝廷且怒，节益不可至"。后来河东杨弁作乱，派人前来与泽潞结盟，刘稹不仅不与盟，反而"械其使送京师"，并出击太原兵，原因是"我求承袭，彼叛卒，若与之，是与反者"[3]。总之，除了藩帅易世之际，世袭遭到朝廷拒绝外，只要唐廷授予旌节，骄藩就不会反叛中央，双方的关系就会相安无事，而藩镇内部的火并自然就显得异常突出，特别是事实上唐朝对"河北三镇，国家许世以壤地传子孙"[4]，即无条件地授予旌节，因而长庆后更没有见到什么大战争，其内部的劫夺则愈演愈烈。

其次，与藩镇割据凭借的骄兵的政治品格有关。任何割据政权的武力凭借都是军队。但唐代的骄兵却具有不同于一般军队的历史特点。第一，他们是"常虚费衣粮，无所事"[5]的雇佣职业兵，不同于亦耕亦战的部曲家兵。他们以当兵为职业，"仰缣禀，养父母妻子"[6]。因此，一旦有人损害他们的利益，必然会激起他们的强烈反对，不惜作"忘身徇利"的斗争。这种斗争自然也就既带有反暴性，又具有嗜利性。第二，骄兵虽然有争取生存、谋求赏赐而"喧噪邀求"的胆量，却没有开疆拓土或取唐而代之的要求，所谓"诚且愿

---

[1] 王夫之《读通鉴论》卷25《宪宗十四》，第769页。
[2] 《资治通鉴》卷247，唐武宗会昌三年（843）四月，第7979页。
[3] 《新唐书》卷214《刘悟附稹传》，第6016—6017页。
[4] 《新唐书》卷131《李回传》，第4518页。
[5] 《资治通鉴》卷224，唐代宗大历三年（768）十二月，第7206页。
[6] 《新唐书》卷210《田承嗣附悦传》，第5927页。

保目前，不敢复有侥冀"[1]。节度使的好战，势必会使军士厌恶而遭到他们的反对。如建中（780—783）时，田悦"阻兵凡四年，狂愎少谋，亟战数北，死者什八，士苦之，且厌兵"，朝廷派孔巢父前往宣慰，"莫不欣然"[2]。结果田绪"因人心之摇动，遂构谋杀悦而与大将邢曹俊等禀命于巢父"[3]。这种情况便限制了骄藩悍将不能恣意反叛朝廷，使藩镇动乱主要不是表现为外在的而是表现为内在的。李德裕正是基于这一点才说："河朔兵力虽强，不能自立，须借朝廷官爵威命以安军情。"[4]第三，既然唐代的骄兵是雇佣兵，因而他们对主帅的关系就带有契约性，而不像农奴兵那样有很强的依附性。这是唐代农民人身依附关系减弱的反映。[5]所谓"士卒得以陵偏裨，偏裨得以陵将帅"的凌上性动乱，从某种意义上说，正是一般士卒身份提高的前提下表现出来的历史特征。

牙兵组织的存在，也是导致藩镇内部动乱频仍的一个原因。牙兵是节度使稳定对内统治的支柱，如宣武镇，"士卒骄不能御，则置腹心之士，幕于公庭庑下，挟弓执剑以须。日出而入，前者去；日入而出，后者至。寒暑时至，则加劳赐酒肉"[6]。但反过来，节度使又被牙兵势力所包围，任其废立于掌股之间，所谓"变易主帅，有同儿戏"。这是因为，牙兵的成分较一般士卒要复杂得多，它集中了雇佣职业兵和游民无产者的一切惰性和破坏性。如李师道，"其所宠任，皆亡命之徒与皂隶耳"[7]。五代节度使也是"多募群盗，置帐下为亲兵"[8]。他们的存在本身就是一股极不安定的因素，所谓"今之

---

[1]《资治通鉴》卷227，唐德宗建中三年（782）四月，第7322页；另参见杨志玖《试论唐代藩镇割据的社会基础》，载《历史教学》1980年第6期，第28页。
[2]《新唐书》卷210《田承嗣附悦传》，第5932页。
[3]《旧唐书》卷154《孔巢父传》，第4096页。
[4]《资治通鉴》卷248，唐武宗会昌四年（844）八月，第8010页。
[5]参见胡如雷《唐五代的藩镇割据与骄兵》，载《光明日报》1963年7月8日"史学版"。
[6]韩愈《董公行状》，《韩愈文集汇校笺注》卷27，第2765页。
[7]马总《郓州刺史厅壁记》，《全唐文》卷481，第4917页。
[8]《资治通鉴》卷269，后梁贞明二年（916）九月，第8806页。

将校，罕有义心，因利乘便，必相倾陷"[1]，正是其政治品格的写照。牙兵既由节度使的依恃，发展成为颠覆藩帅政权的威胁，于是节度使又置其他的亲兵、奴兵、后楼兵或后院兵等，倚为与牙兵抗衡的心腹，从而更进一步加剧了内部纷争。如魏博乐从训，"聚亡命五百余人为亲兵，谓之子将，牙兵疑之，籍籍不安"[2]。罗绍威率奴客伙同朱全忠尽杀魏博牙兵。[3] 镇海节度使周宝，"募亲军千人，号后楼兵，禀给倍于镇海军，镇海军皆怨。而后楼兵浸骄不可制"。于是又引起一场内部纷乱，"城中货财山积，是日，尽于乱兵之手"[4]。总之，牙兵的存在及其安内而不是御外的职能，既是藩镇内部动乱频仍而激烈的产物，又成为加剧藩镇内部纷争和不稳定的催化剂。

再次，藩镇动乱之所以表现出上述特点，还与唐代财政制度上的军费开支地方化密切相关。

什么是军费开支地方化呢？

我们知道，在安史之乱以前的租庸调时代，全国财赋由中央政府统一调配。天宝时缘边驻重兵49万，马8万，军费绢1020万匹，粟190万石，除岭南道"轻税本镇以自给"[5]外，都由中央拨付。河北清河郡号称"天下北库"的大批财物即唐廷"平日聚江淮、河南钱帛于彼以赡北军"[6]的。

安史之乱的爆发，完全打乱了唐朝的统治秩序。战乱期间，唐廷自身难保，更不可能在全国范围内控制和调拨衣粮来供应所在作战军队。因而，至德元载朝廷下令，所在军镇"应须士马、甲仗、

---

[1]《旧唐书》卷142《李宝臣附惟岳传》，第3869页。
[2]《资治通鉴》卷257，唐僖宗文德元年（888）二月，第8374页。
[3] 参见《新唐书》卷210《罗弘信附绍威传》，第5941—5943页。又，朱滔部下有私属兵万余（参见《新唐书》卷212《朱滔传》，第5968—5973页）。盖亦具奴客兵性质。
[4]《资治通鉴》卷256，唐僖宗光启三年（887）三月，第8345—8346页。关于方镇后院兵，可参见《资治通鉴》卷248，唐武宗会昌四年（844）闰七月，第8003—8008页；《资治通鉴》卷258，唐昭宗大顺元年（890）五月，第8397—8399页。《资治通鉴》卷262，唐昭宗光化三年（900）十月胡注，第8536页："唐中世以来，方镇多置后院兵。"
[5]《旧唐书》卷38《地理志一》，第1389页。
[6]《资治通鉴》卷217，唐肃宗至德元载（756）三月，第6957页。

粮赐等,并于当路(自)供"[1]。从而把兵费的筹集一下子推给了地方。这时"军国之用,仰给于度支转运二使",亦即从江淮转运财赋作中央政府及军队的开支;而"四方大镇",则"自给于节度团练"[2],即是军费开支地方化。

安史之乱后,这一状况并未得到改变。在相当长的一段时期内,统治集团内部功臣、宦官、宰相、外戚和中央皇权等各种势力之间错综复杂的矛盾斗争,特别是京西京北地区异常严峻的军事形势,使唐廷不能或未能从财政上做大规模的整顿,"边计兵食置而不议者几十年"[3]。因而大历时,仍然是"率税少多,皆在牧守"[4],"赋敛、出纳、俸给皆无法,长吏得专之"[5]。中央政府主要靠盐铁榷利收入和转运江南财赋来支撑局面,地方节镇依然以本地租税自给。所谓"河南、山东、荆襄、剑南有重兵处,皆厚自奉养,王赋所入无几"[6],不能片面地说成是地方拥兵自重不上供,其实它在一定程度上反映了安史之乱期间"四方大镇又自给于节度团练"状况的继续。大历三年(768),马璘在泾原,"边土荒残,军费不给",其解决办法并未能"以内地租税及运金帛以助之"[7],而是让他"遥领郑颍二州"[8]。郑、颍二州在河南,泾原在西北,相距甚远,"遥领"的目的也就是使其军费"当路自供"。又如河阳镇遏使(后为节度使),其军资无处支付,唐廷乃以河南府管下五县(河阳、河清、济源、温、汜水)"割属河阳三城使。其租赋色役,尽归河阳。河南尹但总管名额而已"[9]。这也体现出当道自筹军费的原则。

---

[1]《资治通鉴》卷218,唐肃宗至德元载(756)七月,第6984页。另参见贾至《玄宗幸普安郡制》,《全唐文》卷366,第3719—3720页。
[2]《唐会要》卷83《租税上》,1536页。
[3]《新唐书》卷51《食货志一》,第1348页。
[4] 陆贽《论两税之弊须有厘革》,《陆贽集》卷22,第724页。
[5]《资治通鉴》卷226,唐德宗建中元年(780)九月,第7289页。
[6]《旧唐书》卷118《杨炎传》,第3421页。
[7]《资治通鉴》卷224,唐代宗大历三年(768)十一月,第7204页。
[8]《新唐书》卷64《方镇表一》,第1770页。
[9]《旧唐书》卷38《地理志一》,第1425页。

建中元年（780）的两税法改革，整顿了安史之乱以来混乱的财税制度。它根据"量出以为入，定额以给资"[1]的原则，从法令上革除"率税少多，皆在牧守"的做法，并且通过上供、留使、留州的三分制将中央政府所需要的财政开支钱1000余万贯，粟400余万石，以"上供"的形式派定下来，从而保证了中央机器的正常运转。从这点来说，它具有"抑藩振朝"[2]的意义。但是，在另一方面，两税法不仅没有改变安史之乱以来军费开支地方化的状态，而且把这种权宜之计固定化、制度化了。它虽然以"定额"的形式，在原则上限制地方征税，但是，这个"定额"乃以不削减地方开支，"但令本道本州各依旧额征税"[3]为前提。而据"量出以为入"[4]的精神，"当道或增戎旅，又许量事取资"[5]，更加强了地方财政的独立地位。因此，有人说，两税法的关键乃在于"它实际上是中央财政当局与地方之间缔结的协定：为征取诸道两税的一定比例额，中央给予诸道以征税方法和经费使用上的自由"[6]。可见，像两税法这样一个被旧史家誉为"轻重之权始归朝廷"[7]的重大措施，之所以在一纸敕令下便推行开来而未见到地方军阀的阻挠，其中奥秘实在于此。

综上所述，由于安史之乱的非常形势，唐廷界予各地藩镇以自调兵食权，它经过两税三分制而进一步制度化了，产生出所谓军费开支地方化的财政制度。这一制度至少包括以下两方面的内容：第一，兵饷在地方财政中开支，而不是由中央调拨；第二，财权由藩

---

[1] 元稹《钱货议状》，《元稹集》卷34，第456页。
[2] 日野开三郎《关于藩镇时代的州税三分制》，载日本《史学杂志》第65编7号，1956年，第33—35页。
[3] 陆贽《论两税之弊须有厘革》，《陆贽集》卷22，第724页。
[4] 元稹《钱货议状》，《元稹集》卷34，第456页。"自国家置两税已来，天下之财，限为三品，一曰上供，二曰留使，三曰留州。皆量出以为入，定额以给资。"可见"量出制入"精神也适合于留州留使。
[5] 陆贽《论两税之弊须有厘革》，《陆贽集》卷22，第725页。
[6] 崔瑞德（Denis Twitchett）《唐末的藩镇和中央财政》，载日本《史学杂志》第74编8号，1965年，第2页。
[7] 《新唐书》卷145《杨炎传》，第4724页。

第五章　唐代藩镇的动乱特点

镇节度使掌握，而不是由中央政府支配。这种情况一方面巩固了藩帅的权势和藩镇的地位，同时，在另一方面，也意味着兵士与藩帅在本镇财赋分割上处于尖锐对立的状态。换言之，也就是在经济上与兵士发生冲突的，不再是中央朝廷，而是藩帅本身。因此，兵士在为维护自己的经济利益或为邀求赏赐而掀起动乱时，其矛头所向必然是本镇节度使，而不是中央政府；必然是只反"贪官"（节度使）而不反皇帝（中央政权）。因而这种动乱也就多表现在藩镇内部而不是外部，表现为另立节帅而不是反抗唐朝中央了。

三　关于藩镇动乱特点中的两个问题

现在的问题是：为什么割据藩镇与非割据藩镇在动乱上都表现出共同的特点呢？既然各类藩镇动乱的主体都是骄兵，为什么只有河朔在政治上要求割据呢？我们先考察第一个问题。

在分析这个问题时，我们首先应该明确，藩镇割据并不直接表现为上述藩镇动乱，更不能直接决定上述藩镇动乱的特点。根据前面的论述可知，影响藩镇内部动乱的基本因素是财政上的军费开支地方化，军政上的雇佣职业兵政治品格与牙兵制度，和各类藩镇间的相互制约关系及其政治上的不否定中央政权这三条。这三条在河朔型、中原型、边疆型藩镇（东南型动乱仅12起，可以不论），都是不同程度地存在着的。军事上，各自都拥有重兵，上一节已有分析，无须再谈。政治上，河朔型藩镇虽然割据，但是，它具有游离性与依附性并存的特点，在不否定中央皇权这个问题上，与中原型、边疆型等"顺地"是一致的。财政上，非割据藩镇的军费开支地方化与割据藩镇的赋税不上供——名义上仍然是军费开支地方化[1]——使

---

[1] 河朔实行两税法，而赋税并不上供。在名义上的原因也是因为军费开支地方化，即所谓"京西北、河北以屯兵广，无上供"（马端临《文献通考》卷151《兵考三》，中华书局，2011年，第4535页；《新唐书》卷52《食货志二》，第1362页）。

它们都攫取了极大的财政独立权,在这种意义上它们几乎是没有什么区别的。更进一步说,割据藩镇与非割据藩镇,虽然在政治态度上(确切地说是在节度使的任命上)有别,但是,导致藩镇动乱的各种客观条件以及兵士瓜分王赋而不上供这一实质则是一样的。因此以骄兵为主体的藩镇动乱也无不围绕着这根主轴而展开,并且呈现出封闭性、凌上性、反暴性和嗜利性的共同特点。

既然如此,为什么在政治态度上只有河朔型藩镇要求割据而其他藩镇却不割据呢?是因为唐代河北地区民族关系与他处不同,这里已是少数民族占统治地位的"夷狄之邦",这些游牧民族,习惯于烧杀劫掠而不安于农业生产,因而屡屡发生动乱吗?回答是否定的。因为:第一,安史之乱以后河北诸镇人口的绝大多数仍然是汉族及汉化了的少数民族;河北地区占统治地位的经济仍然是封建农业生产而不是游牧经济;河北诸镇军队的主要来源是破产农民,如田承嗣"使老弱耕,壮者在军,不数年,有众十万"[1],建中初,洪经纶企图罢魏博官健四万,"令归农亩"[2],长庆时,穆宗诏云所罢军士"皆成父子之军,不习农桑之业"[3],说明他们过去都是躬耕田亩,"习农桑之业"的农民。当然,河北军队中有不少少数民族,但这仅仅表现在军事意义上。许多出身少数民族的藩帅不仅本身多已汉化,而且为其部下骄兵所左右,并没有推行什么反映民族隔阂的政策。总之,安史之乱的爆发不是基于民族矛盾[4],安史之乱以后河北地区也从来不存在尖锐的民族差异和对立,民族问题不是河朔藩镇割据的关键所在。第二,如前所分析的,烧杀劫夺的动乱是河朔型、边疆型、中原型诸镇的共同点,并不是河朔藩镇独有的现象,更不是河朔藩镇割据的标志。河朔藩镇与其他诸镇的最大不同在于,这

---

[1] 《新唐书》卷 210《田承嗣传》,第 5924 页。
[2] 《旧唐书》卷 127《洪经纶传》,第 3579 页。
[3] 《叙用勋旧武臣德音》,《唐大诏令集》卷 65,第 363 页。
[4] 参见胡如雷《略论安史之乱的性质》,载《光明日报》1962 年 10 月 10 日。

里的藩帅不由中央派遣而由军士拥立。而藩帅拥立权的根本意义则在于获得"征赋所入,尽留赡军,贯缗尺帛,不入王府"[1]的兵士豢养权和财赋支配权。我们已经分析过,中原型、边疆型藩镇之所以成为重兵驻扎区,都有其客观原因。边疆型藩镇主要是为了防守边疆,同时京西京北的武装集结还具有提高关中地区军事地位的意义。中原型藩镇主要是为了防遏骄藩叛乱,保护东南漕运,同时还具有维护内外武力均势的意义。这样,边疆型藩镇的驻重兵和"仰给度支",中原型藩镇的驻重兵和"尽取才能供费",就成为势所必然了。这些地区军士瓜分王赋而不上供的权力,不仅不需要游离于中央集权之外去攫取,而且恰恰是唐王朝在客观形势下不得不畀予的特权。因而,这些藩镇动乱虽然推翻苛虐的节度使,但是一般并不拒纳中央派来的新帅。河朔藩镇的情况则不然。它们所拥重兵不仅不是唐廷的意愿,而且一有时机,唐廷总是必欲销之而后快。建中时,魏博"(田)悦尚恭顺"[2],洪经纶就企图一下子砍去魏博官健四万。长庆初,河朔归附,诏天下销兵,而河朔落籍者尤众。销兵又总是与获取河朔赋税联系在一起的。建中初洪经纶的销兵,是在颁定河北两税法过程中做出的。长庆销兵的同时,也在重新勘定河北两税,并且特别强调"每定税讫,具所增加赋申奏"[3]。如果再联系这时有的藩镇上报"准诏停老弱官健,收衣粮"[4]的情况,就更不难看出"销兵""收衣粮"与"增加赋"之间的内在联系了。总而言之,河朔诸镇只有在政治上游离于中央集权之外,通过拥立节度使来牢牢掌握本镇的财赋支配权,才能实现瓜分王赋而不上供的经济利益。我们看到,只要唐朝不触动河朔藩镇的根本利益,不减其

---

[1]《旧唐书》卷165《殷侑传》,第4321页。
[2]《旧唐书》卷141《田承嗣附悦传》,第3841页。
[3]《册府元龟》卷488《邦计部·赋税二》,第5536页。
[4]《册府元龟》卷484《邦计部·经费》,第5491页。

兵,不收其财,河朔诸镇感到"反叛有何益"[1],是可以归附中央的,如元和长庆之际那样。反之,一旦销其兵,收其财,如建中初那样,则是"自此人坚叛心"[2];如长庆初那样,就会"由是复失河朔"[3]。这些事实从正反两个方面证实了我们的上述结论。

综上所述,与藩镇割据的区域性不同,藩镇动乱是遍及各类方镇之中的,并且具有封闭性、凌上性和反暴性、嗜利性的特点。这些特点为河朔型、中原型、边疆型等各类藩镇动乱所共有。之所以割据藩镇与非割据藩镇在藩镇动乱上表现出共同特点,这与各类藩镇之间的相互制约关系、力量对比及其在政治上不否定唐王朝,在财政上军费开支地方化,在军政上的牙军组织,尤其是雇佣职业兵的政治品格密切相关。不管是割据的河朔型藩镇,还是不割据的中原型、边疆型藩镇,在拥重兵瓜分王赋而不上供这一点上是共同的,所谓"征赋所入,尽留赡军,贯缗尺帛,不入王府"。因此,藩镇动乱也就围绕着它而展开并表现出共性。不过,由于河朔型藩镇只有在政治上游离于中央集权之外,才能实现拥重兵瓜分王赋而不上供的经济利益,而中原型、边疆型的这种特殊利益则是唐廷在客观情势下不能不畀予的,因而它们在政治态度上才会有割据与不割据的差别。东南型藩镇养兵少,动乱也少,可不入此列。

---

[1] 李绛《李相国论事集》卷5《论魏博》,第42页。
[2] 《旧唐书》卷127《洪经纶传》,第3579页。
[3] 《旧唐书》卷172《萧俛传》,第4478页。

第六章　唐代藩镇割据为什么长期存续

唐代藩镇割据局面为什么能够长期存续的问题，实际上也就是河朔割据为什么能够历世不衰的问题。河朔割据使所在需要宿兵，也使所在发生动乱，"国家因之畦河修障戍，塞其街蹊，齐鲁梁蔡被其风流，因亦为寇"。故杜牧说，"生人常病兵，兵祖于山东，乱于天下，不得山东，兵不可死"。又说，"若欲悉使生人无事，其要在于去兵。不得山东，兵不可去，是兵杀人无有已也"[1]。可见，削灭河朔藩镇割据，乃是唐代全部藩镇问题的关键。那么，区区河朔三镇，仅有二十余州，为什么唐朝倾全国之力也莫可奈何？为什么河朔割据能够长期存在呢？我们试从以下三个方面略做考察。

一　河朔方面的原因

河朔割据的长期维持，首先取决于其本身各种特殊的经济、军事和政治条件。关于河朔优越的经济条件和物质财富，过去人们谈得很多，本文前面亦略有论及，这里从略。关于河朔的兵强，论者似乎过于看重牙兵。实际上牙兵主要是安内而非御外，职在保牙城，卫节帅，所谓"卒卫于牙，固职也"[2]。河朔的军事力量主要表现在以下三点上：第一，兵员众多。魏博、成德的在籍军士，大历

---

[1]　杜牧《罪言》，《杜牧集系年校注》，第633—634页。
[2]　《新唐书》卷143《郗士美传》，第4696页。

时五万,建中初,魏博达七万,卢龙更不止此数,淄青十万,淮西五万[1],即以河北三镇而论,已是二十余万,约为天宝时河北军队的二倍。[2]第二,河北产马,骑兵构成高。古代军队最精锐的是骑兵,"骑兵在整个中世纪一直是各国军队中的主要兵种;在东方各国,经常起主要作用的是非正规的轻骑兵……骑兵的这种优势主要不是由于它本身的长处……而是由于步兵的素质低劣"[3]。卢龙骑兵在二万以上[4],成德精骑更是著名,亦不下数万,魏博亦然[5]。史称,河北"复产健马,下者日驰二百里,所以兵常当天下"[6]。杜牧把河朔"兵常当天下"与"产健马"联系起来,是很有道理的。第三,河朔有悠久的尚武传统及广阔的兵力资源。河北之人,生长边陲,自古以来,所谓"燕赵多慷慨悲歌之士",就有习武尚战的风习。塞外少数民族的迁居,更使这里具备了丰富而优秀的兵力资源。故杜牧说,"夫河北者,俗俭风浑,淫巧不生,朴毅坚强,果于战耕"[7]。

河朔诸镇庞大的军队,编织在各种严密的军事组织之内,形成了一个既便于治内而又足以御外的军事统治网。这些军事组织一般有军、镇、守捉、戍、营、城、寨(砦)、栅、堡等。军、镇等一般分布于州、县治所或关津、险隘等要害地带。戍、栅、堡、寨(砦)

---

[1] 魏博兵力两《唐书·田承嗣传》均作十万,恐非实数。《阳惠元传》云五万,当为大历时田承嗣兵力。建中初则达七万(参见《旧唐书》卷127《洪经纶传》,第3579页)。建中兴元间,朱滔率卢龙步兵五万、骑兵二万南侵,而刘怦尚率一部分留守幽州(参见《新唐书》卷212《朱滔传》,第5968—5973页),则其兵力在七万以上。成德兵五万人(参见《旧唐书》卷144《阳惠元传》,第3914—3915页),淄青兵十万人[参见《资治通鉴》卷225,唐代宗大历十二年(777),第7250页],淮西兵五万人(参见韩愈《平淮西碑》,《韩愈文集汇校笺注》卷20,第2197页;另见《新唐书》卷214《吴元济传》,第6008—6012页)。
[2] 天宝时,范阳节度使管兵91400人,平卢节度使管兵17500人(参见《旧唐书》卷38《地理志一》,第1387页),共108900人。
[3] 《马克思恩格斯全集》中文1版,第14卷,人民出版社,1964年,第305—306页。
[4] 参见《新唐书》卷212《朱滔传》,第5968—5973页。
[5] 元和时,成德王承宗以骑二万逾木刀沟与王师薄战(参见《新唐书》卷148《张孝忠附茂昭传》,第4771页);魏博田季安欲援救成德王承宗,其部下"或请以五千骑决除君忧"(《新唐书》卷210《田季安传》,第5933页)。这些都可以说明其骑兵总数之多。
[6] 杜牧《罪言》,《杜牧集系年校注》,第633页。
[7] 杜牧《战论》,《杜牧集系年校注》,第649页。

等则星罗棋布于各处，成为抵御外来进攻的军事据点，每个据点都具有极强的战斗力，唐朝军队夺取一栅一堡，都要付出艰苦的努力。[1]河朔诸镇还通过这些军事组织牢牢地控制了管内州县，使藩镇在对外战争中，能够以一个整体来行动，正如乌重胤所说："所以河朔六十年能拒朝命者，只以夺刺史县令之职，自作威福故也"，"若刺史各得职分，又有镇兵，则节将虽有禄山、思明之奸，岂能据一州为叛哉？"[2]

除内部的军事统治网外，外部巩固的政治军事联盟，也是河朔割据长期存在的重要原因。所谓外部巩固的政治军事联盟，主要是指河朔型藩镇之间由于政治和地理条件，结成的"辅牙相依""急热为表里"的相为一体的关系。河北地区"东滨海，南控三齐，西阻太行，北届沙漠"，形势险要，而四邻皆非国家州县，诸镇易守，唐廷难攻，无法形成对它的包围圈。元和时，李绛曾一再论到淮西、河北的不同，"何者？淮西不与诸贼邻接，四面尽是国家镇兵，势力孤危，援助悬绝"。又说，浙西、西川之所以很快平定，也是因为"四向皆国家兵镇，事与河北不同"。反过来说，河北则"与此有异，外则结连势广，内则胶固岁深，以此用兵，必为不可"[3]。唐廷有时也"欲其自相图，则势离易制"，破坏它们的联盟。但因其"势同患均"[4]，利害一致，"邻道平居或相猜恨，及闻代易，必合为一心，盖各为子孙之谋，亦虑他日及此故也"[5]。建中时的"四王"联兵，长庆初的三镇同叛，就是这一情况的典型表现。宋人孙甫说："德宗尝以魏博叛逆，遣将讨之，反至大乱；宪宗又以镇定拒命，出兵伐之，

---

[1] 参见日野开三郎《支那中世的军阀》，三省堂，1942年，第42—58页，见《日野开三郎东洋史学论集》第1卷，《唐代藩镇的支配体制》，三一书房，1980年，第416—449页。
[2] 《旧唐书》卷161《乌重胤传》，第4223页。
[3] 李绛《李相国论事集》卷4《论镇州淮西事宜》，第25页；李绛《李相国论事集》卷3《又上镇州事》，第20页。
[4] 《新唐书》卷211《李宝臣传》，第5946—5947页。
[5] 《资治通鉴》卷238，唐宪宗元和四年（809）七月，第7664页。

卒不能平；盖三镇相为势援，复结河南叛臣，胶固其力，不可卒破也。"[1]此语一针见血地指明了河朔联盟与其长期割据的关系。

河朔割据得以长期存在，还与河朔诸镇不否定唐王朝的政治态度，或者说游离性与依附性并存的特点密切相关。这一政治态度与特点，使河朔诸镇避免了与唐廷处于势不两立的地位。如建中大乱，魏博、成德、卢龙、淄青"四王"并立，但仍奉唐廷正朔。[2]而朱泚称帝，却是企图取唐而代之。所以唐廷宁可赦肇乱的河北而讨朱泚。兴元大赦敕，对田悦等"一切并与洗涤，各复爵位，待之如初"。对朱泚则说他"大为不道，弃义蔑恩，反易天常，盗窃名器，暴犯陵寝，所不忍言，获罪祖宗，朕不敢赦"[3]。其态度是极为鲜明的。河朔藩镇有个信条，叫"礼藩邻，奉朝廷，则家业不坠"[4]。"礼藩邻"是为了维持各镇之间的联盟；"奉朝廷"则是为了避免与中央关系白热化而引火烧身。这样，河朔把自己的割据行动限定在唐廷能够容忍也不得不容忍的范围之内，也就"家业不坠"了。

值得特别指出的是，对河朔割据地区的统治状况，我们应该实事求是地去看，那里并不像人们想象的那样一塌糊涂，一无是处。许多史实表明，割据地区的许多节度使出于巩固自身统治的政治需要，也是注意改善统治手段，注意发展生产和均减赋税的；而残虐刻剥的藩帅则站不住脚。

如相卫镇薛嵩，是与田承嗣、李宝臣、李怀仙等一起瓜分河北地区的安史旧将，《文苑英华》卷806程浩《相州公宴堂记》称其初建镇时，"兵不满百，马惟数驷，府微栖粮，家仅余堵。公乃扫除秕政，济活人命。一年而墙宇兴，二年而耕稼盛。日就月将，遂臻夫

---

[1] 孙甫《唐史论断》卷下《李绛料魏博事势》，第47—48页。
[2] 参见《新唐书》卷212《朱滔传》，第5968—5973页。
[3] 陆贽《奉天改元大赦制》，《陆贽集》卷1，第8页。
[4] 《新唐书》卷211《王廷凑附绍懿传》，第5962页。

小康"[1]。程浩此文有溢美之词，但《旧唐书》卷124《薛嵩传》也称他治相卫，"数年间，管内粗理"。淄青李正己也是早期的一名跋扈藩帅，司马光说他"用刑严峻，所在不敢偶语；然法令齐一，赋均而轻，拥兵十万，雄据东方，邻藩皆畏之"[2]。显然，如果不是确有其事，司马温公是坚决不会苟且地把"法令齐一，赋均而轻"的褒赞送给骄藩的。当然，淄青镇的情况稍有例外，李正己时所统有淄、青、齐、海、登、莱、沂、密、德、棣、曹、濮、徐、兖、郓十五州，皆富庶地带，因而有可能做到"赋均而轻"，其他地狭兵众之处未必能如此。但在安史之乱平定的初年，正当唐廷"君臣猜间不协，边计兵食置而不议者几十年"[3]的时候，河朔诸镇从维护自己切身利益出发，一面训兵整武，一面屯田积谷，恢复和发展生产，完全是情理中的事情。

河朔诸镇下属州县及后任藩帅也有不少人注意管内的治理。如田廷玠"不乐军旅，与田承嗣为从昆弟，仕为平舒丞，迁乐寿、清池、束城、河间四县令，以治称，迁沧州刺史"[4]。田悦在魏博，亦"性俭啬，衣服饮食，皆有节度"[5]。幽州刘怦为雄武军使时，"广垦田，节用度，以辨治称"[6]。张孝忠在易定镇，"理疆场，缉逋亡，恤鳏寡，躬问疾苦，坐不安席。志通邻好，忧人阻饥，使屡空之家，无不自给，负米之孝，知其所归，况征敛（阙字）输纳重轻之法，人吏一变，奸欺绝源，老幼相携，归府如市"[7]。《旧唐书》卷141《张孝忠传》还记载："贞元二年（786），河北蝗旱，米斗一千五百文，

---

[1] 程浩《相州公宴堂记》，《文苑英华》卷806，第4260页。
[2] 《资治通鉴》卷225，唐代宗大历十二年（777）十二月，第7250页。
[3] 《新唐书》卷51《食货志一》，第1348页。
[4] 《新唐书》卷148《田弘正传》，第4781页；又见《册府元龟》卷702《令长部·能政》，第8110页。
[5] 《旧唐书》卷141《田绪传》，第3846页。
[6] 《新唐书》卷212《刘怦传》，第5973页。
[7] 《张孝忠山亭再葺记》，《八琼室金石补正》卷65，《石刻史料新编》(第1辑·第7册)，第5048页。

复大兵之后，民无蓄积，饿莩相枕。孝忠所食，豆䐞而已，其下皆甘粗粝，人皆服其勤俭。"

当然也有不少苛虐的藩帅，如魏博何全暤，冀镇王绍鼎，幽州朱希彩、张直方，等等，但他们大都因为残虐不治而为部下所杀逐（王绍懿病死幸免）。再看看河朔归顺后张弘靖、田弘正的情况。《资治通鉴》卷241长庆元年（821）六月条：

> 先是，河北节度使皆亲冒寒暑，与士卒均劳逸。及弘靖至，雍容骄贵，肩舆于万众之中，燕人讶之。弘靖庄默自尊，涉旬乃一出坐决事，宾客将吏罕得闻其言，情意不接，政事多委之幕僚。而所辟判官韦雍辈多年少轻薄之士，嗜酒豪纵，出入传呼甚盛，或夜归，烛火满街，皆燕人所不习也。

这一段材料不仅是对张弘靖、韦雍这些唐廷任派的官僚统治不臧的鞭挞，还是对河朔割据藩帅"皆亲冒寒暑，与士卒均劳逸"的肯定。

又《旧唐书》卷141《田弘正传》称，"弘正孝友慈惠，骨肉之恩甚厚。兄弟子侄在两都者数十人，竞为崇饰，日费约二十万，魏、镇州之财，皆辇属于道，河北将卒心不平之"。旧传对田弘正的搜刮颇有涂饰之词（如"孝友慈惠"之类），《耳目记》则讲得比较直截了当："成德节度使田弘正，御下稍宽而冒于财贿，诛求不息，民众怨咨。"[1]《李文公集》卷11《韩吏部行状》亦云："田弘正刻此军，故军不安。"田弘正在魏博以宽惠为部下拥戴，而由朝廷派往成德后却以诛求为乱军所害，这实在值得寻味。

河朔复乱以后，仍有不少以治称的节度使。如："张仲武为幽州节度使，以边塞既宁，尤勤抚育，每春则劝农，及夏亲行县，以较

---

[1]《五明道士》，《唐五代传奇集》第5编卷11，李剑国辑校，中华书局，2015年，第3301页。

其民之稼穑。见稊莠不去者必挞之，见滋长如云者，必坐于木荫，赐酒茗以厚之。"[1]又如张允伸为范阳节度使凡23年，"克勤克俭，比岁丰登，边鄙无虞，军民用乂，谈者美之"[2]。再如魏博何进滔，"为魏帅十余年，大得民情"[3]。"居魏十余年，民安之"[4]，时人为他立德政碑，到宋宣和年间才被毁。[5]

李师古关于异母弟师道的一段话也值得注意："初，李师古有异母弟曰师道，常疏斥在外，不免贫窭。师古私谓所亲曰：'吾非不友于师道也，吾年十五拥节旄，自恨不知稼穑之艰难。况师道复减吾数岁，吾欲使之知衣食之所自来，且以州县之务付之，计诸公必不察也。'及师古疾笃，师道时知密州事，好画及筝策。师古谓判官高沐、李公度曰：'迨吾之未乱也，欲有问于子。我死，子欲奉谁为帅乎？'二人相顾未对。师古曰：'岂非师道乎？人情谁肯薄骨肉而厚他人，顾置帅不善，则非徒败军政也，且覆吾族，师道为公侯子孙，不务训兵理人，专习小人贱事以为己能，果堪为帅乎？幸诸公审图之！'"[6]李师古这番话充分表明，割据藩帅并非尽属不懂治术的颠顽之徒。

当然，我们绝对不是说割据藩镇内部是一片歌舞升平的乐土，而只是想通过史实来说明，河朔诸镇的独立为治，促使他们要整饬内政，均轻赋役，以稳固自己的统治秩序，获得部下的拥戴。

不仅内政如此，边政也是这样。《旧唐书》卷199下《奚传》云："故事，常以范阳节度使为押奚、契丹两蕃使。自至德之后，藩臣多擅封壤，朝廷优容之，彼务自完，不生边事，故二蕃亦少为寇。

---

[1] 《册府元龟》卷678《牧守部·劝课》，第7819页；参见《册府元龟》卷683《牧守部·遗爱二》，第7865—7867页。
[2] 《册府元龟》卷429《将帅部·守边》，第4865页。
[3] 《旧唐书》卷181《何进滔传》，第4687页。
[4] 《新唐书》卷210《何进滔传》，第5937页。
[5] 参见吕颐浩《燕魏杂记》，丛书集成初编本，中华书局，1985年，第3页。
[6] 《资治通鉴》卷237，唐宪宗元和元年（806）六月，第7633—7634页。

其每岁朝贺,常各遣数百人至幽州,则选其酋渠三五十人赴阙,引见于麟德殿,锡以金帛遣还,余皆驻而馆之,率为常也。"可见,其时割据藩镇并未阻断唐廷与东北少数民族的往来,而"彼务自完,不生边事"的"自治"政策则与安史之乱以前边将生事寻衅以邀功,与安史之乱以后西北、西南边疆将帅养敌滋事的情况,形成了鲜明的对比。

综上所述,我们辨明了河朔割据地区的政治状况并不像人们想象的那样一塌糊涂,目的在于说明,这种统治状况对割据的长期延续无疑起了巩固作用。当然,史籍上关于骄藩悍帅苛虐为治的事也是所在多有的,特别是当他们与唐朝中央发生战争之时,为筹措军费而千方百计残酷诛求搜刮,常常成为引发内部动乱的诱因,这些悍帅也往往在战乱中丧生或被逐,这也许就是河朔藩帅奉行"礼藩邻,奉朝廷"的原因之一吧。

二 唐朝方面的原因

封建时代,中央政府控制一支强大的占压倒地方优势的军事武装力量,是保证中央集权统治,遏制或消灭地方割据势力的最重要也是最基本的条件之一。唐前期中央禁军很少,而且主要是在宫廷政变中发生影响。无论是府兵,还是兵募,都是受中央严密控制的耕战结合的军种,不会形成地方军阀势力。因而尽管中央没有强大的常规部队,也不至于尾大不掉。开元(713—741)末年,边疆的募兵队伍渐渐增大,但中央的军制却没有相应地在质量上和数量上有所变通。外重内轻的问题于是便显现出来,并且酿成了安史之乱。战后,边疆和中原皆所在宿重兵,保证了内外局势的平衡,对天宝(742—756)末年的形势来说,这是一个改进。如王夫之所说,"天宝元年(742)置十节度使,其九皆西北边徼也,唯河东一镇治太原,较居内地。……若畿辅内地,河、雒、江、淮、汴、蔡、荆、楚、兖、泗、魏、邢，咸弛武备，幸苟安，而倚沿边之节镇，以冀旦夕之无虞，外强中枯，乱亡之势成矣"。因此，他主张，"即令外寇果强，侵陵相迫，抑必内屯重旅，以时应敌"，"夫使禄山之乱，两河、汝、雒、淮、楚之间，有大臣屯重旅，扸其入关之背而迫之以前却两难之势，贼其敢轻窥函谷哉"。[1] 安史之乱以后中原藩镇的出现正好解决了王夫之提出的维系内外均势的问题，故宋人尹源说："夫弱唐者，诸侯也；唐既弱矣，而久不亡者，诸侯维之也。"[2] 但是，唐朝中央仍然没有强大的军事力量。它所赖以维持均势的，是各个藩镇之间的平衡，而不是像宋代那样有一支自己掌握的强大禁军。它所倚仗以防遏和讨伐骄藩叛镇的主力是中原型藩镇，而中原型藩镇所取的态度则是"乐于自擅，欲倚贼自重"[3]。因为中原型藩镇的养重兵、耗巨财是以骄藩叛镇的存在为前提的，所谓"比年天下皆厚留度支钱蓄兵士者，以中原之有寇贼也"[4]。因此，他们在讨叛战争中必然是观望不前，不肯力战。李吉甫说，"中兴三十年而兵未戢者，将帅养寇藩身也"[5]，可谓深察就里。所以，历次讨伐战争，无不旷日持久，僵持不决，甚至不了了之。

诚然，神策军是唐中叶以后中央掌握的一支重要武装力量，也曾经出兵打过一些胜仗。唐德宗建中和宪宗元和年间，取得平叛成就的统帅如李晟、高霞寓、李愬等，无一不是出自神策军。但是，神策军在控制整个藩镇格局中的作用仍然是有限的。主要原因是，一般情况下神策军的主要任务是守卫京西京北地区，并且控制那里的藩镇。也就是他们说卫戍"保皇"的作用大于"野战"平叛的作用，特别是在西北边疆吃紧时，神策军更不能随便调离。在西北边

---

[1] 王夫之《读通鉴论》卷22《玄宗十七》，第668页。
[2] 《宋史》卷442《尹源传》，第13082页。
[3] 《资治通鉴》卷239，唐宪宗元和十年（815）九月，第7717页。
[4] 李翱《疏绝进献》，《李文公集》卷9，第46页。
[5] 《新唐书》卷136《张伯仪传》，第4594页。

疆宁谧时,神策军也曾出师远斗,如元和四年(809)讨成德王承宗,唐军统帅是中尉吐突承璀,主力部队是神策军,所谓"不输天下之甲而多出秦甲"[1]。但结果仍然一无所成,不得不草草收场。因为它遇到了两个难以解决的矛盾:第一是神策军与中原军阀的矛盾,所谓"诸道将校皆耻受承璀指麾,心既不齐,功何由立"。透露出平时防遏骄藩的中原藩镇不与之合作的态度。第二是宦官与朝官的矛盾。吐突承璀为帅出征,"时谏官、御史论承璀职名太重者相属",宪宗不听;于是"度支使李元素,盐铁使李鄘,京兆尹许孟容,御史中丞李夷简,给事中吕元膺、穆质,右补阙独孤郁等极言其不可"[2],几乎掀起一场轩然大波。吐突承璀失败的原因很多,但战场上中原军阀不与之协力,朝廷里南衙官僚不与之同心,应为要因之一。难怪宋人尹源说,"唐自中世以来,凡有征伐,皆假诸侯外兵以集事,朝廷所出禁军不过为声援而已"[3]。

中央政府拥有雄厚的财政力量,是平定叛乱,消灭地方割据的又一重要条件。唐朝也不具备这一点。如前所述,两税法的三分制使中央财政与地方财政已经分开,中央有权支配的实际上只有一定数额的上供,留州、留使部分则完全由地方去支配。[4]这虽然保证了中央供给来源,却使中央财政缺乏弹性,一遇非常之变,立即会陷于拮据状态。又由于唐中叶以后的赋税之地,主要限于东南一隅,"唐立国于西北而置根本于东南"。对悬远的东南型藩镇财赋的过分依赖,使唐廷的财政周转缺乏灵活性,漕运稍梗,顿即会陷于全面恐慌,因此,每逢用兵,"国力所不支"[5]、"府藏空竭,势不能

---

[1]《资治通鉴》卷238,唐宪宗元和四年(809)十一月,第7669页。
[2]《资治通鉴》卷238,唐宪宗元和四年(809)十月,第7667页。
[3] 李塨《阅史郄视》卷3,"丛书集成初编"本,中华书局,1985年,第44页。
[4]《唐会要》卷59《比部员外郎》载有干预地方留州留使及羡余用途的奏议及敕,从反面证明了中央不能动用地方留成的财赋(第1036—1037页)。
[5]《资治通鉴》卷239,唐宪宗元和十年(815)十二月,第7720页。

支"[1]、"馈运不给"[2]等情况便史不绝书,结果常因"财竭力尽"[3]而草草收场。

唐朝中枢机构内部错综复杂的矛盾斗争,对讨叛战争的严重干扰和牵制,也是不能荡平河朔割据局面的一个重要因素。安史之乱平定初年及大历(766—779)中,平叛功臣、宦官、宰相、外戚和皇权之间复杂的矛盾斗争,曾大大地影响到唐廷对河北的战争和对安史旧将的处置并为其发展势力创造了有利时机。德宗初年,朝廷里文臣、武将和宦官的明争暗斗也十分紧张,德宗(779—805年在位)在各方面寻求依恃,以至"不知所倚仗矣"[4]。中枢政局内部的朋党之争也愈演愈烈,所谓"建中之初,山东向化。只缘宰相朋党,上负朝廷,杨炎为元载复仇,卢杞为刘晏报怨,兵连祸结,天下不平"[5]清楚地说明了这种政治角逐对建中讨叛战争的恶劣影响。元和以后,牛李两党钩心斗角,南衙与北司相为水火,特别是宦官势力恶性膨胀,"万机之与夺任情,九重之废立由己"[6],使统治集团内部的矛盾斗争更加复杂化、激烈化。唐廷中央已经被这种无休无止的纷争弄得精疲力尽,自顾不暇,根本谈不上削灭河北藩镇。文宗说,"去河北贼非难,去此朋党实难"[7],从一个侧面说明了党争对河朔割据的影响。宦官内部及牛李两党之间的矛盾影响唐廷中枢对讨叛战争的决策及组织领导力量是确定无疑的。长庆(821—824)初河北复叛,元勋裴度挂帅,宿将乌重胤、李光颜出征,仍然不能获胜。除财政等原因外,一个明显的原因就是元稹和魏弘简等在朝中捣鬼。史载,"度方用兵山东,每处置军事,有所论奏多为稹辈所

---

[1]《资治通鉴》卷242,唐穆宗长庆元年(821)十月,第7804页。
[2]《资治通鉴》卷244,唐文宗大和三年(829)七月,第7865页。
[3]《资治通鉴》卷242,唐穆宗长庆二年(822)二月,第7808页。
[4]《资治通鉴》卷226,唐德宗建中元年(780)十月,第7290页。
[5]《旧唐书》卷159《韦处厚传》,第4184页。
[6]《旧唐书》卷184《宦官传序》,第4754页。
[7]《旧唐书》卷176《李宗闵传》,第4554页。

持"。裴度在上疏中愤然指出："臣请乘传诣阙，面陈戎事：奸臣之徒，最所畏惧……百计止臣此行。臣又请领兵齐进，逐便攻讨，奸臣之党，曲加阻碍。恐臣统率诸道，或有成功。进退皆受羁牵，意见悉遭蔽塞。复共一二憸狡，同辞合力。或两道招抚，逗留旬时，或遣蔚州行营，拖曳日月。但欲令臣失所，使臣无成，则天下理乱，山东胜负，悉不顾矣。"[1]淋漓尽致地剖明了朝臣钩心斗角如何严重地影响到讨叛战争的顺利进行。

唐人卢景亮撰《三足记》说，"人君足食足兵而又得士，天下可为也"[2]。由上可见，唐朝中央这三方面的条件基本上是一无所具的。

三　边疆形势的影响

周边少数民族的势力消长及边疆形势的变化，对河朔藩镇割据局面的长期存在也有不可忽视的影响。这种影响可以分为两个方面，一是影响到唐廷的政策和方针，二是牵制唐廷的军力和财力。当然，这里后者是主要的，前者是次要的。

第一个影响主要来自东北的奚、契丹。天宝以前，"两蕃"时常入侵，唐廷设卢龙、平卢节度使，置重师镇守，主要任务就是防御"两蕃"。唐末，契丹势力强盛，不时举兵南下，五代政局的变易，很大程度上受到契丹的影响。入宋后，更形成了辽宋长期对峙的局面。唯独安史之乱后至唐末这一段时间内，在河朔割据的情况下，唐廷可以不用担心东北两蕃的入寇。为什么呢？因为"自至德后，藩镇擅地务自安，郛戍斥候益谨，不生事于边，奚、契丹亦鲜入寇，岁选酋豪数十入长安朝会，每引见，赐与有秩，其下率数百皆驻馆幽州。至德、宝应时再朝献，大历中十三，贞元间三，元和

---

[1]《旧唐书》卷170《裴度传》，第4423页。
[2]《新唐书》卷164《卢景亮传》，第5043页。

中七,大和开成间凡四"[1]。可见,河朔诸镇为"自安"计,有防遏东北两蕃的作用。所以牛僧孺才说,"范阳得失,不系国家休戚……俾扞奚、契丹,不令入寇,朝廷所赖也。假以节旄,必自陈力,不足以逆顺治之"[2]。这说明河朔藩镇尤其是幽州镇在捍御奚、契丹中所起的重要作用,受到了唐廷相当的重视,并且在一定程度上进而影响到唐廷对河朔藩镇采取"姑息"的政策。

第二个影响主要来自京西京北地区和西南地区。由于安史之乱期间,唐朝丢失了河西陇右之地,首都长安暴露在吐蕃眼皮之下,因而这里经常需要重师驻守,并且时常发生激烈的战争。它一方面从财力上影响到本来已很拮据的唐廷财政,另一方面从兵力上牵制着唐朝包括中原防秋兵、西北藩镇兵和中央神策军三方面在内的大量军队。因此,唐廷对河北的战争,常常要顾及西北的形势。元和时议讨王承宗,李绛所持的反对理由就是:万一"兵连祸结,财尽力竭,西戎、北狄乘间窥窬,其为忧患可胜道哉!"[3]安史之乱平定初年,河朔诸镇即是乘"怀恩叛逆,西蕃入寇,朝廷多故"而"各招合遗孽,治兵缮邑"[4]。建中初,德宗为"内靖方镇"[5]而主动与吐蕃结盟通好,才得以征调西北军队东征[6]。贞元后西北形势又趋严重,故德宗不敢对骄藩采取强硬方针。元和时大力讨伐叛镇,即因西北战事稍暇,吐蕃"遣使朝贡不绝"。自元和十三年(818)以后,迄于长庆(821—824)初,吐蕃又频岁入寇[7],因而河朔三镇复叛时,唐廷又力不能支了。待吐蕃势力衰竭,河湟之地收复后,西南边疆战事却越闹越大,南诏的进犯,遂成为晚唐之大患。可见边疆

---

[1] 《新唐书》卷219《北狄传》,第6172页。
[2] 《旧唐书》卷172《牛僧孺传》,第4471页。
[3] 《资治通鉴》卷238,唐宪宗元和四年(809)七月,第7664页。
[4] 《旧唐书》卷143《李怀仙传》,第3895页。
[5] 《新唐书》卷216下《吐蕃传下》,第6092页。
[6] 参见《旧唐书》卷12《德宗纪上》,第335页。
[7] 《旧唐书》卷196下《吐蕃传下》,第5261—5263页。

形势对唐廷讨叛战争的影响，是有清晰的脉络可循的。

以上我们从河朔方面、唐廷方面和边疆地区的形势等三个方面分析了河朔藩镇割据长期不能铲去的原因所在。也许有人会问：在这几方面因素中，究竟何者最重要、最根本呢？我看这个问题不能一概而论，因为这诸种因素都是相互联系在一起而发生作用的。假若河朔方面不具备前述分析的多种条件，尽管唐朝的情况不变，那么河朔也会像淮西、淄青、泽潞一样被唐廷平定、肢解。反之，假若唐廷方面兵强财足，统御有方，那么，无论河朔方面条件如何优越，都不会割据一个半世纪而不被扫平。总之，河朔割据之所以能够长期存在，是出于一种综合因素。在这些因素中，河朔本身经济、军事、政治条件固然极为重要，边疆形势的牵制亦不可完全忽视，但是，特别值得强调的则是整个藩镇势局的影响，即河朔地区的割据虽然其表现只在河朔，但它的解决却关联到所有其他藩镇：一是中原型藩镇在武力上不能作为唐廷讨叛战争的可靠力量；二是东南型藩镇在财力上难以满足唐廷讨叛战争的要求；三是京西京北诸镇为宦官势力所控制，左右了中央政局，中枢机构内部矛盾重重也不能适应讨叛战争的需要。所以唐代藩镇割据问题的解决，有待于整个藩镇局势的根本转变。黄巢起义打破了上述一百多年间藩镇割据的基本格局，经过一番错综复杂的动荡和酝酿，终于成就了宋代基本统一的局面。

第七章　唐代藩镇的军事体制

唐代自安史之乱以后,中央建立了以神策军为核心的北衙禁军。地方上从内地到边疆建立了藩军。唐代藩镇军制的内容十分复杂,各个藩镇内部的军事体制,大体分三个层次:一是藩镇治所州的牙兵(衙军),二是藩镇属下各个支州(支郡)的驻兵,三是州下各县军镇,一些领州较多的藩镇,又按军事需要或地理形势的便利划分出若干小的军区。

一　衙　军

藩镇主帅直属番号军中担任宿卫的那一部分亲军,组成牙兵,又作衙军。他们分布在藩镇的牙城内外、罗城内外,使府治所境内、管下各州县及险要之地皆有牙兵镇守。由于唐代藩镇军情不稳,牙兵时常哗变。于是藩镇又另置亲兵,以与牙兵相对抗。《资治通鉴》载:"魏博节度使乐彦祯,骄泰不法,发六州民,筑罗城,方八十里,人苦其役;其子从训,尤凶险;既杀王铎,魏人皆恶之。从训聚亡命五百余人为亲兵,谓之子将,牙兵疑之,籍籍不安。"[1]胡三省云:"魏博牙兵始于田承嗣,废置主帅率由之。今乐从训复置亲兵,牙兵疑其见图,故不安。"[2]可见所置亲兵是与牙兵相对抗的。

---

[1]《资治通鉴》卷257,唐僖宗文德元年(888)二月,第8374页。
[2]《资治通鉴》卷257,唐僖宗文德元年(888)二月胡注,第8374页。

这些亲兵为贴身亲随，出入卧内。《新唐书·何进滔附乐彦祯传》："又聚亡命五百人，号'子将'，出入卧内，军中藉藉恶之。"[1] 节度使的这种出入卧内的亲随兵又称后院兵，宿卫于内宅。《资治通鉴》卷248 会昌四年（844）闰七月：刘稹"以母命署（郭）谊都知兵马使。王协已戒诸将列于外厅，谊拜谢稹已，出见诸将，稹治装于内厅。李士贵闻之，帅后院兵数千攻谊。谊叱之曰：'何不自取赏物，乃欲与李士贵同死乎！'"当时李士贵的身份是宅内兵马使。唐末河东有后院军使朱玫[2]，潞州有后院军马[3]，义武有后院都知兵马使王处直将兵数万拒张存敬[4]。胡三省于此注云："唐中世以来，方镇多置后院兵。"[5] 有的后院兵又称后楼兵。《资治通鉴》卷256 光启三年（887）三月："镇海节度使周宝募亲军千人，号后楼兵；禀给倍于镇海军；镇海军皆怨，而后楼兵浸骄不可制。"及镇海军作乱，"后楼兵亦反矣"，这是牙兵与私置亲兵对立，然而亲兵（后院兵、后楼兵）也靠不住的又一例证。

牙兵与亲兵或者后楼兵、后院兵是什么关系？根据上引乐彦祯的场合，我推测，牙兵是"体制内"的护卫部队，按照设置原因来说，也应该属于亲兵体制。但是，新节度使上任，原来的牙兵是否就能够忠于新节度使，这里面不是没有问题的。通常做法是，给牙兵换血，牙兵组织与军将都撤换一批。可是，如果牙兵骄横不易撤换之时，新帅就只能通过设置新的亲兵来保护自己，以制衡旧有牙兵了。虽然撤换旧有牙兵难以做到，但是，节度使利用自己的权力，加强亲兵或后楼兵的装备与力量，从而超越了旧有牙兵，则是完全可能的。因此，我们看到，后楼兵或者亲兵往往更加精锐。

---

[1]《新唐书》卷210《何进滔附乐彦祯传》，第5939页。
[2] 参见《旧唐书》卷158《郑余庆附从谠传》，第4171—4172页。
[3] 参见《册府元龟》卷437《将帅部·失士心》，第4938页。
[4] 参见《资治通鉴》卷262，唐昭宗光化三年（900）十月，第8536页。
[5]《资治通鉴》卷262，唐昭宗光化三年（900）十月胡注，第8536页。

如《资治通鉴》卷258大顺元年（890）五月条云："昭义有精兵，号后院将，克用既得三州，将图河朔，令李克恭选后院将尤骁勇者五百人送晋阳，潞人惜之。"至于亲兵为什么称后院兵、后楼兵，史无明文。刘辟被擒时，曾说："臣不敢反，五院子弟为恶，臣不能制。"[1]李愬讨淮西时，所部牙兵号六院兵马，有六院兵马使。可见以院呼兵营是当时通称，而唐代节度使使宅一般在使牙的后面，想必卫护使宅的亲兵称为后院兵，而以宅内兵马使或后院军使统之。这一称呼也反映了旧有牙兵外营化的倾向。

二　外军镇

外军大多置于支郡州县。如卢龙节度使治幽州，有静塞军在蓟州。成德节度使治镇州，却有永宁军在深州。浙东长洲军也并不在湖州，而在苏州。但也有例外，如浙西治所润州有镇海军为牙军，另外在该州还有丹阳军，是二军并置于节度使府治所州。

外军的兵力未见有具体规定。李德裕《论幽州事宜状》："右，臣伏见报状，见幽州雄武军使张仲武已将兵马赴幽州……雄武军只有兵士八百人在，此外更有土团子弟五百人。"[2]会昌二年（842）四月，天德军使田牟奏："以回鹘犯界，出军三千人拒之。"时为宰相的李德裕条奏称："田牟都似不晓兵机，据奏状已出三千人，必是全军尽出。"[3]是天德军有三千余人。大历（766—779）中浙东节度使薛兼训奏称："臣所管义胜军、静海军共九千人，请留一千人，余八千人并罢遣，许之。初，滨海群盗乘难而起会稽，遂加置二军，兼训以寇难已平，将修抚循之政，由是有斯请也，时议美之。"[4]据

---

[1]《册府元龟》卷434《将帅部·献捷一》，第4910页。
[2] 李德裕《密状·论幽州事宜状》，《李德裕文集校笺》卷17，第388页。
[3]《册府元龟》卷994《外臣部·备御七》，第11507页。
[4]《册府元龟》卷405《将帅部·识略四》，第4595页。原书为"初，滨海郡盗乘难而起，会稽遂加置二军"，恐断句有误，今改之，"会稽"二字从前句。

此，义胜、静海二军共九千人，其中义胜为牙军，兵力当稍多，则静海军不会超过四千人。减员后两军合一千人，每军兵力不过数百人，比雄武军还少。由此可见，外军兵力并无一定，多则数千人，少则数百人。如浙东那样，因战事需要可增兵，亦可削减。还有的可在本军兵额之外，点召土团子弟若干。

外军的军将设置，且以河东道承天军为例。据大历十一年（776）《妒神颂》承天军设官有：

  承天军节度副使前永平军节度右厢兵马使、同山南东道节度经略副使一人，
  副使同经略副使一人，
  游弈副使一人，
  都虞候一人，
  将三人，
  散将七人，
  判官、节度逐要官三人，
  孔目官一人，
  节度随身官一人，
  副将三人，
  衙官二人，
  总管三人。[1]

承天军使带节度副使衔，是该军纳于河东道节度军事系统的标志之一。可以这样说，藩镇直属军的军使由本道节度使即藩帅担任，外军军使则挂节度副使衔。

---

[1] 参见李谭《妒神颂》，《八琼室金石补正》卷64，《石刻史料新编》（第1辑·第7册），第5027—5030页；又见胡伯成《承天军城记》，《金石续编》卷8，《石刻史料新编》（第1辑·第4册），第3165—3167页。

三 支郡兵

藩镇属下各州都有一些军队。大历十二年（777），代宗"又定诸州兵，皆有常数"[1]。王栩《请停执刀资粮奏》："诸州并设军额，防虞役使，更置执刀，甚为烦费。"[2]时大概在德宗贞元（785—805）时。此亦可见诸州并有军额。州兵的领导者是刺史，刺史的全称是使持节某州诸军事某州刺史。有些刺史还带团练使、防御使、镇遏使、团练守捉使等名号。旧史记宝应元年（762）五月敕"诸州防御使并停"[3]，又记代宗即位废防御使[4]，又记大历十二年（777）中书门下奏"诸州团练守捉使，请一切并停"[5]。从史籍中留下的材料看，这些规定并没有真正实行。元和十四年（819）诏诸道外镇在支郡者属当州统领云："如刺史带本州团练、防御、镇遏等使，其兵马额便隶此使，如无别使，即属军事。"[6]

刺史统领本州兵马，其下另有专职副使一员。《金石萃编》卷98《八关斋会报德记》云：宋州刺史本州团练守捉使徐向等"设八关大会，饭千僧"。州县官吏有"长史苗藏实等设一千五百人为一会，镇遏团练官健副使孙琳等设五百人为一会"[7]。这里州官由长史苗藏实领衔、军将由镇遏团练官健副使孙琳领衔，可以推知，刺史徐向为团练守捉使，具体军务当由团练官健副使孙琳主持。此外诸州还有判兵马案、军粮案、甲仗案的官员。[8]李明启《柱国牛公（知业）新筑州城创建公署记》云："建门台之高观……次下马门、次中衙

---

[1]《资治通鉴》卷225，唐代宗大历十二年（777）五月，第7245页。
[2] 王栩《请停执刀资粮奏》，《全唐文》卷536，第5439页。
[3]《册府元龟》卷88《帝王部·赦宥七》，第971页。
[4] 参见《新唐书》卷49下《百官志四下》，第1316页。
[5]《唐会要》卷78《诸使杂录上》，第1439页。
[6]《旧唐书》卷15《宪宗下》，第467页。
[7] 颜真卿《有唐宋州官吏八关斋会报德记》，《金石萃编》卷98，《石刻史料新编》（第1辑·第3册），第1623—1627页。
[8] 参见《唐会要》卷78《诸使杂录上》，第1437—1443页。

戟门、大厅、小厅、内厅、寝堂、中堂、暖堂,皆栋梁宏丽,柱础丁当……自余厩库、曹署、军事院、州院、牙将、孔目诸院,马将鞠场、教旗、讲武驰驿之传舍,兵食之储廪,皆新所创置焉。"[1]这虽然是讲宁州城署建筑的,但从中也可看到除使院外,还有州、军两类公署,军事院是刺史治军事的官署,州院是州行政官署。牙院是押牙办公官署。[2]孔目院则是判官孔目官的官署。《金石萃编》卷117《抚州宝应寺钟款》所论抚州官员除州院系统外,军院系统有:军事判官1人,节度先锋兵马使充都押衙1人,押衙充右直将1人,押衙充左直将1人,押衙充右厢都虞候1人,押衙充左厢都虞候1人,押衙充衙官将2人,军事衙推1人,节度左押衙1人,押衙11人,孔目院官若干人,节度讨击使军事押衙,押衙充孔目官,押衙。这是晚唐,即唐僖宗中和二年(882)的情况,纲纪已经破坏,因此所记内容比较混乱。但是,基本上的押衙、都虞候、将三大军官体系仍然是完备的。

值得指出的是,支州刺史或所领兵马大将带藩镇军职,除节度副使、同节度副使等名号外,较普遍的有押衙等称号。如杨行密杀庐州都将,刺史朗幼复荐请自代。节度使"(高)骈以行愍(杨行密)为淮南押牙,知庐州事,朝廷因而命之"[3]。可见押牙的意义在于它象征着支郡兵马对节度使的依属关系。

四 县 镇

藩镇于管内诸县置有镇兵,谓之县镇。豆卢诜《岭南节度判官宗公(羲仲)神道碑》:"乾元中,秦州防御使都督杨公,公之懿亲……至上元初,杨公为同州刺史,又表公兼韩城令当县团练

---

〔1〕 李明启《柱国牛公新筑州城创建公署记》,《全唐文》卷829,第8734页。
〔2〕 参见《资治通鉴》卷248,唐武宗会昌四年(844)八月胡注,第8006页。
〔3〕 《资治通鉴》卷255,唐僖宗中和三年(883)三月,第8290页。

第七章 唐代藩镇的军事体制　　105

使……公于是完城郭，修器械，均赋敛，峙粮糗……峙乃粮，则军士不戒而备。"[1]据此是韩城县置有团练使。然而，据我所见的县设团练使仅此一例。同州为直属州，地位同于方镇，如此则同州属县相当于诸道属郡支州。另一例，《故检校工部员外郎任君墓志铭》有"渭北十县团练使"[2]，所统乃十县之地。

《金石萃编》卷104，《轩辕铸鼎原铭》载，"去月廿八日，本县令房朝静，县镇遏将常宪，□知官军将□晏等，同于原上选地□穿……"，其题名者除州录事参军、司功参军外，有"湖城县令房朝静……镇遏将守左武卫中郎将常宪、专知官同十将试殿中监杜晏、同勾当官右厢副将左金吾卫左执戟阎晏"[3]。可见，县镇的军将有镇遏将、同十将、左右厢副将等。

再看河东道灵石县高壁镇设官情况，据《金石续编》卷11《河东节度高壁镇新建通济桥记》：节度衙前兵马使勾当关镇务张谂，灵石县令路海，灵石主簿裴□，军制官马瞻，十将梁季真，权副将陈之戢，勾押官齐顺，押衙4人，虞候5人，将虞候1人，押官（3人），库官（1人），印官（1人），使官（6人），权押官（3人），横巡（2人），税木官（1人），粮料官（1人），行间官（1人），直头（2人），行官（19人），城局（2人），外巡（2人），桥门子（3人）。[4]以上设官大体可分三个系统。一是军事系统，二是县政系统，三是关税事务系统。军事系统职官有镇将（此处由节度衙前兵马使兼任）、十将、副将（此处为权副将。权者，权任也）、押衙、虞候、将虞候，另有军判官、粮料官、城局为军事行政、后勤方面官员。除县令、主簿属县政官员外，其余属关务系统职事

---

[1] 豆卢诜《岭南节度判官宗公神道碑》，《全唐文》卷439，第4482页。
[2] 李翱《故检校工部员外郎任君墓志铭》，《全唐文》卷639，第6453页。
[3] 王颜《轩辕铸鼎原铭》，《金石萃编》卷104，《石刻史料新编》（第1辑·第3册），第1752—1753页。
[4] 萧琪《河东节度使高壁镇新建通济桥记》，《金石续编》卷11，《石刻史料新编》（第1辑·第5册），第3240—4242页。

人员。从排名顺序可以看出，这位高壁镇将地位高于灵石县令。唐代设镇，或为镇遏，或为守捉，一般都有具体任务，河东高壁镇即掌关税与稽查事务。

以上两例都说明县令是不带军职的。湖城县的县令地位在镇遏将之上，高壁镇将（节度衙前兵马使）地位却在县令之上，高壁镇虽然不算大的外军镇，但由于其掌关税事务的重要，很可能直属节度使，使其镇将带节度衙前兵马使职。

又据《旧唐书》卷15《宪宗纪下》元和十四年（819）二月辛酉："襄阳节度使孟简举郧乡（县）镇遏使赵洁为郧乡县令，有亏常式，罚一月俸料。"[1]可见，按朝廷令式，县令是不得兼任本县镇将（镇遏使）的。这一点正好与同时规定的支郡兵马并属本州刺史的情况完全相反。不过，在骄藩，县令是兼本县镇遏使的。《册府元龟》卷165《帝王部·招怀三》元和十四年（819）正月："淄青伪署海州沭阳县令兼镇遏兵马使梁洞，以县降于楚州刺史李聪。"

《资治通鉴》卷255僖宗中和二年（882）十一月载高仁厚讨阡能，"每下县镇，辄补镇遏使，使安集户口"。可见县镇遏使已插手安集户口的民政事务。同卷中和三年（883）九月胡三省于昭义"武乡（县）镇使安居受"条下注云："是后方镇率分置镇将于诸县，县令不得举其职矣。"揭示了晚唐诸县镇将侵县令职权的情况。这与前举轩辕鼎铭中，湖城县镇将只是处于次要地位的情况已大为不同了。王延在向朝廷提出《请方镇不判县务奏》时说："一县之内，所管乡村而有割属镇务者，转为烦扰，益困生民，请直属县司，镇唯司贼盗。"[2]又，《云麓漫钞》卷三云："《练湖碑》，南唐时立，云：'知丹阳县镇县公事。'盖'镇'则有兵，如知州云'知某州军州'事。"五代南唐有"知县、镇"的出现，说明其

---

[1]《旧唐书》卷15《宪宗下》，第466页；《旧唐书》卷163《孟简传》，第4258页，作"台司奏有亏刑典"。
[2] 王延《请方镇不判县务奏》，《全唐文》卷842，第8854页。

时县政与军政已合二为一了。

县镇的兵力也没有一定之规。《唐会要》卷73《安南都护府》："开元二十四年（736）正月，广州宝安县新置屯门镇，领兵二千人，以防海口。"这是在安史之乱前，镇兵仅有二千人。《九国志》卷一《吴·秦裴传》："乾宁五年（898）率兵破越昆山镇，以千兵守之。"这是在五代初，昆山县镇守兵仅千人。而唐末高骈部将高霸为海陵县镇遏使，"有民五万户，兵三万人"[1]，简直相当于江南一道的兵力。这当然是极为特殊的例子。据《权载之文集》卷46《请加置留镇兵二千人状》："右，留镇将士，虽有三千八百余人，偃师、阳翟、登封、告成等分镇。"四县镇兵3800人，每县镇不足千人，实际上据同书同卷《请置防御兵状》称："东都留守今管旧防御军官健并阳翟、偃师等县镇遏及留镇将士共三千八百九十五人。七百人旧防御军官健，准元和三年（808）八月十日敕，量留一千五百七十人河阴、阳翟、偃师等县镇遏，准元和三年（808）五月二十五日敕留守牧（？收）管；一千六百二十五人留镇将士。"可见，诸县镇遏兵共1500余人，前举有偃师、阳翟、登封、告成等四县，此处又加河阴县共五县，是每县仅300镇兵。《请加置留镇兵二千人状》云："阳翟当蔡州要路，镇兵不满三百人。"可以为证。权德舆又有《谨移义成军一千五百人镇阳翟状》[2]，可能是临时处置。东都河南府当时管有十多个县，显然不是每县皆置镇兵。

据前所述，除了唐廷无法控制的割据藩镇和晚唐五代的情况以外，县镇遏使一般与本县令不得相兼。县镇除隶属各支郡者外，重要的军镇仍由节度使直接统领。《刘禹锡集》卷11《谢兵马使朱郑等官表》，称兵马使朱郑"隶职徐州，分镇蕲县"[3]。又《旧唐书》卷156《王智兴传》："自是智兴常以徐军抗（李）纳，累历滕、丰、沛、

---

[1]《资治通鉴》卷256，唐僖宗光启二年（886）六月，第8338页。
[2] 权德舆《谨移义成军一千五百人镇阳翟状》，《权德舆诗文集编年校注》，第671—672页。
[3] 刘禹锡《谢兵马使朱郑等官表》，《刘禹锡集》卷11，第139页。

狄四镇将。"可见这些县镇兵马均是由徐州节度使派出的。上举东都在河阴、阳翟、告成、登封、偃城等的镇兵也是这种情况。

此外，唐代有些县置外军，如贞元十五年（799）于易州满成县置永清军，深州下博县置永宁军，贞元二十一年（805）景州南皮县置唐昌军。这一点已如前文所述，这些外军虽然驻防在各县，却都是由藩帅直接统领的，不能算作县镇的军力。

第八章　唐代藩镇军将职级

关于唐代藩镇军将，严耕望先生在《唐代方镇使府僚佐考》一文中有精审的研究。他考证出藩镇军将有：（1）都知兵马使；（2）左右厢后院等兵马使；（3）虞候、都虞候；（4）押衙、都押衙；（5）教练使、都教练使。[1]本文将在此基础上进一步讨论两个问题。第一，主兵大将的职级划分，亦即在兵马使、押衙、虞候三者的平面关系之外，研究一些领兵军将的上下级统属关系。第二，对严文未曾注意的一些藩镇军职予以补证。

一　"职级"与职级的划分

唐代藩镇军将的"职级"，胡三省在注《资治通鉴》时，曾多次言及。咸通元年（860）二月，裴甫攻浙东，观察使郑祗德军令不行，"诸将或称病，或阳坠马，其肯行者必先邀职级"[2]。胡注云："职者，军职。级者，勋级。"[3]认为"职级"包括军职和勋级。实则未然，同年四月，王式代郑祗德主浙东军政："于是始修军令，告馈饷不足者息矣，称疾卧家者起矣，先求迁职者默矣。"[4]"先求迁职者默矣"即

---

[1] 参见严耕望《唐代方镇使府僚佐考》，《严耕望史学论文集》，上海古籍出版社，2009年，第406—452页。
[2] 《资治通鉴》卷250，唐懿宗咸通元年（860）二月，第8080—8081页。
[3] 《资治通鉴》卷250，唐懿宗咸通元年（860）二月胡注，第8081页。
[4] 《资治通鉴》卷250，唐懿宗咸通元年（860）四月乙未，第8083页。

是对应于前文"其肯行者必先邀职级"而言的。可见职级就是军将升迁的职位等级，不包括勋官级。唐代军中勋官伪滥甚众，一般兵士亦带最高勋官上柱国，谓"必先邀职级"包括勋级似有未妥。

再看《资治通鉴》记阡能起兵，"众至万人，立部伍，署职级"[1]。"立部伍"指制定军队编组，"署职级"则指设置各级军将。胡三省在这一条下的注文是："职级，谓牙前将吏自押牙、孔目官而下，分职各有等级。"[2] 胡三省以"分职各有等级"来释"职级"是正确的，但谓职级仅指衙前将吏自押牙、孔目官以下，则未必确切，应该是包括各级各类军将的。《北梦琐言》云："有小将刘谦者，职级甚卑。"[3] 其他材料或作牙校、小校、牙将。这里也是以职级来说明军职等级的。

唐代藩镇军将究竟设哪些职？分多少级？这是一个很复杂的问题，但我们可从各不相同的零星记载中理出一般来。

且看领兵大将的职级。

《李文饶文集》卷16《请准兵部式依开元二年军功格置跳荡及第一第二功状》：

> 开元格：每获一生口，酬获人绢十四。
>
> 右，缘并无军将官健等第，稍似不伦。今请获贼都头，赏绢三百匹；获贼正兵马使，赏绢一百五十匹；获贼副兵马使、都虞候，赏绢一百匹；都虞候已上，仍并别酬官爵；如是官健，仍优与职名；获贼十将，赏绢七十匹；获贼副将，赏绢三十匹；获贼赤头郎及刘稹新召宅内突将，赏绢十四匹；获贼长行，赏绢三匹；如是土团练乡夫之类，不在此例……臣等商量，缘比来大阵酬赏，只是十将已上得官，其副将已上（笔者按，

---

[1]《资治通鉴》卷254，唐僖宗中和二年（882）三月，第8264页。
[2]《资治通鉴》卷254，唐僖宗中和二年（882）三月胡注，第8264页。
[3] 孙光宪《北梦琐言》卷6《韦氏女配刘谦事》，贾二强点校，中华书局，2002年，第123页。

"上"当作"下")至长行,并是甄录。今但与格文相当,即便酬官。[1]

这是会昌年间(841—846)主持讨伐泽潞战事的宰相李德裕,为了激励前线将士而奏请施行的一份状文。状文鉴于开元格规定生擒一人酬绢十匹,但并无军将、兵士的区别,因规定按擒获敌人军职大小予以酬赏。这里列举都头以下军职,透露了泽潞藩镇在前线作战将士的等级,即都头、正兵马使、副兵马使、都虞候、十将、副将、赤头郎、宅内突将、长行官健、土团乡夫。

其中除土团乡夫不属军职,赤头郎、宅内突将为刘稹新召特种兵外,它实际上反映了唐朝藩镇出征部队的军将职级,即统兵军官都头而外其下有:领兵大将正副兵马使与都虞候,较低一级军官十将、副将,一般兵士长行官健。

二 职级的渊源

我们在唐代前期行军总管府下的职官中,并没有发现这些职官称号,那么,唐代方镇的这些职级是如何来的呢?

原来,唐代藩镇职级就存在于前期的行军体制中。唐代前期的行军制度有两套职官系统:行军大总管、行军总管、子总管,是平时的组织制度;节度使、兵马使、十将、押牙则是战争状态下的组织制度。各种兵员从各地征集而来,组成行军,但临战教习时,则另外加以"团结"训练。这种情况下的各级军将又另外组成了一个指挥系统,前述各种职级就反映这种实战状态下的职官体系。最能反映其战时统兵系统下各种军将设置的莫过于有关行营布阵的教练

---

[1] 李德裕《请准兵部式依开元二年军功格置跳荡及第一第二功状》,《李德裕文集校笺》卷16,第367—368页。

图。我们先来看《神机制敌太白阴经》卷6《阵图篇》所载《风后握奇垒图》，于大将之外，靠近外垒内侧的四方有将四员，中垒内大将牙旗两侧列将十员，六纛两侧有押牙，外垒北有子将和虞候。[1]

同卷所载《太白营图》，于大将之外，外垒内侧各方有偏将二员，北面有虞候，中垒牙旗两侧有押牙，又有十将：

> 右一将，行得水，黑幡帜，旗图熊，额白脚青；
> 右二将，行得火，赤幡帜，旗图鹞，额白脚黄；
> 右三将，行得木，青幡帜，旗图熊，额白脚赤；
> 右四将，行得金，白幡帜，旗图狼，额白脚黑；
> 右五将，行得土，黄幡帜，旗图虎，额白脚白；
> 左一将，行得水，黑幡帜，旗图熊，额青脚青；
> 左二将，行得火，赤幡帜，旗图鹞，额青脚黄；
> 左三将，行得木，青幡帜，旗图熊，额青脚赤；
> 左四将，行得金，白幡帜，旗图狼，额青脚黑；
> 左五将，行得土，黄幡帜，旗图虎，额青脚白。[2]

又，中营有二千人为左右决胜将，这些在图中均未标出，但有另一份《教旗图》中则写得很清楚，其文云：

> 凡教旗，于平原高山，大将军居其上，南向。左右各置鼓一十二面，角一十二具，各树五色旗，六纛居前，旌节次之。监军、御史、神副、左右衙官。骑队如偃月形为候骑。下临平野，使士卒目见旌旗，耳闻鼓角，心存号令。乃命十将、左右决胜将，总一十二将、一万二千人。兵刃精新，甲马、旗帜，

---

[1] 参见李筌《神机制敌太白阴经》，丛书集成初编本，中华书局，1985年，第128—132页。
[2] 李筌《神机制敌太白阴经》卷6《阵图篇》，第132—136页。

分为左右厢,各以兵马使为长,班布其次。[1]

这一番话在《武经总要前集》卷2《教旗》篇中稍有不同。其记载更具体更清楚,其文云:

> 凡教旗,人无常数,大抵五百人为一营。以营之多少,分左右厢,列次第,建名号。营壁已定,依次秣马,甲胄器杖,置本队幕前,辎重兵粮,置本队幕下。凡步队,队五十人。……凡骑队,队五十人。[2]

据此,可知教旗时有五十人为队、五百人为营(十队),诸营又分为左右厢的编制。下文又谈到左右两厢兵马随鼓角声对练夺旗的情形。同卷《教步兵》篇又云:

> 凡入教场,布阵,先六纛,次五方旗,次角,次鼓,次钲,次认旗,次左右厢兵马使,次第相继,立定……吹角一会,点青旗,兵马使、都虞候集。点赤旗,十将、副将同集。点皂旗,小所由悉集。受处分讫,却归本队。[3]

在这个练兵场上,于主将之外,还有左右厢兵马使、兵马使、都虞候、十将、副将、小所由(或许为傔人之类军吏)。他们登场的顺序,是按高低排列的职位等级。不难看出,这个职位等级与前举泽潞藩镇的军将职级简直如出一辙。因为,藩镇军将职级,本来就起源于行军军将在战时的统兵体制,当行军变成镇军,总管制变成节度使制后,过去临战时才有的编制和职官便成了常设的正式职官,

---

[1] 李筌《神机制敌太白阴经》卷6《阵图篇》,第141—144页。
[2] 曾公亮等《武经总要前集》,郑诚整理,湖南科学技术出版社,2017年,第88—89页。
[3] 曾公亮等《武经总要前集》,郑诚整理,第102—103页。

只不过在相当长的一个时期内,都知兵马使以下的各级军将仍然保留使职的形式,一般仍必须带禁卫军军将以至府兵军将的称号,以表示其地位的升迁,这与节度使的情况完全相同。

三 职级考述

唐代藩镇军将有都知兵马使(都头)、兵马使、副兵马使、十将、副将等职级,已如上述,这只是领兵军将的一个最简单的序列。唐代制度,每个领兵大将都配有虞候、统帅还有押牙。所以,在前述职级中,行营都知兵马使之下的都虞候具有与正兵马使同等的职级。严文对藩镇军将已有考证,这里仅对严文未考或考之未详的加以补证。

(1)都头(都知兵马使) 唐代藩镇军将中,都头或都知兵马使是较为复杂的一个职级。胡三省解释说:"唐之中世,以诸军总帅为都头。至其后也,一部之军谓之一都,其部帅呼为都头。"[1]其认为都头有两种含义,一为诸军的总帅,一为一都(分部)之军的首领。这一解释是对的。因为都头只是一种形容性的称呼,意为总领,故一小支部队的首领称都头,大股部队的首领也可称为都头。这里有一个合适的例子,李德裕《论洺州事宜状》云:"高元武又归投王钊,即日有二万六千人,甚得军心,都头尽皆畏伏。取郭谊未得已前,且要令在洺州勾当……崔叔途是王钊下都头,甚有胆略,昨来首谋归国,尽是叔途。"[2]是王钊手下有许多都头,崔叔途即其一。这些都头当是"一部之军"的都头。总帅王钊其实也是都头。

都知兵马使被称为都头,又称都将,偶然还称都校,胡三省在注《资治通鉴》时都已言及。但从史籍上看,都知兵马使作为一个

---

[1]《资治通鉴》卷254,唐僖宗中和元年(881)七月丙寅胡注,第8254页。
[2] 李德裕《论洺州事宜状》,《李德裕文集校笺》卷17,第404—405页。

职名是适用于各级军将的。大体有如下几种:

一是藩镇的都知兵马使。安史之乱前,有高仙芝为四镇节度都知兵马使,史思明为平卢节度都知兵马使,安史之乱以后其例更多,如王景崇为成德节度都知兵马使,刘悟为淄青都知兵马使。诸道都知兵马使又称衙内都知兵马使、中军都知兵马使、衙前都知兵马使。如刘积为昭义牙内都知兵马使。其后又以郭谊为之。幽州李载义为衙前都知兵马使。天德都防御使下有马前都知兵马使。

二是藩镇所属支州驻军都知兵马使,如颍州有都知兵马使王敬荛逐其刺史,均州有都将冯行袭[1],还有刺史兼本州驻军都知兵马使,如黎州刺史黄景复兼防河(大渡河)都知兵马使[2]。还有临时设置的驻军都头,如浙西狼山镇遏使王郢叛乱(狼山在今江苏南通),唐朝设置沿海水军阻击,乾符三年(876)七月,以前岩州刺史高杰充沿海水军都知兵马使[3]。又如冯绪知田州事充右江都知兵马使,滕殷晋知瀼州事充左江都知兵马使[4]。还有于县镇置都知兵马使的。这是因战事临时屯驻的军队。

三是行营领兵军将称都知兵马使或都头。如李德裕《论彦佐刘沔下诸道客军状》:"右,访闻诸道客军,皆自有都头,常相顾望,不肯效命。请依河朔军法,委彦佐、刘沔每三二千人分为一团;如有应急使用处,便点一团令去,一切成败,责在都头。"[5]据此可知诸道各军总兵将领称为都头。后文所谓三二千人分为一团的军事长官亦为都头,故云"一切成败,责在都头"。《资治通鉴》卷252乾符二年(875)十二月条,以宋威为诸道行营招讨使,"因诏河南方

---

[1] 参见《资治通鉴》卷256,唐僖宗中和四年(884)末,第8317页。
[2] 参见《资治通鉴》卷252,唐僖宗乾符元年(874)十一月,第8171页。
[3] 参见《资治通鉴》卷252,唐僖宗乾符三年(876)七月,第8184页。
[4] 参见白居易《康升让可试太子司议郎知钦州事兼充本州镇遏使陈倓可试太子舍人知峦州事兼充本州镇遏使李顗可试太子通事舍人知宾州事兼澄峦横贵等五州都游奕使冯绪可试太子通事舍人知田州事充右江都知兵马使滕殷晋可试右卫率府长史知瀼州事兼充左江都知兵马使五人同制》,《白居易文集校注》卷14,第714页。
[5] 李德裕《论彦佐刘沔下诸道客军状》,《李德裕文集校笺》卷15,第341页。

镇所遣讨贼都头并取威处分"[1]。是诸道所派围剿黄巢起义的行营军将亦称都头。行营都头，又称行营都知兵马使，如果州刺史王赞弘曾充三川行营都知兵马使。[2]

应该指出的是，都知兵马使固然可以称都头，但行营统兵都头不一定就是都知兵马使，如李德裕《续得高文端贼中事宜四状》称"天井关都头薛茂卿"[3]。据《资治通鉴》卷247会昌三年（843）六月条："王茂元遣兵马使马继等将步骑二千军于天井关南科斗店，刘稹遣衙内十将薛茂卿将亲军二千拒之。"[4]可见薛茂卿的实际军职是衙内十将，只是因为他领有二千亲兵拒守天井关，故称天井关都头。总之，都头不是正式的职称，而是总领诸军的将领。由于都知兵马使总领诸军，故称都头。但有的情况下，特以其他军将领一支军队出征或镇戍，这支军队的首领也被称为都头。

（2）兵马使　兵马使也与都头一样，适用于各级军事单位。其最高者即为都知兵马使。又有行营兵马使，元和中，宪宗命宦官吐突承璀总兵讨成德王承宗，其职为左右神策、河中、河阳、浙西、宣歙等四道行营兵马使，后因朝臣反对，乃"削承璀四道兵马使"[5]，这种"兵马使"实际上是行军统帅。

作为都头之下一级的兵马使，当是某一支行营部队下的统兵官。白居易《张伟等一百九十人除常侍、中丞、宾客、詹事等制》："敕：卢龙军押衙、兵马使、什将、随军某等……"[6]这里的兵马使可能即是统兵官，与"押牙、衙前兵马使、十将"中的兵马使职级相同。在这一些人中，兵马使当不少。《金石萃编》卷66《田伾等

---

[1] 《资治通鉴》卷252，唐僖宗乾符二年（875）十二月，第8182页。
[2] 参见《资治通鉴》卷249，唐宣宗大中五年（851）十月，第8048页。
[3] 李德裕《续得高文端贼中事宜四状》，《李德裕文集校笺》卷17，第400页。
[4] 《资治通鉴》卷247，唐武宗会昌三年（843）六月，第7985页。
[5] 《资治通鉴》卷238，唐宪宗元和四年（809）十月，第7668页。
[6] 白居易《张伟等一百九十人除常侍、中丞、宾客、詹事等制》，《白居易文集校注》卷15，第802页。

经幢》,大和八年(834)六月二十九日题名有"衙前兵马使乐瑛琦、张忠政、娄宗古、陈志宽、王择交、高元郾、苗衡"等七人。[1]众多的兵马使有各种名目:泾原有刀斧兵马使[2];唐邓牙队有六院兵马使[3];泽潞有中军兵马使、使宅十将兵马使、亲军兵马使;武宁有右厢捉生兵马使[4];平卢有先锋马军副兵马使[5];此外还有左右厢、后院兵马使。

据以上列举的兵马使名称,可知其命名情况有三种类型:一是以兵种分,如刀斧兵马使;二是以所领兵职任分,如六院兵马使、后院兵马使;三是按编制番号分,如左厢兵马使、右厢兵马使、中军兵马使,左右厢和中军都是军队中的编制番号。总之,兵马使是领兵大将,藩军分统于各兵马使,其领兵人数当未有定额。若干个兵马使之上又有一都知兵马使,因为藩军有左右厢军、中军的建制,故有左右厢都知兵马使、中军都知兵马使。在方镇中,由于都知兵马使又简称作兵马使,故易产生混淆。但普通的兵马使其地位并不高。

(3)同兵马使、散兵马使、同散兵马使 这几个军将地位当较兵马使为低。李商隐《为荥阳公桂州署防御等官牒》"秦轲"条云:"牒奉处分。廉介不润于脂膏,忠信可行于蛮貊。不唯今也,古犹难哉!予始轫廉车,轲素为州将,召至与语,得其可人。书剑有成,腰腹甚伟。是用返于故部,慰彼遐陬。职次牙璋,务兼银冶,俯资军用,兼助地征……更议酬劳。事须假同兵马使职,依前知古州事,兼专勾当都蒙营务。"[6]据此可知秦轲本以功加假同兵马使职。说明

---

[1] 参见《田伾等经幢》,《金石萃编》卷66,《石刻史料新编》(第1辑·第2册),第1137—1138页。
[2] 参见《资治通鉴》卷224,唐代宗大历三年(768)十二月,第7205页。
[3] 参见《资治通鉴》卷240,唐宪宗元和十二年(817)五月,第7736页。
[4] 参见《册府元龟》卷440《将帅部·忌害》,周勋初等校订,凤凰出版社,2006年,第4968页。
[5] 参见《唐故上谷成公墓志铭(并序)》,《八琼室金石补正》卷77,《石刻史料新编》(第1辑·第7册),新文丰出版公司,1977年,第5241页。
[6] 李商隐《为荥阳公桂州署防御等官牒》:"秦轲"条》,《李商隐文编年校注》,刘学锴、余恕诚校注,中华书局,2002年,第1420页。

同兵马使是象征某种地位的职官。李商隐《为荥阳公桂管补逐要等官牒》于"严君景"条云:"右件官,当参戎府,洎从廉车,殿后驱前,拉朽穿鼃,既展在公之绩,宜当职禄之科。聊比秩于中璋,用承荣于建斾,事须补充同兵马使。"[1]可知"同兵马使"是有"职禄"待遇的。唐代员外置同正员的官员,享受正员官一半的待遇,大约同兵马使也是如此。

关于散兵马使,淮西将李祐降于李愬,李愬重用祐,"乃署散兵马使"[2]。胡注云:"散员兵马使,未得统兵。"[3]说明散兵马使即是不能统兵的兵马使(反之,凡是兵马使即得统兵),李商隐《为濮阳公补仇坦牒》:"昔坦绮纨,主吾笔札。二纪相失,一朝来归。惜其平生,老在书计……举为列校,合属连营。尚有藉于专精,俾兼司于稽勾。事须补充散兵马使,兼勾节度观察两使案。"[4]可证胡三省"散员兵马使未得统兵"之语不误。

又有同散兵马使。李商隐《为荥阳公桂州署防御等官牒》于"陈公瑾"条云:"右件官,学精三略,艺极六钧……事予庄主,奉我郡侯,谁言越岭之名藩,仍自梁园之下客。既叨防遏,深藉材能,将致果于戎行,俾同登于勇爵。事须补充同散兵马使。"[5]同散兵马使乃是表示陈公瑾身份的职衔。

(4)十将 十将又叫什将,位于兵马使之下。白居易《张伟等一百九十余人除常侍、中丞、宾客、詹事等制》称:"敕,卢龙军押衙、兵马使、什将、随军某等。"[6]敦煌文书 P3547 提到归义军贺正专使一行人,在押衙、衙前兵马使之下有十将唐文胜、段英贤、邓

---

[1] 李商隐《为荥阳公桂管补逐要等官牒:"严君景"条》,《李商隐文编年校注》,第 1426 页。
[2] 《资治通鉴》卷 240,唐宪宗元和十二年(817)五月丁丑,第 7735 页。
[3] 《资治通鉴》卷 240,唐宪宗元和十二年(817)五月丁丑胡注,第 7735 页。
[4] 李商隐《为濮阳公补仇坦牒》,《李商隐文编年校注》,第 534—535 页。
[5] 李商隐《为荥阳公桂州署防御等官牒:"陈公瑾"条》,《李商隐文编年校注》,第 1389 页。
[6] 白居易《张伟等一百九十余人除常侍、中丞、宾客、詹事等制》,《白居易文集校注》卷 15,第 802 页。

海军、索赞忠、康叔达共五人,其地位均低于兵马使。十将由本道补署。根据李商隐《为荥阳公桂管补逐要等官牒》"王公衡"条可知,他是以十将外戍;"刘淮"条可知,十将之职在整训军队,也是带兵的;"徐适"条可知,他所带即为后军。[1]李愬平淮西时,为了发动民兵,团练山河子弟,置山河十将以领之,也可见十将领兵。

十将(正将、副将、将)的命名,或以兵种分。如李嗣业初为"队头,所向必陷"[2],后"与郎将田珍为左右陌刀将"[3]。又或以序号称,以任务称,例见中国国家图书馆藏拓片《唐故凤翔节度押衙兼知排衙右二将银青光禄大夫兼太子宾客弘农杨(赠)公墓志铭并序》有右二将,必有左二将,以至左一将、右一将。[4]胡注云:"十将,军中小校也。"[5]为什么称"十将"?按什或十,除实指十位军将外,又有众、多、杂之义。十将还指十位将领。李筌《教旗图》于教场左右有十将,每将领兵一千人。然而作为职级之一的十将绝不是十位将领之意,也不会领兵一千人。值得注意的是《教步兵图》,于左右厢兵马使、兵马使之后有十将、副将。[6]唐代行军中就有子将一职,"明行阵、辨金革、晓部署"[7]。而十将的职责也是"爰求训整,是属偏裨……挟以楚辕,分之齐鼓"[8]。两者有相似之处。不知此十将与子将有没有联系。宋代兵制,每都一百人设十将一人,在军使、副兵马使之下,位居第三,当由唐制发展而来。

(5)散将、同十将(同正将)、同副将、同散将 《全唐文》卷616孟简《批孔禹献诗状》:"退补散将,外镇收管。"[9]《全唐文》卷759寇可长《刘公夫人陇西辛氏墓志铭》:其子刘克恭为节度散列

---

[1] 李商隐《为荥阳公桂管补逐要等官牒》,《李商隐文编年校注》,第1424—1440页。
[2] 《旧唐书》卷109《李嗣业传》,第3297页。
[3] 《旧唐书》卷109《李嗣业传》,第3298页。
[4] 参见周绍良主编《唐代墓志汇编(全二册)》,上海古籍出版社,1992年,第2091页。
[5] 《资治通鉴》卷240,唐宪宗元和十二年(817)二月胡注,第7730页。
[6] 参见李筌《神机制敌太白阴经》卷6《阵图篇》,第141—144页。
[7] 李筌《神机制敌太白阴经》卷3《杂仪篇》,第54页。
[8] 李商隐《为荥阳公桂管补逐要等官牒》"刘淮"条,《李商隐文编年校注》,第1429页。
[9] 孟简《批孔禹献诗状》,《全唐文》卷616,第6221页。

将。[1]散将，当即散列将。比照唐代对散兵马使等的规定，散将当亦不统兵马。又有同十将。李商隐《为荥阳公桂管补逐要等官牒》：郑楚"补充同十将"[2]。有同散将。《金石萃编·新修曲阜县文宣王庙记》：碑侧有"咸通十年（869）九月十日郓州勾当重修庙院同散将毕叔建"[3]等字样。大和八年（834）《田伾等经幢》记义成节度使下同正将达15人，散将2人。[4]显然这些军职都已名誉化或阶官化了。

（6）押衙（牙） 关于押牙、都押牙，严文论之已详，所可补充者只是押衙兼职的问题。胡三省说："押牙（衙）者，尽管节度使牙内之事。"[5]在使府军将中地位甚高，一般排列顺序是押衙、衙前兵马使、十将……押牙与主帅有亲密关系，故又称随使押牙，有保卫节帅的作用。《旧唐书·惠文太子范传》金吾将军邢洛言："我金吾，天子押衙。"[6]

押衙用作带职、兼官十分普遍。《严震经幢》载，"右都押衙兼先锋将""押衙兼右二将"[7]，吴畦《唐赠左散骑常侍汝南韩公神道碑》：韩国昌的祖父为魏博节度押衙兼临清镇遏都知兵马使，父亲以押衙充都知兵马使，次子为魏博节度押衙兼部从，三子为魏博节度押衙兼刀斧将。[8]抚州刺史下的军将，左右直将，左右厢都虞候、衙官将，均由押衙兼充，又有押衙知修造将、充孔目官等。唐末，"韦君靖建永昌寨"[9]应管诸外镇、寨军将，绝大部分皆由押衙兼充。

---

[1]寇可长《唐故平卢军节度押衙兼左厢兵马使银青光禄大夫云麾将军检校国子祭酒兼御史中丞上柱国食邑二千五百户刘公夫人陇西辛氏墓志铭》，《全唐文》卷759，第7884页。
[2]李商隐《为荥阳公桂管补逐要等官牒："郑楚"条》，《李商隐文编年校注》，第1432页。
[3]贾防《新修曲阜文宣王庙记》，《金石萃编》卷117，《石刻史料新编》（第1辑·第3册），第2135—2136页。
[4]参见《田伾等经幢》，《金石萃编》卷66，《石刻史料新编》（第1辑·第2册），第1137—1138页。
[5]《资治通鉴》卷216，唐玄宗天宝六载（747）十二月己巳胡注，第6887页。
[6]《旧唐书》卷95《惠文太子范传》，第3017页。
[7]《严震经幢》，《金石萃编》卷66，《石刻史料新编》（第1辑·第2册），第1125—1129页。
[8]参见吴畦《唐赠左散骑常侍汝南韩公神道碑》，《全唐文》卷805，第8469—8472页
[9]《韦君靖建永昌寨记》，《金石续编》卷12，《石刻史料新编》（第1辑·第2册），第3247—3254页。

可见,押衙作为内外军将的兼职十分普遍,这时的押衙实际上已经阶官化了。由于押衙由藩镇自署,如严震"数出赀助边,得为州长史。西川节度使严武知其才,署押衙"[1]。因此,内外军将,尤其是外职军将带职押衙,便具有强调其与藩镇主帅之间统属关系的意义。杨行密擅据扬州时,淮南节度使高骈无奈,表授其刺史,并署淮南押牙。

(7)虞候 关于虞候的职掌,《全唐文》卷413常衮《授张自勉开府仪同三司制》言之甚明:淮西节度都虞候张自勉,"职在刺奸,威属整旅,齐军令之进退,明师律之否臧"[2]。严文已论之甚悉。虞候的这种职能在唐前期的行军制度中已很清楚。唐初行军,于中军左右厢四军之外,有左右虞候军。此外,每营又有虞候及子虞候。《神机制敌太白阴经》卷3《将军篇》有"四人总管,严识军容者任,二人主左右虞候,二人主左右押衙"。同卷《阵将篇》云:"八人虞候兼(?傔)充子虞候,并忠勇骁果、孝义艺能者任"[3]。李靖兵法中有关于虞候于行军中整队及捉拿逃兵和掉队者的记载。严文没有详言的是虞候的设置。一般说来,虞候职在整军刺奸,所以,不仅藩镇有马步都虞候、左右厢都虞候,而且每军、每将皆有虞候,故又有马军左右虞候、步军左右虞候[4]。更有左右二将虞候、左三将虞候、右四将虞候等[5],这就是所谓"将虞候"。有人把"将""虞候"分开,是不了解虞候配置之制的缘故。虞候亦可统兵,为本军的一部分,如行军中,左右虞候各领一军,作为行军中警戒护候的两翼,那么,别部之军,其虞候当亦领本部军的一部分担任刺奸之

---

[1]《新唐书》卷158《严震传》,第4942页。
[2] 常衮《授张自勉开府仪同三司制》,《全唐文》卷413,第4237页。
[3] 参见李筌《神机制敌太白阴经》卷3《杂仪篇》,第53—55页。
[4] 参见吕梦奇《李存进碑》,《山右石刻丛编》卷10,《石刻史料新编》(第1辑·第20册),第15139—15144页。
[5] 参见《严震经幢》,《金石萃编》卷66,《石刻史料新编》(第1辑·第2册),第1125—1129页。

职。当然，与使府其他衙职一样，虞候后来也成为兼职和阶官，《京畿冢墓遗文》卷下《王公夫人张氏墓志》称次子弘楚，为幽州"节度衙前散虞候"[1]，散虞候当有虞候之职级而不主虞候之事。

（8）教练使　教练使之设，明显的记载见于宣宗大中六年（852）五月敕："天下军府有兵马处，宜选会兵法能弓马等人充教练使，每年合教习时，常令教习。仍于其时申兵部。"[2] 严文举《常山贞石志》卷10《李宝臣碑》，已注意到"都知教练兼左右厢步军都虞候"一职，是其在安史之乱后已置。[3] 今按唐代诸军皆定期团伍教习。开元时，玄宗诏书中屡有"每年团伍教练""今年团日"[4]（团伍教习之日）等语，因此教练兵马之军职，当早在安史之乱前就有。如《八琼室金石补正》卷55收《白鹿泉神君祠碑》，恒州刺史韦济撰文，另外署官还有"恒阳军总管元贤宰，教练使李乔"，时在开元二十四年（736）三月。[5] 由此可见，早在开元时边军已置教练使，比"李宝臣碑"早二三十年。这件事与大中敕文始置教练使是何关系？严文认为是过去已有，后废，大中时复置之。我怀疑另一种情况可能性更大。观大中敕文中已有"每年合教习时"之语，说明此前一直有教习，只是过去大概并非专职，而是另从军将中差任，大中时为加强教习，故专设左右教练使两员，其意义在于在藩镇军将定额中，又增加了两个名额的编制。"李宝臣碑"中有"都知教练"的名衔，就表明了是知教练事。李乔为教练使在开元二十四年（736）三月，三月份正是边军教练之时节，所以有教练使一职。教

---

[1] 李玄中《王公夫人张氏墓志》，《京畿冢墓遗文》卷下，《石刻史料新编》（第1辑·第18册），第13649页。
[2] 《旧唐书》卷18下《宣宗纪》，第630—631页；唐宣宗《简勘官健等敕》，《全唐文》卷81，第846—847页。
[3] 王佑《李宝臣碑》，《常山贞石志》卷10，《石刻史料新编》（第1辑·第18册），第13324—13333页。
[4] 唐玄宗《令州牒本贯放归兵募丁防诏》，《全唐文》卷28，第323页。
[5] 韦济《白鹿泉神君祠碑》，《八琼室金石补正》卷55，《石刻史料新编》（第1辑·第7册），第4885—4888页。

练使成为额定的常任军将以后，于是我们就能见到史籍中有教练使统兵出征的记载。

综上所述，唐代藩镇主兵军将大约可划分为都头（都知兵马使）、兵马使、副兵马使、都虞候、十将、副将等职级。都头或都知兵马使统兵多少无定，藩镇军、州军、外军、行营兵都有设置，但一般都统若干兵马使，兵马使之下有十将，都虞候大约与副兵马使同级，最低的军将职级为副将。

又有散兵马使、散十将、散虞候，皆不统兵。有同兵马使、同散兵马使、同十将等，具有阶官性质。

押牙用作兼职十分普遍。由于它是藩帅牙内亲将之职，所以晚唐常授予支州刺史或外镇军将，以表示其对藩帅的亲从关系，其意义大约与金吾将军等称号的泛授相似。

凡主兵将领都置虞候，上到整个藩镇军的都虞候，下到某一军将的虞候（称将虞候），所以虞候名目、员数均甚多。

教练使在唐宣宗以前甚至在安史之乱以前已有设置，但过去的教练使又称知教练使，是由藩镇熟悉武艺的军将充任，与宣宗大中时专门置教练使一职、定额二人有所不同。

以上军将职级，晚唐五代地位愈来愈低。都知兵马使、兵马使等称号有被都指挥使、指挥使代替的趋势。虞候、押牙、教练使等在北宋成为地方上衙前差役名目，其间变化简直不可同日而语。

第九章　唐代藩镇行营制度

唐代军队奉中央命令执行战斗任务，在前期称为"行军"，后期称为"行营"。行军制度与行营制度既有联系，又有区别，基本上反映了唐代以征兵制为主和以募兵制为主的不同历史时期的出征制度，以及中央和地方关系的微妙变化。

一　唐代的"营"和营司官典

以军垒称"营"，古已有之。所谓"行营"，顾名思义就是离开本部被派出执行军事任务的"营"。节度使体制下，"营"又是军事单位的名称。如开元二年（714）有"西州营"往陇右执行任务[1]。吐鲁番文书《武周豆卢军下诸营牒为备人马熟粮事》："牒诸营，其见在兵马（缺）须精锐，人备廿日熟粮。"[2]是豆卢军下各驻屯兵马以"营"为单位。唐初北衙禁军中有左右屯营，本由诸卫府兵中抽调组建而成，因为固定屯驻在北门（玄武门），故称屯营。唐后期藩镇在本境内屯驻的兵马，亦称屯营。如魏博节度使田承嗣，"四州之地，皆列屯营"[3]。出境作战的军队则称行营。屯营和行营的这种区别，在宋代亦然。北宋初年，各地领兵体制中有"行营"和"驻泊"

---

[1] 参见朱雷《唐开元二年西州府兵——"西州营"赴陇右御吐蕃始末》，载《敦煌学辑刊》1985年总第8辑，第1—10页。
[2] 《吐鲁番出土文书》第7册，第240页。
[3] 《旧唐书》卷141《田承嗣传》，第3839页。

两种。行营用于外出征讨,驻泊用于本境防守。

关于唐代营制,从下营择地、军营配列、营务管理,到布设警戒、防止偷袭,都有一套相当完备的制度和规定。这里主要根据唐人兵法讨论以下几点。

首先是关于军营的配列。唐代军队的营垒有露营和舍营之别。行军中的营垒,当然主要是露营,行军变成镇军后,露营也变成了舍营,但是派出作战的行营,则仍然是露营。据《李靖兵法》,下营应该根据人数的多少,来决定列营几垒,占地多少(大致一人一步)。下营之时,所有将士皆严阵以备,防止偷袭,直到营幕安置停当,才能释杖安歇。假如是一支2万人的军队,分为7军:中军,左右虞候2军,左右厢4军。中军4000人为1大营,左右虞候2军每军2800人,左右厢4军每军2600人,这六军取1000人做1大营(总管营),其余兵马又可分做2小营。7军凡19营,可列表如下:

营名	每营人数	营数	每营队数
中军营	4000人	凡一营	80队
左虞候总管营	1000人	凡一营	20队
左虞候子总管营	900人	凡二营	18队
右虞候总管营	1000人	凡一营	20队
右虞候子总管营	900人	凡二营	18队
左厢一军总管营	1000人	凡一营	20队
左厢一军子总管营	800人	凡二营	16队
左厢二军总管营	1000人	凡一营	20队
左厢二军子总管营	800人	凡二营	16队
右厢一军总管营	1000人	凡一营	20队
右厢一军子总管营	800人	凡二营	16队
右厢二军总管营	1000人	凡一营	20队
右厢二军子总管营	800人	凡二营	16队

军营之内,每队50人,给幕(帐篷)5口,亦即10人(1火)1口

幕；军官则1人或数人1口幕。以上是李靖兵法中的营制，裴绪营法则不是如此。他提出布大方阵，内设17营，每营1000人左右，共15750人。其中又有四营（分别叫奇、伏、扬、备四营）往来接应，"以应时用"[1]。关于军营建置，唐代兵家大体采用如下几种方法：一是立枪营法。"军不久驻，可立枪为营。"[2] 其法是立枪于地，白绳环绕，"兵士更不得出白绳"[3]。二是拢枪营法。"凡拢枪为营者，其枪如鸦窠。"[4] 即把枪架在一起，围于营幕外，另掘一重土壕围绕。三是柴营法。"柴"者，木材树枝。"其柴须密排，不通人过。"[5] 四是掘壕营法。壕底宽一丈二尺，壕深一丈，口阔一丈五尺。用挖壕的土石在内侧筑一坝岸，高约四尺五寸，壕上有浮桥，离界二十步置一战楼，壕外有陷马坑。五是筑城营法。"凡筑城为营，其城身高五尺，阔八尺，女墙高四尺，阔二尺，每百步置一战楼。"[6] 城外又掘壕沟一圈，树木栅一重。这种相当牢固的营地，显然是用作长驻久镇的。此外还有车营法、木栅营法、绳营法、拒马营法（用鹿角即带枝的树木削尖作陷阱），都是前述营法的部分变化或者简化[7]。

关于营司官典，虽然诸家兵法均有记述，但并不全面。西域出土大谷文书3786号纸背的一份牒文有典、司兵、司仓、司骑、司胄、立义、城局、营主等职[8]，徐松《西域水道记》卷3《武周造像碣文》中有营主、迁忠叶、立义叶、司兵、司由等职（其余有缺文）[9]。孙继民兄曾对这两份文书做了出色的复原研究工作。[10] 今再

---

[1]《武经总要前集》卷6，第307页。
[2]《武经总要前集》卷6，第308页。
[3]《武经总要前集》卷6，第308页。
[4]《武经总要前集》卷6，第309页。
[5]《武经总要前集》卷6，第309页。
[6]《武经总要前集》卷6，第310页。
[7]《武经总要前集》卷6，第311—313页。
[8] 见池田温《中国古代籍帐研究·录文》，第352页。小田义久等《大谷文书集成》（贰），《西州典马思忠牒》，第154页。
[9] 徐松《西域水道记》卷3注，朱玉麒整理，中华书局，2005年，第173页。
[10] 孙继民《从吐鲁番出土文书看唐前期的行军制度》，武汉大学历史系，油印稿。

结合有关材料,对唐代营司官典疏释如下:

(1)营主:《通典》卷149《杂教令》条记:"诸每营病儿,各定一官人令检校……仰营主共检校病儿官,量病儿气力能行者给傔一人。"[1]同书卷157《下营》条云:"诸兵马每下营讫,营主即须句当四司官典。"[2]可见营主乃营务负责人,所以又有"营长"的说法。《旧唐书》卷106《王毛仲传》:"其营长葛福顺、陈玄礼等相与见玄宗诉冤。"[3]由于营的大小不同,营主的级别也有高下之分。西州营800人,其营主的级别只相当于别将。武周造像碣文里的营主则是一位果毅,相当于子总管营。对于4000人的中军大营,原则上的营主也应该是大总管,但是作为全军的统帅,必须掌握全军诸营的情况,不可能同时还过问本营伤病员的检视工作,所以即使在原则上仍然是营务负责人与军事长官一身而二任,也必有他官代其检校中军营的具体营务。

(2)四司官:也就是司兵、司骑、司仓、司胄四个分管具体工作的军官。《通典》卷157《下营》条于"诸兵马每下营讫,营主即须句当四司官典"后云:

> 司兵及左右("左右"应为"佐"之误),令分头巡队,问兵士到否。如有卒忽未到,即差本队、本火主,将畜生及水食却迎取。如其逃走,速差人捕捉。
>
> 诸军下营讫,司骑及佐,分头巡队,检验驴马群,先有脊破,即令剪毛洗疮,傅药疗救,不许连绊;如新打破,作疮肿,并有系绊,即将所由人领过营主,量事决罚。
>
> 司胄及佐,下营讫即巡队,检校兵甲等色,如有破绽损污,须即修缉磨砺;如其弃失,申上所由,便为按记,准法科结。

---

[1]《通典》卷149《杂教令》,第3819—3820页。
[2]《通典》卷157《下营斥候并防捍及分布阵》,第4031页。
[3]《旧唐书》卷106《王毛仲传》,第3252页。

司仓及佐，捉搦兵士粮食，封署点检，勿令广费。[1]

由上引资料可以看出，诸营四司官的职掌是，兵马下营后，司兵检核兵员，司骑检核驴马，司胄检核器甲，司仓检核粮食。唐代节度使下有判官二人，"分判仓兵骑胄四曹事"[2]。四司官的职司实际就像判官。

　　（3）城局：大谷文书3786号纸背有城局曹志忠。李筌《神机制敌太白阴经》卷3《阵将篇》记："二人承局，差点均平，更漏无失，纠举必中者任。"[3]又同卷《队将篇》云："一人承局，主杂供差科，无人情恶口舌者任。"[4]此处"承局"当为文书中"城局"的正名。阵将和队将都有承局，而且职责基本相同，即主"差点"或"杂供差科"。这是一个军营中主管分派临时役事的职务。这些役事包括下营后更点漏刻人员的分派等。

　　（4）立义、立义率，建忠、建忠率：这几个名词颇为古怪。"建忠""立义"不像官名，倒好像是一种称许或赞誉。1972年新疆阿斯塔那178号墓出土有一组"某军主右营文书"[5]，第一件是主右营牒建忠赵伍那将逃兵张式玄的妹妹阿毛关于其兄长的陈词向都司报告；第二件是主右营接到都司牒文后向赵伍那下达的命令，内容是对阿毛诉辞的处理意见；第三件是主右营责成建忠赵伍那催征队头田忠志等人的欠钱，要求按规定时间、地点解送到都司（此处的都司当指总管或大总管营）。据此，建忠的职责与防捉逃兵、催征欠款等事有关。李筌《神机制敌太白阴经》卷3《阵将篇》："八人虞候兼（傔），充子虞候，并忠勇骁果，孝义艺能者任。"[6]同卷《将军篇》

---

[1]《通典》卷157《下营斥候并防捍及分布阵》，第4031页。
[2]《通典》卷32《州郡上》"都督"条注，第895页。
[3]《神机制敌太白阴经》卷3《阵将篇》，第55页。
[4]《神机制敌太白阴经》卷3《队将篇》，第56—57页。
[5]《吐鲁番出土文书》第8册，第384—389页。参上举孙继民文。
[6]《神机制敌太白阴经》卷3《阵将篇》，第55页。

也有类似说法[1]。这里用"忠勇骁果""孝义艺能"来要求子虞候,是否与"建忠""立义"的得名有关？唐代虞候的职责就是纠举督察。《通典》卷157:"诸军营各量置虞候子,并使排比,依军次行"[2],"如其路更细小,即须更加角声,仍令虞候及当营官人虞候子排比催督急过"[3]。据此,各营的虞候子(即子虞候)在军队行进中排比队伍,督促队伍前行。我认为,所谓建忠、立义可能就是由他们充任的。

(5)典:李筌《神机制敌太白阴经》卷3《阵将篇》有"二人军典,明书记谨厚者任"[4]。唐代许多官府都有"典",盖因在军队供职,故又称军典。典的职任是掌文书簿记,营司的牒文一般都是由典起草的。如前举大谷文书3786号牒文的作者就是典马思忠。

唐代军队中营司官典,"百官志""职官志"不载,以其不属正式职官系统;"兵志"不载,因为他们属于营务管理方面的军吏,不是作战系统的军官(关于后者是兵马使等系列,笔者有另文论述[5])。但是唐人谈兵法,却不能忽视他们。这些军吏性质的职官在唐后期的藩镇军队中实际上仍然保存了下来,如《八琼室金石补正》卷76记河东高壁镇将官有城局二人[6],职级很低,北宋军队中有承局,位在将虞候之下,但是,其全貌是否仍然如我们以上勾画的那样,还有待进一步研究。

二　行营的组建与统领

如上所述,"营"是唐代行军中的基本单位。节度使体制下,行

---

[1]　《神机制敌太白阴经》卷3《将军篇》,第54页。
[2]　《通典》卷157《下营斥候兵防捍及分布阵》,第4028页。
[3]　《通典》卷157《下营斥候兵防捍及分布阵》,第4027页。
[4]　《神机制敌太白阴经》卷3《阵将篇》,第55页。
[5]　参见本书《唐代藩镇军将职级》一文(《学术月刊》1989年第5期刊《唐代藩镇军将职级考略》,2010年中国人民大学出版社增订版中题名为《唐代藩镇军将职级》)。
[6]　萧琪《河东节度高壁镇新建通济桥记》,《金石续编》卷11(《八琼室金石补正》卷76失拓后半部分,第530页下)。

军成为镇军，调发一部出征，该部即称行营。藩镇军队只有离开本境执行军事任务，才可以说是行营，仅仅戍守本道则否。《资治通鉴》卷232贞元二年（786）九月条："淄青兵数千自行营归，过滑州。"[1]胡三省注云："自李正己以来，淄青兵未尝应调发赴行营也。此必李纳遣兵自戍守其境，亦称行营耳。"[2]

与唐代前期的行军制度相比，行营制度在兵员的构成、组建方式、统领组织方面，都有自己独特的内容。

行军的兵员主要是征兵，包括兵募、府兵、蕃兵，有时还有禁卫军。这在唐玄宗《亲征吐蕃制》中反映得最清楚不过了："其差取后军四万人，诸色蕃兵二万人，京兆府兵一万人，飞骑二万人，量追三百里内兵留当下人充。万骑五万一千人，豳陇兵各二千人，岐州兵五千人，并集本州待进止。其马四万匹，取三百里内诸厩及府马充。所追兵马及押官委本州精简赴集。"[3]唐后期的行营主要是征调藩镇军队，有时也有神策等禁军，所以史籍中常称诸道诸军行营。当然行营兵士也有如《旧唐书·李绛传》中记载的临时招募团练之众[4]，但一般不构成主体。

行营的组建方式一般有如下两种：一种是某部的直接调遣。如元和初讨西川刘辟，直接征调屯驻长武城的神策军，命令甫下，军使高崇文即率领所部出征[5]。会昌年间朝廷直接调河东横水戍卒一千五百人救榆社，于是全体驻军开赴前线[6]。

另一种是抽兵的方式。《桂苑笔耕集》卷5《奏论抽发兵士状》："当道先准诏旨抽庐寿滁和等州兵马共二万人，仍委监军使押领赴军前者。臣当时已各帖诸州，令排比点检，次又得进奏院状报，近奉

---

[1]《资治通鉴》卷232，唐德宗贞元二年（786）九月，第7472页。
[2]《资治通鉴》卷232，唐德宗贞元二年（786）九月胡注，第7472页。
[3] 唐玄宗《亲征吐蕃制》，《全唐文》卷21，第244页。
[4]《旧唐书》卷164《李绛传》，第4291页。
[5]《新唐书》卷170《高崇文传》，第5161—5162页。
[6]《旧唐书》卷172《李石传》，第4486页。

诏旨，更于诸州催促兵士者。"[1]这里是说淮南道奉诏要调拨一支两万人的军队，由监军使押领赴前线，该道节度使下令从庐寿滁和等州分别抽取。唐代兵法有"抽队"[2]的战术，即在战斗中暗中抽掉一部分兵力，用作撤退或声东击西之用，因为以队（每队定额五十人）为单位抽兵，故称抽队。河朔军队在与唐朝官兵作战时就常常采用这个战术。诸道组建行营的抽兵当然与此性质不同，但方法也许相似。

唐代组建行营军队的目的主要是出征和戍防。出征多为打骄藩，戍防多指在西北地区"防秋"或在西南地区"防冬"。诸道派遣行营的规模在常规下一般数千人。如大历九年（774）五月诏书提到的"每道岁有防秋兵马"说："淮南四千人，浙（？淮）西三千人，魏博四千人，昭义二千人，成德三千人，山南东道三千人，荆南二千人，湖南三千人，山南西道二千人，剑南西川三千人，东川二千人，鄂岳一千五百人，宣歙三千人，福建一千五百人，其岭南、浙东、浙西亦合准例。"[3]会昌时讨泽潞，调动河阳、河东、河中、成德等道兵马，每道行营兵也是约1500到3000不等[4]。

由于行营兵马从各地抽调而来，每支队伍人数仅数千，互不统属，朝廷因此容易控制，但是另一方面却是实战指挥不灵。这涉及唐代行营的统帅问题。李德裕《论彦佐刘沔下诸道各军状》云："访闻诸道各军，皆自有都头，常相顾望，不肯效命。请依河朔军法，委彦佐、刘沔每三、二千人分为一团，如有应急使用处，便点一团令去，一切成效，责成都头。"[5]李德裕的话说得很清楚：第一，每道行营兵马只有二三千人，符合我们上面的论述；第二，这二三千

---

[1]《桂苑笔耕集校注》卷5，《奏论抽发兵士状》，第122页。
[2]《卫公兵法辑本》卷中《部伍营陈》，"丛书集成初编"本，中华书局，1985年，第35页。
[3]《旧唐书》卷11《代宗纪》，第305页。
[4]《资治通鉴》卷247，唐武宗会昌三年（843）五月，第7984页。
[5]李德裕《论彦佐刘沔下诸道各军状》，《全唐文》卷701，第7201页。

人组成的行营,各有都头,不大愿意听从统帅的指挥。他试图建议当时作战统帅潞府西南面招讨使王彦佐和潞府北面招讨使刘沔,用分工负责的办法,责成各个都头效力。

唐后期行营兵马的作战统帅,名号颇多,大体有行营节度使、行营招讨使、行营元帅、行营都统、行营都都统等几种。

(1) 行营节度使:节度使的名号起源甚早,作为正式官名始于睿宗景云二年(711)[1]。行营节度使的设立则在唐玄宗时期。天宝三载(744)高仙芝为行营节度使讨小勃律[2]。其后,安史之乱起,河陇兵马赴难中原,有四镇北庭行营节度使、神策行营节度使等名号。行营而带节度使,这一名号有两种意义。一是可以节度本道若干支行营兵马。如《资治通鉴》卷229建中四年(783)十一月记事:"神策河北行营节度使李晟疾愈,闻上幸奉天,帅众将奔命……丁丑,加晟神策行营节度使。"[3]已经是神策行营节度使的李晟,为什么又加号神策行营节度使呢?胡三省注释说:"史言李晟前只节度河北神策出征兵行营,今又加节度神策行营兵出征河南者。此其所以得诛刘德信也。"[4]刘德信是出征河南的神策行营兵马使,因不听李晟的指挥而被杀。这就是加号行营节度使后,本道本军诸支行营兵马均受节度的例子。行营节度使称号的另外一种意义是为了提高这支军队的地位。比较明显的例子是,神策军初赴中原时,只称神策行营,长官卫伯玉称神策行营兵马使。其后加伯玉为神策行营节度使,便提高了这支军队的地位。

(2) 行营招讨使(招抚使):始置于德宗贞元时。《新唐书·韩全义传》:"吴少诚以蔡拒命,诏合十七镇兵讨之。时军无帅统,惟以奄竖监之,遂败于小溵。德宗以文场素为全义地,因用为淮西行

---

[1] 参见拙著《唐代藩镇研究》附编《唐节度使始置年代考定》,第235—238页。
[2] 《旧唐书》卷104《高仙芝传》,第3203页。
[3] 《资治通鉴》卷229,唐德宗建中四年(783)十一月,第7370—7371页。
[4] 《资治通鉴》卷229,唐德宗建中四年(783)十一月胡注,第7371页。

营招讨使，以陈许节度使上官涚副之，诸镇兵皆属。"[1]《旧唐书·职官志三》记贞元末置招讨使[2]，盖本于此。但韩全义并不是第一位行营招讨使，早在建中二年（781）六月，已经任命李希烈为河南、汉北兵马招讨使，督诸道兵讨山南东道梁崇义[3]。与招讨使相似的又有招抚使，在名分上要比招讨使显得温和。

（3）行营都统、行营都都统：都统之名也起于安史之乱以后。肃宗乾元元年（758）十二月，户部尚书李峘"除都统淮南、江东、江西节度宣慰观察处置等使。都统之号始于此"[4]。这时的都统"或总三道，或总五道"[5]，是藩镇之上的方面大臣。其后，上元二年（761）八月，李若幽"除户部尚书，充朔方、镇西、北庭、兴平、陈郑等九节度行营兵马及河中节度都统处置使"[6]。宪宗元和时又有韩弘为淮西诸军行营兵马都统。晚唐都统以东西南北方面称之，并于其上置诸道行营都都统[7]。

（4）行营元帅：唐初承北朝遗制，置行军元帅。武德时有太原道行军元帅、西讨元帅、左元帅、右元帅等，以李世民兄弟任之。高宗武后之世，亲王挂此衔者甚多，有河北道行军元帅、安北道行军元帅、并州道行军元帅等号。非亲王的大臣，最多只能任副元帅。安史之乱期间，李光弼的官衔是"河南、淮南、淮西、山南东道、荆南五节度行营元帅"[8]。此殆"行营元帅"名号之始。德宗建中四年（783），又以舒王谟"充荆襄江西沔鄂等道节度诸军行营兵马都元帅"[9]。晚唐时，又改诸道兵马都元帅为天下兵马元帅，不复

---

[1]《新唐书》卷141《韩全义传》，第4659页。
[2]《旧唐书》卷44《职官志三》"招讨使"条注，第1923页。
[3]《资治通鉴》卷227，唐德宗建中二年（781）六月，第7301页。
[4]《唐会要》卷78《都统》，第1424页。
[5]《旧唐书》卷44《职官志三》"都统"条注，第1923页。
[6]《唐会要》卷78《都统》，第1424页。
[7]《旧唐书》卷19下《僖宗纪》，第711页；《资治通鉴》卷254，唐僖宗中和二年（882）正月，第8261页。
[8]《唐会要》卷78《元帅》，第1423页。
[9]《唐会要》卷78《元帅》，第1423页。

冠"行营"之名。

上述四种统帅名号，以行营元帅、诸道行营兵马元帅最为尊崇，其次为都统、都都统，招讨使较之略低。如乾宁二年（895）八月，以李克用为邠宁四面行营都招讨使（其下属有东北面招讨使、西面招讨使），不久改为邠宁四面行营都统，以示崇重。行营节度使一般只限于指挥本道或本军兵马，地位较低。

三　行营兵士的装备和衣粮供给

唐代军队的装备情况，李筌《神机制敌太白阴经》卷4《器械》篇、《军装》篇有所记述。除门枪旗鼓外，《器械》篇提到12000人的队伍应该配备的武器是：

> 甲七千五百领，战袍五千领，枪一万二千五百条，牛皮牌二千五百面（马军以团牌代，五千面），弩二千五百张、弦七千五百条、配箭二十五万只，弓一万二千五百张、弦三万七千五百条、配箭三十七万五千只，另有射甲箭五万只、生铊箭二万五千只，长垛箭弓袋、胡鹿长弓袋各一万二千五百副，佩刀一万口，陌刀二千五百口，棓二千五百张（马军以啄锤、斧钺五千只代，另有搭索二千五百条）。[1]

以上所记是行军的装备，唐后期的行营也许不完全相同，但在武器类别与数量上无疑有参考价值。根据李筌的记载，可将平均每个士兵的武器配备列表如下：

---

[1] 参考《神机制敌太白阴经》卷4《器械篇》，第98—100页。

唐代军队人均武器配备表

兵甲名称	平均占有量	说明
甲、袍	1	五人共甲三领、袍二领
枪	1	每人一支
牛皮牌	1/5	五人共一副
弩	1/5	五人共弩一、弦三、箭一百
弓	1	每人弓一、弦三、箭三十
弓袋	2	
刀	1	五人佩刀四、陌刀一
梧	1/5	五人共一张

  唐代行营的武器供给，一般由本道提供，如会昌时河东参加讨伐泽潞之役，"太原一铠一戟，举送行营"[1]。但是行营兵马在作战过程中的军需，则由中央提供。

  关于唐代兵士个人生活用具的配备，根据李筌《军装》篇的记载，可以列示如下：

   帐幕：人均一口；

   锅：十人一口；

   马盂：人均一口；

   麸袋：人均一口；

   刀、锉、钳、钻：人均各一件；

   药袋、火石袋、盐袋：人均各一件；

   解结锥：人均一件；

   砺石：人均一件；

   麻鞋：人均三双；

   三种足衣类物品：人均各三件；

---

[1]《新唐书》卷180《李德裕传》，第5338页。

抹额、毡帽等五种帽类物品：人均各五件；

床：人各一张；

皮袭：每十人三件；

皮裤：每十人三件；

锹、斧、锯、凿：每十人各二件；

镰：每五人二口；

切草刀：每十人二口；

布行槽：每十人一口；

大小胡瓢：每十人二口；

马军用的鞍辔、革带等：人均各一件；

人用药品及马用兽药：若干。[1]

  上述物品包括食、宿、穿、用各个方面，可作为了解唐代行营兵士生活用品配备情况的参考。此外的开支还包括中央应该付给雇佣兵的钱粮。胡三省曾说："诸道行营出境者，皆仰给度支，谓之食出界粮。"[2]

  食出界粮制度，是唐代后期中央与地方关系的一个重要问题。中央出钱粮，地方出武装，维持一场制服叛镇的战争，进而也维持以藩制藩的局面。这一制度盖起于德宗建中年间，它与建中初年整顿财政有密切的关系。唐代自安史之乱后的一段时期内，各地自筹经费供军，"赋敛、出纳、俸给皆无法，长吏得专之"[3]。两税法整顿了这一混乱，规定了中央和地方的财政分割方法，确定了军费开支地方化的制度，诸道养兵费用在留州、送使中扣除，余额则上供中央。如果朝廷要调用藩镇的兵马出征或防秋，便要由度支供给衣粮。建中二年（781）讨梁崇义，其后又与河朔对垒，继而李希烈反叛，

---

[1] 参考《神机制敌太白阴经》卷4《军装篇》，第101—102页。
[2] 《资治通鉴》卷228，唐德宗建中四年（783）八月胡注，第7350页。
[3] 《资治通鉴》卷226，唐德宗建中元年（780）九月，第7289页。

第九章　唐代藩镇行营制度

这种情况下,《新唐书·食货志》始有如下记事:"诸道讨贼,兵在外者,度支给出界粮。"[1]

食出界粮的弊病很多,但是为当时的政治关系和财政体制所决定,终唐之世莫能改。《新唐书·李德裕传》云:"德裕每疾贞元、大和间有所讨伐,诸道兵出境,即仰给度支,多迁延以困国力。或与贼约,令懈守备,得一县、一屯以报天子,故师无大功。因请敕诸将,令直取州,勿攻县。"[2]是德裕虽然知道出界粮之弊,也无法废除这一制度。

行营兵马的粮料,具体有中央派行营粮料使负责筹办。史称:"诸道行营出其境者,粮料皆仰给度支,谓之食出界粮。又于诸军各以台省官一人司其供亿,谓之粮料使。"[3]如元和时讨淄青李师道,王遂为供军粮料使;咸通时讨徐州庞勋,有孟彪任太仆卿,充都粮料使。若行营兵马较少,战事较小,则置粮料判官。胡三省说:"唐制,凡行军,置随军粮料使,兵少者置粮料判官。"[4]

兵士在行营还有一项收入是本道的"资遣"。韩愈曾上言:"今诸道发兵各二三千人……其本军各须资遣,道路辽远,劳费倍多。"[5]"资遣"数额究竟多少?当因各镇的惯例而异。《旧唐书》卷172《李石传》载:河东道"旧例发军,人给二缣。石以支计不足,量减一匹,军人聚怨"[6]。结果出了大乱子。

行营兵士在食出界粮和享有本道的资遣的同时,本人原来应该享有的衣粮待遇仍然由本道本军给付。《桂苑笔耕集》卷5《奏论天征军任从海等衣粮状》就反映了这一制度。文云:

---

[1]《新唐书》卷52《食货志二》,第1353页。
[2]《新唐书》卷180《李德裕传》,第5338—5339页。
[3]《册府元龟》卷484《邦计部·经费》,第5488页。按粮料使之设,实际上较食出界粮制度为早。据《旧唐书》卷123《第五琦传》(第3518页),代宗广德元年(763),第五琦就是都统诸道行营的副元帅郭子仪的粮料使。
[4]《资治通鉴》卷251,唐懿宗咸通九年(868)七月胡注,第8121页。
[5]《资治通鉴》卷239,唐宪宗元和十年(815)五月,第7712页。
[6]《旧唐书》卷172《李石传》,第4487页。

> 右臣得都将任从海及节级状,称自赴征行,已逾五载,累曾沿海袭贼,上江防虞。去年军都放回本道,从海等且在当府愿随行营者,各得家信,知西川已停衣粮……伏以任从海等万里从戎,五年于役,不辞艰险,愿尽勤劳。今者身在东吴,职居西蜀,此方苦于羁旅,彼已停其衣粮。远路音书,难写征人之恨,贫家亲戚,先怀饿殍之忧……任从海等久离本镇……伏乞圣慈,允臣所请,特令本道却给全粮。[1]

崔致远为淮南节度使高骈写的这份状文,反映的是西川行营兵任从海等从征五年,在去年大军撤回后,仍然留在淮南未归,西川停止发放其衣粮,淮南道奏请朝廷,令西川恢复任从海等人的全额衣粮。任从海留下未归,或许非朝廷意志,所以西川停其衣粮;或许另有其他原因。但不管如何,都说明在一般情况下,将士在行营,其本道衣量是不得减损的。

由于以上种种情况,使得兵士在行营的收入远远高于留守本道的收入。德宗时陆贽上备边六失时说:"今穷边之地,长镇之兵,皆百战伤夷之余,终年勤苦之剧,然衣粮所给,唯止当身,例为妻子所分,常有冻馁之色。而关东戍卒,怯于应敌,懈于服劳,衣粮所颁,厚逾数等。又有素非禁旅,本是边军,将校诡为媚词,因请遥隶神策,不离旧所,惟改旧名,其于廪赐之饶,遂有三倍之益。"[2] 这里就提出了一个问题,神策军待遇高,固然因其为禁军,为什么关东戍卒也比"长镇之兵"的衣粮要"厚逾数等"呢?原因就在于关东戍卒出界防秋,是行营兵,后者只是镇守本境的西北藩镇军,既不离本道,按规定也就得不到额外的衣赐。行营兵享受食出界粮和资遣的待遇,本道衣粮照发,故史称:"每出境者,加给酒肉,本

---

[1]《桂苑笔耕集校注》卷5,《奏论天征军任从海等衣粮状》,第120—121页。
[2]《资治通鉴》卷234,唐德宗贞元九年(793)五月,第7546页。

道之粮又留给妻子，凡境一人兼三人之粮。"[1]

四 小 结

唐代藩镇或禁军调离本境执行军事任务称为"行营"。行营制度渊源于唐前期的"行军"。在行军制度下，一军分成若干"营"。关于营的配置、营务管理都有一套制度规定。营司官典从性质上有别于军事指挥官。大体来说，主持营务的称营主，下有司兵、司骑、司仓、司胄四司官员，还有承局、建忠、立义、军典等职。藩镇体制的确立，标志着唐代中央与地方关系的重大变化。这时的军事行动便不再由朝廷组建行军，而是抽调各个藩镇的一支部队，组建成联军，"行军"于是变成了"行营"。高仙芝远征小勃律，是早期的一个例子，安史之乱后，就更加普遍地推行开来。

唐后期行营兵员的主体是长行官健。行营的组建一般有直接征调和抽兵两种方式。不管组建行营的目的是出征还是戍防，每支行营兵的规模大都控制在1500到3000人上下。分散抽调兵力固然是考虑到各个藩镇的兵力大小及其本身的驻防任务等因素，但是更重要的原因恐怕还是为了有利于控制各支作战队伍。总统各支行营部队的指挥官为行营节度使、行营招讨使、行营都统、行营元帅等，除行营节度使出自当道当军外，其他例由中央派朝廷台省官担任，也有任命某一道藩镇节度使兼任的。

行营军队的武器配备由诸道诸军解决，其配置数量与品种可以从唐代兵法中反映的行军制度中得到启发。但是，行营兵士的衣粮待遇却是唐前期的行军无法相比的。行营兵享受三个方面的待遇：一是出发时本道的资遣；二是出界后由中央度支给予的衣粮，谓之食出界粮；三是本道原本应该给付的衣粮。如此丰厚的收入，是唐

---

[1]《册府元龟》卷484《邦计部·经费》，第5488页。

后期藩镇乐于奉朝廷调遣出征的重要原因之一。

唐后期的行营制度是藩镇时代中央与地方政治关系的绝妙反映。两税法下的财税分割办法进一步强化了这一制度。我曾提出唐代不同类型的藩镇相互制约问题[1]，行营制度正具体体现了这一点。由于唐中央没有一支直接控制的强大军队（神策军只起威慑作用），只有动员地方军队才能对付吐蕃的侵扰和骄藩的叛乱。而分散抽调各个藩镇的行营，每支控制在有限的数目内，便有效地遏制了某一藩镇的势力膨胀，维持各个地方部队之间的势力均衡。可以说，以藩制藩的政策构成了唐后期中央与地方关系的基本内容，这一政策主要体现在两个方面：一是各类藩镇力量配备上的相互制约，这是静态的平衡；一是出征行营兵马基本按均衡的原则抽调，这是动态的平衡。正是这种平衡，保证了在安史之乱后，唐朝相对稳定地维持了一百多年。

当然，行营制度的弊病也是众所周知的。军事上诸道军队的相互观望，不肯力战；出界粮制度加剧了朝廷的财政困难；一些藩镇为了获得度支的供给，故意拖延战期等。这些在当时已经有人指出，但是为唐后期中央与地方关系的现实以及在这一现实基础上所制定的以藩制藩的基本国策所决定，终唐之世，都不能有所改变。只有到了宋代，藩镇权力尽归中央，所有军事行动都由中央直接调拨就近的禁军去完成，行营制的弊病才得以克服。

---

[1] 参见本书第四章《唐代藩镇的类型分析》。

第十章 唐代藩镇宦官监军制度

监军制度是中央政权监督将帅、控制军队的一种手段。在中国古代,虽然"监军"的历史源远流长,但严格地说,能够称为制度,并且在当时的政治生活中产生极其广泛而复杂的政治影响的,也许只有唐代的宦官监军。关于唐代这项重要的政治制度,其本身内容如何?发展演变情况怎样?究竟产生了哪些重要的政治影响?过去的史志及政书,或付之阙如,或语焉不详。后人的著述大都众口一词地对它口诛笔伐,未能做认真的分析和深入的研究。因此,有必要掇拾有关史料,略做考察。

一 唐以前及以后的监军

据杜佑考证,最早的监军记载与春秋末年齐国的庄贾有关,事见《史记》卷64《司马穰苴列传》。传云:齐景公(?—前490)派司马穰苴"将兵扞燕晋之师。穰苴曰:'臣素卑贱,君擢之闾伍之中,加之大夫之上,士卒未附,百姓不信,人微权轻,愿得君之宠臣,国之所尊,以监军,乃可。'"[1]尔后,这类记载在秦、汉、魏、晋迭出不穷。秦始皇"使扶苏北监蒙恬于上郡"[2]。汉武帝时有"监北军使者任安"[3]。东汉灵帝时,以刘焉为"监军使者,领益

---

[1]《史记》卷64《司马穰苴列传》,第2157页。
[2]《史记》卷6《秦始皇本纪》,第258页。
[3]《汉书》卷66《刘屈氂传》,第2881页。

州牧"[1]。孙吴时,"遣监军虞汜、威南将军薛珝、苍梧太守丹阳陶璜从荆州道,监军李勖、督军徐存从建安海道,皆会于合浦以击交趾"[2]。西晋时,有"豫州刺史胡威,忠素质直,思谋深奥,其以威为监军,刺史如故"[3]。南北朝时,此职时有兴废。[4]

上述监军的特点是无定制,无常员,偶或派遣,大都以位高职重的大将充任,所谓"监军,盖诸将出征,大将兼领之"[5]。有的本身即统军将领(如上举孙吴例),有的只是赋予兼掌军队的权力(如上举刘焉、胡威例),这反映出此时期的监军混乱而无定制,还谈不上是一种制度。

隋末唐初,以御史为监军。[6]这种变化是监军督察职能固定化并趋向制度化的表现,在监军制度史上具有转折性的意义。开元以后,又以中官为监军,其制度之完备,设置之广泛,不仅空前,而且绝后。关于其具体情形,俟后详论。

唐昭宗天复三年(903),崔胤、朱全忠尽屠中央宦官,除河东监军张承业、幽州监军张居翰、清海监军程匡柔、西川监军鱼全禋,因李克用等人的庇护幸免外,其他各地监军皆所在赐死。[7]唐代宦官监军制度至此覆没。但五代时仍有监军的记载。如后梁时,有别将许玄应为监军。[8]"后唐李存审为幽州节度使。庄宗同光元年(923),存审疾甚,欲寻医,请除李绍宏为幽州监军、知州事。"[9]未被允许。这时的监军设置不常,是唐代的遗制。[10]

---

[1]《后汉书》卷75《刘焉传》,第2431页。
[2]《资治通鉴》卷79,晋世祖泰始五年(269),第2511页。
[3]《太平御览》卷240《职官三十八》引《晋武帝起居注》,第285页。
[4] 参见《通典》卷29《职官一一》,王文锦等点校,第804—805页。
[5]《太平御览》卷240《职官三十八》引《宋书》,第285页。
[6] 参见《通典》卷29《职官一一》,第804—805页。
[7] 参见《资治通鉴》卷264,唐昭宗天复三年(903)二月,第8601页。
[8] 参见《资治通鉴》卷266,后梁太祖开平元年(907)六月,第8681页。
[9]《册府元龟》卷439《将帅部·要君》,第4952页。
[10] 后唐以李唐的继承人自居,恢复了唐代许多旧制,如宦官监军之类。但这只是残绪之余,至"明宗天成中,废诸道监军"(《册府元龟》卷665《内臣部·总序》,第7665页)。

《续通典》卷33《职官一一》谓宋不设监军,但以宦官监军的记载并非绝对没有。神宗时,"王韶上书请复河湟,命(李)宪往视师,与韶进收河州"[1]。徽宗时,蔡京"赞策取青唐,因言(童)贯尝十使陕右,审五路事宜,与诸将能否为最悉,力荐之。合兵十万,命王厚专阃寄,而贯用李宪故事监其军"[2]。不过,这时不设监军是正常,偶派监军则属非常了。

辽、金监军制颇详,《续通典》卷33《职官一一》:"辽北面官北院都统军司有北院统军都监;北院详衮司有北院都监;南院亦如之;近侍详衮司有近侍都监;四帐都详衮司有都监;其部族节度使司下有某部族都监;北面军官大详衮司有都监;诸部署有兵马都监;诸指挥使有某军都监;北面行军官行军都统所,有行军诸部都监,有监战;南面官诸指挥使司下有某军都监。金太宗天会二年(1124),置都元帅府,有元帅左监军一人,右监军一人,左都监一人,右都监一人。"[3]乍一看,辽、金监军制度很完备,但这种都监或监军,并非"使职",只是某军或某府署的一名固定职官,已失去皇帝特派员的意义,而混同于普通将佐;与唐代的宦官监军,自成一个体系,自有一套机构,完全不隶属于节度使府,迥然不同。

元代不设监军。[4]明代十三道监察御史"在外巡按,清军,提督学校,巡盐,茶马,巡漕,巡关,儹运,印马,屯田。师行则监军纪功,各以其事专监察"[5]。永乐以后,宦官得以"出使,专征,监军,分镇,刺臣民隐事"[6]。因此,明代御史、宦官都可充监军之

---

[1]《宋史》卷467《李宪传》,第13638页。
[2]《宋史》卷468《童贯传》,第13658页。
[3]《续通典》卷33《职官一一》,商务印书馆,1935年,第1330页。另参见《辽史》卷46《百官志二》,中华书局,1974年,第723—766页;《金史》卷55《百官志一》,中华书局,1975年,第1215—1249页。
[4] 参见《续通典》卷33《职官一一》,第1330页。
[5]《明史》卷73《职官志二》,中华书局,1974年,第1768页。
[6]《明史》卷304《宦官传》,第7766页。

职,但皆"不常设,无定员"[1]。仍不可与唐代宦官监军相比拟。

总之,唐以后监军大体有三类情况。其一,宋、元不设,但偶有其员;其二,五代、明代时有其职,非常官;其三,辽、金虽常置,但已混同于一般将佐,而不具有中央特派员的意义。不管哪一种情况,都不可与唐代宦官监军制度相提并论。

二 唐初的御史监军制

《通典》卷29《职官一一·监军》有一段关于唐代监军制度的记载:"至隋末,或以御史监军事,大唐亦然。时有其职,非常官也。开元二十年(732)后,并以中官为之,谓之监军使。"杜佑有关唐代监军制度的记述,仅此数语。唐初御史监军的情况如何?后来的宦官监军制度怎样?只有从一些零散的史料中挖掘考察。

从现有的材料看,隋末已有御史监军的明确记载,《新唐书》卷199《孔若思传》:"祖绍安……隋大业末为监察御史。高祖讨贼河东,绍安与夏侯端同监军,礼遇尤密。"[2]唐代则大约在高宗末年始偶有之。[3]我们当然难以因此否定杜氏的成说,它可能与御史监军"非常官"、多半为"时有其职"的习惯法有关。但大致可以说明御史监军在那个时期并不占十分重要的地位。

文明元年(684)九月,即武则天掌权的第二年,下诏将"旧御史台改左肃政御史台,专知在京百司及监诸军旅,并出使"[4]。可见,至少此时御史监军已由习惯法变为成文法。这年十月,武则天派李孝逸征讨在扬州起兵的徐敬业,同时派殿中侍御史魏元忠"监其军

---

[1]《续通典》卷33《职官一一》,第1330页。
[2]《新唐书》卷199《孔若思传》,第5683—5684页。
[3]《新唐书》卷123《李峤传》:"授监察御史。高宗击邕岩二州叛獠,诏监其军。"第4367页。
[4]《改元光宅诏》,《唐大诏令集》卷3,中华书局,2008年,第16页。

事"[1]。垂拱二年（686）[2]，"金微州都督仆固始桀骜，惑乱其人。天子命左豹韬卫将军刘敬同发河西骑士，自居延海入以讨之，特敕左补阙乔知之摄侍御史护其军"[3]。为派左补阙乔知之去监护军事，特敕他摄侍御史，说明光宅诏书中规定的御史监军是作为一种制度实施了。

为了便于了解这时期御史监军情况，我们再举几个例子：

《通典》卷24《职官六》"监察侍御史"条："垂拱三年（687）十一月，凤阁侍郎韦方质奏言：'旧制有御史监军，今未差遣，恐亏失节度。'武太后曰：'将出师，君授之以斧钺，阃外之事皆使裁之。始闻比来御史监军，乃有控制，军中大小之事，皆须承禀，非所以委专征也。以卑制尊，理便不可。'不许。"[4]

《新唐书》卷111《张仁愿传》："武后时，累迁殿中侍御史……王孝杰为吐刺军总管，与吐蕃战不利，仁愿监其军，因入言状，孝杰坐免。擢仁愿侍御史。万岁通天中，监察御史孙承景监清边军，战还，自图先锋当矢石状。武后叹曰：'御史乃能如是乎！'擢为右肃政台中丞……"[5]

从上述实例中，我们可得出对唐初御史监军的如下认识：第一，侍御史、殿中侍御史、监察御史皆可充任监军。第二，御史监军虽在光宅时已有明文规定，但仍然置否不常，所以垂拱三年（687）那次出师，朝廷就没有派监军。第三，御史监军虽然不至于像武后所说的那样"军中大小之事，皆须承禀"，但其弹劾之威已足以使将帅免官。最后，值得注意的是，唐初有关御史监军的记载，大都出现

---

[1]《旧唐书》卷92《魏元忠传》，第2951页。
[2] 文云事在丙戌岁。陈子昂生于己未（659），卒于庚子（700），中间只有一个丙戌（686），即垂拱二年。时子昂27岁。
[3] 陈子昂《燕然军人画像铭》，《陈子昂集校注》，彭庆生校注，黄山书社，2015年，第1043—1049页。
[4] 此条又见于《资治通鉴》[《资治通鉴》卷204，则天垂拱三年（687）十二月，第6446—6447页]，有人据此认为武后曾废除御史监军制度，误。详见本书附录二《武则天废监军制辨误》。
[5]《新唐书》卷111《张仁愿》，第4151页。

在武后时期[1],不是偶然。它说明这时期监军的作用受到了重视,也反映出当时中央与武将之间矛盾在发展,关于这一点,我们后面还要进一步分析。

总之,御史监军在唐初特别是武后时期已出现制度化的趋向,但御史毕竟只是七八品的官。[2] 既不像以前的监军大将那样位高职崇,有"以卑制尊,理便不可"之嫌;又没有后来的监军宦官那样为人主所信重;因而要使监军的作用得到充分发挥,其改革是势在必行的。

三 宦官监军的出现及其组织制度

宦官出任监军,为唐玄宗所创始。前引《通典》云:"开元二十年(732)后,并以中官为之,谓之监军使。"也许初承御史监军而来,开元天宝间这方面的具体记载尚不多见。较早的关于宦官监军的明确记载,有天宝六载(747)高仙芝攻小勃律,宦官边令诚为监军。[3] 大概在天宝末年,宦官出任监军已渐普遍。《册府元龟》卷63《帝王部·发号令二》天宝十一载(752)十二月诏:"……诸军节度使等委任尤重,虽奉谋受律,去则捷归,而甄赏叙勋,率多非实……自今已后,朝要并监军中使子弟,一切不得将行。先在军者,亦即勒还。"安史乱起,天下用兵,中人监军的记载骤多。如孙知古为郭子仪监军[4],杨万定监滑州军[5],邢延恩监房琯军[6],鲁炅、何履

---

[1] 参见《新唐书》卷197《裴怀古传》,第5625页;又见《资治通鉴》卷204,则天垂拱四年(688)八月,第6449—6451页。
[2] 垂拱升格后,侍御史方由从七品上改为从六品下(《旧唐书》卷42《职官志一》,第1797页)。唐初对外战争的记载中,提到监军者甚少,亦当与其品秩太低,难以与领军大将相提并论有一定关系。
[3] 参见《新唐书》卷135《高仙芝传》,第4576页。
[4] 参见《资治通鉴》卷219,唐肃宗至德二载(757)五月癸丑,第7023页。
[5] 参见《旧唐书》卷124《令狐彰传》,第3528页。
[6] 参见《新唐书》卷139《房琯传》,第4627页。

光、赵国珍屯南阳,"一二中人监军更用事"[1]。九节度使围相州,鱼朝恩为观军容宣慰处置使,实际上亦即监军。

德宗朝宰相萧复说,"艰难以来,始用宦者监军"[2]。王钦若也谓:"唐制,始自肃宗参用内臣典制军政。或莅戎于征讨,或护兵于镇守。"[3]俱以为安史乱后始以中人监军,皆不足为据。[4]但安史之乱前后,宦官监军制度确实发生了很大变化。安史之乱以前的监军,主要是"莅戎于征讨",即出征打仗时,由朝廷派中使随军监察。安史之乱以后,内地方镇林立,监军也普遍设置。这时,不仅出兵征战,朝廷临时必派监军使、都监或都都监[5]、"贞其师律"[6],而且在各个方镇遍置常驻监军机关,"护兵于镇守"。这种常驻监军机构,与自庄贾以降的"诸将出征,大将监领之"的监军,是大相径庭的。[7]

唐代在方镇的常设监军机关,一般称为监军院或监军使院[8],监军使为之长,且自贞元十一年(795)始置印[9],监军使下尚置副使(又称副监)、判官、小使等若干僚属。现分别考订于下。

(1)副使 是为监军的副贰。《新唐书》卷186《陈儒传》:中和时,荆南监军朱敬玫杀节度使段彦谟,"以少尹李燧为留后,且诬彦谟以罪。帝遣中人似先元锡、王鲁琪慰抚,密戒曰:'若敬玫可诛,

---

[1] 《新唐书》卷143《高适传》,第4679页。
[2] 《新唐书》卷101《萧瑀附复传》,第3956页。
[3] 《册府元龟》卷667《内臣部·监军序》,第7689页。
[4] 《唐会要》卷65《内侍省》云,御史监军至"神龙元年(705)以后,始用中官为之"(第1131页),亦误。景云中,韩琬尚以监察御史出监河北军(《新唐书》卷112《韩琬传》,第4164页)。
[5] 《旧唐书》卷145《吴少诚传》,韩全义为都统讨淮西,有"都监军使贾秀英、贾国良"(《旧唐书》卷145《吴少诚传》,第3946页)。唐末置都都监,有西门思恭为都都监[参见《资治通鉴》卷254,唐僖宗中和二年(882)正月辛未,第8262页],皆为临时委派,事解辄罢。
[6] 《册府元龟》卷667《内臣部·监军序》,第7689页。
[7] 孙星衍《礼记集解》卷12《王制第五之一》:"天子使其大夫为三监,监于方伯之国。"注云:"使佐方伯,领诸侯,监临而督察之也。"(沈啸寰等点校,中华书局,1989年,第321页)我认为唐代常驻方镇的监军使,与上述三监大夫有某些相似之处。
[8] 参见杜牧《淮南监军使院厅壁记》,《杜牧集年校注》,第809页;吴蜕《镇东军监军使院记》,《全唐文》卷821,第8652页。
[9] 参见《旧唐书》卷146《李说传》,第3958页。

诛之,以尔代而鲁琪为副。'"[1]《全唐文》卷445王行先《为李尚书谢恩表》:"臣某言:监军副使回,伏奉敕书手诏,宣慰臣及将士黎庶等。"[2]小传云王行先为肃宗时人(所叙事则在代宗时),可见监军副使之设,是相当早的。

(2)判官 《全唐文》卷523杨於陵《为判官郭彦郎中谢手诏表》:"臣某言:监军使判官马某至,伏奉敕书,奉宣口敕,慰抚臣及将士等。"[3]《全唐文》卷513于公异《代崔冀公贺登极表》:"臣某言:今月五日寅时,大理少卿马炫至;未时,监军使判官奚官局丞程仙望至。累承恩命,宣慰臣及军府将吏、僧道百姓等。"[4]大历时,淮西有监军判官蒋知璋[5];乾符中,雷殷符为"昭义监军判官"[6]。监军判官不只一员,大历六年(771)乙亥[7]华岳题名有"监军判官尹怀(缺)、监军判官刘(缺)"[8]。其设置亦相当早,天宝中边令诚监高仙芝军,有"中使判官王廷芳告捷"[9]。从史籍上有关监军判官的具体记载看,其职掌很广泛,主要是往来于中央和藩镇之间,并协助监军使处理日常事务。唐诸使无不设判官一职,一般掌具体事务,权重务剧,监军判官的职掌当与之同。

(3)小使 又称傔、仆或小吏。杜牧《樊川文集》卷11《上李司徒相公论用兵书》:泽潞刘悟讽军士作乱,"劫监军刘承阶(偕),尽杀其下小使"。"小使"《旧唐书》卷161称"仆",《新唐书》卷214亦称"小使",《资治通鉴》卷242称"傔"。卢龙有"监军傔",

---

[1]《新唐书》卷186《陈儒传》,第5423页。
[2] 王行先《为李尚书谢恩表》,《全唐文》卷445,第4536页。
[3] 杨於陵《为判官郭彦郎中谢手诏表》,《全唐文》卷523,第5312页。
[4] 于公异《代崔冀公贺登极表》,《全唐文》卷513,第5211页。
[5] 参见《旧唐书》卷145《李忠臣传》,第3942页。
[6]《资治通鉴》卷252,唐僖宗乾符三年(876)九月乙酉,第8185页。
[7]《金石萃编》考应作"辛亥",是。参见《华岳题名·庚□等题名》,《金石萃编》卷79,《石刻史料新编》(第1辑·第2册),第1347页。
[8] 毛凤枝《司空图题裴晋公题名诗残文字》,《关中金石文字存逸考》卷9,《陕西古代文献集成》(第5辑),陕西人民出版社,2017年,第6页。
[9]《旧唐书》卷104《高仙芝传》,第3205页。

胡三省曰："监军傔，监军之傔从也。"[1]大抵这都是些卑职吏员，但亦不可以一般勤杂人员视之，他们实际是监军使手下的驱使官。"大中三年（849）七月……邠宁监军小使张文锐奏：当兵道兵马（前一兵字衍）今月十三日收萧关。"[2]又，剑南节度使杜元颖治无状，南诏进犯，"监军小使张士谦至，备言元颖之咎，坐贬循州司马"[3]。义成监军与节度使不睦，遣"监军小吏"去长安告状。[4]

《旧唐书》卷177《崔慎由附胤传》："胤与全忠奏罢左右神策内诸司等使及诸道监军、副监、小使。"《唐会要》卷65《内侍省》："天复三年（903）二月敕：诸道监军使、副监、判官并停。"可见副监、判官、小使确系监军院官吏，并与监军一起被送上断头台的。

照胡三省的说法，"唐中人出监方镇军，品秩高者为监军使，其下为监军"[5]。是以为监军使手下还有一些品秩较低的小监军。这种情况虽无明文可征，但仍可找到一些蛛丝马迹。贞元十五年（799），"三月甲寅，吴少诚寇唐州，杀监军邵国朝，掠居民千余而去"[6]。时唐州属山南东道，非节度使治所[7]，这位唐州监军当属山南东道监军使院下。因为方镇在所属支郡皆驻有镇兵，派些小宦官去诸州监临，是很有可能的。西门珍兴元元年（784）为江西监军判官时，就曾"监先锋兵马使伊慎下安黄等州"[8]。此时西门珍内府局丞（正九品下），品秩不算高。《资治通鉴》卷242长庆二年（822）二月，"诸节度既有监军，其领偏军者亦置中使监陈"，这些在偏军监阵的中使，可能就是胡三省所说的品秩较低的监军。陆贽所谓"至有一城

---

[1]《资治通鉴》卷246，唐武宗会昌元年（841）九月胡注，第7955页。
[2]《唐会要》卷86《关市》，第1580页。
[3]《旧唐书》卷163《杜元颖传》，第4264页。
[4] 参见《资治通鉴》卷235，唐德宗贞元十六年（800）四月，第7587页。《册府元龟》作"小使"，见《册府元龟》卷670《内臣部·诬构》，第7719页。
[5]《资治通鉴》卷221，唐肃宗上元元年（760）十一月胡注，第7097页。
[6]《旧唐书》13《德宗纪下》，第390页。
[7] 参见《新唐书》卷67《方镇表四》，第1879页。
[8] 元佐《宫闱令西门珍墓志》，《八琼室金石补正》卷70，《石刻史料新编》（第1辑·第7册），第5111—5112页。

之将，一旅之兵，各降中使监临"[1]，盖亦包括这种情形。

监军不仅有一套自为一体的组织，还有一支相当可观的军队。"（义成）节度使李复疾笃，监军使薛盈珍虑变，遽封府库，入其麾下五百人于使牙。"[2]"桂管有兵八百人，防御使才得百人，余皆属监军。"[3] 俱文珍"出监宣武军，自置亲兵千人"[4]。荆南监军朱敬玫"别选壮士三千人，号忠勇军，自将之"[5]。当然，这些事例中，有些并非合法，没有普遍的意义，但是监军使"麾下"确有不少是合法地直接自禁军中带去的。淮南监军宋某，其"旧部将校，多禁兵子弟，京师少侠，出入闾里间"[6]。忠武监军使朱某，元和十五年（820）死于方镇，"部曲表请归葬长安"[7]。这些表请归葬的部曲，很可能是从长安带去的"元从"。

与监军组织上完备化的同时，监军的迁转考秩也制度化了，这同样是因为它已不是临时差派，而是常驻方镇"使职"的缘故。

王孟诸《唐故军器使内寺伯赐紫金鱼袋赠内常侍袁公夫人太原郡夫人王氏墓志铭》："军器常侍时护汉南……自汉南更命荆门，岁满入觐，复领军器使。"[8]

刘恭伯《寿州护军大夫梁公创制功绩记》："其大将官僚累而请曰：公之抚戎也，三年而人无犯，于今朝觐有期，再欲陈乞，保留周岁，以副群心。"[9]

吴蜕《镇东军监军使院记》："元帅彭城王以大义为心，龚行天

---

[1] 陆贽《请减京东水运收脚价于沿边州镇储蓄军粮事宜状》，《陆贽集》卷18，第586页。
[2] 《旧唐书》卷153《卢坦传》，第4091页。
[3] 《资治通鉴》卷252，唐僖宗乾符三年（876）十二月，第8187页。
[4] 《新唐书》卷207《刘贞亮传》，第5868页。
[5] 《资治通鉴》卷255，唐僖宗中和二年（882）六月，第8271页。
[6] 杜牧《淮南监军使院厅壁记》，《杜牧集系年校注》，第809页；又见《文苑英华》卷802《厅壁记六·州郡下》，第4241页。
[7] 苏遇《忠武军监军使宁远将军守内常侍员外置同正员赐紫金鱼袋上柱国赠云麾将军左监门卫将军朱公神道碑》，《全唐文》卷730，第7525—7526页。
[8] 王孟诸《唐故军器使内寺伯赐紫金鱼袋赠内常侍袁公夫人太原郡夫人王氏墓志铭》，《全唐文》卷792，第8306页。
[9] 刘恭伯《寿州护军大夫梁公创制功绩记》，《全唐文》卷793，第8311—8312页。

讨……帝命兼而镇之。寻诏特进左监门卫上将军汝南周公以监护之……汝南公以温恭冲澹之德和煦之，以贞正廉平之道矫厉之，使三军之士，咸得其欢心。及考秩向满，连帅惜其去，拜表乞留，中外美之。"[1]

由上可见，监军使在方镇"考秩"之"岁满"，即须"入觐"，听候迁转，任职期为三年。当然这只是一般情形，如果皇帝认为有必要，也可以提前征调或让他长期留任。仇士良元和十年（815）"以本官充平卢军监军使……明年诏征"[2]。李辅光贞元十年（794）为河东监军，"前后三易节制，军府晏如。十五年间，去由（犹）始至"[3]。仇士良在平卢只有一年，李辅光在河东则长达十五年之久。

附带说一下，监军使与节度使、观察使等使职一样，本身无阶品，因而史籍上往往有以某官（如内常侍、内给事等）充某镇监军使的记载。监军品秩的高卑，须看其带官的大小。

四　监军在方镇的地位与职能[4]

监军使既以皇帝特派员的身份出现在方镇"将我腹心之命，达于爪牙之士"[5]，在组织上又自成一统，不隶属于节度使府，其权位自不让于藩帅。在唐代当时人有关方镇活动的记载中，监军使与节度使总是处于并驾齐驱的地位。李愬讨淮西时，曾在万胜岗筑城，沈亚之撰《万胜岗新城记》，从动工到巡视到功成犒赏，始终是"将军与监军使出周视之"，"将军监军使出具牛酒为劳"，"将军监军使

---

[1] 吴蜕《镇东军监军使院记》，《全唐文》卷821，第8652页。
[2] 郑熏《内侍省监楚国公仇士良神道碑》，《全唐文》卷790，第8271—8274页。
[3] 崔元略《李辅光碑》，《金石萃编》卷106，《石刻史料新编》（第1辑·第3册），第1791—1795页。
[4] 我们这里只从制度上讨论监军在方镇的合法地位与正常职能。因而，一些有关监军挠权干政、凌轹不法的事例在此暂不做分析。
[5] 元稹《宋常春等内仆局令》，《元稹集》卷49，第616页。

出视之，复劳曰……"[1]。在皇帝的敕令中，也总是责成藩帅与监军会同处理方镇事务。元和元年（806）十月，"以西川平，下制曰：'……其收复成都诸大将、擒获刘辟军将，委崇文与都监军使俱文珍条疏等第闻奏，即有甄升；其赏物等节级分赐，务令优厚。投降将士，亦委崇文、文珍条次闻奏。官军阵亡将士等，并委崇文与监军审勘，具名衔事迹申奏。'"[2]

有两条材料，很能说明监军在方镇的地位。《唐国史补》卷中："崔膺性狂率，张建封美其才，引以为客。随建封行营，夜中大呼惊军，军士皆怒，欲食其肉，建封藏之。明日置宴，其监军使曰：'某与尚书约，彼此不得相违。'建封曰：'诺。'监军曰：'某有请，请崔膺。'建封曰：'如约。'逡巡，建封复曰：'某有请。'监军曰：'诺。'却请崔膺。合座皆笑，然后得免。"又"于司空顿方炽于襄阳，朝廷以大阉薛尚衍监其军。尚衍至，顿用数不厚待，尚衍晏如也。后旬日，请出游，及暮而归，帟幕茵榻什器一以新矣。又列犊车五十乘，实以绫彩，尚衍额之而已，亦不形言。顿叹曰：'是何祥也。'"[3]这两段记载，虽属噱头，但监军与藩帅（包括像于顿那样有跋扈行为的藩帅）分庭抗礼的特殊地位却表现得绘声绘色。与以往御史监军"以卑制尊，理便不可"的情况已不可同日而语。

监军使在方镇的特殊地位，是与它本身所肩负的重要职责分不开的。《唐会要》卷72《京城诸军》："旧制：内官为六军辟仗使，监视刑赏、奏察违谬，犹方镇之监军使。"[4]"监视刑赏，奏察违谬"体现了监军使最基本的监察职能。"连帅有奇勋殊绩，忠国利人之大节，皆得以上闻。"[5]如李德裕在方镇有政绩，监军使田全操等"继

---

[1] 沈下贤《万胜冈新城录》，《沈下贤集校注》卷3，肖占鹏校注，南开大学出版社，2002年，第53页；《文苑英华》卷811《记·城》，第4284—4285页。
[2] 《册府元龟》卷64《帝王部·发号令三》，第684页。
[3] 李肇《唐国史补校注》，聂清风校注，中华书局，2021年，第136—137、150页。
[4] 《唐会要》卷72《京城诸军》，第1291页。
[5] 吴蜕《镇东军监军使院记》，《全唐文》卷821，第8652页。

以事闻，恩诏嘉许"[1]。将帅及官吏有违谬乖法之事，亦得以弹劾。"乙为边将，虏至，若涉无人之地。监军责其无勇略。"[2]"景为将，每军休止，不缮营部，监军使劾其无备。"[3]"卜氏为御，马惊师徒，小却，监军纠为无勇。卜氏遂死之。"[4]贞元中，段子璋反于东川，剑南节度使崔光远"进讨平之。然不能禁士卒剽掠士女，至断腕取金者，夷杀数千人。帝诏监军按其罪，以忧卒"[5]。监军这种奏察弹劾大权，为其钳制节帅以至飞扬跋扈提供了条件。

唐中叶以后，骄兵逐帅、方镇军乱的事件史不绝书。大中九年（855），浙东军乱，逐观察使李讷，宣宗贬"讷为朗州刺史，监军王宗景杖四十，配恭陵"。同时下诏严申："自今戎臣失律，并坐监军。"[6]可见，消弭兵乱，稳定军情是皇帝明确规定给监军的另一重要职责。从唐代许多具体事例来看，监军弭乱之功不可忽视。汴州节度使李万荣疾甚，其子"李迺将为乱"，监军俱文珍与大将邓惟恭"同谋缚迺，送归朝廷"[7]。陈许节度使上官涚死，"子婿田偶迫胁涚子，欲邀袭位，惧监军不顺其事，将结谋伏兵以图之"。监军使范日用与牙门将王沛合作，"尽擒其党于伏匿之所"[8]。长庆二年（822）七月，汴军乱，逐节帅李愿，牙将李齐擅为留后，朝廷发兵进攻，久不克。八月，"汴州监军姚文寿与兵马使李质同谋斩李齐及其党薛志忠、秦邻等"[9]。唐末，中央皇权江河日下，但监军以其特殊的身份，仍然能在方镇兵乱中起到调解作用。乾符二年（875）四月，西

---

[1] 贾铼《赞皇公李德裕德政碑》，《全唐文》卷731，第7543页。
[2] 白居易《白居易文集校注》卷29《得乙为边将虏至若涉无人之地监军责其无勇略辞云内无糇粮外无掎角》，第1694页。
[3] 白居易《白居易文集校注》卷30《得景为将每军休止不缮营部监军使劾其无备辞云有警军阵必成何必劳苦》，第1763页。
[4] 《马惊师徒判》，《文苑英华》卷513《判·射御门三十一道》，第2629页。
[5] 《新唐书》卷141《崔光远传》，第4655页。
[6] 《资治通鉴》卷249，唐宣宗大中九年（855）九月乙亥，第8057页。
[7] 《旧唐书》卷145《董晋传》，第3936页。
[8] 《旧唐书》卷161《王沛传》，第4224页。
[9] 《旧唐书》卷16《穆宗纪》，第499页。

川"突将作乱,大噪突入府庭","监军使人招谕,许以复职名禀给,久之,乃肯还营"[1]。河东节度使康传圭不得士心,广明元年(880)二月,派军追击沙陀,"至百井,军变,还趣晋阳,传圭闭城拒之,乱兵自西明门入,杀传圭;监军周从寓自出慰喻,乃定"[2]。

  监军使常驻于方镇,而唐代的方镇早已不只是一个军区,藩帅也不只是军事长官,因而名曰"监军""临戎",实际上其职权范围已扩大到方镇其他一切事务中。《全唐文》卷793刘恭伯《寿州护军大夫梁公创制功绩记》:"大中戊辰岁(848),帝命侍臣梁公承义护军戎于寿阳郡……画曰:废寺之材,年久而腐,用无所堪,我将析而为薪以货之。于是得钱六十万,置楼邸于旗亭之冲,岁收其利以助用。摭给其余货以创军营二所。"梁承义在寿阳变卖废材,建置楼邸,贸货取利,创制军营,这已远非"监视刑赏"范围内的事。会昌六年(846),滑州久不雨,"尚书博陵崔公惧兹农事,凡明神灵迹,有可以膏稼穑者,必命牺牲萧鼓以动之,卒无应。一旦,监军使阎公曰:'郡濒何侯庙具存,姑用申祷,宜斡流以苏大田。'"。果然有求必应,节度使拜谢监军"始谋而获应"之功。[3]求神卜雨,自属荒诞,但监军使与节度使共同商量"大田""农事",则值得注意。《韩昌黎集》卷13《汴州东西水门记》:"越三月辛巳朔,水门成。三日,癸未,大合乐,设水嬉。会监军、军司马、宾佐僚属、将校熊罴之士……五谷穰熟,既庶而丰,人力有余。监军是咨,司马是谋。"[4]可见监军对方镇的水利设施亦参谋划议。至于与军政关系密切的和籴等事务,监军更得以参与勾当。《唐会要》卷88《仓及常平仓》:"贞元八年(792)十月敕:诸军镇和籴贮备,共三十三万石……其所籴粟等,委本道节度使监军同勾当别贮,非承特诏,不

---

[1] 《资治通鉴》卷212,唐僖宗乾符二年(875)四月,第8178页。
[2] 《资治通鉴》卷253,唐僖宗广明元年(880)二月,第8220页。
[3] 参见裴处权《祷何侯庙记》,《全唐文》卷757,第7859页。
[4] 又见韩愈《汴州东西水门记》,《文苑英华》卷812《记·水门》,第4291页。

第十章 唐代藩镇宦官监军制度

得给用。"[1]

监军使或其属下,有时还别兼其他使职,其职权范围自然更广泛更具体些。如元和四年(809)李辅光"除河中监军使,兼绛州铜冶使"[2]。开成三年(838),诏"以浙西监军判官王士玫充湖州造茶使"[3]。卢钧为岭南节度使时,其监军使领市舶使。[4]唐末,河东监军周从寓还曾任兵马留后。[5]

总之,监军使的基本职责是"监视刑赏,奏察违谬"。消弭兵乱,稳定军情也是其一项重要任务。由于藩帅集军民财权于一身,作为其对立物而出现的监军使的触角也伸进了方镇的各个领域。唐中央从来没有明令规定监军使的职权范围,但他在方镇莫可与争的特权地位,却足以使他权倾一切,从而为他怙权干政开了方便之门。文献上有关监军肇事、专横不法的记载屡见不鲜,昔人亦论之颇详,此不赘述。[6]

五　监军制度在唐代政治斗争中的意义与影响

唐代监军制度在中国古代监军使上空前绝后的特殊地位及其演变情况与组织制度,已如上述。那么,为什么唐代监军制度如此发达?为什么"时有其职"的御史监军在武后时会出现加强和制度化的趋向?为什么开元时代又由御史监军变为宦官监军,并在安史之乱后获得普遍发展?这是我们在考察唐代监军制度时,势必要予以回答的问题。

---

[1]《唐会要》卷88《仓及常平仓》,中华书局,1960年,第1615页。
[2] 崔元略《李辅光碑》,《金石萃编》卷106,《石刻史料新编》(第1辑·第3册),第1791—1795页。
[3]《册府元龟》卷494《邦计部·山泽二》,第5602页。
[4] 参见《旧唐书》卷177《卢钧传》,第4591—4592页。
[5] 参见《旧唐书》卷158《郑从谠传》,第4172页。
[6] 参见赵翼《廿二史札记校证》卷20《中官出使及监军之弊》,第427页。

任何一种形式的政治制度的出现，都是一定时期内政治斗争的反映，并且反过来影响着当时的政治斗争。如果我把唐代监军制度发生、发展的过程与当时的政治形势，特别是军事制度的演变联系起来考察，上述问题就会迎刃而解。

唐初实行府兵制，从兵府的分布、府兵的管理、将帅的派遣等各个方面，保证了中央对军队的牢牢控制，形成了"举天下不敌关中"的优势。武则天当政以后，政局一直动荡不安。土地兼并日趋严重，均田制不断破坏，动摇了府兵制的基础。严重的流民与逃户问题以及农民"蒸熨手足"反抗兵役的斗争，使府兵兵源日益枯竭。边疆上的频繁战争[1]，使得募兵规模明显增大。玄宗时代，政局稍稳定，但政治、经济、军事等方面的一系列变化已日益明朗化，府兵制已难以维持，募兵制渐占上风。开元十年（722），由于宿卫之数不给，张说建议召募彍骑；二十五年（737），规定"诸军镇量闲剧、利害，置兵防健儿，于诸色征行人内及客户中召募，取丁壮情愿充健儿长住边军者"[2]。天宝八载（749），李林甫干脆建议折冲府停上下鱼书。[3]府兵制至此名实俱亡。从武后到开元，是府兵制破坏的第一阶段，从开元到天宝是府兵制破坏的第二个阶段。[4]募兵制逐渐取代府兵制，过去内重外轻的形势发生了变化，领兵将帅已不再是"事解辄罢"，而是长期统领。于是，如何适应这种军制的变化，保证中央对军队的控制，便作为一个全新的问题被提出来。统治者企图通过加强对统兵将帅的监督和牵制，把军队控制在自己手里。这样，御史监军便在武后时得到加强，宦官监军便在开、天间应运而生。可以说，唐代的监军制度是府兵制变为募兵制的产物。

---

[1]《新唐书》卷50《兵志》云高宗武后时天下久不用兵，故府兵之法寖坏，唐长孺先生已有辩驳。参见唐长孺《唐书兵志笺证》，科学出版社，1957年，第24页。
[2]《唐六典》卷5《尚书兵部》，陈仲夫点校，中华书局，1992年，第157页。
[3] 参见《新唐书》卷50《兵志》，第1327页。
[4] 参见谷霁光《府兵制度考释》，上海人民出版社，1978年，第216页。

天宝末年，各种社会矛盾日益表面化，外重内轻，尾大不掉的形势业已形成。统治集团内部中央与地方的矛盾，以安史之乱为契机而全面爆发。战乱期间，中原所在宿兵；平叛以后，天下藩镇林立。节度使各据一方，"既有其土地，又有其人民，又有其甲兵，又有其财赋"[1]，唐廷如果不能有效地控制绝大多数藩镇，是难以存在下去的。因此，宦官监军制度便自然得到普遍推广，而且进一步严密其组织，加强其职任，提高其地位，使它更有效地发挥"监护统帅，镇静邦家"，"布皇恩于阃外，推赤心于腹中"[2]的作用。可以说，唐代的监军制度又是唐中后期中央与方镇矛盾的产物。

唐代的监军制度既然有着如此深刻的历史背景和政治意义，我们就不能像传统的观点那样，不加分析地斥其有弊无益[3]，应该客观地分析它在当时政治斗争中的作用与影响。在唐中后期的历史上，外而藩镇跋扈，内而宦官擅权，中央与地方的矛盾，南衙与北司的斗争交织在一起。监军制度在这些角逐中扮演了何种角色？

先看监军同中央皇权的关系。历史上的通例是：宦官势力与中央皇权既相互依赖，又存在矛盾。皇帝借宦官来控制臣下，宦官恃皇权来作威作福，是其依赖的一面；宦官势力膨胀后，又往往侵蚀皇权，甚至任意废立皇帝——这在唐代尤为习见，是其矛盾的一面。这种情况反映出宦官势力对于中央皇权具有寄生性与侵蚀性、向心力与离心力并存的双重特点。但对监军来说，由于"临戎"方镇，不在中央，因而不构成对皇帝本身的严重威胁。他们与皇权的结合，更显得"融洽"些。唐代耿耿于怀地企图剪除中央宦官势力、

---

[1]《新唐书》卷50《兵志》，第1328页。
[2] 苏遇《忠武军监军使宁远将军守内常侍员外置同正员赐紫金鱼袋上柱国赠云麾将军左监门卫将军朱公神道碑》，《全唐文》卷730，第7525—7526页。
[3] 范祖禹《唐鉴》卷16云监军制，"臣见其为害，未见其有益也"（参见范祖禹《唐鉴》卷16，"丛书集成新编"本，第435页）。今人论述亦如此。但《册府元龟》则云监军制度，"申严有翼则往无不济；爱克厥威则功或罔成。虽委以腹心诚无外顾；而贞其师律或爽嘉猷。信利害之相兼，故否臧之不一也"（参见《册府元龟》卷667《内臣部·监军序》，第7689页）。可算少有的持平之论。

剥夺其兵权的皇帝不乏其人，但愿意废除监军制度的皇帝却绝无仅有（昭宗末，因朱全忠、崔胤要挟，尽诛监军宦官，为其仅有者）。代宗时宰相元载[1]，德宗时宰相萧复[2]，宪宗时宰相杜黄裳[3]、裴度[4]和白居易[5]，都有过指斥或废罢监军的言论，但无一例外地皆未被采纳。有件事生动地说明了皇帝与监军的不平常关系："义成监军薛盈珍为上所宠信，欲夺节度使姚南仲军政。南仲不从，由是有隙……盈珍屡毁南仲于上，上疑之。盈珍乃遣小吏程务盈乘驿诬奏南仲罪，牙将曹文洽亦奏事长安，知之，晨夜兼行，追及务盈于长乐驿，与之同宿，中夜，杀之，沉盈珍表于厕中，自作表雪南仲之冤，且首专杀之罪，亦作状白南仲，遂自杀。"这样事情闹大后，姚、薛二人皆到了长安。德宗问南仲："盈珍扰卿法耶？"对曰："盈珍不扰臣，但乱陛下法耳。且天下如盈珍辈，何可胜数！虽使羊、杜复生，亦不能行恺悌之政，成攻取之功也。"德宗默然，竟不罪盈珍，仍使掌机密。[6]皇帝对监军如此纵容袒护，并非不知道监军干政之弊，但是，在他的政治算盘中，总认为怙权的监军比跋扈的藩帅要容易摆弄得多。

宦官监军一般不直接与皇权发生尖锐对立[7]，却能直接助长中央宦官的权势。唐代宦官在"内供奉，或外监节度军"[8]，"辍侍从之荣，受腹心之寄"[9]，是相通的。而淮南等重镇的监军使则"来自禁

---

[1] 参见《新唐书》卷145《元载传》，第4711—4714页。
[2] 参见《新唐书》卷101《萧踽附复传》，第3955—3957页。
[3] 杜黄裳建议派高崇文讨刘辟"勿置监军""上从之"[《资治通鉴》卷237，唐宪宗元和元年（806）正月，第7626页]。但仍有俱文珍为其监军。
[4] 裴度讨西，奏请悉罢诸道"中使监阵"[《资治通鉴》卷240，唐宪宗元和十二年（817）八月，第7738页]。岑仲勉先生《隋唐史》因云宪宗"听裴度言，撤回诸道监军"（第321页）。但实际上李愬袭蔡州时，仍有监军李诚义偕行（段文昌《平淮西碑》，《文苑英华》卷872《碑·纪功二》，第4601—4604页）。
[5] 参见《新唐书》卷119《白居易传》，第4300—4305页。
[6] 参见《资治通鉴》卷235，唐德宗贞元十六年（800），第7586—7587页。
[7] 个别事例如前举荆南监军朱敬玫杀帅作乱亦有，然极罕见。
[8] 《新唐书》卷207《高力士传》，第5858页。
[9] 韩愈《送汴州监军俱文珍序》，《韩愈文集汇校笺注》卷33，第3127页。

军中尉、枢密使，去为禁军中尉、枢密使"[1]。宦官势力上下连成一片。"四贵"（两中尉、两枢密）在中央"万机之予夺任情，九重之废立由己",[2]监军在地方"或莅戎于征讨，或护兵于镇守"，配合默契，相得益彰。甘露之变，李、郑之党在朝中被铲除净尽，同时，他们布在凤翔的心腹卢简能、肖杰等也"皆为监军使所害"[3]。杨复恭本人为神策中尉，又"养子六百人，监诸道军"[4]。这些事例都透露出唐代宦官擅权的若干消息。

节度使与监军的关系比较复杂。唐代藩镇，有的受中央控制；有的则叛服无常，"羁縻而已"。大抵在唐廷只能"羁縻"的方镇中，监军使是难以施展其全部职能的。但是它仍然构成了中央与方镇的联系。在一般的方镇叛乱中，很少屠戮监军，为了获得朝廷旌节，还得"严奉监军，厚遗敕使"[5]。唐代割据藩镇企图游离于中央政权之外而又不能彻底否定中央统治这一特点，在监军使的设置上得到了表现和反映。也就是说，唐朝中央在跋扈藩镇派驻监军使，是特殊条件下，施行中央统治的象征。有与没有这一制度，其政治意义是大不一样的。

唐廷政令所及的方镇，是监军使充分表演的活动舞台。在这里，它以自己独立的组织系统和独立的武装力量，构成了藩帅之外的第二政治势力。他们"俯达人情，仰喻天意"[6]，把皇帝的意志最忠实地贯彻到方镇中。同时，监军使还以其监察弹劾大权来钳制藩帅，他所奏报的军政情况，攸关着藩帅的政治前途。高仙芝即因边令诚一言而飞黄腾达，亦因边令诚一言而身首异处。在这种情况下，藩帅与监军的关系便有些不正常了。"王践言为西川监军，节度使李德

---

[1] 杜牧《淮南监军使院厅壁记》，《杜牧集系年校注》，第809页。
[2] 《旧唐书》卷184《宦官传》，第4754页。
[3] 《旧唐书》卷163《卢简辞附简能传》，第4270页。
[4] 《新唐书》卷208《杨复恭传》，第5890页。
[5] 《资治通鉴》卷247，唐武宗会昌三年（843）四月，第7979页。
[6] 韩愈《送汴州监军俱文珍序》，《韩愈文集汇校笺注》卷33，第3127页。

裕加征疲人三十万缗,因践言赴阙,尽以钱行。及践言为枢密使,德裕果为宰相。"[1]殷侑为郓曹濮观察使,私自增监军俸入,以悦其意。[2]山南西道节度使严砺,"希监军旨,诬奏流人通州别驾崔河图,长流崖州,赐死"[3],"严绶在太原,其政事一出监军李辅光,绶但拱手而已"[4]。但由于监军对中央皇权的寄生性特点,决定了他们虽然怙权干政,却一般地仍处于维护中央皇权的立场上。这类事例很多,如李辅光在太原强悍专政,但元和初,西川刘辟、夏州杨惠琳叛乱时,李辅光却是主动请求本镇出兵讨伐的"功臣"[5]。

在方镇与监军发生关系的,还有那些使府幕僚与郡县官员。监军使对他们有相当的制约力。史籍上这类人得罪监军而倒霉的事不可胜举,前述崔河图的厄运即其一例。又如,"姚南仲节制郑滑,从事马总以其道直为监军使诬奏,贬泉州别驾"[6]。"信州刺史李位为州将韦岳诿谮于本使监军高重谦,言位结聚术士,以图不轨。追位至京师,鞠于禁中。"[7]幕僚及郡县官员为了致身通显,避免在仕途上跋前疐后和横遭飞来之祸,必须结纳监军。元稹在江陵,与监军崔潭峻相善,后来果然夤缘而上,官至祠部郎中,知制诰以至同平章事。[8]昭义兵马使卢从史"其位居四""潜与监军相结"[9],"善附迎中人"[10],终因监军的赞助而合法地获得朝廷旌节。

监军使在方镇与幕僚及郡县官员的这种关系,产生了重要的政治影响。首先,"唐末藩镇诸州听命帅府,如臣之事君"[11]。幕职对

---

[1]《册府元龟》卷669《内臣部·食货》,第7711页。
[2] 参见《旧唐书》卷165《殷侑传》,第4322页。
[3]《旧唐书》卷13《德宗纪下》,第393页。
[4]《旧唐书》卷148《裴垍传》,第3990—3991页。
[5] 崔元略《李辅光碑》,《金石萃编》卷106,《石刻史料新编》(第1辑·第3册),第1791—1795页。
[6]《旧唐书》卷155《薛戎传》,第4126页。
[7]《旧唐书》卷154《孔巢父附戣传》,第4097页。
[8] 参见《旧唐书》卷166《元稹传》,第4333页。
[9]《资治通鉴》卷236,唐德宗贞元二十年(804)六月,第7606页。
[10]《新唐书》卷141《卢从史传》,第4660页。
[11] 王栐《宋朝燕翼诒谋录》卷1,诚刚点校,中华书局,1981年,第7页。

于府主也有浓厚的"故吏"关系。这是两河藩镇得以跋扈的一个凭借。[1]加上监军使这层影响力后，便削弱了节帅对支郡刺史和幕职的控制力。他们有的在节帅与监军两大势力中谋求平衡，有的与监军打得火热，并能协助监军镇遏方镇的叛乱（前举监军弭乱事例，大多是在这些人的帮助下进行的）。这都有利于唐廷对藩镇的控制。

其次，唐人入仕之途，主要有三：科举及第，门荫得官，辟署入幕（另有由行伍出身和杂色入流者）。而由科举或门荫得资或得官者，亦大都仍要入幕。唐朝肃宗以后的宰相共181人，除12人情况不详外，约有五分之三的人曾在幕府供职，若撇开僖、昭以后的情况，其比例则达三分之二（这些都不包括曾任郡县官吏者）。这种经历使他们反对阉人执国柄的所谓"气节"首先要在地方上同监军交锋，并因前述原因而磨去其锋刃。皇甫湜等人在元和对策中指斥权倖，触怒了宦官，但在他们后期的政治生涯中，"更历中外"，以往的慷慨陈词却销声匿迹了。牛李党争持续数十年，各自党魁皆出将入相，并不曾在宦官问题上做过交锋。东汉和明代，地方上都兴起过强大的反宦官势力和反宦官运动，唐宦官擅权较之为烈，却没有这种情况。其重要原因之一就是因为监军使在地方上与中央宦官相呼应，形成了一个自上而下的势力网——这是汉、明所不曾有的，文武官员无论在中央或地方，都难以摆脱宦官势力的影响，他们中许多人的升迁或多或少地走着中央权倖和地方监军的门路。因而即或他们身居高位以后，其政治经济利益与宦官发生冲突时，在所谓南衙与北司的斗争中，他们也会表现得苍白无力。赵翼曾抱怨"东汉士大夫以气节相尚"，各奋死与宦官"撕注"，"至唐则仅有一刘蕡对策"[2]，是否可以从这里得到一个解释？否则仅仅归结为"汉人尚

---

[1]《旧唐书》卷161《乌重胤传》："河朔六十年能拒朝命者，只以夺刺史县令之职，自作威福故也。"见第4223页。同书卷148《李吉甫传》："及是为相，患方镇贪恣，乃上言使属郡刺史得自为政。"见第3993页。

[2] 赵翼《廿二史札记校证》卷5《汉末诸臣劾治宦官》，第114页。

名节"，殊难令人信服。

为了对唐代监军制度获得一个完整的概念，我们把前面的论述小结如下。

在中国古代监军史上，唐代的监军制度具有最突出的地位和最典型的意义。

唐初的御史监军，在武后时代得到了加强和发展，并趋向于制度化，在监军制度史上具有承前启后的特点：从它"时有其职，非常官"来看，有"承前"的遗迹，从它固定由皇帝信任但又位卑职微而且专司监察的御史担任来看，又有"启后"的作用。

宦官监军设置于开元末年，安史之乱以后推广到内地各个方镇及边防军队驻扎区。这时它已不是一种临时差遣，而是皇帝在方镇的"常驻大使"。其常设机关为监军使院，监军使为之长，置印。其僚属有副使，亦称副监，为监军使的副手。有判官若干员，分掌具体事务。有小使若干员，供派遣驱使。还有自己的武装力量。可能各支郡镇兵，别有品秩较低的属员监临。平时出征，偏将所领军队，则有监阵。如果中央调诸道兵马会战，置都统或都都统，则另设都监或都都监。监军使任职一般为三年，皇帝特敕则可提前调动或连续留任。所有这些，都说明了唐代监军制度的完备和发达。

作为皇帝的特别代表，监军使在方镇具有与藩帅分庭抗礼的崇高地位。他的基本职责是"监视刑赏，奏察违谬"，并协助"戎臣"稳定方镇军情。实际上则往往插手于方镇的其他各项事务中。有时兼任别职别使，其职权范围更大。这些，为监军的骄横跋扈提供了条件。

唐代监军制度之所以如此完备和发达，是唐代的具体历史特点所决定的。换言之，它是在唐代从府兵制到募兵制的过程中，中央与方镇的矛盾斗争中发展起来的。是新形势下中央控制地方军政的一种尝试，一项措施。由于自宋代以后摸索到了在募兵制条件下，中央控制地方和军队的新手段，由于监军制度本身存在的严重弊病

("将在外，君命有所不受"，古有明训，被奉为兵家之常，而监军制度是有悖于此的)。唐以后的监军制度尽管情形各异，却再也不能故态复萌，因为它在皇帝的政治棋盘中，已不像唐代那样举足轻重了。

从整个中国历史上看，用监军制度来控制将帅和军队，并不算很高明的方略，无乃说是不足取的措施。但从唐代的实际情况看，监军制度却在压抑方镇割据中有显著作用。唐廷之所以能够长期成功地控制着绝大多数藩镇，尤其是南方藩镇，监军网的设置是不可忽视的一个原因。当然，在这些被控制的方镇中，由于监军干政，藩帅大权旁落，削弱了它们的力量。因而当它们被唐廷调往讨伐骄藩叛乱时，往往在战争中导致"官军"失利。这是宦官监军的主要弊病。不过，由于监军对中央皇权的寄生性特点，却保证了这些方镇一般地并不叛离中央。

在唐代中后期的政治生活中，宦官监军制度具有重要的政治意义，并产生了深刻的政治影响。它构成了中央与骄藩联系的桥梁，又是控制其他方镇的工具。稠密的监军网，使擅权的宦官更加炙手可热。南衙与北司之间不时地起哄，又往往由于监军与藩帅和幕职等的微妙关系而冲淡了斗争气氛。总而言之，区区监军，不仅其"来历不凡"，而且在唐代统治集团内部各种错综复杂的矛盾中，扮演了极为重要的角色。如果不加分析地认为监军制度是唐王朝政治躯体上的赘疣，那未免过于轻率了。

第十一章　唐代藩镇进奏院制度

唐代诸道进奏院，由于跟"飞钱""邸报"这些甚为人重视的现象联系在一起，治史者并不陌生。但是，关于进奏院本身的一些具体情况及其在唐代中央与藩镇关系上的重要作用，则往往被人忽视而很少进行研究。本章将搜集有关材料在这方面做些探讨。

一　进奏院与进奏官

胡三省云："唐诸镇皆置进奏院在长安，以进奏官主之。"[1]长安在唐代称上都，故又称上都进奏院。唯皇甫湜《韩文公神道碑》云："授河南令。魏、郓、幽、镇各为留邸，贮潜卒以橐罪士，官无敢问者……是后，郓邸果谋反东都，将屠留守，以应淮蔡。"[2]是魏博、淄青、卢龙、成德皆在东都洛阳置留邸（进奏院别称，详后）。但史籍上关于东都置邸的记载仅此一证，而两《唐书》《资治通鉴》等谈到此事时，都只提淄青而不及河朔三镇。且《文献通考》卷60《六院四辖》、《事物纪原》卷6《会省台司部》、《续资治通鉴长编》卷23太平兴国七年（982）十月等皆云唐置"上都留后""上都进奏院"而不及东都。因此，唐代诸道是否在东都置邸，尚待进一步考察；即或亦置，也当属陪衬（犹东都为陪都），故以下论列仅以上都

---

[1]《资治通鉴》卷231，唐德宗贞元元年（785）七月辛丑胡注，第7457页。
[2] 皇甫湜《韩文公神道碑》，《皇甫持正文集》卷6，上海古籍出版社，1994年，第96页；皇甫湜《韩愈神道碑》，《全唐文》卷687，第7038页。

（长安）进奏院为限。

　　进奏院的长官为都知进奏官，又称进奏吏、邸吏等。《通典》卷32叙方镇使府诸职而不载此职，《新唐书》卷49下《百官志四下》则把它殿于观察使幕职之末。后人有的把它作为方镇使府重职来叙述，有的详考使府诸职而于此只字不提。[1]考《唐会要》卷79《诸使杂录下》大和三年（829）七月敕："诸道进奏官等，旧例多是本道差文武职掌官充，自后遂有奏带正官者。近日又有请兼检校官及宪官者，递相援引，转无章程。自今已后，更有奏请带正官，不得兼检校官及宪官。如准诸道诸军诸使职掌官例，请检校官及兼宪官充，则不得带正员官。"这里所谓文武职掌官，指使府幕职官，文职掌官如判官、巡官、推官之类，武职掌官如兵马使、押衙、虞候之类；所谓正官、正员官，是相对于使府幕职而言，指州郡品官，如司马、别驾之类；所谓检校官及宪官，指外官所带职事官，"外官带职，有宪衔，有检校；宪衔自监察御史至御史大夫，检校自国子祭酒至三公"[2]。由此可见，进奏官并非独立的幕职，而是由本镇众多的幕职中选派一人充任，这从其初仅名为"上都留后"（详下）亦可窥知。盖因其后它亦"准诸道诸军诸使职掌官例"，又带正官，又带检校官和宪官，且地位日见重要，才混同于一个独立的幕职。杜牧《景思齐授官知宣武军进奏官制》："敕。宣武节度押衙知进奏、起复银青光禄大夫、检校太子宾客兼歙州司马上柱国景思齐。"[3]这里，节度押衙是宣武镇职掌官，知进奏即进奏官，银青光禄大夫是文散官，太子宾客是检校官，歙州司马是正员官。这种叠床架屋的繁缛官衔，正具备唐代使府幕职的一般特征。

---

[1] 参见日野开三郎《支那中世的军阀》第一章第四节《幕府》，三省堂，1942年，第42—58页；参见严耕望《唐代方镇使府僚佐考》，《严耕望史学论文集》，上海古籍出版社，2009年，第406—452页。
[2] 《资治通鉴》卷216，唐玄宗天宝十载（751）二月胡注引，第6904页。
[3] 杜牧《景思齐授官知宣武军进奏官制》，《杜牧集系年校注》，第1116页。

二　进奏院始置于何时？

《唐会要》卷78《诸使杂录上》大历十二年（777）五月敕："诸道先置上都邸务，名留后使，宜令并改为上都进奏院官。"《旧唐书》卷11《代宗纪》亦作大历十二年（777）五月。唯《资治通鉴》卷244大和七年（833）二月胡注引"宋白曰"作大历十二年（777）正月，"正"字当为五字之讹。《南部新书》丙作十三年，亦恐为十二年之误。按柳弁《代汾阳王祭贞懿皇后文》："臣子仪谨遣上都进奏院官傅涛敢昭告于贞懿皇后行宫。"[1]代宗贞懿皇后独孤氏，死于大历十年（775），则是大历十二年（777）易名之前已有称留后使为进奏官的了。

那么，留后使又始于何时呢？"留后"一般用以指称各种使职代理。如安禄山兼河东节度使，以吉温知留后。[2]安史之乱以后，凡藩帅交替之际，率置留后。韩愈《汴州乱》："健儿争夸杀留后，连屋累栋烧成灰。"[3]盐铁转运使在扬子院亦置留后。[4]至于进奏院的前身上都留后，最早始见记载大约是大历九年（774），韩翃《为田神玉谢兄神功于京兆府界择葬地表》："臣神玉言，今月三日得上都留后报称……"[5]田神功死于大历九年（774）正月，此表之作当距其时不久。当然，我们还不能据此断定上都留后的始置年代。《柳河东集》卷26《邠宁进奏院记》云："凡诸侯述职之礼，必有栋宇建于京师，朝觐为修容之地，会计为交政之所。其在周典，则皆邑以具汤沐；其在汉制，则皆邸以奉朝请；唐兴因之，则皆院以备进奏。政以之成，

---

[1]　柳弁《代汾阳王祭贞懿皇后文》，《全唐文》卷372，第3780—3781页；又见赵璘《因话录》卷1，丛书集成初编本，中华书局，1985年，第2页。
[2]　参见《旧唐书》卷186下《吉温传》，第4856页。
[3]　韩愈《汴州乱二首》，《韩昌黎诗集编年笺注》卷1，方世举编年笺注，郝润华等整理，中华书局，2012年，第29页。
[4]　参见《资治通鉴》卷253，唐僖宗广明元年（880）二月胡注，第8221页。
[5]　韩翃《为田神玉谢兄神功于京兆府界择葬地表》，《全唐文》卷444，第4529页。

礼于是具，由旧章也。"此文柳宗元撰于贞元十二年（796），距进奏院改名不到二十年，他的话应属可信。但是他认为"唐兴因之，则皆院以备进奏"，却有许多明显的错误，不能据为实录，应予辨正。

首先，唐初并无观察使节度使，不可能有它们设在上都的进奏院，所谓"唐兴因之"，自不足信。其次，改上都留务为进奏院，是大历十二年（777）的新制，所谓"唐兴"即"皆院以备进奏"，也欠确切。再次，《唐会要》云"诸道先置上都邸务"，宋白曰"诸道先置上都留后便宜"，从文意推求，"先置"云云，也不像是实行了160年的制度（大历十二年距武德元年恰160年），似应是前此不久的事。还有一条旁证，《资治通鉴》卷215天宝六载（747），安禄山"常令其将刘骆谷留京师诇朝廷指趣，动静皆报之；或应有笺表者，骆谷即为代作通之"。可见天宝中尚未有上都邸务，否则安禄山就要利用合法的留邸来搜集和传递情报了。而"或应有笺表""即为代作通之"，本进奏院正常职能（详下），也无须刘骆谷来捉刀。或曰：是否刘骆谷本人即留后使呢？也不是。《新唐书》卷225上《安禄山传》："禄山德林甫，呼十郎。骆谷每奏事还，先问：'十郎何如？'"[1]既然"每奏事还"，则应是常往来于方镇与中央之间。胡三省曰："诸道遣官入京师奏事者，谓之奏事官。"[2]与进奏官自有不同。因此，我们推测，上都邸务既然天宝中尚没有，其设置当不早于肃宗时，很有可能在安史之乱期间。

然而，柳宗元将进奏院追溯到周汉和唐初，亦非无稽。《唐会要》卷24《诸侯入朝》贞观十五年（641）正月："上谓侍臣曰，古者诸侯入朝，有汤沐邑，刍禾百车，待以客礼；汉家故事，为诸州刺史郡守创立邸舍于京城。顷闻都督刺史充考使至京师，皆赁房与商人杂居，既复礼之不足，必是人多怨叹。至十七年十月一日下

---

[1]《新唐书》卷225上《安禄山传》，第6413页。
[2]《资治通鉴》卷221，唐肃宗上元元年（760）六月胡注，第7093页。

诏：令就京城内闲坊为诸州朝集使造邸第三百余所。"柳宗元所谓唐初因之的周汉制度，实际上是贞观时始为诸州朝集使在京城置的"邸"。永淳时，"诸州邸舍，渐渐废毁"，神龙时"出卖并尽"，特别是安史之乱起，唐朝统治秩序大坏，朝集使业已停遣。至大历十四年（779）才下令恢复。[1]翌年十月，敕诸州邸第，"依旧营置"[2]，旋改以官宅分配。这年十一月，举行了战后第一次会同之典，"凡州府计吏至者一百七十有三"[3]。但建中二年（781）又下令权停。[4]此后，朝集使、州邸便销声匿迹了。[5]

由此可见，进奏院和州邸完全是两回事，因为大历建中间朝廷下令恢复朝集使、重建诸州邸舍时，诸道留务早已改名上都进奏院，此时它们曾一度并存，没有递嬗关系。

应该辨明的是，史籍上颇见"本州进奏院"的字样，是不是诸州亦置进奏院，或州邸变成了州进奏院呢？回答是否定的。关于州进奏院的记载分两种情况。一是中央的直属州如华州、同州有进奏院。李商隐《为汝南公贺彗星不见复御正殿表》，"臣某言：得本州进奏院状报"[6]，此处汝南公指华州刺史周墀，时李商隐在其幕府供职。又如元稹《贺圣体平复御紫宸殿受朝贺表》，"臣某言：今日得上都进奏官报"[7]，时元稹在同州刺史任上。直属州之地位犹同方镇，置邸上都应属理所当然。马端临谓："五代以来，支郡不隶藩镇者，

---

[1]《唐会要》卷69《都督刺史已下杂录》，第1213页。按正式下诏停遣入考刺史是乾元元年（758）六月，但天宝十四载（755）十一月安禄山起兵，本应在这年十一月至次年正月举行的会同之典（《唐六典》卷3《尚书户部》，第79页），当无法进行，故建中元年（780）云："州郡不上计，内外不会同者二十五年。"（《唐会要》卷24《受朝贺》，第457页）即上推到天宝十四载（755）。
[2]《唐会要》卷24《诸侯入朝》，第459页。
[3]《册府元龟》卷107《帝王部·朝会一》，第1168页。
[4]参见《唐会要》卷24《诸侯入朝》，第460页。
[5]建中二年（781）既停朝集使，不久德宗出幸奉天。贞元三年（787）又敕停州府朝集使（《册府元龟》卷64《帝王部·发号令三》，第683页）。实际上这期间朝集使并未恢复。
[6]李商隐《为汝南公贺彗星不见复御正殿表》，刘学锴、余恕诚校注，《李商隐文编年校注》，中华书局，2002年，第611页。
[7]元稹《贺圣体平复御紫宸殿受朝贺表》，《全唐文》卷650，第6597页。

听自置邸，隶藩镇者则兼领焉。"[1]殊不知唐时已然。

另一种情况是治所州。如张权《代定州张令公贺老人星见表》，"臣得上都进奏院状报"[2]，定州为易定节度使治所，刺史例由节度使兼领，定州进奏院实即易定镇进奏院。前举柳宗元《邠宁进奏院记》，《文苑英华》卷807即作《邠州进奏院记》，亦为一证。

三　进奏院的职能

柳宗元关于进奏院设置的记载，如上所述，可能是弄混了。但他对进奏院的作用和职能，仍留下了一些值得重视的记述。他写道："公（按指邠宁节度使张献甫）尝鸣珮执玉，展礼天朝；又尝伐叛获丑，献功瑰阙；其余归时事，修常职，宾属受辞而来使，旅赍奉章而上谒；稽疑于太宰，质政于有司；下及奔走之臣，传遽之役，川流环运，以达教令。大凡展彩于中都，率由是焉。故领斯院者，必获历闾阖，登太清，仰万乘之威而通内外之事，王宫九关而不闻，辕门十舍而如近。斯乃军府之要枢，邠宁（按《文苑英华》作朗宁，张献甫封朗宁王）之能政也。"[3]这段文学语言的记载，当然未免简略而含糊，现参稽其他材料，对进奏院的职能和作用考索如下。

首先，进奏院是藩帅入觐时的"修容之地"。这与汉代郡国和隋唐州郡所设邸的作用颇同。[4]但唐代不少藩帅在长安另有私人住宅，倘若朝觐，修容之所并不在留邸，何况藩帅终身不入朝者大有人在，因此这不是进奏院的主要作用。

其次，进奏院还是本镇进京官员的联络地。诸道进京办事或奏事官员，一般寓居于进奏院，并向进奏官了解有关情况。光化三年

---

[1] 马端临《文献通考》卷60《六院四辖》，上海师范大学古籍所等点校，中华书局，2011年，第1814页；《宋史》卷161《职官志一》，第3781—3782页。
[2] 张权《代定州张令公贺老人星见表》，《全唐文》卷721，第7423页。
[3] 柳宗元《邠宁进奏院记》，《柳宗元集校注》卷26，第1757页。
[4] 参见《隋书》卷73，《柳俭传》；《北史》卷86。

（900）十一月，朱全忠派李振奏事长安，李振到了宣武留邸，邸吏程岩向他反映了刘季述等图谋废立的重要情况。[1]元和时，淄青奏事官林英到长安，亦曾晤见本镇进奏官。[2]柳记所谓"宾属受辞而来使，旅赍奉章而上谒"，即指此。

  进奏院的第三个职能是向朝廷反映本镇情况，传递本镇表文，一些藩镇不能擅自决定的事务，则由进奏院向中央请示裁夺。所谓"诸侯之任，各有职贡，小者得循事例，大者决于朝廷，闻白启导，属在留邸"[3]，亦即柳记所谓"稽疑于太宰，质政于有司"。朝廷有时也向进奏院访以该镇有关情况，如会昌中，李德裕在指挥同回鹘的战争中，曾向卢龙进奏官孙方造详细了解幽州战况和回鹘内部动态。[4]

  向本镇及时报告朝廷及他镇各种情况，传递中央诏令、文牒，称为"报事"[5]。这是进奏院的第四项职能，也是其最主要的任务。进奏院向本镇反映和传递的情报是极其广泛的，其中主要是军国政治，如官员授职[6]、外使往还[7]、兵马发遣[8]、皇太子勾当军国事[9]、宣布德音[10]、战争进程[11]等；其次是祥瑞奇异，如老人星见[12]、黄河

---

[1] 参见《旧五代史》卷18《李振传》，第251页。
[2] 参见《旧唐书》卷187下《高沐传》，第4911页。
[3] 杜牧《景思齐授官知宣武军进奏官制》，《杜牧集系年校注》，第1116页。
[4] 李德裕《请发镇州马军状》，《李德裕文集校笺》卷14，第311—312页。
[5] 白居易《论裴均进奉银器状》，《白居易文集校注》卷21，第1226页。
[6] 李商隐《为荥阳公谢除卢副使等官状》，《李商隐文编年校注》，第1202页；崔致远《贺建王除魏博表》，《桂苑笔耕集校注》卷1，第8页；崔致远《谢秦彦等正授刺史状》，《桂苑笔耕集校注》卷3，第87页。
[7] 参见崔致远《贺通和南蛮表》，《桂苑笔耕集校注》卷1，第4页；崔致远《贺入蛮使回状》，《桂苑笔耕集校注》卷6，第134页。
[8] 参见崔致远《奏论抽发兵士状》，《桂苑笔耕集校注》卷5，第122页；于邵《为崔仆射陈情表》，《全唐文》卷425，第4331页。
[9] 参见令狐楚《贺皇太子知军国表》，《全唐文》卷539，第5472—5473页。
[10] 参见崔致远《贺降德音表》，《桂苑笔耕集校注》卷1，第28页。
[11] 参见崔致远《贺杀黄巢徒伴表》《贺斩草贼阡能表》，《桂苑笔耕集校注》卷1，第13—18页；柳宗元《贺诛淄青逆贼李师道状》，《柳宗元集》卷39，第1031—1032页；杨于陵《贺枭贼叛将杨惠琳表》《贺收剑门表》，《全唐文》卷523，第5310—5311页；令狐楚《贺剑南破吐蕃状》，《全唐文》卷539，第5477页。
[12] 参见令狐楚《贺老人星见表》，《全唐文》卷539，第5475页；李商隐《为荥阳公贺老人星见表》，《李商隐文编年校注》，第1536页。

水清[1]、祈雨有应[2]等；还有朝廷礼仪，如改年号[3]、上尊号[4]、群臣朝贺[5]等；他如圣躬康泰[6]、皇室死丧[7]，甚至藩帅家属所获荣宠及其在京状况[8]，也一一向本镇如实通报。进奏院反映的情况不仅极其广泛，而且十分迅速、具体、翔实，从长安"报事"到襄州，"不过四五日"[9]。试举两例，李商隐《为荥阳公贺幽州破奚寇表》，"臣得本道进奏官状报：某月日幽州节度使张仲武奏破奚北部及诸山奚，除旧奚王匿舍朗所管外，杀戮首领丁壮老幼，并杀获牛羊、焚烧车帐器械等计二十万，刺史以下面皮一百具，耳二百只，奚车五百乘，羊一万口，牛一千五百头者"[10]。又，张仲素《贺捉获刘辟等表》，"臣某言得进奏官报状：伏承九月某日高崇文差兵马使郦定进于彭州界捉到刘辟、卢文若并家口等，有诏罪刘辟及生擒外，余一切不问；西川减放两税；并割西川六州与东川者"[11]。当时有人称进奏院"能传万里之音，不坠九霄之命"[12]。当然还有的情报系进奏官刺探而来。如元和时淄青进奏院向本镇密报判官高沐"潜有诚款至朝廷矣"[13]。后唐明宗长兴元年（930）九月，西川进奏官苏愿打听得

---

[1] 参见《贺黄河清表》，《全唐文》卷963，第10002页。
[2] 参见柳宗元《贺亲自祈雨有应表》，《柳宗元集》卷37，第974页；令狐楚《贺白鹿表》，《全唐文》卷539，第5476页。
[3] 参见崔致远《贺改年号表》，《桂苑笔耕集校注》卷1，第1页。
[4] 参见李商隐《为汝南卢尹贺上尊号表》，《李商隐文编年校注》，第1026—1027页。
[5] 参见令狐楚《贺修八陵毕表》，《全唐文》卷539，第5477页；李商隐《为汝南公元日御正殿受朝贺表》，《李商隐文编年校注》，第619—620页。
[6] 参见李商隐《代安平公华州贺圣躬痊复表》，《李商隐文编年校注》，第27页。
[7] 参见刘禹锡《慰淄王薨表》，《刘禹锡集》卷16，第196页；令狐楚《代太原李仆射慰义章公主薨表》，《全唐文》卷540，第5478页。
[8] 参见刘禹锡《谢赐门戟》《谢男师损等官》，《刘禹锡集》卷12，第148—149页；令狐楚《代李仆射谢男赐绯鱼袋表》，《全唐文》卷540，第5483—5484页；令狐楚《代李仆射谢赐男绢等物并赠亡妻晋国夫人表》，《全唐文》卷540，第5485页；令狐楚《代李仆射谢子恩赐状》《第三状》《第四状》《第五状》《第六状》，《全唐文》卷541，第5489—5490页。
[9] 白居易《论裴均进奉银器状》，《白居易文集校注》卷21，第1226页。
[10] 李商隐《为荥阳公贺幽州破奚寇表》，《李商隐文编年校注》，第1346—1347页。
[11] 张仲素《贺捉获刘辟等表》，《全唐文》卷644，第6522页。
[12] 崔致远《曹鹏知行在进奏补充节度押衙》，《桂苑笔耕集校注》卷14，第484页。
[13] 《旧唐书》卷187下《高沐传》，第4911页。

安重诲欲发兵攻西川，马上报告孟知祥："朝廷欲大发兵讨两川。"[1]显然，这类消息不可能来自正途。

  进奏院的第五项职能是办理交纳本镇上供赋税事宜，与此相联系的是发行飞钱，办理汇兑业务。《文苑英华》卷870《徐襄州碑》："襄州两税，每差纲官送纳，并有直进胶腊，其数甚多，例属新官，岂免败阙？陪备差遣，扰害颇深，每吏部注官，多不敢受。因访问资纲大数，可以资陪人，遂请度支陆运脚搬驮到京师，遣进奏院所由勾当轮（《全唐文》卷724作'输'）纳。既免损污匹帛，又免上供失时，襄州新官，永无差役之弊。"这里说的是山南东道上供两税及贡品胶腊等，从地方解送到中央后，由本道进奏院办理输纳交割手续。不过，这条材料是作为徐商的政绩来宣传的，其他藩镇是否亦皆如此，尚待考订。

  藩镇进奉是安史之乱后唐代中央财政的一个重要来源，这件事也由进奏院主持。元和四年（809），宪宗"有旨谕进奏院：自今诸道进奉，无得申御史台"[2]。至唐末，进奏院主持的进奉还受到皇帝的嘉奖。[3]贿赂关通权要贵幸，也是进奏院经常干的事。如山南东道节度使孟简"以腹心吏陆翰知上都进奏，委以关通中贵"。事发后，"获简赂吐突承璀钱帛等共计七千余万贯匹"[4]。这种贿赂，有的是为了给本镇藩帅谋求政治利益，有的则是为了刺探各种情报，如房启除桂管观察使，在朝命未下前，"其本道邸使，潜赂印史，得印启官诰，飞递送之"[5]。

  交割赋税和进奉贿赂，必然使进奏院经常需要转手和贮积大批财物，因此出现"商贾至京师，委钱诸道进奏院"，取飞钱"轻装趋

---

[1]《资治通鉴》卷277，后唐明宗长兴元年（930）九月癸亥，第9045页。
[2]《资治通鉴》卷237，唐宪宗元和四年（809）四月，第7658页。
[3] 参见崔致远《谢诏奖饰进奉状》，《桂苑笔耕集校注》卷3，第74页。
[4]《旧唐书》卷163《孟简传》，第4258页；《册府元龟》卷449《将帅部·专杀》，"陆翰"作"陈翰"，钱帛数亦误（第5059页）。
[5]《唐会要》卷58《吏部郎中》，第1006页；《新唐书》卷139《房琯附启传》，第4629页。

四方"[1]。会昌四年（844）二月，御史台反映诸道进奏院，"兼并货殖，颇是倖门，因缘交通，为弊日甚"[2]。进奏院之得以"货殖"，得以"交通"，也是它手头掌握着一大批财物的缘故。

此外，进奏院还办理本道在京的许多杂务。如交纳本道官员及奏荐将校的书帖官告费用[3]，赡给藩帅在京亲属[4]，甚至藩镇进奉女乐舞人，也在"留邸按阅"[5]。

总括以上所述，进奏院的职能可概括为以下几点：（一）它是落脚点。藩帅入朝或奏事官进京，一般以它为栖身之所，所谓"奔走之臣，川流环运，以达教令"。（二）它是中转站。中央对方镇的有关旨令，方镇中需要朝廷裁定的一些疑政，往往以进奏院为中介转达，所谓"闻白启导，属在留邸"。（三）它是情报所。朝廷及他镇的一动一静，皆及时地了解并详细向本镇通报。（四）它是办事处。诸如上交贡赋、经营汇兑、进奉贿赂及各种杂务，悉由进奏院办理。一句话，进奏院从各个方面构成了中央与方镇之间的密切联系，所谓"藩侯所任，邸吏为先"[6]，洵为不虚。

四 进奏院的政治意义

最后，讨论一下进奏院的政治意义。

进奏院的出现及其沟通中央与地方联系的桥梁作用，是现实政治形势的产物。唐初，州郡是一级行政区划，直接同中央联系。开元中所置采访使，也只是监察机构。安史之乱期间，"分命节帅以

---

[1]《新唐书》卷54《食货志四》，第1388页。
[2]《唐会要》卷79《诸使杂录下》，第1449页。
[3] 参见《册府元龟》卷61《帝王部·立制度二》，第648页。
[4] 参见王定保《唐摭言》卷3《慈恩寺题名游赏赋咏杂记》，第28—44页。
[5] 王谠《唐语林校证》卷3《夙慧》，第313页。
[6] 崔致远《曹鹏知行在进奏补充节度押衙》，《桂苑笔耕集校注》卷14，第484页。

扼险要"[1]，方镇得以所在各自为政，这就迫切要求在京师设立一个常驻机构，以沟通中央与地方的上下联系。犹如黄巢起义把僖宗赶到西川时，诸道在成都亦置进奏院，派进奏官，据说是"遂使远赴行朝，专司递务"，称为"知行在进奏"[2]。进奏院其初名为"留后"，这本身就说明它具有暂时性。大历十二年（777）"正名"后，仍未获得巩固地位，故德宗践阼，即试图恢复"旧典"，又是重建州邸，又是令刺史上佐依旧朝集京师。但这时藩镇已成为凌驾于州郡之上的一级政区，企图越过它直接统治州郡谈何容易，特别是建中贞元间讨伐叛藩战争的失败，使朝廷最终不得不放弃这种努力，诸道进奏院遂成为唯一的地方驻京机关了。唐代颇有一些宰臣"患方镇贪恣"，主张"使属郡刺史得自为政"[3]，但终究不能实现，一个重要原因就是州郡失却了自己在京的联络机构。所谓"制敕不下支郡，刺史不专奏事"[4]，笺表呈文尚需藩镇进奏院转递，刺史怎么能够独立为政？宋代惩艾于此，"诸州各置进奏官，专达京师"[5]，是削弱藩镇势力、加强对州郡直接控制的重要措施。

进奏院的设立，还反映了唐代割据藩镇既企图游离于中央集权之外，又不能彻底否定中央统治的特点。河朔诸镇的信条是"礼藩邻，奉朝廷，则家业不坠"[6]，李德裕也说："河朔兵力虽强，不能自立，须借朝廷官爵威命以安军情。"[7]犹如中央在藩镇设立监军院，是中央统治的象征，藩镇在中央设置进奏院，则是奉事朝廷的表示，尤其是在藩帅不朝不觐的情况下，进奏院在朝廷典仪上的一些虚应

---

[1]《资治通鉴》卷220，唐肃宗乾元元年（758）九月胡注，第7060页；《资治通鉴》卷218，唐肃宗至德元载（756）七月丁卯制，第6983—6984页；贾至《玄宗幸普安郡制》，《全唐文》卷366，第3719—3720页。
[2] 崔致远《曹鹏知行在进奏补充节度押衙》，《桂苑笔耕集校注》卷14，第484页。
[3]《旧唐书》卷148《李吉甫传》，第3993页。
[4]《新五代史》卷26《孔谦传》，第281页；《唐会要》卷26《笺表例》，第504页。
[5] 王栐《燕翼诒谋录》卷4，第41页。
[6]《新唐书》卷211《王廷凑附绍懿传》，第5962页。
[7]《资治通鉴》卷248，唐武宗会昌四年（844）八月，第8010页。

故事，更具有此等意味。到了五代，置邸成为军阀表示自己政治隶属关系的行动。如湖南马希萼、希广兄弟争权，希广已置邸于后汉首都大梁，希萼为与之抗衡，"表请别置进奏务于京师"。"诏以湖南已有进奏务，不许。"马希萼以为"朝廷意佑楚王希广"，乃"遣使称藩于（南）唐"[1]。又如后周时，"（南）唐清源节度使留从效遣使入贡，请置进奏院于京师，直隶中朝。诏报以'江南近服，方务绥怀，卿久奉金陵（按指南唐），未可改图，若置邸上都，与彼抗衡（胡注：与唐比肩事周，是抗衡也）。受而有之，罪在于朕'"[2]。

进奏院的设立，不仅是中央政治统治的象征，还适应了朝廷政令贯彻上的特殊需要。对那些桀骜不羁的骄藩，唐廷不能直接发号施令，通过进奏院的递转，往往能达到预期的效果。如会昌灭佛，"五台僧多亡奔幽州"，李德裕找来卢龙进奏官，让他"趣白本使"，晓以利害，不要收容亡僧。幽州节度使张仲武"乃封二刀付居庸关曰：有游僧入境则斩之"[3]。又如朱全忠求领盐铁，宰相孔纬"执以为不可，谓进奏吏曰：'朱公须此职，非兴兵不可。'全忠乃止"[4]。这种情形在专制皇权时代中央与地方的关系上是不正常的，但在中央集权衰落、藩镇跋扈时代又是正常的。

进奏院作为地方驻京机关，进奏官作为藩帅的心腹，主要还是作为藩镇对付朝廷的工具。进奏院合法或非法地搜集的各种情报，对于藩镇制订对付朝廷和他镇的相应措施有重要意义。进奏官常以藩镇发言人的身份，直接公开出面向朝廷争取本镇利益。大和七年（833），杨志诚由检校工部尚书迁检校吏部尚书，敕令一下，卢龙进奏官徐迪以未迁右仆射，立即到中书省向宰相抗议，后来朝廷只

---

[1]《资治通鉴》卷289，后汉隐帝乾祐三年（950）八月，第9426页。
[2]《资治通鉴》卷294，后周世宗显德六年（959）六月，第9599页。
[3]《资治通鉴》卷248，唐武宗会昌五年（845）八月，第8019页。
[4]《资治通鉴》卷258，唐昭宗龙纪元年（889）十一月，第8391页。

得"因再遣使加尚书右仆射"[1]。进奏院还是藩镇从事一些非法活动的据点。如元和时宰相武元衡、御史中丞裴度遇刺，凶手就窝藏在成德进奏院内。[2]及至唐末，进奏院更直接干预朝政。如河中节度使王重盈死，王珙、王珂分别在李克用和朱全忠的操纵下争夺帅位，朝廷派宰相崔胤镇河中以解纷乱。崔是亲朱派。河东进奏官薛志勤表示不满，扬言说："崔相虽重德，如作镇河中代王珂，不如光德刘公，于我公事素也。"[3]又如光化三年（900），中尉刘季述等幽废昭宗，"诸道邸吏牵帝下殿，以立幼主"[4]。直接参与了政变行动。故史称"唐季藩镇跋扈，邸官皆得入见天子，至五季而进奏官恣横益甚"[5]。这一状况直到宋初才改变。

至此，有必要再比较一下汉代郡国、唐代州郡之邸与进奏院的异同，从中会进一步加深理解唐代进奏院的特殊政治意义。如前所述，唐初州郡之邸因袭于汉代郡国之邸，但唐代进奏院却并非嬗变于州邸，它们曾一度并行不悖，只是当藩镇取代州郡而成为实际上的一级行政区划时，州邸既不可复，进奏院才独占鳌头。汉代郡国、唐初州郡之邸主要是为上计吏[6]备一宿息处。《说文解字》释"邸"云："郡国朝宿之舍在京者谓之邸。"这在前引太宗关于建造诸州邸舍的话里也说得一清二楚。进奏院则完全不同。它出现于戎马倥偬、兵荒马乱之年，其目的不是为藩帅入朝、计吏入奏备一下脚处，而是为了沟通中央与藩镇，传递上下消息，反映各种情报，是唐代藩镇与中央关系上的特殊产物。至于后来它也具有"朝觐为修容之地，会计为交政之所"的职能，与汉代郡国、唐初州郡之邸作用相同，这可以理解为是在藩镇取代州郡成为一级政区后，从原来的一级政

---

[1]《旧唐书》卷180《杨志诚传》，第4676页。
[2] 参见唐宪宗《诛杀武元衡贼张晏等敕》，《全唐文》卷61，第656—657页。
[3]《旧唐书》卷179《刘崇望传》，第4665页。
[4]《旧五代史》卷18《李振传》，第251页。
[5] 纪昀等《历代职官表》卷21《通政使司表》，上海古籍出版社，1989年，第406页。
[6] 汉称朝集使，参见王应麟《汉制考》卷2，张三夕等点校，中华书局，2011年，第43页。

区州郡所设之邸那里继承而来的职能。然而，正因为州郡之邸充其量不过是"朝宿之舍"，所以贞观十七年（643）以前未设邸时和永淳神龙以后州邸废圮时，诸州朝集使照样每年"入计如式"。进奏院则与此相反，它不仅不因为藩帅多不入朝而废，反而由于中央与藩镇的这种非常关系的存在而获得充分发展。所以僖宗逃到西川，也要置"行在进奏"，"专司递务"。到了宋代，在收藩镇军、政、财诸权的同时，对进奏院也进行了改造。朝廷以京官为进奏院监官，隶属于给事中，后改隶门下后省，使之控制在中央手里，成为纯粹的一个传递公文的机关[1]，而失去了它往日的政治色彩。

附记：敦煌文书中有两件"进奏院状"，编号分别为 S1156 和 P3547，详看拙文《两份敦煌"进奏院状"文书的研究》，载《学术月刊》1986 年第 7 期，收入本书附录三《敦煌唐代"进奏院状"辨》。

---

[1] 参见《文献通考》卷 60《六院四辖》，第 1814 页；《宋史》卷 161《职官志一》，第 3781—3782 页。

第十二章　唐代藩镇使府辟署制度

唐代藩镇职官有两个系统，一个是州县职事官系统，一个是使府幕职系统。州县官员由中央任派：刺史及五品以上上佐权归中书门下，五品以下判司簿尉之类权归尚书吏部。使府幕职官则由府主（节度、观察等使）自行辟署。唐代藩镇使府辟署制度在唐后期的政治生活中产生了重要的影响，值得加以重视和研究。

一　唐代的使府与幕职

唐代藩镇身挂数使，其中观察使是最普遍最基本的使衔，掌督察州县，实际上相当于一级地方行政长官。若是军事重镇，则以节度使兼领，无节度者例加都团练使都防御使，以掌军事。故唐后期四十多个藩镇，无不带观察使，而带节度使者则不多。

节度使府的主要幕职有副使、行军司马、判官、掌书记、参谋、推官、衙推等。观察使府下有副使、支使、判官、掌书记、推官、巡官、衙推、随军、要籍、进奏官等。[1]此外，藩镇一般还要兼支度、营田、招讨、经略、按抚等使职，也各有副使、判官、巡官等

---

[1] 参见《通典》卷32《职官一四》，第894—896页；《新唐书》卷49下《百官志四下》，第1309页；严耕望《唐代方镇使府僚佐考》，《严耕望史学论文集》，上海古籍出版社，2009年，第406—452页。按藩镇幕府除上述文职外，还有武职，如都知兵马使、兵马使、都虞候、虞候、都押衙、押衙、都教练使、教练使、都指挥使、指挥使等，一般拔自行伍。此处从略，详见本书第八章。

一批幕僚。因此，所谓藩镇幕府，实际上是这各种使职全部幕员的混合，足以构成一个可观的官僚队伍。

除正职幕员外，藩镇还有大批"摄职"。唐廷曾规定于"正职外，不得更置摄职"[1]，亦不过具文而已，如武宁幕府就有摄观察推官、摄节度巡官、摄支度巡官、摄支度推官等一大批摄职[2]，摄职之外还有一些"动静咨询，而不敢縻以职任"[3]的无职清客。文献上常有"从事"一词，有人说是"单指不参政的幕客"[4]，是不正确的，它其实是所有幕职的泛称[5]。

哪些人可以延入藩镇幕府呢？检索史传，主要有如下几类：

一是现任官员入幕。如杜亚以校书郎入河西幕府[6]，严郢以大理司直为江陵判官[7]，郗士美以阳翟丞入泽潞幕府[8]，崔汉衡由费县令辟滑亳掌书记[9]，这些都是六品以下品官。但也有高级官员入幕的，如辛秘由湖州刺史为河东行军司马[10]，吴行鲁由彭州刺史为西川行军司马[11]，若宰相出任藩府，郎官、御史、给谏亦可被辟入幕。

二是获得做官资格的有出身人和考满待选的"前资"入幕。如李德裕以荫补校书郎，未仕即被辟为河东掌书记。[12]宇文籍考满后入于藩镇使府[13]，又如段平仲进士及第后辟淮南掌书记。[14]韩愈进士

---

[1]《唐会要》卷79《诸使杂录下》，第1451页。按"摄职"本为中央授官以前之代理，后来成为使府扩大幕职编制的一个手段。
[2] 参见高瑀《使院石幢记》，《金石萃编》卷107，《石刻史料新编》（第1辑·第3册），第1797—1799页。
[3]《旧唐书》卷165《温造传》，第4314页。
[4] 日野开三郎《支那中世的军阀》，第189页。
[5] 参见张式《徐浩碑》，《金石萃编》卷104，《石刻史料新编》（第1辑·第3册），第1743—1748页。
[6] 参见《旧唐书》卷146《杜亚传》，第3962页。
[7] 参见《新唐书》卷145《严郢传》，第4727页。
[8] 参见《旧唐书》卷157《郗士美传》，第4146页。
[9] 参见《旧唐书》卷122《崔汉衡传》，第3502页。
[10] 参见《旧唐书》卷157《辛秘传》，第4151页。
[11] 参见《北梦琐言》卷3《吴行鲁温溲器》，第56页。
[12] 参见《旧唐书》卷174《李德裕传》，第4509页。
[13] 参见《旧唐书》卷160《宇文籍传》，第4209页。
[14] 参见《旧唐书》卷153《段平仲传》，第4088页。

及第后吏部试不中而释褐于徐州、宣武幕府[1]。这就是所谓"登第未释褐入仕而被辟者"[2]。

三是布衣入幕。如崔懂以布衣入魏博田弘正幕府[3]，处士李戡入平卢幕府[4]，郑郎举进士不第入于方镇幕府[5]，张园举进士再不第入宣武幕府[6]。类似的例子还不少。

唐政府曾规定幕职必须是"皆奏请有出身人及六品以下正员官为之"[7]。而实际上的情况是远远超出这个范围的。

二 使府辟署制度内容

辟署制度古已有之，作为方面大臣或部门长官选拔僚佐的手段之一，它至少在汉代就已成定制了。驯及魏晋，虽然盛行九品中正制，而辟召及乡里之举"旧式不替"[8]。隋唐"海内一命以上之官，州郡无复辟署矣"[9]。唐太宗曾打算"依古法，令本州辟召"[10]，亦不了了之。此后虽时而有人提起，但州郡辟署"卒不能行"[11]，而使府辟署却随着使职差遣制度的发达而获得了空前的发展。

唐代使府辟署幕职有一定的制度。洪迈说是有一纸聘书，"语皆用四六，大略如告词"。随书还要送上一些金帛之类的"聘礼"。所谓"撰书辞，具马币"[12]。士人被延引入幕后使府即署其为判官、掌

---

[1] 参见《旧唐书》卷160《韩愈传》，第4195页。
[2] 《文献通考》卷39《选举考十二》，第1134页。
[3] 参见田弘正《谢授节钺表》，《全唐文》卷692，第7105—7106页。
[4] 参见杜牧《唐故平卢军节度巡官陇西李府君墓志铭》，《杜牧集系年校注》，第743页。
[5] 参见《旧唐书》卷165《柳公绰传》，第4305页。
[6] 参见韩愈《唐故河中府法曹张君墓碣铭》，《韩愈文集汇校笺注》卷15，第1712—1713页。
[7] 《册府元龟》卷716《幕府部·总序》，第8249页。
[8] 《通典》卷18《选举六》，第454页。
[9] 《文献通考》卷39《选举考十二》，第1132页。
[10] 《唐会要》卷74《论选事》，第1334页。
[11] 《群书考索》后集卷38《官制门·选曹》。
[12] 洪迈《容斋随笔·三笔》卷16《唐世辟僚佐有词》，孔凡礼点校，中华书局，2005年，第620页。

书记、参谋等之类的职位，然后再由本府上报中央有关部门请授某官。所谓"辟书既至，命书继下"，"辟书"指使府发出的聘书，"命书"指中央授官的敕书。《新唐书》卷166《令狐楚传》载："既及第，桂管观察使王拱爱其材，将辟楚，惧不至，乃先奏而后聘。"说明先奏后聘只是特例，并非一般制度。

唐代辟署制度中奏官与署职的区别，不同于汉代州郡辟署。汉代长吏可以直接辟署某人为某官，而不是先署某职，然后由朝廷命以某官。它与明清的幕宾也不一样。明清的幕宾完全是府主的私人，是帮助府主处理日常政务的，既无官爵禄秩，亦不能考课升迁。[1]而唐代的幕职却是国家官吏，有"职"有"官"。不过，这种"官"称检校官或宪官[2]，仅仅是表示其身份或迁官资历的标记而已，与实际职掌是完全无涉的。

"官"与"职"的分别，在幕职的迁转中便有了"官"升而"职"不变[3]，"职"改"官"不迁[4]，"官"降"职"依旧[5]，"官""职"俱改迁[6]等种种差异。一般职的改易完全由藩镇署定，而官的升迁则须奏报中央任命。而奏官又有一定的考课制度相约束。根据贞元十七年（801）和元和七年（812）的敕令，使府参佐的改转"如是五品以上官及台省官，经三十个月外，任奏与改转，余官经三十六个月奏改"[7]。《新唐书》卷185《郑畋传》载："旧制，使府校书郎以上，满三岁迁；监察御史里行至大夫、常侍，满三十月迁。虽节度兼宰相，亦不敢越。自军兴，有岁内数迁者，畋以为不

---

[1] 参见张纯明《清代的幕制》，载《岭南学报》第9卷第2期；郑天挺《清代的幕府》，载《中国社会科学》1980年第6期，第127—147页。
[2] 参见《资治通鉴》卷216，唐玄宗天宝十载（751）二月胡注引"黄琮曰"，第6904页。
[3] 参见元稹《赵真长户部郎中兼侍御史等》，《元稹集》卷48，第599页。
[4] 参见《册府元龟》卷729《幕府部·辟署四》，第8395页。
[5] 参见《旧唐书》卷130《李泌传》，第3621页。
[6] 参见白居易《王师闵可检校水部员外郎徐泗濠等州观察判官制》，《白居易文集校注》卷15，第779页。
[7] 《唐会要》卷78《诸使杂状上》，第1441页。按幕职考课之制颇乱，然下引《郑畋传》说明法定之制，当系如此。

可。"说明幕职带五品以上官及台省官满三十个月、余官满三年迁转的制度,至唐末犹然。但在实际上幕职不次升迁的事所在多有。所谓"诸道幕府判官及诸军将,比奏改官,例多超越"[1],就反映了这一事实。

幕职既由使府聘请,故"使有迁代,则幕僚亦随而罢"[2]。后唐天成元年(926)八月十一日敕:"承前使府奏请判官,率皆随府除移,府罢亦罢。近年流例,有异前规,使府虽已除移,判官原安旧职。起今已后,若是朝廷除授者,即不许使府除移;如是使府奏请,即皆随府移罢。"[3]唐制盖亦如是,即只有朝廷直接安排的重要幕职,如行军司马之类可以在幕主迁移后而保留旧职,只是朝廷直接安排幕职的情况比较罕见。通常的情况是,幕府撤罢后,幕职或被敕留本府[4],或另入他幕[5],或被征入中央[6],检校试官在五品以上者则可被冬荐授职[7]。

三 唐代文士入幕的社会风气

唐后期藩镇使府竞相延请士人入幕,形成了一股引人注目的社会风气。符载《送崔副使归洪州幕府序》云:"今四方诸侯裂王土,荷天爵,开莲花之府者凡五十余镇焉。以礼义相推,以宾佐相高,长城巨防,悬在一士。苟人非髦彦,延纳失所,虽地方千里,财赋百倍,有识君子,咸举手而指之。"[8]与此同时,文人士子也竞趋藩镇使府,

---

[1]《唐会要》卷78《诸使杂录上》,第1440页。
[2] 钱大昕《廿二史考异》卷五八《职官志》。
[3]《册府元龟》卷61《帝王部·立制度二》,第650页。
[4] 参见《新唐书》卷162《吕元膺传》,第4998页。
[5] 参见《旧唐书》卷111《房琯附式传》,第3325—3326页。
[6] 参见《旧唐书》卷148《权德舆传》,第4002页。
[7] 参见拙著《唐代官制》,三秦出版社,1987年,第158—159页。
[8] 符载《送崔副使归洪州幕府序》,《全唐文》卷690,第7070页。

所谓"唐世士人初登科或未仕者,多以从诸藩府辟置为重"[1]。

为什么士人皆以从诸藩府辟署为重呢?因为在唐后期的仕途中,幕职是地位崇高、俸禄丰厚、职权重大并最有政治前途的"要津"。

幕职在藩府的崇高地位,首先表现在它的来去自由上。士人可以自择幕府,例如成德镇持厚金聘窦牟为掌书记,窦牟不就,同时淮南镇辟为参谋,则欣然应召。[2]又如文士韩某,以饥寒旅居洛中,宣武镇未发聘书遽取之,韩某愠其言之不豫,拒不应召。他认为:"幕吏乃古之陪臣","虽布衣无耻之士,亦宜访其乐与不乐,况有道之君子乎"?韩某"非不乐梁也,不甘不告之请耳"[3]。因此,一般府主聘请幕职,皆卑辞厚礼,优礼有加。一些使府苛待幕职,在舆论上受到普遍谴责。[4]有的幕职因见慢于藩帅,"见醴酒不设,遂相顾而行"[5]。有的幕职因自己的意见未被使主采纳,"遽遁去"[6]。幕职的地位于此可见一斑。

幕职的俸禄也是令人企羡的。贞元以前,一个带检校官的幕职与中央同级正官的俸料相比,一般要高出一倍以上。例如大历时一个都团练副使月料80贯,杂给30贯;观察判官月料50贯,杂给20贯;这些人一般带郎中、员外郎的检校官,而郎中在中央的月俸仅25贯,员外郎仅18贯而已。[7]贞元、会昌两次增俸后,表面上二者月俸是大体相当了[8],但幕职还有优厚的杂给。更重要的是,外官包括幕职"唐代中晚以后,地方官吏除法定俸禄之外,其他不载于法令,而可以认为正当之收入者,为数远在中央官吏之上"[9]。可

---

[1] 洪迈《容斋随笔·续笔》卷1《唐藩镇幕府》,第227页。
[2] 参见褚藏言《窦牟传》,《全唐文》卷761,第7909页。
[3] 杜牧《荐韩乂启》,《杜牧集系年校注》,第994页。
[4] 参见《旧唐书》卷122《裴胄传》,第3508页。
[5] 李翱《与本使李中丞论陆巡官状》,《李文公集》卷10,第50页。
[6] 《新唐书》卷224上《李锜传》,第6382页。
[7] 参见《唐会要》卷91《内外官料钱上》,第1656页。
[8] 参见《唐会要》卷91《内外官料钱上》,第1661—1663页。《唐会要》卷92《内外官料钱下》,第1668—1669页。
[9] 陈寅恪《元白诗中俸料钱问题》,《金明馆丛稿二编》,第76页。

见幕职的收入有时是难以用确数计的。故白居易才说："职多于郡县之吏，俸优于台省之官。"[1]

在唐后期地方行政体系中，幕职是地方实际政务的主持者。州府的上佐如别驾、司马之类早已成为寄老之官。功、仓、户、兵、法诸曹参军事也是徒尸其名。地方军、政、财、法大权俱总于幕职手中。其中如行军司马掌军籍符伍，号令印信[2]，德宗朝常为储帅[3]。判官"分判仓、兵、骑、胄四曹事"[4]，藩帅往往尽"委钱谷支计于判官[5]。掌书记"掌表奏书檄"[6]，"凡文辞之事，皆出书记"[7]。幕职还经常受命巡察所属州县，俨然在刺史、县令之上。[8]长吏或阙，则权摄理事。[9]有的幕职本身就兼任州县官职。[10]总之，正如白居易所说："郡守之职，总于诸侯帅，郡佐之职，移于部从事。"[11]

由于幕职是地方上的实权派，崭露头角的机会也多，因而往往能够不次擢拔，迅速升迁。唐代考课制度规定六品以下官，四考（四年）与改转，如前所述，幕职带六品以下检校官者却只要三年即可改转。建中初，赵憬被擢为水部员外郎，未拜，适湖南观察使李承请为副使、检校工部郎中，赵憬欣然应召。一年多以后，李承死，他旋被任为御史中丞、湖南观察使。[12]可见，出任幕职比在中央要容易升迁得多。白居易说："今之俊乂，先辟于征镇，次升于朝廷。

---

[1] 白居易《策林三·省官并俸减使职》，《白居易文集校注》卷27，第1498页。
[2] 参见李翰《淮南节度行军司马厅壁记》，《全唐文》卷430，第4380—4381页。
[3] 参见《旧唐书》卷146《严绶传》，第3960页。
[4] 《通典》卷32《职官十四》，第895页。
[5] 《旧唐书》卷145《董晋传》，第3937页。
[6] 《通典》卷32《职官十四》，第895页。
[7] 韩愈《徐泗濠三州节度掌书记厅壁记》，《韩愈文集汇校笺注》卷3，第348页。
[8] 参见颜真卿《湖州乌程县杼山妙喜寺碑铭》，《全唐文》卷339，第3435—3437页；元结《夏侯岳州表》，《全唐文》卷383，第3898页。
[9] 参见《旧唐书》卷155《薛戎传》，第4126页；许筹《晋东莱太守刘将军庙记》，《全唐文》卷790，第8269页。
[10] 李沛《大岯山铭》，《金石萃编》卷102，《石刻史料新编》（第1辑·第3册），有"判官相川司户参军"，第1709页。
[11] 白居易《江州司马厅记》，《白居易文集校注》卷6，第249页。
[12] 参见《旧唐书》卷138《赵憬传》，第3775页。

故幕府之选,下台阁一等。异日入为大夫公卿者,十八九焉。"[1]应该说道出了当时幕职升迁的实际情形。元和时西川幕府中裴度、柳公绰、杨嗣复等"皆相继去为本朝名将相"[2]。后来柳公绰在襄阳所辟幕职郑朗、卢简能、崔屿、夏侯孜、韦长、李绩、李拭等"皆至公卿"[3],而唐后期宰相竟有三分之二是曾从辟过藩镇使府的。可以说使府辟署实际上已经成了培养达官显贵的摇篮、文人士子致身通显的捷径。故"游宦之士,至以朝廷为闲地,谓幕府为要津,迁腾倏忽,坐致郎省"[4]。

四 唐代幕府辟署制度发达的原因

唐代使府辟署制度,是在废除汉代以来州郡辟署,"内外一命,悉归吏曹;才厕班列,皆由执政"[5]的情况下存在并发展起来的。与其后的宋明相比,它也最为开明:"宋虽有辟法,然白衣不可辟,有出身未历仕者不可辟。其可辟者复拘以资格,限以举主,长材屈于短取,比比皆是。迄明季则绝无此事矣,非科目无以得官,非铨曹无以授职。内外官难以独理,皆延请幕宾。然非宿登仕版,则虽极知其材能,亦不能振拔以收其用。法网愈密,文墨愈严,而奇才异能愈漏网而去矣。"[6]李塨的这一议论不一定完全正确,但结合本文前面的论述,至少可以说明唐代使府辟署制度是发达而且颇具特点的。那么,其原因究竟何在呢?这需要从唐代的政治制度和社会状况方面去加以考察。

---

[1] 白居易《温尧卿等授官赐绯充沧景江陵判官制》,《白居易文集校注》卷12,第564页。
[2] 欧阳修《唐武侯碑阴记》,《集古录跋尾》卷9,《欧阳修全集》卷142,李逸安点校,中华书局,2001年,第2291页。
[3] 《旧唐书》卷165《柳公绰传》,第4305页。
[4] 封演《封氏闻见记校注》卷3《风宪》,第25页。
[5] 《通典》卷18《选举六》,第455页。
[6] 李塨《阅史郄视》卷3,第28—29页。

众所周知，唐代是中国封建社会各方面都发生着深刻变化的时代，这在政治制度方面的一个重要表现就是科举制取代了九品中正制。科举制在尔后的封建社会里一直是最基本的选拔官员的制度，从形式上看，它具有广泛吸收地主阶级各阶层分子参政的特点。它的社会背景正是地主阶级内部政治经济状况发生变化后对改变政权结构提出的新要求。但是科举制在唐代尚处于肇建阶段，还不能完全适应上述变化，这至少反映在以下几个方面：一是取士员额少，最主要的进士、明经两科"岁大抵百人"[1]，而进士又不过一二十人[2]。这自然不足以网罗多士，势必使大批士人老于场屋。二是作弊严重，所谓"势门子弟，交相酬酢，寒门俊造，十弃六七"[3]，甚至还有"曾任州县小吏，虽有辞艺，长吏不得举送"[4]的规定。三是进士及第做官难。唐代科举及第后，还只赚得一个做官的资格，算有了"出身"，只有再参加吏部试或制举才能释褐。这显然不是文人入仕的方便之门。而即使释褐试通过后，也只能获得一个八九品的参军、县尉、助教之类的卑官[5]。如贞元八年（792）登第的欧阳詹，"五试于礼部，方授乡贡进士，四试于吏部，始授四门助教"[6]。而大名鼎鼎的韩愈，"四举于礼部乃一得，三选于吏部卒无成"[7]。这样又把一大批士人拒之于仕门之外。

辟署制度在一定程度上弥补了上述缺陷。由于入幕者"或以白丁命官，或自下僚擢迁"，"惟其才能，不问所从来"[8]。所以其中有不少人是未从科举的白衣，或老于场屋的寒门俊造，还有不少人是科举及第而未释褐的有出身人，所谓"及第，便从诸侯府奏试官，

---

〔1〕《新唐书》卷162《许孟容附季同传》，第5001页。
〔2〕 王栐《燕翼诒谋录》卷1，第1页。
〔3〕《旧唐书》卷164《王起传》，第4278页。
〔4〕《旧唐书》卷14《宪宗纪上》，第423页。
〔5〕 参见《册府元龟》卷632《铨选部·条制四》，第7301页。
〔6〕 欧阳詹《上郑相公书》，《全唐文》卷596，第6025页。
〔7〕 王鸣盛《十七史商榷》卷81，第1119页。
〔8〕 曹彦约《经幄管见》卷4，第963页；李塨《阅史郄视》卷3，第28页。

充从事"[1]。例如大文豪韩愈便是释褐试屡不中以后"去京师,东归图幕僚一席"[2],从而做到大官的。还有房仁宝"始以文进,不得其志",后来"用笺奏符檄之才,职居藩服"[3],竟然累官至检校礼部尚书。所谓"虽遇天子,不能致富贵","遇藩翰大臣,则足以叙材用"[4],反映的就是这一事实。在这里,辟署制度实际上起到了唐代科举制的补充作用。

为什么辟署制度只实行于使府而不行用于州郡呢?有一种意见认为,"唐代区区,只使官尚留辟署之法者,则以采访本不赋政,而节度防御等使皆起于纲维既弛之后,不能束其下也"[5]。其实不然。我们不妨从唐代中央与地方的矛盾关系中来考察。

唐代是高度中央集权的封建王朝。废乡举里选,罢州郡辟署,就是防止地方权力过重,尾大不掉。但从整个封建统治秩序的全局看,要保证中央统治得到顺利贯彻,又必须赋予地方一定的自主权,尤其在社会矛盾比较复杂时更需如此。否则,地方过于削弱,不仅收不到身之使臂、臂之使指之效,而且会适得其反,难以维持地方政局,从而削弱中央集权统治和地方行政秩序。这个令历来政治家绞尽脑汁企图解决的矛盾,在唐代的使府设置上也有明显的反映。唐初从太宗时起派使巡察地方,其属员"皆使自辟召,然后上闻"[6]。景云二年(711)置二十四都督府以统天下郡县,既而以其"权重难制"而罢。后又置十道按察使,开元二年(714)改曰按察采访处置使,至四年又罢,八年复置,十年又罢,十七年复置,二十年改曰采访处置使,分为十五道,天宝末又兼黜陟使,乾元元

---

[1]《唐会要》卷76《进士》,第1383页。
[2] 王鸣盛《十七史商榷》卷81,第1119页。
[3] 钱珝《授保大军节度掌书记检校石散骑常侍房仁宝检校礼部尚书充职制》,《文苑英华》卷412《中书制诰·幕府一》,第2089页。
[4] 刘蜕《与京西幕府书》,《刘蜕集》卷5,《唐代湘人诗文集》,黄仁生等校点,岳麓书社,2013年,第123页。
[5] 吕思勉《隋唐五代史》下册,中华书局,1959年,第1143页。
[6]《通典》卷32《职官一四》,第890页。

年（758）改曰观察处置使。[1]二十四都督府的旋置旋罢，按察采访使的屡置，以及使府从临时到最终在开元时边疆节度使与内地采访使的固定设置，都说明了一个事实：中央政府既畏惧地方权力过重，随着社会矛盾的发展（按：不是由于地方势力的增大），又不能不加强地方事权。但这一点不是给州郡以更大的独立权，而是通过使府对州郡的干预来实现的。过去在研究藩镇与中央的关系时，人们过分地夸大了它们之间的对立，而忽视了中央对藩镇责成事功的一面，实际情况并不如人们想象的那么简单。试看大中时中书门下的一条奏疏：

> 观察使职当廉问，位重藩维，受明王之宠寄，同国家之休戚。岂可但享崇贵，唯务优游！罗声色以自娱，顾凋残而莫问，纵逃显责，必受阴诛！自今以后，并请责其成效，专其事权，使得展意尽心，恢张皇化，敬事以守法度，节用以减征徭……其巡属州县，须知善恶，每岁考校，具以上闻，隐而不言，罪归廉帅。应有所论荐，须直书事绩，不得虚词；有所举闻，须尽录奸赃，不得隐漏；懦弱不任职事者奏免，不得徇情；清强能立事者上陈，不得蔽善。[2]

这条奏疏可谓淋漓尽致地痛切剖陈了中央对藩镇责成事功，以控制州县的良苦用心。

使府辟署正是这种"责其成效，专其事权"的具体表现，是加强地方统治的现实需要。唐廷在授予义武、西川幕职的制敕中明白地说："朕寄诸侯之事重矣。大者教化风俗，小者惠养黎众，环千里之疆，绾三军之众，讲求倚用，不五六人。守臣公度、仲郢所请

---

[1] 参见《新唐书》卷49下《百官志四下》，第1321页。
[2]《唐会要》卷79《诸使杂录下》，第1453页。

（石）贺等，各以文学决科，恺悌干禄，观其褒举，皆是才名。能报所知，能用可用，在尔宾主，予不与焉。"[1]沈既济在大历时的一份奏章中说得更畅快："今诸道节度、都团练、观察、租庸等使，自判官、副将以下，皆使自择，纵其间或有情故，大举其例，十犹七全……向令诸使僚佐尽受于选曹，则安能镇方隅之重，理财赋之殷乎？"[2]

总之，皇帝的诏书、臣下的奏章都集中地说明了一个道理，在复杂的政治经济形势下，中央对藩镇责以事权，专其职任，以期达到"镇方隅之重，理财赋之殷"的目的。而使府辟署是体现了这一目的的。它既有古老的历史传统，更体现了现实的客观需要。后梁时一度废除使府辟署，"皆从除授"，结果"因缘多事之秋，虑爽得人之选"。因而后唐时再度恢复之。[3]可见它自有存在之理由。否则，唐代绝大多数藩帅都由中央调动，区区幕职由中央委派并非没有可能，并不像论者所说的那样——"纲维既弛之后，不能束其下"。

五 使府辟署制度的意义

对于唐代藩镇使府辟署制度，历来有两种不同的评价。一种意见是肯定它，一种意见是否定它。肯定它的主要着眼点是辟署制度能够不拘一格地选拔大批经邦治国的人才。否定它的主要原因是说它助长了藩镇的权势，幕职为虎作伥，使藩镇更加专横跋扈。[4]

关于使府辟署得人的情况，唐宋乃至后来许多人都曾做过充分论述。唐德宗朝宰相赵憬说："大凡才能之士，名位未达，多在方

---

[1] 杜牧《石贺义武军书记崔涓除东川推官等制》，《杜牧集系年校注》，第1104页。
[2] 《资治通鉴》卷226，唐代宗大历十四年（779）八月，第7269页。
[3] 参见《五代会要》卷25《幕府》，中华书局，1998年，第301页。
[4] 这种意见以王夫之的言辞最为激烈，谓沈既济的辟署之议是"意者其为藩镇之内援，以禁天子不得有一士之用乎？……不轨之情，已不可掩矣"。见王夫之《读通鉴论》卷24《德宗》，第709页。

镇,日月在上,谁不知之。"[1]宋朝宰相欧阳修说:"唐方镇以辟士为高,故当时布衣苇带之士,或行著乡间,或名闻场屋,莫不为方镇所取,至登朝廷,位将相为时伟人者,亦皆出诸侯之幕。"[2]当然,我们不能说公卿将相都是人才,但是,从制度的本身看,辟署制度较之于吏部铨选更能得人则是没有疑问的。其原因之一是"诸使辟吏,各自精求,务于得人将重府望"[3]。为了处理本府复杂的政务,责所攸系,府主必然精择幕职,广延名士,既可沽名钓誉,又可为我所用。纵然不免徇情,但沈既济所谓"其间或有情故,大举其例,十犹七全"[4],也应该说是事实。其原因之二是能够不拘一格,广开才源。宋人刘贡父说:"唐有天下,诸侯自辟幕府之士,唯其才能,不问所从来。而朝廷常收其俊伟,以补王官之缺,是以号称得人。盖必许其辟置,则可破拘挛,以得度外之士,而士之偶见遗于科目者,亦未尝不可自效于幕府,取人之道,所以广也。"[5]其原因之三是幕职权重务剧,有机会在实践中得到砥砺和锻炼。大中祥符时,宋真宗感到本朝"求文武适用可委方面者亦鲜",问臣下:"唐贤比肩而出。何当时得人之多也?"曹彦约的解释是:唐代"藩镇辟召,或以白丁命官,或自下僚选擢,考其平素,取其行实,故为士者知自爱重。其始也,莫不学有用之才,其出也,莫不重于所事……及其久于幕府,习熟事机,一旦朝廷用之为显官,其在内则论思献纳,在外则仗钺守边,其所用无施不可"[6]。赵憬也说幕职"既经试效,能否可知,擢其贤能,置之朝列"[7]。

使府辟署是否助长了藩镇割据呢?我们的回答是否定的。人们

---

[1] 《旧唐书》卷138《赵憬传》,第3778页。
[2] 欧阳修《唐武侯碑阴记》,《集古录跋尾》卷9,《欧阳修全集》卷142,第2291页。
[3] 《旧唐书》卷138《赵憬传》,第3778页。
[4] 《资治通鉴》卷226,唐代宗大历十四年(779)八月,第7269页。
[5] 《文献通考》卷39《选举考十二》,第1134页。
[6] 曹彦约《经幄管见》卷4,第963页。
[7] 《旧唐书》卷138《赵憬传》,第3778页。

之所以产生这种看法,其重要原因之一是对唐代藩镇缺乏正确的认识,未能正确理解唐廷对大多数藩镇既加控制又加利用的关系。其实,对于河朔等割据藩镇来说,辟署只是形式而已,其"文武官吏,擅自署置",并不有待于辟署制度而后为之。而对于绝大多数藩镇来说,辟署幕职完全是中央所认可的。入幕者不仅不会助桀为虐、对抗中央,而且他们入幕的目的本身就在于以此为跳板、为"要津",然后跻身中央。"先辟于征镇,次升于朝廷……异日入为大夫公卿者,十八九焉。"[1]这对文人士子具有无限的吸引力。他们虽身在藩府,却"思登阙庭,如望霄汉"[2],对于那些是非滋乱之地是不愿涉足的。成德王武俊曾辟窦牟为掌书记,窦牟不就,却宁可入淮南杜佑幕府为参谋(位次于掌书记)。泽潞卢从史桀骜不驯,掌书记孔戡"极谏以为不可,从史怒,戡岁余谢病归洛阳"[3],入淮南李吉甫幕仍为掌书记。林蕴为西川判官,对韦皋的做法曾颇露微词,及刘辟拒命,他以"切谏"获谴,临刑前大呼道:"危邦不入,乱邦不居","得死为幸矣"[4]。

一般情况下,幕职不仅"危邦不入,乱邦不居",而且协助中央政府戡乱,反对藩帅骄悍跋扈。如山南东道幕职韦绶:"数讥谴刺(于)頔横恣",讽其"穷兵独(黩)武"[5]。滑亳节度使令狐彰原为安史旧部,掌书记齐映"说彰令上表请代,令子建归京师,彰皆从之"。及彰死兵乱,"映脱身归东都"[6]。又如宣武幕职高凭,于李灵曜作乱时,"凭密遣使奏贼中事状"。其子高沐为淄青李师道幕职,"师道擅袭,每谋不顺,沐与同列郭昈、李公度等,必广引古今成败谕之,前后说师道为善者凡千言"。并向朝廷"潜输忠

---

[1] 白居易《温尧卿等授官赐绯充沧景江陵判官制》,《白居易文集校注》卷12,第564页。
[2] 《旧唐书》卷138《赵憬传》,第3778页。
[3] 《旧唐书》卷154《孔巢父附戡传》,第4096—4097页。
[4] 《新唐书》卷200《林蕴传》,第5719页。
[5] 《新唐书》卷160《韦绶传》,第4976页;《唐国史补》卷下。
[6] 《旧唐书》卷136《齐映传》,第3750页。

款""遂死王事"[1]。

当然，我们也能见到一些幕职因仕途多舛，去骄藩另谋进身之路，并为之出谋计策，推波助澜。如李山甫"数举进士被黜，依魏幕府，内乐祸，且怨中朝大臣"[2]。李振"累应进士举不第，尤愤朝贵"[3]，依朱全忠为谋主。李益进士及第后"久之不调，而流辈皆居显位"[4]，遂北依幽州为幕职。但是，仔细一分析，这正是科举与铨选的弊端，与幕府辟署制度有什么相干呢？难道我们见到这些类似"科场逼反"的情况，能认为科举制助长藩镇割据吗？而且在实际上，如前所述，辟署制度恰恰是有助于解决这个弊端的。

事物总是一分为二的。使府辟署也有一些弊病，对唐后期的政治也有若干不良后果。其主要表现是以下两个方面：

第一，使府辟署与唐后期的官员冗滥有一定关系。如前所述，使府辟署的范围是十分广泛的，每一个使府就相当于一个小礼部和小吏部，这种官吏授予的多头现象，势必造成"诸道奏入仕人数转多，每年吏曹注拟无阙"[5]的情况。唐后期多次有人提出省官裁员，杨嗣复还特别提出"使府官属多，宜省"[6]，但基本上都未解决。其原因之一是"议者多云尚有跋扈未庭，并省官吏之后，恐被罢者仕进无路，别有依托，且縻爵禄，兼示堤防"[7]。可见使府辟署倒是牢笼士人的办法之一。故沈既济有"辟举法行，则搜罗毕尽"[8]之说。

第二，使府辟署也为朋党的形成提供了某种条件。士人既由使主辟署入幕，他们便自称出于某某门下。[9]将来的出路，往往也要

---

[1]《旧唐书》卷187下《高沐传》，第4911—4912页。
[2]《新唐书》卷185《王铎传》，第5407页。
[3]《北梦琐言》卷15《谋害衣冠》，第297页。
[4]《旧唐书》卷137《李益传》，第3771页。
[5]《唐会要》卷79《诸使杂录下》，第1449页。
[6]《新唐书》卷174《杨嗣复传》，第5240页。
[7]《通典》卷40《职官二二》，第1108页。
[8]《通典》卷18《选举六》，第449页。
[9]参见符载《上襄阳楚大夫书》，《全唐文》卷688，第7048—7049页。

府主荐举。前举幕职任官制中曾说是"能报所知,能用所用,在尔宾主,予不与焉"。这样相互之间难免抱成一团,形成一个个势力圈。而在党争出现时,使府辟署又成为各派拉帮结伙的一个手段。李逢吉出为山南东道节度使,就曾把八关十六子中的张又新、李续之等人拉入自己幕府。[1]李德裕三镇浙西,三入中央,刘三复亦随之而三进三出。[2]有的士人如李商隐则由于两入牛李两党幕职而受到排挤,仕途坎坷,潦倒一生。[3]唐代党争中人事纷繁,恐怕这也是一个原因。

  总而言之,使府辟署制度在唐后期的政治影响是十分复杂的,有利亦有弊,但就其主要方面而言则是积极的。它有利于调整唐廷的用人政策,弥补肇建时期科举制的种种不足,特别是在铨选唯循资格、人才久滞的情况下,使府辟署往往使一些抱器之士脱颖而出,培养了一批人才,因而为后世封建统治者所称羡乐道。

---

[1] 参见《旧唐书》卷167《李逢吉传》,第4366页。
[2] 参见《册府元龟》卷729《幕府部·辟署四》,第8398页。
[3] 参见《新唐书》卷203《李商隐传》,第5792—5793页。

第十三章　唐代藩镇财政收入与分配

唐代藩镇的财政有相当的独立地位，这是众所周知的。因此，"（宋）太祖之制诸镇，以执其财用之权为最急"[1]。在这一章我们讨论三个问题：第一，唐代财政制度的演变及其特点。第二，两税法制度下的藩镇财政收入。第三，两税法制度下藩镇的财税分割。关于藩镇财政分割中的一些矛盾，将在下一章讨论"进奉"问题时再做具体分析。

一　藩镇财政制度的演变

唐代藩镇财政制度按其发展特点，可以分成安史之乱以前、安史之乱至建中元年（780）、两税法实行以后三个阶段。

安史之乱以前的边镇军费基本上是由中央度支调拨的，这在天宝年间边军经费中反映得比较清楚。

过去一般认为这就是当时诸道的全部经费。但是，从下页表中我们发现，各镇的衣粮数与兵马额的比例是极为悬殊的。从衣赐比例看，陇右、朔方最高，剑南、安西次之，幽州最低，几乎只有前者的四分之一，后者的三分之一。从米粮比例来看，不仅多数军镇不载米粮，而且仅有的河东、幽州、剑南三镇出入也很大。对于这一情况怎样解释呢？我们显然不能认为是各镇兵士的待遇不同。只

---

[1] 叶适《叶适集》卷11，刘公纯等点校，中华书局，2010年，第772页。

有一个答案,那就是上述各镇的衣粮数只有中央所拨付的数额,并不是各镇全部的军事费用。

天宝时边军军费表(据《通典》卷172《州郡二·序目下》校正)

方镇	兵额	马额	衣赐(匹)				军粮(石)
			给衣	籴米粟	别支	合计	
朔方	64 700	14 300	1200 000	800 000		2 000 000	
河东	55 000	14 000	400 000	400 000	500 000	1 300 000[1]	500 000
幽州	91 000	6 500			800 000	800 000	500 000
安西	24 000	2 700	300 000	120 000		420 000[2]	
北庭	20 000	5 000	400 000	80 000		480 000	
河西	73 000	19 400	1000 000	800 000		1 800 000	
陇右	75 000	10 600	1500 000	1000 000		2 500 000	
剑南	30 900	2 000			800 000	800 000	700 000
平卢	37 500	5 500					
岭南	15 400						
长乐	1 500						
东莱	1 000						
东牟	1 000						
群牧				400 000		900 000	
合计	490 000	80 000	5 300 000	1 980 000	2100 000	11 000 000	1700 000

[1]据《旧唐书》卷38《地理志一》衣赐合计为绢1 260 000匹。
[2]据《旧唐书》卷38《地理志一》衣赐合计为绢620 000匹。

《新唐书》卷53《食货志三》云:"贞观、开元后,边土西举高昌、龟兹、焉耆、小勃律,北抵薛延陀故地,缘边数十州戍重兵,营田及地租不足以供军,于是初有和籴。"这里明确提到在当地营田及地租不足供军的情况下而有和籴。表中籴米粟一项所占比重是相当大的,但并没有提到营田和地租收入。又据《旧唐书》卷38《地理志一》,岭南诸军的费用是"轻税本镇以自给"。表中不记岭南衣粮,绝不是岭南兵士不需要,而只是中央无须另外调拨罢了。这也证明，表中所列并不是全部军事费用，而只是中央度支调拨的部分。全部费用还得再加上本镇的营田及地租等收入。

那么，上述那些衣粮数字又是根据什么制订出来的呢？这是一个颇为复杂的问题。《唐六典》卷3《尚书户部》云："凡天下边军皆有支度之使以计军资、粮仗之用，每岁所费，皆申度支而会计之，以长行旨为准。"可知诸边军每年的费用皆须由支度使申报尚书户部度支司会计，而以"长行旨"为标准。所谓"长行旨"，是指在较长的一个时期内实行的旨符。开元二十四年（736），中书令李林甫建请编制有关"租庸、丁防、和籴、春彩、税草"的总账目，为"长行旨"[1]。天下边军支度经费的"长行旨"，疑亦类此。天宝中边军经费的数字，也许即是"长行旨"所定之数。具体到每年会计时的情况，自然还有些变通。

安史之乱爆发后，唐朝的统治秩序完全被打乱了。战乱期间，唐王朝不可能继续按"长行旨"来调拨边军衣粮。从天宝末年到建中元年（780）这二十五年时间里，可以说是唐代赋税制度极为混乱的一个时期。

至德元载（756），玄宗于幸蜀途中下令：诸道"应须士马、甲仗、粮赐等，并于当路自供"[2]。也就是说，由各个藩镇、各个作战部队自行解决兵马钱粮的供应。朝廷则靠从东南转运物资支撑局面。故史称："军国之用，仰给于度支转运二使；四方大镇，又自给于节度团练使。"[3]广德元年（763）安史之乱甫平，统治集团内部功臣、宦官、宰相以及皇权与军阀的矛盾斗争却愈益复杂和激烈，特别是京西京北地区面临吐蕃、党项侵逼的严峻军事形势，使唐廷不可能在财政上做大规模的整顿，"边计兵食，置而不议者几十年"[4]。

---

[1]《新唐书》卷51《食货志一》，第1345页。
[2]《资治通鉴》卷218，唐肃宗至德元载（756）七月丁卯，第6984页。
[3]《唐会要》卷83《租税上》，第1536页。
[4]《新唐书》卷51《食货志一》，第1348页。

于是,"率税少多,皆在牧守"[1],"赋敛出纳俸给皆无法,长吏得专之"[2]。

在这种情况下,各个藩镇部队自然是自筹经费。如来瑱由山南东道徙镇淮西,他托言说:"淮西无粮馈军,臣去秋种得麦,请待收麦毕赴上。"[3]这虽说是推托之言,亦可见当时军粮本由藩镇自筹。史称安史之乱后,"河南、山东、荆襄、剑南有重兵处,皆厚自奉养"[4]。从一个侧面说明"四方大镇又自给于节度团练使"[5]的情况仍在继续。对于那些边疆贫瘠之地,唐廷则拨给一些内地州县隶属之。如大历三年(768),马璘由邠宁徙镇泾原,当时朝廷许诺"若以边土荒残,军费不给,则以内地租税及运金帛以助之"[6]。大历五年(770),马璘果然"诉地贫、军廪不给",于是让其"遥领郑颍二州"[7]。郑、颍属河南道,地理上与泾原相去很远,朝廷不是直接调拨租赋而是让泾原镇遥领内地二州,充分说明当时藩镇在管内自筹军粮的制度是何等普遍!

建中元年(780)实行两税法,这是唐代赋税史上的重大事件。从财政角度来看,它最主要的意义有两点:第一是力图整顿混乱的多头的税制,使之归并为户税和地税。第二,在保证中央收入的前提下,尽可能地限制地方滥征赋税。其具体施行办法就是把两税划分为上供、留州、送使三部分。

在两税三分制度下,唐廷又会同地方政府制定了"长行旨"条,详细著录"征物匹数、虚实估价,并留州、留使、上供等钱、物、斛、斗"[8]。度支在名义上可以总一岁天下所入,实际中央政府能够

---

[1] 陆贽《论两税之弊须有厘革》,《陆贽集》卷22,第724页。
[2] 《资治通鉴》卷226,唐德宗建中元年(780)九月,第7289页。
[3] 《旧唐书》卷114《来瑱传》,第3366页。
[4] 《册府元龟》卷488《邦计部·赋税二》,第5533页。
[5] 《唐会要》卷83《租税上》,第1536页。
[6] 《资治通鉴》卷224,唐代宗大历三年(768)十一月,第7204页。
[7] 《新唐书》卷64《方镇表一》,第1770页。
[8] 《册府元龟》卷488《邦计部·赋税二》,第5537页。

掌握和支配的只有额定的上供部分。于是，我们从唐后期的一些蠲复诏令中可以发现，政府往往把上供与留使、留州部分分别来处理。如元和元年（806）十月平刘辟后下诏云："其东川元和二年上供钱物并放，留州、留使钱，委观察使量事矜减。"[1]又如武宗会昌三年（843）七月八日德音称："（河南）沿路畿县及河阳汜水县秋税地头钱，量放上供一色；其合留使留州钱物，各委本道观察使且放欠额数闻奏，当与商量。"[2]可见留州留使钱物的减免一般必须较多地尊重地方政府的意志。还有些诏令规定上供与留使留州全部放免的，但必须由中央另外调拨物资以充当道军费。如开成元年（836）四月诏："远人征赋，每岁征输，言念辛苦，暂为蠲免。其安南今年秋税，悉宜放免。委都护田早，集百姓晓示。恐军用阙绝，宜赐钱二万贯。以岭南观察使合送两税［上］供钱充。"[3]

两税法在定税之初，是按大历中一年最高收入来确定税额的，所谓"但令本道本州各依旧额征税"[4]，说明不仅全国的税额一仍其旧，诸道州府的税额亦基本未变。诸道观察使只是根据现在支出（其中最主要是兵费）来确定其自留（留州留使）和上供的元额与比重。因此，诸道户口数与兵数是黜陟使必须调查的两个基本数字。河北黜陟使洪经纶在勘定两税时，要把魏博兵士从七万减至三万，自然是朝廷的意图，因为裁减养兵数额就可以减少两税留使部分，从而改变两税"三分"的比例。由于各个地区养兵数额不同，以及土地和户口有别，势必使上供、留使、留州的比例大不一样。如泾原镇，大历初曾通过遥领郑、颍二州来解决军费问题。但后来郑、颍二州已另外隶属别镇，因此建中两税法改革时，就只能通过中央补贴的形式来支付军费。也还有一些地区兵少财富，必然上供较多。

---

［1］《册府元龟》卷491《邦计部·蠲复三》，第5566页。
［2］《减放太原及沿边州郡税钱德音》，《文苑英华》卷434《翰林制诰·德音一》，第2201页。
［3］《册府元龟》卷491《邦计部·蠲复三》，第5570页。
［4］陆贽《论两税之弊须有厘革》，《陆贽集》卷22，第724页。

由于安史之乱以后的军队主要集中在河北、中原和关中地区，因而也就自然出现了两税上供的区间性。这种情况都是在两税法初定时大体确定下来的。

综上所述，安史之乱前边疆诸节度使的军费除本镇营田、地租收入外，主要靠中央拨付。拨付的根据就是"长行旨"条。安史之乱至建中元年（780）以前，"长行旨"条已不复可行，于是由地方在管内自筹军费的状况一直存在了大约二十五年，从而形成了地方财政独立的状态。两税法初步整顿了这种混乱的状况，朝廷重又编制了"长行旨"条，用以指导两税征收色目及中央与地方的收入分配。但是，它只是把过去二十多年中实行的办法制度化罢了。地方财政相对独立的状况并没有获得根本的改变。其表现之一是大历时征税旧额不变，之二是"当道或增戎旅；又许量事取资"[1]。因为在两税法的"量出以为入，定额以给资"[2]的征税原则中，这个"出"是包括地方开支的，贞元时先有淮南节度使陈少游请于两税内增加20%的税额，朝廷令全国皆增20%。不久，剑南韦皋又因官吏俸钱不足而要求再增税20%。[3]以后虽然不见有两税增加的明确记载，但以军费不充而要加征各种名目的杂税者是不乏其例的。

二　两税法下的藩镇财政收入

德宗以后，藩镇的基本财政收入就是两税收入。两税收入之中，归方镇支配的只是留使部分。它在整个收入中占多大比重，恐怕因各地物产、户口、军队多寡等情况不同而有所不同。但从全国范围来看，地方留占的两税大约占三分之二。《通典》卷6《赋税下》云，建中时"每岁天下共敛三千余万贯，其二千五十余万贯以供外费，

---

[1] 陆贽《论两税之弊须有厘革》，《陆贽集》卷22，第725页。
[2] 元稹《钱货议状》，《元稹集》卷34，第456页。
[3] 参见《新唐书》卷52《食货志二》，第1351页。

九百五十余万贯供京师"。这只是钱额。另外还有米麦外费 1400 万斛，京师 200 万斛。[1] 胡三省注引宋白所记元和时《国计簿》的数字，全国总额是 35151228 贯石，并认为各种榷税收入皆在其内。[2] 文宗时王彦威作《供军图》说全国收入 3500 余万[3]，恐怕就是根据《国计簿》。王氏分析兵费在全国财政中的比重说：

> 起至德、乾元之际，迄于永贞、元和之初，天下有观察者十，节度二十有九，防御者四，经略者三。犄角之师，犬牙相制，大都通邑，无不有兵，都计中外兵额至八十余万。长庆户口凡三百三十五万，而兵额约九十九万，通计三户资一兵。今计天下租赋，一岁所入，总不过三千五百余万，而上供之数三之一焉。三分之中，二给衣赐。自留州留使兵士衣赐之外，其余四十万众，仰给度支。[4]

王彦威在这里提到了两个三分之二。一是留州留使占总收入的三分之二，上供为三分之一。这一点在前引《通典》建中时内外经费的比例中也大体可以得到印证。二是供军费用占总收入的三分之二，其他开支仅占三分之一。

当然，这只是总的情况，就各镇的情况而言，则不尽如此。元和六年（811）十二月辛未敕云："其涪州缘属荆南，有供荆南节度钱二千四百贯，令随本州割还黔府，兼于涪州送省钱三千八百贯文内更取一千五百贯，添赐黔府见在将士军资。"[5] 这个决定是针对黔中遭水灾、军资不济的情况做出的。涪州从荆南割属黔中，其原送

---

[1] 《新唐书》卷 52《食货志二》米麦作"二千万斛"，第 1352 页。
[2] 参见《资治通鉴》卷 237，唐宪宗元和二年（807）十二月胡注引，第 7647—7648 页。
[3] 参见《旧唐书》卷 17 下《文宗纪下》，第 567 页。
[4] 《旧唐书》卷 157《王彦威传》，第 4156—4157 页；另参见《册府元龟》卷 486《邦计部·户籍》，第 5515 页。
[5] 《册府元龟》卷 484《邦计部·经费》，第 5490 页。

使钱2400贯增加1500贯，为3900贯；同时其上供钱则从原来的3800贯减少15000贯，为2300贯；留州部分不变。上供与送使的比例从1.6∶1变成1∶1.7。

再看《吴地记》[1]所载苏州的情况，上供306830贯，留州177720贯，送使178349贯，总额为692885贯。上供、留州、送使所占的百分比分别约是44%、28%、28%。可见南方上供数额远远不止三分之一，几乎占一半。

营田是方镇两税收入之外的重要收入来源之一。唐代藩镇营田有两种情况：一种是营田所得可抵预算中的本镇军资或度支所拨衣粮，如大和三年（829）五月中书门下奏称，观察使若上陈刺史政迹，"须指实而言"，"如称营田课则所效，须云本合得若干万石，在任已来加若干万石。其所加配斛斗便请准数落下，支所供本道本军斛斗数。如不是供本军本道斛斗，则申所司收管支遣，以凭考覆"[2]。于此可见营田收入，要么抵充军粮，要么申报有司收管。对于这类性质的营田，藩镇是没有热心的。他们认为："疲兵于陇亩，缓急非可用也。"[3]

另外一种情况下的营田收入可以为地方自己支配。《资治通鉴》卷249大中十一年（857）十月条胡注："诸将言于（秦成防御使李）承勋曰：明公首开营田，置使府，拥万兵，仰给度支，将士无战守之劳，有耕市之利。"所谓"耕市之利"即指"营田之利"和"关市之利"[4]。秦成防御使军队既"仰给度支"，而又有"耕市之利"。可见其营田收入是完全由本镇支配的。穆宗元和十五年（820）二月诏："诸道除边军营田外，其军粮既取正税米分给其所管田，自为军中资用，不合取百姓营田，并以瘠地回换百姓肥浓地，其军中如要

---

[1] 见《丛书集成》初编本，文中数字有讹误。
[2] 《唐会要》卷68《刺史上》，第1204页。
[3] 《军士营农判》，《文苑英华》卷524《判·田农门二十四道》，第2687页。
[4] 《资治通鉴》卷249，唐宣宗大中十一年（857）十月胡注，第8065页。

营田，任取食粮健卒，而不得辄妄招召。"[1]这条诏书说明，朝廷对"其军粮既取正税米分给"的内地诸军营田并不怎么感兴趣，故说"如要营田，任取食粮健卒"。因为这些营田完全是归"军中资用"的。这类屯田究竟有多少，还不能详考。

营田所收为实物，还有一些征敛钱货的杂税收入，主要有盐铁、税茶、税酒等。现分述于下：

（1）盐铁收入。盐铁收入在中唐以后的国计中比重甚大，中央控制很严。但是也有由地方藩镇自己掌管的情况。如文宗时王涯说："自李师道平，三道十二州皆有铜铁官，岁取冶赋百万，观察使擅有之。"[2]穆宗长庆二年（822）敕停淄青、兖郓等三道盐铁巡院纳榷，委诸道"节度使自收管，充军府逐急用度。及均减管内贫下百姓两税钱数"[3]。

（2）榷酒、茶税。《旧唐书》卷49《食货志下》云："会昌六年九月敕：扬州等八道州府，置榷曲，并置官店沽酒，代百姓纳榷酒钱，并充资助军用，各有榷许限。扬州、陈许、汴州、襄州、河东五处榷曲，浙西、浙东、鄂岳三处置官沽酒。"可见其时扬州等八镇皆可通过"榷曲"和"官沽"来充本道军用。又《旧唐书》卷177《崔慎由附从传》云："扬府旧有货曲之利，资产奴婢交易者，皆有贯率，羊有口算，每岁收利以给用。"所谓"货曲之利"，"货"当即官沽，"曲"指榷曲。"贯率"当即交易税，又称"除陌钱"。"羊有口算"即实物税。史称，崔从出任淮南节度使后"悉除之"。因为这些税利都是地方自行掌管的，史家书崔从"悉除之"以褒其善政。淮南节度使并不是骄藩，仍能够有如此众多的自行掌握的税收项目，而且得到朝廷的首肯〔从上举会昌六年（846）敕中可知〕，那么其他藩镇的情况当亦可想见。

---

[1]《册府元龟》卷503《邦计部·屯田》，第5721页。
[2]《新唐书》卷179《王涯传》，第5318页。
[3]《停淄青等渠道盐敕》，《唐大诏令集》卷112，第584页。

第十三章 唐代藩镇财政收入与分配

关于诸道税茶。大中六年（852）正月，盐铁使裴休针对"诸道节度使观察使置店停止茶商，每斤收拓地钱，并税经过商人"[1]的情况，上奏请求罢去。但这年四月份，淮南及天平节度使、浙西观察使便皆奏军用困竭，"伏乞且赐依旧税茶"[2]。除东部诸道外，西川的茶利亦甚丰。《桂苑笔耕集》卷2《请巡幸江淮表》云："旧谓西川富强，只因北路商旅，托其茶利，赡彼军储。"[3]

（3）商税及其他杂税。上述税茶等项中已包括对商人的征税。商旅过境而征税在安史之乱期间已有之。《新唐书》卷51《食货志一》云："诸道亦税商贾以赡军，钱一千者有税。"如李忠臣在淮西时就曾"设防戍以税商贾"[4]。两税法以后，这种情况仍然存在。如宝历二年（826）"义成军节度使李听奏：请于颍州置场，税商旅以赡军"[5]。刘从谏在泽潞也是"榷马牧及商旅，岁入钱五万缗"[6]。

商税之外，还有其他实物税。除前面提到的扬府羊有"口算"外，"岭南道擅置竹练场，税法至重"[7]。又庾威在湖州，"自立条制，应田地奴婢，下及竹树鹅鸭等，并估计出税差"[8]。王智兴在武宁，"用度不足，税泗口以哀益之"[9]。应是经过衣冠商客、金银、羊马、斛斗、见钱、茶盐、绫绢等物，"一物已上并税"[10]。

（4）商业收入。诸道藩镇不仅征商税商，自己还经商。大历十四年（779）七月有敕："令王公百官及天下长吏，无得与人争利，先于扬州置邸肆贸易者罢之。先是，诸道节度、观察使以广陵当南北大冲，百货所集，多以军储贸贩，别置邸肆，名托军用，实私其利

---

[1]《唐会要》卷84《杂税》，第1548页。
[2]《唐会要》卷84《杂税》，第1548页。
[3] 崔致远《桂苑笔耕集校注》卷2《请巡幸江淮表》，第54页。
[4]《旧唐书》卷155《穆宁传》，第4114页。
[5]《册府元龟》卷504《邦计部·关市》，第5733页。
[6]《资治通鉴》卷247，唐武宗会昌三年（843）四月，第7979页。
[7]《唐会要》卷84《杂税》，第1547页。
[8]《册府元龟》卷698《牧守部·专恣》，第8069页。
[9]《旧唐书》卷156《王智兴传》，第4140页。
[10]《唐会要》卷84《杂税》，第1547页。

焉。"[1]这里的"名托军用,实私其利"固然是对藩帅假公济私的揭露,但同时又从侧面反映出若是出于"军用"是可以置邸"贸贩"的。这是建中以前的情况。两税法以后的例子也有。如文宗开成时汴州节度使李绅"上言于本州置利润楼店",尽管"议者以为与下争利,非长人者所宜"[2],但还是获得了皇帝的同意。前面提到的"官沽"即由官府卖酒,实际上也是一种商业活动。大和元年(827)江西观察使李宪曾"以军用不足,奏请禁百姓造酒,官中自酤"[3]。这已经是藩镇自己垄断酒的生产和销售了。刘从谏也曾在泽潞"卖铁、煮盐",又利用商人贩易取利,"大商皆假以牙职,使通好诸道,因为贩易"[4]。

综上所述,可将两税法时藩镇财政收入图示如下。

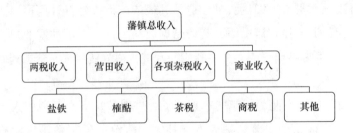

三 两税法时期藩镇的财政分割

两税法时期藩镇的财政分割大体可划分为两大类,第一大类是在"长行旨"条内具体载明的分配项目,主要有上供、供军、官吏俸料和州府杂给等,可称之为基本支出。第二大类是不在"长行旨"条之内的特别支出,主要有进奉、赏赐军士、廉使常用钱等名目。

(1)上供。上供是两税收入中应上交给中央的那一部分。上供的基本数额是在建中定两税即确定下来的,后来全国曾增税20%,

---

[1]《册府元龟》卷504《邦计部·关市》,第5733页。
[2]《册府元龟》卷697《牧守部·苛细》,第8053页。
[3]《册府元龟》卷504《邦计部·榷酤》,第5727页。
[4]《资治通鉴》卷247,唐武宗会昌三年(843)四月,第7979页。

估计上供当亦随之而增。此后各地上供数额便不再有大的变动。但个别调整还是有的,如前面提到的涪州从荆南节度使割属黔中后,曾将上供钱减少1500贯加给黔中将士军资,使上供总额由3800贯调整到2300贯。[1]但在一般情况下,上供数额是不得打折扣的。如虢州曾因"上供财乏,则夺吏奉助输、岁率八十万"[2]。江西观察使吴士矩因"加给其军,擅用上供钱数十万"[3],而遭重贬。金州刺史裴珪则因"上供违旨条限"[4]而被科罚。诸道州府有"上供库"[5],用以贮存上供物资。

地方上缴中央的赋税除两税中的上供部分,还有其他榷酤收入。大和五年(831)六月,江西观察使裴谊奏:"洪州每年合送省榷酒钱五万贯文,旧例百姓酝造,其钱依前例,随百姓两税贯头均纳当管。洪州停官店酤酒,其钱已据数均配讫,并不加配业户。从之。"[6]可见洪州每年上交榷酒钱五万贯,这笔钱后来又分摊到两税户头上。

(2)供军。此为藩镇的军事开支,一般情况下在两税收入中扣除,京西京北一些藩镇则需度支补贴。藩镇的供军费用究竟有多大?自然各镇不一样,但每个兵士的费用应是大体相当的。关于唐代一个兵士的费用,有如下材料可供推求。

甲、李筌《神机制敌太白阴经》卷5《军资》篇、《人粮马料》篇称军士每人一年支绢12匹,每人一月支粟1石、一年即12石。这个食料标准与贞元三年(787)李泌的说法相符。《新唐书》卷53《食货志三》云:贞元初诸道防秋戍兵17万,"月给粟十七万斛"。《资治通鉴》作兵士17万人"计岁食粟二百四万斛。今粟斗值

---

[1] 参见《册府元龟》卷484《邦计部·经费》,第5490页。
[2] 《新唐书》卷163《崔邠附郾传》,第5017页。
[3] 《新唐书》卷115《狄仁杰附兼谟传》,第4215页。
[4] 《册府元龟》卷699《牧守部·谴让》,第8077页。
[5] 刘仁赡《袁州厅壁记》,《全唐文》卷876,第9158—9159页。
[6] 《册府元龟》卷504《邦计部·榷酤》,第5727页。

钱百五十，为钱三百六万缗"[1]。据此，军士每人一年食粮12石，折合成钱是18贯。这里的粟价偏高，穆宗时官府给百官的粟价为每斗50文[2]，文宗时为70文[3]，而登州、莱州的地方粟价还有30文、50文一斗者[4]。因此12石粟一般当不需18贯钱。但这并不是全部军费，因为还有绢布未计。唐代绢、布价格变动很大。李翱一再提到元和时绢一匹800文，则12匹为9.6贯（不算除陌因素）。[5]因绢价比布价高，故绢布12匹的折钱当不及此数。

乙、代宗大历九年（774）五月诏："每道岁有防秋兵马……恐路远往来增费，各委本道每年取当使诸色杂钱及回易利润、赃赎钱等，每人计二十贯。每道据合配防秋人数多少，都计钱数，市轻货送纳上都，以备和籴，仍以秋收送毕。"[6]这里提到诸道防秋兵每人20贯的费用问题，大体反映大历时一个兵士的费用。

丙、据前引王彦威《供军图》计，全国兵力99万，以3500万贯的三分之二供军，是平均每个兵士的费用，约24贯。

丁、据陆广微《吴地记》，苏州留州钱为17万余贯。吕让《楚州刺史厅记》云楚州"提兵五千，籍户数万"[7]。设17万经费中有三分之二为兵费、三分之一为州府杂费及官俸，则每个兵士约需23贯。

综合以上几条材料，我们可以大体推测出唐后期平均每个兵士约需20余贯的经费，高者24贯，低者亦不下于20贯。当然，这只是平均经费，并不是说每个士兵的收入都如此。

现在我们根据方镇兵力来具体算一算藩镇的军费开支（见下表）。

---

[1] 《资治通鉴》卷232，唐德宗贞元三年（787）七月，第7493页。
[2] 参见《唐会要》卷92《内外官料钱下》，第1667页。
[3] 参见《唐会要》卷92《内外官料钱下》，第1667页。
[4] 参见《入唐求法巡礼行记》卷2"登州"条；同书卷3"莱州"条。
[5] 参见李翱《进士策问》，《李文公集》卷3，第15页；李翱《论事疏表》，《李文公集》卷9，第43—44页。
[6] 《旧唐书》卷11《代宗纪》，第305页。
[7] 吕让《楚州刺史厅记》，《文苑英华》卷802《记·厅壁记六》，第4239—4240页。

镇名	年代	兵力	估计军费	兵力资料来源
魏博	大历时	5万	120万贯	《旧唐书》卷144,《阳惠元传》[1]
	建中初	7万	168万贯	《旧唐书》卷127,《洪经纶传》
成德	大历时	5万	120万贯	《旧唐书》卷144,《阳惠元传》[2]
卢龙	兴元时	5万	120万贯	《新唐书》卷212,《朱滔传》
	元和时	7万	168万贯	《新唐书》卷212,《刘济传》
淄青	大历时	10万	240万贯	《旧唐书》卷144,《阳惠元传》
天平	长庆时	3.35万	80.4万贯	《旧唐书》卷16,《穆宗纪》[3]
山南东	大历时	2万	48万贯	《旧唐书》卷144,《阳惠元传》
山南西	元和初	1.2万	28.8万贯	《册府元龟》卷413,《将帅部·召募》
淮西	大历时	5万	120万贯	《新唐书》卷214,《吴元济传》
宣武	贞元时	10万	240万贯	《旧唐书》卷145,《刘玄佐传》
	元和时	10万	240万贯	《旧唐书》卷156,《韩弘传》
武宁	元和时	3万	72万贯	《金石萃编》卷107,《使院石幢记》
	大和时	3万	72万贯	《旧唐书》卷156,《王智兴传》
沧齐德	大和时	3万	72万贯	《旧唐书》卷165,《殷侑传》
忠武	咸通时	10万	240万贯	《太平广记》卷430,《李琢》
义成	大和时	3万	72万贯	《唐文粹》卷28,《弹义成节度使李听疏》
河东	贞元	10万	240万贯	《全唐文》卷717,崔元略《内侍省内侍李公墓志铭》[4]
	元和	5万	120万贯	《资治通鉴》卷238,元和五年(810)十一月
泽潞	大历	2万	48万贯	《旧唐书》卷132,《李抱真传》
西川	贞元时	5万	120万贯	《全唐文》卷453,韦皋《破吐蕃露布》
	大中时	5万	120万贯	《全唐文》卷744,卢求《成都记序》
淮南	大和时	3.5万	84万贯	《樊川文集》卷10,《淮南监军使院厅壁记》
鄂岳	元和时	3万	72万贯	《全唐文》卷727,舒元舆《鄂政记》
凤翔	大和时	3万	72万贯	《册府元龟》卷413,《将帅部·召募》

[1]《全唐文》卷784穆员《相国义阳郡王李公墓志铭》:"田悦以暴兵五万,寇我东鄙。"是亦有五万兵力。《新唐书》卷210《田承嗣传》作"十万",恐有夸大。

[2]《新唐书》卷211《李宝臣传》作兵五万、马五千。

[3]《刘梦得文集》卷26《天平军节度厅壁记》作三万人。

[4]《李文饶文集·别集》卷7《掌书记厅壁记》亦作十万人。

这个表里所列的兵力也许有些出入，尤其是几个号称十万军队的很可能有所夸大；按每个兵士 24 贯计算的军费开支更不能说十分准确。但是，它对于了解藩镇军费负担还是有一定参考价值的。我们以西川的情况为例。大和四年（830）五月，剑南西川宣抚使、谏议大夫崔戎奏："准诏旨制置西川事条。今与郭钊商量，两税钱数内三分，二分纳见钱，一分折纳匹段，每二贯加饶百姓五百文，计一十三万四千二百四十三贯文。依此晓谕百姓讫。经贼州县，准诏三分减放一分，计减钱六万七千六百二十贯文。不经贼处，先征见钱，今三分一分折纳杂物，计优饶百姓一十三万贯。"[1]

根据崔戎的这则奏文，我们很容易计算出西川的两税钱额。即设西川两税总额为 x，其中"不经贼处"两税钱总数为 x_1，"经贼州县"两税总额为 x_2。"不经贼处"两税的三分之一纳匹段，即 $\frac{1}{3}x_1$。在 $\frac{1}{3}x_1$ 中，"每二贯加饶百姓五百文，计一十三万四千二百四十三贯文"。于是有：

$$(\frac{1}{3}x_1 \div 2) \times 0.5（贯）= 134243（贯）$$

即 $x_1 = 134243 \times 12 = 1610916$（贯）

以上是"不经贼处"州县两税额。其"经贼州县，准诏三分减放一分，计减钱六万七千六百二十贯文"。于是有"经贼州县"两税额为：

$$x_2 = 67620 \times 3 = 202860（贯）$$

西川两税钱总数为：

$$x = x_1 + x_2 = 1610916 + 202860 = 1813776（贯）$$

西川的兵额，贞元时韦皋《破吐蕃露布》云："诸将陈泊等统

---

[1]《旧唐书》卷 48《食货志上》，第 2094 页。

五万军，出十一道。"[1]既然出征之兵有五万众，则西川总兵力当在五万人以上。又据卢求《成都记序》："领州十四，县七十一，户百万，兵士五万。"[2]总之，西川兵力当不少于5万人，以每个兵士一年军费24贯计，总军费为120万贯，恰好相当于西川两税钱额181万余贯的三分之二。大体符合当时供军费用在全国经费中的比例。

（3）官吏俸料与州府杂给。这是藩镇经费中的正式项目。西川韦皋曾请求增两税钱20%以给官吏俸料可见一斑。

以上几项都是藩镇的基本财政分配部分。下面还有一些非明文规定的财政开支项目。

（4）进奉。进奉是藩镇以"羡余"的名义向皇帝上供的钱物，在唐后期十分普遍，史称"有土者竞为进奉"[3]。进奉的数量也十分惊人。史载贞元时，诸道进奉岁凡50万贯，其后稍损至30万贯。[4]实际上恐不止于此数。大历元年（766）代宗生日一次所得进奉达24万贯。德宗时浙江东西道韩滉一次进奉达五百万贯。

（5）廉使常用钱。藩镇有供主帅私用的开支称"廉使常用之直"[5]。如华州"故事，置钱万缗为刺史私用"[6]。又如汴、郓二镇，"帅每至，以州钱二百万入私藏"[7]。

（6）赏军。在常额军资之外的非时赏赐，是兵士的重要收入之一，也是藩镇的一项未立正式名目却不可缺少的开支。赏军大多发生在军情不稳或易帅之际，所谓"故事有大变，皆赏三军，三军乃安"[8]。还有一种情况是节度使豢养一批牙兵亲军，他们"皆丰给厚

---

[1] 韦皋《破吐蕃露布》，《全唐文》卷453，第4628页。
[2] 卢求《成都记序》，《全唐文》卷744，第7703页。
[3] 《太平御览》卷828《资产部·酤》，第703页。
[4] 参见《新唐书》卷139《李泌传》，第4636—4637页。
[5] 《册府元龟》卷689《牧守部·革弊》，第7941页。
[6] 《新唐书》卷159《崔戎传》，第4963页。
[7] 《新唐书》卷166《令狐楚传》，第5100页。
[8] 《旧唐书》卷145《陆长源传》，第3938页。

赐,不胜骄宠"[1]。"日给酒食,物力为之损屈。"[2]这些财物来源自然也是正额开支之外的。史称:"凡天下有仓库羡余,皆隶于本州,名曰赏设库。"[3]当然,赏军之物不可能完全以"羡余"充当,专置"赏设库"却说明这笔开支已趋正常化了。

综上所述,在藩镇的各项财政分割中,上供、供军、进奉、赏军是最重要的四个项目。上供与供军构成了一对矛盾,即上供多,供军必少;上供少,供军必多。如涪州减少上供钱1500贯以加给黔中军士即其例。由于上供与供军是在财政预算"长行旨"条中明确规定的,所以二者的消长涉及的是军士数额的增减。兵额减少了,自然供军数就缩减了,上供就多了。因此我们能见到长庆初销兵时,有的藩镇上报"准诏,停老弱官健收衣粮"[4]。进奉与赏军也构成了一对矛盾,一些藩镇"停废将士,减削衣粮"[5]以进奉,还有更多的藩镇把本来用以赏军的"羡余"用作进奉[6],因此,是进奉王室,还是赏给军士,便构成影响唐代藩镇动乱的一个重要因素。

---

[1]《旧唐书》卷181《罗弘信附子威传》,第4692页。
[2]《旧唐书》卷156《韩弘附李质传》,第4138页。
[3]《册府元龟》卷679《牧守部·廉俭》,第7830页。
[4]《册府元龟》卷484《邦计部·经费》,第5491页。
[5]《资治通鉴》卷249,唐宣宗大中十二年(858)七月丁卯,第8071页。
[6] 参见《皇甫持正文集》卷4《论进奉书》;王仲周《端午进银器衣服状》,《全唐文》卷531,第5396页。

第十四章　唐代藩镇进奉试析

一　"贡"与"献"的考索

进奉在唐代又称"贡献"。"贡献"的制度古已有之，而仔细分辨起来，"贡"与"献"还有些不同："贡"，又称土贡，一般指地方向中央进贡的方物。贡品的规格、数量、质量都有一定的要求，它带有强制性，非诏令不得免除。在古代，贡品往往是诸侯郡国进京述职上计时带至朝廷的。"献"与"贡"不同，它多半是地方官因时因事而进献珍奇异物，以表示对皇帝的孝敬之心。此外还有皇帝特诏征索的。一般说来，其规格品种与进献时间并不像"贡"那样有刻板的规定。"贡""献"所反映的意义也不一样：郡国进贡的发达，是与中央集权的大一统政治局面联系在一起的；而进献固然也有"用修敬上之心"的意味，但是，地方官的进献取媚，皇帝的过度征求，往往是政治腐败的表现。因此，尽管从字面上看，"贡"与"献"早已混通使用以至连为一词，但是，它们所代表的两种截然有别的政治行动却是不容混淆的。

就唐初的情况而论，据《文献通考》卷22《历代土贡》所云："唐制，州府岁市土所出以为贡，其价视绢之上下，无过五十匹。异物、滋味、名马、鹰犬，非有诏不献。有加配则以代租赋。"这里的"贡"与"献"也是有区别的，诸州贡品为当地政府收购本土特产，按规定其价值不超过50匹绢。而"献"则为"异物、滋味、名马、鹰犬"，多半是供皇帝个人玩赏之用的。关于土贡，《唐六典》《通典》《元和郡县志》《新唐书·地理志》等书都留下了较为详细的记载，我们这里着重讨论"献"。

唐前期的"献"，从其来源来说，有都督、刺史之"献"[1]，有皇亲国戚之"献"[2]，还有少数民族及外邦之"献"[3]。就时间而论，有节日之"献"，有非时之"献"。而进献之物品，除衣服、器具外，则不外乎"异物、滋味、名马、鹰犬"之类珍奇异物。这种"献"，在当时已有被称为"进奉"的。如神龙三年（707）四月二十七日制书云："自今应是诸节日及生日，并不得辄有进奉。"景云二年（711）十一月敕文亦云："惟降诞日及五月五日，任其进奉，仍不得广有营造，但进衣裳而已。"[4]然而，总的说来，唐前期"献"不如"贡"那么完备发达。只是在安史之乱以后，由于藩镇进奉的出现才得到了充分发展。

唐代藩镇进奉的大量出现是在肃代之际。至德三载（758）初，肃宗颁布了一个《推恩祈泽诏》，说是"自今已后，内外不得别有征求，妄为进奉"[5]。这种官样文章只能反映出其时进奉之风已剧。在稍后的一道敕文中又规定："诸道贡献除马畜供军之外，其余鹰鹞狗豹，奇禽异兽，并不得辄进。"[6]这里为供军进奉打开了一扇合法的大门。代宗时，诸道进奉日益普遍、发展，大历元年（766）十月，代宗生日一次，"诸道节度使献金帛、器服、珍玩、骏马为寿，共直缗钱二十四万"[7]。大历三年（768）诸道祝寿的衣服、名马和绫绢凡百余万。[8]这时期的进奉有两个特点：一是数额巨大，二是有裨军国财用者多，而"鹰鹞狗豹"之类仅供玩赏的奇禽异兽少。进奉日

---

[1] 参见《册府元龟》卷169《帝王部·纳贡献》，第1875页。
[2] 参见《唐会要》卷29《节日》，第541—542页。
[3] 参见《册府元龟》卷168《帝王部·却贡献》，第1867—1868页。
[4] 《唐会要》卷29《节日》，第542页。
[5] 唐肃宗《推恩祈泽诏》，《全唐文》卷42，第470页。
[6] 唐肃宗《元年建卯月南郊敕文》，《全唐文》卷45，第499页。
[7] 《资治通鉴》卷224，唐代宗大历元年（766）十月乙未，第7192页。
[8] 参见《册府元龟》卷2《帝王部·诞圣》，第20页。

益显示出它的经济实用价值。

德宗、宪宗两朝,是藩镇进奉最为突出的时期。德宗即位初年,曾颇欲更代宗旧规,"四方贡献皆不受"[1]。但自兴元大乱以后,则一反旧态,"尤专意聚敛","藩镇多以进奉市恩"[2]。史称"时方镇私献于帝,岁凡五十万缗"[3]。宪宗朝是大力摧抑藩镇的时期,《旧唐书》卷159《崔群传》谓:"宪宗急于荡寇,颇奖聚敛之臣,故藩府由是希旨,往往掊拾,目为进奉。"李绛曾批评宪宗,"唯顾进入之数,不问聚敛之由"[4]。

穆宗以降,已经很少有官员对进奉之事哓哓而言了,"非无进奉也,盖以为常例矣"[5]。会昌时修备边库,大中(847—859)时改为延资库,除户部、度支、盐铁拨充的经费外,诸道进奉的助军钱即皆纳入其中。[6]藩镇进奉之风历经五代,至宋初方才为之一变。

二 进奉的名目

唐代藩镇进奉的名目繁多,即使是无名之献,也要找一个借口,大致说来,比较常见的有节日生日进奉,入觐调动进奉,助军助赏进奉,其他无名进奉以及皇帝宣索,等等。

节日进奉。唐前期主要有寒食节进奉、端午节进奉和皇帝生日进奉等。唐后期藩镇进奉中,最常见的是"四节进奉"。所谓"四节"指元旦、端午、冬至和皇帝生日。永泰二年(766)十月十二日,为代宗皇帝的生日,诸道节度使进献珍玩、衣服、名马二十余

---

[1]《资治通鉴》卷226,唐德宗建中元年(780)四月癸丑,第7280页。
[2]《资治通鉴》卷235,唐德宗贞元十二年(796)六月,第7572页。
[3]《新唐书》卷139《李泌传》,第4636—4637页。
[4] 李绛《李相国论事集》卷4《论内库钱帛》,第26页。
[5]《文献通考》卷22《土贡考一》,第649页。
[6] 参见《唐会要》卷59《延资库使》,第1022页。

万计，以陈上寿"自是岁以为常"[1]。胡三省谓："自代宗迄于五代，正、至、端午、降诞，州府皆有贡献，谓之四节进奉。"[2]节日进奉到了后来不仅是"岁以为常"，而且有了常额。如长庆三年（823）十月，荆南节度使王潜，"于贺冬进献常数外，别进绢一万七千匹"。十二月，又于"贺正常进外，别贡绫绢一万匹"。文宗大和五年（831）正月诏书云："天下方镇端午进奉杂彩匹段等，从今后并令进生白绫绢。"[3]可见，节日进奉，不但有"常进""常数"，还对规格品种做了明文规定。

藩镇节度使或观察使入朝觐见或调动时，一般也要进奉。《新唐书》卷159《卢坦传》："诸道长吏罢还者，取本道钱为进奉。"最著名的入朝进奉的例子，如贞元二年（786）镇海节度使韩滉入朝，献羡余钱五百余万缗。[4]元和十四年（819）七月，宣武节度使韩弘入朝，献马3000，绢5000（一作50万），杂缯3万，金银器千。寻又进绢25万匹，杂缯（绐）3万匹，银器270事，另外还给左右神策中尉各进钱1万贯，马2匹。[5]贞元初汴州刘玄佐，竟然因为进奉财力不赡而不敢入觐。[6]也许这其中不无借口，但也足以说明其时入觐进奉已是必不可少的事。元和三年（808）正月的一份赦书说："自今已后，应诸道有除官赴阙受代至京，不得取本道钱妄称进奉。"[7]这当然只是一纸空文。墨迹未干，白居易就有"每一入朝，甚于两税"[8]的议论。

"助军"是朝廷兴军用兵之际常用的一种进奉名目；战事平定

---

[1]《册府元龟》卷2《帝王部·诞圣》，第20页。
[2]《资治通鉴》卷226，唐德宗建中元年（780）四月，第7280页。
[3]《册府元龟》卷169《帝王部·纳贡献》，第1877页。
[4] 参见《新唐书》卷126《韩休附滉传》，第4436页。
[5] 参见《资治通鉴》卷241，唐宪宗和十四年（819）七月戊寅，第7769页；《册府元龟》卷169《帝王部·纳贡献》，第1876页。
[6] 参见《资治通鉴》卷232，唐德宗贞元二年（786）十一月，第7474—7475页。
[7]《册府元龟》卷89《帝王部·赦宥八》，第989页。
[8] 白居易《论于頔裴均状》，《白居易文集校注》卷21，第1198页。

之后又有进奉，则称之为"贺礼"。出钱帮助朝廷犒赏将士，这种进奉则谓之"助赏"。平时资助朝廷军费的则称为供军。如淮南节度使李鄘，元和十一年（816）正当朝廷用兵之时，"进绢三万匹，金五百两，银三千两以助军"，第二年又进助军绢3万匹。同年入朝又得供军钱185万贯以进。其时王遂为宣歙观察使，亦进助军钱34200贯。[1]

在皇帝加尊号时，也有进奉，称为"献贺之礼"[2]。有些进奉，实在找不出合适的名目，唯以日、月名之，可称之为"莫名进奉"。如韦皋在西川节度使任上有"日进"，李兼在江西任上有"月进"[3]。以上这些都是藩镇主动进奉，还有皇帝讽动藩镇进奉，或公然下诏宣索的。所宣索之物，除敬宗一朝为珍玩奢侈品外[4]，也都是具有经济实用价值的钱物[5]。

三　藩镇进奉的现象分析

唐代进奉的藩镇十分普遍：既有割据骄藩，又有中原大镇；既有江南富区，也有边疆瘠地。有桀骜不羁之藩帅，有奸佞便嬖的小人，也有忠谨笃厚的大臣如裴度等。故史称："自贞元以来，有土者竞为进奉。"[6]

河朔一类割据藩镇，是从来不向中央上供赋税的，所谓"贡赋不入于朝廷"[7]。但是，这并不排斥它们也有进奉行动。如建中元年

---

[1] 参见《册府元龟》卷485《邦计部·济军》，第5499页。
[2] 《册府元龟》卷169《帝王部·纳贡献》，第1875页。
[3] 《资治通鉴》卷235，唐德宗贞元十二年（796）六月，第7572页。
[4] 参见《册府元龟》卷169《帝王部·纳贡献》，第1877页；《文献通考》卷22《历代土贡》，第648页。
[5] 参见《资治通鉴》卷233，唐德宗贞元四年（788）二月，第7510页。
[6] 《太平御览》卷828《资产部·酤》，第703页。
[7] 《旧唐书》卷143《李怀仙传》，第3896页。

(780），魏博田悦、淄青李正己曾各进绢3万匹。[1]长庆元年（821）范阳刘总进马15000匹。[2]懿宗时，幽州留后张元仲进助军米50万石、盐2万。[3]文宗时成德王元逵"岁时贡献如职"[4]。唐末王室衰微，骄悍的义胜节度使董昌"贡奉为天下最"，他"每旬发一纲，金万两，银五千铤，越绫万五千匹，他物称是"[5]。宣武节度使朱全忠在篡位之前也是"修贡献不绝"[6]。当然，这类藩镇的进奉大都有其特殊的背景和原因。除个别例子外，其进奉的财政意义并不大，更多的是割据藩镇与唐朝中央的一种政治联系的表现。所以有的时候，唐廷在致讨之前，还要诏绝其"朝贡"[7]。这意味着在政治上与骄藩决绝，对于那些尚不能完全摆脱唐廷而独树一帜的藩镇来说，它并不是一件有利的事。

中原诸道是重兵驻扎之地，也很少有上供，它在元和时李吉甫所统计的中央财政收入中，可说是无足轻重的。然而，中原一些大藩的进奉却十分引人注目。如前面提到的元和时宣武韩弘的进奉，又如宪宗时山南东道裴均曾献银器61事共1560两，大历时汴宋田神功进马10匹，金银器50床，缯彩1万匹，宝历时河中献绢万匹，大和时河阳进粟40万石。[8]

边疆诸道是贫瘠之地，特别是京西京北诸镇不但没有上供，而且往往仰度支供给。但是，进奉之事却并不少见。以泾原镇为例，元和时，节度使王潜曾进银3000两，熟绢绫5000匹；敬宗时，节度使杨元卿进营田所收禾20万石；文宗时，张惟清任上又进助边粟麦20万

---

[1] 参见《资治通鉴》卷226，唐德宗建中元年（780），第7280页。
[2] 参见《册府元龟》卷169《帝王部·纳贡献》，第1877页。
[3] 参见《册府元龟》卷485《邦计部·济军》，第5500页。
[4] 《新唐书》卷211《王廷凑附元逵传》，第5961页。
[5] 《资治通鉴》卷259，唐昭宗乾宁元年（894）十二月，第8460页。
[6] 《新唐书》卷140《裴遵庆附枢传》，第4648页。
[7] 《资治通鉴》卷239，唐宪宗元和十年（815）七月甲戌，第7715页。
[8] 参见《册府元龟》卷169《帝王部·纳贡献》，第1875—1877页；同书卷485《邦计部·济军》，第5500页。

石。实际上"泾州密迩戎境,其上无百姓,其军度支旧矣"[1]。

东南诸道是唐后期的财政基地。它们的上供为朝廷赖以存在的财政源泉。同时,这里的进奉在各类藩镇进奉中,也是首屈一指的。这无论是从零星资料所反映的,还是从《册府元龟》之《帝王部·纳贡献》《邦计部·济军》等集中显示的,都是如此,特别是德宗、宪宗两朝用兵,江淮诸道的进奉,几乎成为不可或缺的战争费用来源之一。《册府元龟》卷169《帝王部·纳贡献》:"兴元初,克复京师后府藏空虚,诸道之有进奉以资经费,复时有宣索。其后诸贼既平,朝廷无事,常赋之外,进奉不息。韦皋剑南有日进,李兼江西有月进,杜亚扬州、刘赞宣州、王纬、李锜浙西皆竞为进奉。"[2](按此为刺史、判官进奉之始,也发生在江南)这一段是讲德宗朝进奉的典型材料,所举事例几乎都在江淮诸道。宪宗元和用兵之际,曾大力奖励进奉,特别是在元和十一年(816)淮西之战的关键时刻,经费紧张,朝廷乃派程异往东南,"与淮南、浙东、宣歙、江西、河南、岭南、桂管、福建等道观察使计会,各减常用,去浮费,取其羡助军"[3]。于是淮南节度使李鄘率先尽其府库所有以进奉供军。[4]可见元和战争时的主要进奉藩镇也是在东南。

四 藩镇进奉的意义分析

从以上的论述已经知道,唐代藩镇进奉的数额是十分巨大的,进奉的藩镇甚至比上供的藩镇还要广泛和普遍。这种进奉与那些仅供玩赏的异物、滋味之类已不可等量齐观。那么应该怎样认识它所具有的财政意义与政治影响呢?我们不妨从中央与地方的财政制度

---

[1]《册府元龟》卷169《帝王部·纳贡献》,第1876页。
[2]《册府元龟》卷169《帝王部·纳贡献》,第1876页。
[3]《册府元龟》卷484《邦计部·经费》,第5491页。
[4] 参见《册府元龟》卷485《邦计部·济军》,第5499页。

上做一分析。

肃代之际是藩镇进奉萌发并大量出现的时期，也是唐代财税制度最为困难和混乱的一个阶段。肃宗即位初年，宰相裴冕就建言卖官、度道士以"收资济军兴"[1]。此后一直到大历年间，朝廷或下令减省开支三分之二，或收百官俸禄，或向百官税钱，或向士民征款，以解决当时的财政困难。大历九年（774），朝廷为和籴军粮备边时，要诸道各出钱款，说是"中都所供，内府不足，粗充常入之数，岂济倍余之收。其在方面荩臣，成兹大计"[2]。藩镇进奉的兴起，正是与这种情势密切相关的。

建中元年（780）实行两税法以后，上供、留州、送使的三分制把中央与地方的财政分开，"皆量出以为入，定额以给资"[3]，保证了中央与地方财政的基本来源。但是，"定额"被规定下来，除个别情况外，基本上一直没再发生变动。从现有资料看，唐后期的财政收入大约为3500万贯。[4]而上供之数约占三分之一，即11666000余贯。它们是怎样开支的呢？沈既济说："臣尝计天下财赋耗数之大者，唯二事焉，最多者兵资，次多者官俸，其余杂费，十不当二事之一。"[5]王彦威《供军图》载其时有军队40万仰给度支，以一个兵士24贯计，共需960万贯。又据贞元四年（788）中书门下奏："京文武及京兆府县官，总三千七十七员。据元给及新加，每月当钱五万一千四百四贯六百十七文，一年都当六十一万六千八百五十五贯四百四文。"[6]两项相加共得110216000余贯，尚结余145万贯，可供皇室费用、非时赏赐及其他各项开支。因此，唐朝中央政府每年收支是约略相当的。宣宗大中时，中央收入920余万缗，史称

---

[1]《新唐书》卷140《裴冕传》，第4645页。
[2]《册府元龟》卷484《邦计部·经费》，第5488—5489页。
[3]元稹《钱货议状》，《元稹集》卷34，第456页。
[4]参见《旧唐书》卷157《王彦威传》，第4157页。
[5]《旧唐书》卷149《沈传师附子询传》，第4037页。
[6]《唐会要》卷91《内外官料钱上》，第1661页。

"岁之常费率少三百余万,有司远取后年乃济"[1]。大概也符合中央岁支为1200万贯左右这笔账。

然而,上述计算只是太平时期的账面收支,一有战争就远远不敷应用了。试举数例,建中时讨山东,"诸军月费钱一百三十余万贯",贞元初,"度支奏京师经费及关内外征讨士马,月须米、盐五十三万石、钱六十万贯、草三百八十三万围。春冬衣赐、元日、冬至立仗赐物,不在其中"[2]。元和初讨王承宗,历时九个月,所费高达700余万。由此可见,唐后期的中央财政一直是处于"粗充常入之数,岂济倍余之收"的境地。因而在两税三分的死定额下,诸道进奉却不失为一个活源头。史称,"德宗欲划灭藩镇,故聚天下之财"[3]。李绛曾批评宪宗奖励进奉,宪宗辩解说:"今两河数十州,皆国家政令所不及,河、湟数千里,沦于左衽,朕日夜思雪祖宗之耻,而财力不赡,故不得不蓄聚耳。不然,朕宫中用度极俭薄,多藏何用邪?"[4]事实证明,元和战争的节节胜利,在财政上一是"因德宗府库之积"[5],一是宪宗奖励进奉,这后一条在前文中已有许多例子可资证明。

我们再来看一看进奉在藩镇财政上所造成的影响。

一般说来,在藩镇一道的全部财税分割中,可以分为基本支出和特别支出两项。所谓基本支出系指勘定两税之时,按"应税都数"而预定的"支留、合送钱物、斛斗",它包括:(1)上供中央部分;(2)本道军费留用开支;(3)本道官员俸料;(4)本道其他公共费用等。这里尤以上供与军费为大宗。所谓特别支出,指不在预算范

---

[1]《文献通考》卷23《国用考一》,第688页。
[2]《册府元龟》卷484《邦计部·经费》,第5489页。
[3] 范祖禹《唐鉴》卷13,丛书集成新编本,第429页。
[4]《资治通鉴》卷238,唐宪宗元和五年(810)十二月,第7682页;李绛《李相国论事集》卷4《论内库钱帛》,第26页。
[5]《新唐书》卷52《食货志二》,第1359页。

围内的额外支出,主要有进奉、赏军、廉使常用钱等。[1]而以前两项尤为重要。

先说上供与供军。上供是中央政府的基本收入来源。两税法时代,它以元额的形式由诸道供给,诸道州府都有"上供库"以贮存上供钱物。供军费作为地方军费支出,各镇的具体数额当因养兵的多寡而异。在两税定额下,上供与供军是成消长关系的。全国的上供占两税总数的三分之一。但具体到各地则不尽一致。大体中原镇养兵多,上供少,江南镇养兵少,上供多,边疆镇不仅没有上供,反而要中央拨付。由此可见,养兵多寡与中央收入的多寡有关。这就是唐代在勘定两税时力主销兵的着眼点。

然而,进奉与赏军所体现的却是另外一种关系。与进奉系送给皇帝不同,赏军是颁给军士的,它也在预算之外,一般用于下列场合:(1)军情不稳,所谓"军情大变……皆赏三军,三军乃安"[2]。(2)易帅之际为获得兵士拥戴"须布惠以自固"[3],这种情况史称为"以钱买健儿取旌节"[4]。(3)将士立功予以奖励。可见赏军是方镇必不可少的一项开支,也是唐代兵士收入的一项重要来源。

不言而喻,进奉与赏军是一对矛盾。赏军是来源于财政尾子——"羡余"。所谓"凡天下有仓库,羡余皆隶于本州,名曰赏设库"[5]。方镇进奉也说是"不敢法外征科,皆积军中余羡"[6]。那么,这些"羡余"是进奉给中央,还是赏赐给军士,这就是一个问题。有的方镇罢军额而进奉。如江西观察使李兼曾罢省南昌军千余人,收其资粮,分为月进。[7]所以有人说:"苟非赋敛过差,及停废将

---

[1] 参见《册府元龟》卷689《牧守部·革弊》,第7941页。
[2] 《旧唐书》卷145《陆长源传》,第3938页。
[3] 《旧唐书》卷161《杨元卿传》,第4228页。
[4] 《旧唐书》卷145《陆长源传》,第3938页。
[5] 《册府元龟》卷679《牧守部·廉俭》,第7830页。
[6] 王仲周《端午进银器衣服第四状》,《全唐文》卷531,第5396页。
[7] 参见《旧唐书》卷122《裴胄传》,第3508页。

士,减削衣粮,则羡余何从而致!比来南方诸镇数有不宁,皆此故也。"[1]由此可见,进奉是激起兵士动乱的一个原因,特别是像泾原镇这样的边疆瘠地,"其上无百姓",完全靠"盗削军食"[2]以进奉。所以在这类藩镇中,"盗削军粮"是致乱的主要原因之一。

总而言之,一般上供的多少,涉及养兵的数额问题,进奉的多少,还涉及兵士额外收入的问题。在经费由中央统一筹划的时候,这本来不成为矛盾,但是,在唐后期军费开支地方化财政体制下,它们却似乎是势不两立。因此,唐代进奉的发达是唐后期的一个特殊财政现象,也是唐代藩镇问题上的一个特殊政治现象。大体说来,骄藩的进奉是其"礼藩邻,奉朝廷,则家业不坠"的政治策略的一个重要组成部分。而其他藩镇的进奉则不仅是干媚取宠,还与当时军政急需分不开,所谓"盗削军实,以充贡献,而求恩泽,盖以时急于财,势使然也"[3]。进奉影响所及是复杂而深刻的,值得加以重视。

---

[1]《资治通鉴》卷249,唐宣宗大中十二年(858)七月,第8071页。
[2]《册府元龟》卷169《帝王部·纳贡献》,第1876页。
[3]《太平御览》卷812《珍宝部·银》,第555页。

第十五章　藩镇体制与唐代政局的演变

陈寅恪先生《唐代政治史述论稿》分为三篇，上篇《统治阶级之氏族及其升降》、中篇《政治革命及党派分野》、下篇《外族盛衰之连环性及外患与内政之关系》，格局庞大。本篇不能涉及如此宏大的问题，只是以历史发展进程为线索，略叙藩镇对于唐代政局的影响。本书其他篇章讨论唐代藩镇主要以专题的视角出发，本文的纵向讨论，聊为补充。

一　唐代藩镇体制的产生

欧阳修撰写的《新唐书·兵志》云："夫所谓方镇者，节度使之兵也。原其始，起于边将之屯防者。唐初，兵之戍边者，大曰军，小曰守捉，曰城，曰镇，而总之者曰道。"[1]据此，我们可以把唐代藩镇划分为两个时期：前藩镇时期，即所谓"边疆屯防体制"形成阶段；藩镇时期，即节度使拥兵自重时期。《新唐书·兵志》又说，唐初的戍边机构，大曰军，小曰守捉，还有城、镇，总领其上的是"道"。这个"道"就是唐初的行军总管。

《新唐书》随后列举了开元时期的十个"道"，其略曰：

　　若卢龙军一，东军等守捉十一，曰平卢道。

---

[1]《新唐书》卷50《兵志》，第1328页。

横海、北平、高阳、经略、安塞、纳降、唐兴、渤海、怀柔、威武、镇远、静塞、雄武、镇安、怀远、保定军十六，曰范阳道。

天兵、大同、天安、横野军四，岢岚等守捉五，曰河东道。

朔方经略、丰安、定远、新昌、天柱、宥州经略、横塞、天德、天安军九，三受降、丰宁、保宁、乌延等六城，新泉守捉一，曰关内道。

赤水、大斗、白亭、豆卢、墨离、建康、宁寇、玉门、伊吾、天山军十，乌城等守捉十四，曰河西道。

瀚海、清海、静塞军三，沙钵等守捉十，曰北庭道。

保大军一，鹰娑都督一，兰城等守捉八，曰安西道。

镇西、天成、振威、安人、绥戎、河源、白水、天威、榆林、临洮、莫门、神策、宁边、威胜、金天、武宁、曜武、积石军十八，平夷、绥和、合川守捉三，曰陇右道。

威戎、安夷、昆明、宁远、洪源、通化、松当、平戎、天保、威远军十，羊灌田等守捉十五，新安等城三十二，犍为等镇三十八，曰剑南道。

岭南、安南、桂管、邕管、容管经略、清海军六，曰岭南道；福州经略军一，曰江南道；平海军一，东牟、东莱守捉二，蓬莱镇一，曰河南道。[1]

这段记载，在中外史家深入研究和反复考订下，已经显出一些破绽，至少它不能笼统地概括"自武德至天宝以前边防之制"。

贞观十四年（640），李世民派侯君集消灭高昌国，留兵以镇守之。这种"军镇"的结构如何构成？魏徵曾经批评唐太宗，每年派千余人戍守不毛之地，劳民费财。有吐鲁番文书显示，贞观年间，

---

[1]《新唐书》卷50《兵志》，第1328—1329页。

有粟特首领康艳典来沙州设置石城镇。事情估计发生在侯君集平定高昌之后。这些粟特人的定居点，同时也被列入边防军镇，其镇兵多为粟特移民。敦煌写本《沙州伊州地志》残卷有一则材料，可以还原西域边防军镇成立过程：

> 石城镇，东去沙州一千五百八十里，去上都六千一百里。本汉楼兰国……更名鄯善国。隋置鄯善镇，隋乱，其城遂废。贞观中，康国大首领康艳典东来，居此城，胡人随之，因成聚落，亦曰典合城。其城四面皆是沙碛（上元二年改为石城镇，隶沙州）。[1]

这条材料道出了粟特人入华在西域定居的一般情状。先有大首领移民打前站，然后陆续有胡人随之而入，形成聚落。入居之地，大约是前代毁弃的城镇。中国国家图书馆收藏的于阗语文书及粟特文封签（编号 BH4-135、BH4-136）就透露出这样的信息，有粟特商队来到于阗，需要在当地居留一段时日，他们首先与当地的粟特居民取得联系，委托办理诸如土地购置，生活用品比如酒、粮食、蔬菜、丝绸采买等事宜。将康艳典的情况与此则材料联系起来考察，可以感受到粟特人入住西域的具体细节。

根据《沙州伊州地志》残卷的进一步记载，康艳典还不断拓展其城居范围，他陆续修建了新城、蒲桃城、萨毗城。根据《新唐书·地理志》的记载，石城镇，"在蒲昌海（即新疆罗布泊）南三百里，康艳典为镇使以通西域者。又西二百里至新城，亦谓之弩支城，

---

[1] 录文可参看羽田亨《唐光启元年写本沙州伊州地志残卷考》，万斯年辑译《唐代文献丛考》，商务印书馆，1947年，第74—75页。郑炳林《敦煌地理文书汇辑校注》，甘肃教育出版社，1989年，第65—66页。王仲荦《〈沙州伊州地志〉残卷考释》，王仲荦著，郑宜秀整理，《敦煌石室地志残卷考释》，上海古籍出版社，1993年，第196—197页。

艳典所筑"[1]。弩支城,就是粟特语新城的意思。我们知道撒马尔罕(Samarkand)在粟特语中就是石头城的意思,现在在新的移民区又有了一座新的石头城,在附近还有一座新城,即石头城与新石头城(弩支城)。

这条材料显示,康艳典已经被唐朝政府雇佣为地方军官,他不仅是胡人居住地的城主,而且是唐朝沙州地区的边防机构石城镇使。唐高宗上元三年(676)改且末为播仙镇,有粟特人河(何)伏帝延在高宗末年任播仙城主。相信他同样也是镇使。他们所统领的军人,无疑以粟特移民为主。当然,随着时间的推移,军人的成分会复杂化。

《唐开元二年(714)帐后西州柳中县康安住等户籍》记载,户主康安住(72岁)垂拱二年(686)疏勒道行没落,弟康安定(54岁)垂拱元年(685)金山道行没落,弟安义(49岁)也是垂拱二年(686)疏勒道行没落。户籍上还写着"右件一户没落"。失踪之时("没落")距离开元二年(714)的户口登记已经过去了29年左右。时康安住44岁,弟安定25岁,安义21岁,都是青壮年龄。垂拱元年(685)前后,正是武则天废黜中宗、平息徐敬业起兵的时候,西域方向有地区性用兵(参见唐长孺主编《敦煌吐鲁番文书初探》),康氏兄弟全部失踪,他们定居时就没有子嗣妻儿,显得十分蹊跷。很可能他们当年落户的时候就是"兴生胡";或者因其他机缘居留下来,不堪兵役,选择了逃离。[2]

唐朝前期的军、镇、守捉、城、戍等军事据点[3],不外因如下三种情况而设置:战争或行军后的留镇;由于开拓边疆、接纳粟特人等胡族民众而设立的军镇;或者是边军主动在要塞地区设立军事武

---

[1] 《新唐书》卷43下《地理志七下》,第1151页。
[2] 参拙作《文明的边疆:从远古到近世》,中信出版集团,2020年,第122—123页。
[3] 唐朝初年的边军,有边防哨所的镇戍,属于品官,《新唐书·百官志》有记载。此处所说行军留镇的军镇,与之不同,此点前贤早有辨析。参见菊池英夫《节度使制确立以前"军"制度的展开》(一)(二),《东洋学报》1961年第10期,第208—242页;1962年第6期,第33—68页。

装。例如，唐太宗贞观四年（630）击败东突厥后，陆续在北边河曲和漠南地区设置的包括三受降城在内的军事体系，就是一种主动军事部署。[1]

《兵志》继续云："军、城、镇、守捉皆有使，而道有大将一人，曰大总管，已而更曰大都督。至太宗时，行军征讨曰大总管，在其本道曰大都督。自高宗永徽以后，都督带使持节者，始谓之节度使，然犹未以名官。景云二年（711），以贺拔延嗣为凉州都督、河西节度使。自此而后，接乎开元，朔方、陇右、河东、河西诸镇，皆置节度使。"[2]唐代前期边防体制逐渐发展到节度使体制，其所统率的兵马长期驻扎在边地。这种屯防形式，是边疆形势使然，也对唐朝内部政治产生十分深刻的影响。它使得唐朝兵制发生了重大变化，进而影响到土地政策和户籍政策、赋税政策；影响到唐朝开元间时兴的出将入相的宰相产生方式，张嘉贞、张说、萧嵩、牛仙客等开元宰臣，都有出任边疆节度使的经历。

安史之乱爆发的原因复杂多样，而节度使体制造成了安禄山集兵和起兵的便利条件，则是毋庸置疑的。

从天宝十四载（755）十一月安禄山起兵，到宝应二年（763）正月，大燕国的最后一个首领史朝义兵败自杀，历时7年多的安史之乱，算是画上了句号。唐玄宗李隆基已经作为太上皇于头年四月初五寿终正寝，还有逼其退位的肃宗李亨在13天后随之晏驾。享受平定安史之乱果实的，是唐代宗李豫（727—779）。

李豫原名李俶，他执政的17年（762—779），旧史一概以姑息视之，其实不然。对此的辨析，本书第二章已经有讨论。

代宗有性格软弱的一面，也有面对各种复杂局面努力重建帝国

---

[1] 参见艾冲《论唐代"河曲"内外驻防城群体的分布及其对北疆民族关系的作用》，《唐史论丛》第10辑，2008年，第131—146页。
[2] 《新唐书》卷50《兵志》，第1329页。关于节度使的正式设置，参见本书附录一《唐节度使始置年代考定》。

秩序的顽强。严峻的形势是，吐蕃势力咄咄逼人，成为肘腋之患，每年要从各地调军队驻扎京西地区，谓之"防秋"——防止秋高马肥之际胡人前来侵袭。战争期间宦官和新的军人势力的增长，也令朝廷不放心。宦官本来是监察军队的，却擅权干政；军队本来是平定叛乱的，却尾大不掉，无法裁撤；河北的安史旧部就在这种情况下，以保留原有军队编制的优厚条件接受了投降。朝廷试图分而治之，设立了幽州、魏博、成德、相卫等镇。

大历十二年（777）五月，朝廷下诏："自都团练使外，悉罢诸州团练守捉使。又令诸使非军事要急，无得擅召刺史及停其职务，差人权摄。又定诸州兵，皆有常数，其召募给家粮、春冬衣者，谓之'官健'；差点土人，春夏归农，秋冬追集，给身粮酱菜者，谓之'团结'。"[1] 这是在州一级裁撤军队，同时整顿地方兵员，是代宗力图使战时地方军事动员体制回归州县治理常态的一种努力。

唐代宗还在财政方面做了扎实的改进。朝廷一方面任用刘晏改革漕运与盐铁专卖事业，另一方面逐步出台政策，整顿租庸调赋税制度破坏之后的财税体制，户税（九等户的财产税）、地税（为常平仓征收的青苗地子）的比重逐步在提升，从而为德宗即位第一年，就能推出新的赋税体制"两税法"创造了具体条件。

代宗留给后世最大的遗产是全国政区的藩镇化。关中地区节度使体制的确立，是从平定叛乱之后就逐步形成的。平定安史之乱中功绩最为显著的朔方军势力独大，好在郭子仪忠心耿耿，不出大乱。何况防范吐蕃侵扰的现实需求摆在那儿，不能裁撤。郭子仪曾提出裁撤兵员，也只是做做样子表个态而已。中原地区的节度使体制，同样是作为应对安史之乱的临时措施而成立并发育成长起来的。如今它们又有了保护漕运之路畅通，遏制安史旧部南下的重要作用，是保障唐朝国家安全的中流砥柱。至于南方地区的藩镇先是有整合

---

[1]《资治通鉴》卷225，唐代宗大历十二年（777）五月，第7245页。

地方防卫力量的需求，之后则是逐渐从节度使体制降格，普遍推行观察使、团练使体制，只有淮南节度使例外，这里是宰相回翔之地，也是漕运要冲。总之，安史之乱时期作为战时机制的藩镇及其军队编制，在战后依然不能完全回归和平时期的州县体制，实在是有不得已的原因。

尽管历史的场景是如此现实，但是节度使职位世袭、藩镇赋税不上交中央，却是与中央集权国家"全国一盘棋"的治理理念完全不相容的。如果是西欧的封建制、近代的联邦制，或者秦以前的周制，这些都属于正常状态。但是，在中古时代的中国，这就是不能容忍的非正常状态。

代宗把问题留给了子孙。

二 唐德宗针对藩镇的改革与实践

唐德宗时期，皇帝很想有一番作为，解决藩镇问题。德宗李适是代宗长子，母亲睿真皇后沈氏，天宝元年（742）生于长安大内之东宫，所以他的整个少年时代是在大唐繁荣昌盛时期度过的。他14岁那年发生安史之乱，德宗和其他皇室成员一同饱尝了战乱和家国之痛，也亲身经历了战火的洗礼和考验，对军阀跋扈和藩镇问题有刻骨铭心的感触。在代宗时期，他以长子身份出任天下兵马元帅，封鲁王、雍王，后以讨平安史叛军有功而兼尚书令，广德二年（764）被立为皇太子，大历十四年（779）五月即位，时年38岁，正是年富力强、可以大有作为的年纪。德宗继位后，对于父皇代宗怀柔藩镇的措施不满，一心要改变藩镇节度使父死子继、朝廷被迫承认的政策。

但是，碰了一鼻子灰之后，德宗终于长了见识。先说德宗即位后的强硬措施。

德宗首先要解决朔方军过大的问题。平定安史之乱，朔方军的功劳最大。朔方军的首脑是郭子仪，他当时任中书令兼副元帅，还身兼北方盐池、水运等财经使职,权任既重,功名也大,但他性格宽大,政令不肃。让郭子仪兼任宰相,是为了酬功而尊宠其位;兼任财经使职,则与当时的军费开支制度有关。中央无法统一调拨各个藩镇的军费,于是就给他们一些征税的权限。

肃宗、代宗时期,还没有理清战时体制下的财政安排。德宗继位,以全面整顿税赋的两税法为龙头,要对全国的军事体制和财政体系进行整顿,郭子仪的军队自然也在整顿之列。于是,德宗大历十四年(779)五月即位,闰五月即颁布诏令:尊子仪为尚父,加太尉兼中书令,增实封两千户,撤除其副元帅等职务,并且把郭子仪管的军区一分为三:"以其裨将河东、朔方都虞候李怀光为河中尹、邠、宁、庆、晋、绛、慈、隰节度使,以朔方留后兼灵州长史常谦光为灵州大都督、西受降城、定远、天德、盐、夏、丰等军州节度使,振武军使浑瑊为单于大都护、东、中二受降城、振武、镇北、绥、银、麟、胜等军州节度使,分领其任。"[1]登基一个月就做出这种大动作,可以理解为,在代宗生前已经有具体部署,只是没有公布而已。

德宗还换了宰相。代宗留下的宰相常衮,性刚急,为政苛细,不合众心。当时有一个叫崔祐甫的中书舍人(正五品上),对常衮有一些不满,常衮就把崔祐甫贬到地方去,担任河南少尹。郭子仪等人入朝时说"言其非罪",认为对崔祐甫的贬谪太重了。德宗就觉得很奇怪,因为郭子仪也是宰相,不过他是使相,就是在地方上任职的宰相,在中央挂了个宰相的名。在贬谪崔祐甫的报告上,作为宰相,郭子仪等人也是签名同意的,怎么现在又提出反对意见了呢?郭子仪等人说,他们不知道这事。原来,按照过去的规矩,凡是宰相集体提出的建议,首席宰相签名,并代其他宰相署名,就是说不需要通报其他宰相,首席宰相代替签个字就行了。而且郭子仪是地

---

[1]《资治通鉴》卷225,唐代宗大历十四年(777)闰五月,第7259页。

方上的使相,那时交通和信息交流都很落后,不会再去通报一下地方上的使相,代他们签字就行了。德宗刚继位,得知这一情况,大为惊骇,觉得常衮没有跟别的宰相商量,就以他人名义贬谪朝廷大臣,犯了欺罔之罪。于是,当天德宗下旨,把常衮贬为潮州刺史,而把被常衮贬谪的崔祐甫提拔为中书侍郎、同平章事。如果说分郭子仪的权力表明了德宗的魄力,那么换宰相这件事,则表现了德宗的敏感和神经质的特点。

德宗继位后,还着手治理宦官问题,纠正肃宗和代宗时期优宠宦官的弊病。肃宗、代宗时,宦官出使在外,可以向地方索要礼物。有一次,代宗派宦官去赏赐妃嫔的家族,宦官回来后,代宗得知送给宦官的礼物很少,就很不高兴,以为看不起使者,就是轻视皇帝的权威。这个妃嫔害怕了,赶紧给宦官送礼物去弥补。从此以后,宦官出使就公然索要礼物。即使到宰相那里,宰相也要给宦官礼品,宰相在办公室必须经常存点财物,用来打发上传下达的宦官。这种做法等于是公开鼓励贪腐。这说明代宗很脆弱,他把官员们对家奴宦官的礼敬,当作对皇室的忠诚。德宗素知其弊,决心予以纠正。有个宦官索要礼品,被德宗处死。于是,其他出使在外的宦官收到礼物都不敢要了,有的半路上把礼物给扔掉。德宗还进一步剥夺宦官掌控的神策军兵权。神策军是当时一支重要的禁军,它本来是一支规模不大的边军,参加平定安史叛乱期间,由宦官鱼朝恩统领,并被改编扩建成为一支数万人的禁卫部队,此时由宦官王驾鹤掌握。德宗下令朝官白琇珪担任神策军的大将军,代替王驾鹤。[1]

另外,德宗还大力整顿财政。整顿财政由财政官员刘晏执行,他来领导各地的转运使,也就是中央派到地方去的财经官员。刘晏主要整顿盐铁专卖和漕运事务,改革征收体制,这两项的税收,占

---

[1] 参见拙作《唐代的神策军》,收入拙著《大唐气象:制度、家庭与社会新论》,广东高等教育出版社,2020年,第72—93页。

到全国总收入的一半。

德宗对国库制度也进行改革。过去国库和宫中的用度是分开的，国库是国家的钱，宫中用度是皇帝私用的钱。安史之乱期间，财经官员为了调拨军费方便，就把赋税送到皇家内库里去，由宦官来管，皇帝也觉得自家花销用取方便，这样国家的钱和皇帝私用的钱混在一起，以天下公赋为人君私藏。到后来，财政部门根本不知道天下收了多少钱，支出多少钱。这种状况持续了近二十年。

宦官管军、管财，这都是肃宗、代宗遗留下来的弊端。《资治通鉴》卷226载："宦官领其事者三百余员，皆蚕食其中，蟠结根据，牢不可动。"[1]三百多个宦官把持着财权，不可动摇。一名新提拔的财经官员杨炎，就跟德宗讲了一段关系国家命运的话："财赋者，国之大本，生民之命，重轻安危，靡不由之，是以前世皆使重臣掌其事，犹或耗乱不集。今独使中人出入盈虚，大臣皆不得知，政之蠹敝，莫甚于此。请出之以归有司。度宫中岁用几何，量数奉入，不敢有乏。如此，然后可以为政。"[2]意思是这样不行，财富是国家的根本，是百姓的生命所系，国家的安危所系，不能用宦官来管。大臣完全不知道国家的财政状况，这很危险。应该把国库的财政，交给国家的财政部门管理，宫中每年需要多少，事先预留下来，绝对不敢有缺，这样才可以为天下之政。德宗当天就下诏，所有的财富归国库左藏库，完全按照安史之乱前的旧规矩，从中挑三五千匹绢钱财，放入内库大盈库。还有一项财政改革，针对代宗时期鼓励地方过年过节给皇上和中央送礼。当时送得多，皇上就高兴，所以地方上经常借这个名目，如皇上的生日、重大节庆等，在税外加税。德宗把这一条给废除了。所以德宗初年，真正是在各方面进行了改革，带来了一个新气象。

---

[1]《资治通鉴》卷226，唐代宗大历十四年（779）十二月，第7274页。
[2] 同上。

德宗新政中最具影响力的是推行两税法。

两税法其实是酝酿在代宗时期,成就在德宗时期。大臣杨炎推行两税法,建中元年(780)提出,迅速推行到全国各地。两税法就是把过去均田制下按人头征税变成更多地按财产征税,每年两次,征收两税斛斗和两税钱。这反映了一种新的财产关系的变化,是一个进步。但是,德宗推行两税法,不仅是因应时代的变迁,改革赋税征收体制,而且是在整顿藩镇的军事与财政。两税法与上述其他改革的重要动机,就是要解决中央治理能力问题,以便为最终解决藩镇问题创造条件,重新整顿各地藩镇才是德宗的核心关切。就现实情况而论,主要有三个方面的藩镇关系必须要理顺。

首先是河北藩镇,属于安史之乱的余孽,是德宗父皇代宗迫于政治形势,接受了安史部众的投降,可是他们对朝廷的恭顺却并不坚定。幽州节度使朱泚可以放弃帅位,到都城地区防边,但并不是说他们对朝廷绝对忠诚。

其次是京都地区,由于要防备吐蕃的军事压力,唐朝调动各地军队前来"防秋"(秋天是吐蕃进攻的最佳时节,故须防备)。这些军队成分复杂,凤翔、泾原在长安西面,邠宁、鄜坊在长安之北,总称为京西京北诸镇。更往北的河套地区,则有灵盐和振武等军镇。这些军镇如果不掌控在唐朝中央手中,无疑是一把悬在头上的利剑,让唐廷寝食难安。

再有一部分就是中原地区设立的藩镇,他们为了保护漕运畅通,同时阻遏河北藩镇的南下,具有重要意义。假如中原藩镇不掌握在手,无疑是唐朝的心腹之患。为此,德宗甚至在外交上采取与回纥、吐蕃交好的温和政策。《册府元龟·外臣部·总序》记云:"德宗即位,与回纥和亲,归吐蕃俘虏,置和蕃使与之盟誓,以纾边难。"[1]

那么,德宗手上有什么实力,能够保证他对内可以搞定这些藩

---

[1]《册府元龟》卷956《外臣部一·总序》,第11066页。

镇势力呢？中央政府的实力分为硬实力和软实力两个方面。硬实力就是军事实力和财政实力；软实力来自中央政府的合法性并且得到认可。而任命和罢免节度使、汲取地方赋税以供中央政府调用，是中央政府软硬实力得以实施的表现。所以，德宗的强硬首先在这些方面表现出来。

如前所述，大历十四年（779）闰五月，德宗即位的次月，就从肢解朔方军入手，整顿京西京北的军队。具体做法是，将朔方军节度使分解为三个军区：设邠宁节度使，下辖河中及邠（今陕西彬州）、宁（今甘肃宁县）、庆（今甘肃庆阳）、晋、绛、慈、隰等府州；灵盐节度使，下辖灵州都督府（今宁夏吴忠）、西受降城、定远、天德、盐（今陕西定边）、夏（今陕西靖边）、丰等军州；振武节度使，下辖单于大都护府、东中二受降城、振武（今内蒙古和林格尔）、镇北、绥（今陕西绥德）、银（今陕西米脂）、麟、胜等军州。年过八旬的郭子仪爽快地接受了安排，但是，朔方军却发生了兵变。

事情的起源是宰相杨炎决定加强西北边陲的防御工事，筑城原州（在今宁夏固原），引起了朔方军内讧。邠宁节度使李怀光取代郭子仪任朔方邠宁节度使（朔方军番号加在邠宁节度使头上），朔方军内部有五位将领名望素高，表示不服，李怀光在监军翟文秀（代表朝廷监察军政）的支持下，悉数诛杀之。这件事朝廷并没有追究，却引起其他军队的不满和恐惧。建中元年（780），当朝廷派李怀光兼任泾原节度使之时，受到士兵抵制，留后刘文喜利用士兵的情绪对抗中央的调动命令，拒不受代。

邠宁节度使、灵盐节度使、鄜坊（鄜州、坊州今分别属陕西延安富县、黄陵县）节度使、振武节度使，都属于朔方军系统，可是，泾原（治今甘肃泾川县）节度使却是安西、北庭行营军改组而成，此外，凤翔（今陕西宝鸡凤翔）节度使来源于原河西、陇右行营军以及朱泚从幽州带来的防秋军。现在朔方军系统的李怀光兼统泾原军、四镇、北庭留后刘文喜拒绝接受命令，是可想而知的事情。于是，德宗做出妥协，任命朱泚兼四镇、北庭行军、泾原节度使，取代李怀光。刘文喜不受诏，要求朝廷任命自己为节帅。德宗派李怀光、朱泚讨伐之，六月，刘文喜被内部将士所杀。这件事对于习惯了代宗怀柔政策的其他藩镇来说，是一个很大的震动。

真正考验德宗削藩政策的是河北藩镇。建中元年（780）初，朝廷派遣黜陟使到各地落实两税法。两税法不单单是一个中央财政征收体系的变化，将以人丁为本的租庸调制改为以资产为宗的户税地税制，而且是中央对地方财政收支制度的规范行为，即按照地方实际开支确定财政留成比例。地方开支最大的一笔就是军费，于是，确定地方兵额就成为实行两税法的第一道难题。魏博节度使田悦（751—784）采取阳奉阴违的态度，表面上裁撤军队，按照新定兵额计算赋税分成，但是，实际上被裁撤兵员都被他私下养护起来。史书上没有记载其他藩镇在推行两税法之时碰到的情况，估计阳奉阴违的情况居多。《资治通鉴》卷226记载，建中元年（780）末有一个统计："天下税户三百八万五千七十六，籍兵七十六万八千余人，税钱一千八十九万八千余缗，谷二百一十五万七千余斛。"[1]统计的数字包括纳税户数、在籍兵员数、钱粮总额，从中可以看出这几个数据的相关性。这些数据显然就是在推行两税法时统计的。

德宗的削藩措施因为一个偶然的事件而发生了逆转，这就是泾原兵变。

据《资治通鉴》卷226记载，建中二年（781）正月，成德节度使李宝臣卒，其子李惟岳要求代父继位，德宗坚决拒绝，说："贼本无资以为乱，皆借我土地，假我位号，以聚其众耳。向日因其所欲而命之多矣，而乱益滋。是爵命不足以已乱而适足以长乱也。然

---

[1]《资治通鉴》卷226，唐德宗建中元年（780），第7291页。

则惟岳必为乱，命与不命等耳。"[1]当初魏博节度使田承嗣死的时候，传位给他儿子田悦，当时是代宗在位，是同意了的。现在德宗要纠正节度使父死子继的状况。德宗说，这些贼人本来没有资本来割据，就靠我的土地、假我的位号聚众作乱，我给他们爵命会作乱，不给他们也会作乱。所以德宗不同意节度使父死子继。

魏博节度使田悦也为之请求，当初田悦继承叔父田承嗣之位时，李宝臣是帮过忙的。德宗依然不许。德宗抑制藩镇势力的举措，让魏博田悦、成德李惟岳以及淄青节度使李正己、山南东道节度使梁崇义感觉受到了威胁，都在做战争准备。七月，淄青节度使李正己死，子李纳亦请袭父位，德宗依然不许，同时，朝廷调兵布将，加强东方前线防守。在这种情况下，李纳就与魏博田悦、成德李惟岳联合反叛。

第一个阶段，为了集中力量解决河北问题，德宗先是企图笼络山南东道节度使梁崇义，梁反而更加恐惧不安，于是德宗听从淮西（今河南汝南）节度使李希烈之请，调其攻打梁崇义。宣武、淮南等藩镇也投入了征讨叛乱的战争中。于是，战火也在中原地区展开。在河北方面，朝廷调动河东节度使马燧、昭义节度使李抱真、神策军将李晟等军队征讨魏博田悦，调动范阳节度使朱滔讨伐成德李惟岳。

接下来的第二个阶段，是河北藩镇内部发生变乱。在成德镇内部，王武俊杀李惟岳，向朝廷归顺。而在平定叛乱方面，幽州节度使朱滔、淮西节度使李希烈的反叛，使得叛乱更加蔓延。其中的关键是德宗在处理藩镇利益的时候，没有满足他们的愿望。

建中三年（782）元月，成德大将王武俊杀李惟岳，传首京师，朝廷封之为恒冀节度使。同时，朝廷对河北藩镇区域的划分又做了一些新的安排，致使王武俊强烈不满。于是，他与平叛功臣——同样不满意朝廷安排的幽州节度使朱滔联合起来叛乱，反而把矛头对准官

---

[1]《资治通鉴》卷226，唐德宗建中二年（781），第7293页。

军，救援魏博节度使田悦。德宗于是调动朔方邠宁节度使李怀光率军征讨朱滔和王武俊。这样河北的战火日益扩大。由于为朝廷出征的军队，只要一出境，就享受朝廷提供的优厚待遇，造成朝廷财政紧张，但是，对藩镇来说，养寇自重，战争旷日持久，却并不见得是坏事。同年十一月，王武俊自立为赵王，朱滔为冀王，田悦为魏王，李纳为齐王，这就是著名的"四王"事件。他们还遣使奉上表笺，愿意尊奉李希烈为帝。唐朝讨伐藩镇的战争，一发不可收。

战争的第三个阶段，是淮西李希烈的叛乱导致整个局面失控，引发泾原兵变，甚至李希烈、朱泚分别称楚帝、秦帝。

淮西节度使李希烈打败梁崇义之后，本想占据山南东道之地，德宗却另派人来到襄州（今湖北襄阳）出任节度使，引起李希烈不满。建中四年（783）正月，李希烈反叛，自称建兴王。整个关东地区一片混乱。

德宗先是派哥舒曜去讨伐。又任命亲王出任荆襄、江西、沔鄂等行营兵马都统，协调诸道兵马援救襄城，其中包括泾原兵五千人。朱泚以宰相之职遥领泾原节度使，节度留后姚令言主管实际工作。现在朱泚因其弟朱滔谋反而被软禁于京城，姚令言率领泾原兵路过长安，这一年的十月特别寒冷，将士们又累又饿，朝廷赏赐稀薄，士兵认为饭菜粗劣，于是扬言："我们肚子吃不饱，怎么能去前线打仗呢？"听说国库里有的是钱，他们便发动了叛乱。乱兵向民众宣传说："汝曹勿恐，不夺汝商货僦质矣！不税汝间架陌钱矣！"[1]"商货僦质""间架陌钱"是指朝廷为了筹措军费而征收的各种税费，包括交易税、房产税、商品专卖税等。德宗率领妃嫔和皇子皇孙逃往奉天，重演了当年安史之乱唐玄宗出逃的一幕。朱泚被叛军推举为首领，自称秦帝。他在给弟弟朱滔的信中说："三秦之地，指日克

---

[1]《资治通鉴》卷228，唐德宗建中四年（783）十月，第7353页。

平;大河之北,委卿除殄,当与卿会于洛阳。"[1]

朱泚率叛军攻打奉天一个月未下。朝廷急召在河北平叛的朔方节度使李怀光、神策行营节度使李晟来救,朱泚退守长安。不久李怀光又与朝廷发生矛盾,反而与朱泚勾结,不去收复长安。德宗被迫又逃往梁州(今陕西汉中)。这期间,唐德宗下了一个罪己诏,说自己长于深宫之中,暗于经国之务,骂自己不懂得政治,不懂得稼穑艰难,不懂得真正的劳苦,最后才导致变乱。除了朱泚暴陵寝庙、自立为帝,罪恶太大,不能赦免,其他参与叛乱的李希烈、田悦、王武俊、李纳等人,都可以赦免,随从叛乱的将士百姓只要趋于效顺,都既往不咎。为了筹备军费而在长安征收的房产税、交易税、专卖税,一切下令停罢。

兴元元年(784)五月,唐神策军军将李晟等攻克长安,德宗于当年七月返回。朱泚被部下所杀,李怀光后来兵败自缢。在河北方面,朱滔病死。朝廷赦免了叛乱藩镇,一切不问,归于息事宁人。

这次削藩事件暴露了朝廷实力严重不足。一是军事力量不足,完全靠藩镇打藩镇;二是财力不足,竟然由于接待泾原兵粗简(当然这并非全部原因),招致叛乱;三是制度准备不足,"出界粮"制度、军事指挥体系都出现了很大的漏洞。

德宗在余下的时间里,就是在做这方面的弥补工作。首先是尽量不去招惹藩镇。藩镇节度使死了,朝廷就派人去了解一下,有想继位的就同意,父死子继成为常态。目的很清楚,讨伐藩镇的战争是再也打不起了。

德宗需要一个安静的环境努力弥补朝廷的短板。一是抓军事,二是抓财富。大力扩充重组神策军。改由宦官担任神策军长官——左右神策中尉,地方上各个藩镇都派宦官为监军。神策军总人数达到15万人,在京西京北地区广泛设置军镇。神策军不仅是禁卫军,

---

[1]《资治通鉴》卷228,唐德宗建中四年(783)十月,第7362页。

更是国防军，具有野战军的全部功能。过去德宗很节俭自律，禁止地方进献，现在是一心聚敛财富，号召地方进奉财物，还派中使直接向各个衙门索取财物。

经过二十年的休养生息，德宗的姑息之政，也带来了一些积极的变化，主要表现在两个方面。第一个方面是由于新税制两税法的实施，中央财政稳定了；第二个方面是禁军神策军的扩充和强化，使中央军事势力强大起来了。在唐德宗晚年，神策禁军已经成为最强劲的军队。德宗为后世的削藩，创造了有利条件。

三　唐宪宗的削藩措施及其限度

总观德宗时期的藩镇政策，他的削藩措施并不是撤掉藩镇编制，只是不准许藩镇自行世袭节度使职位，其中包括裁撤兵员名额，以便减轻财政负担，也对地方因为军费沉重而不交赋税的做法釜底抽薪。这说明藩镇体制存在的某种必要性。只是由于他操之过急，朝廷手里缺钱缺兵缺大将，没有一支掌控在握的精锐部队，导致了失败。德宗转而努力扩大禁军、扩张财政储备。《新唐书·食货志》说，宪宗因德宗之积蓄而取得了对藩镇战争的胜利。

德宗死后最有名的唐朝改革是所谓"永贞革新"，或者叫"二王八司马改革"。大名鼎鼎的韩愈、柳宗元、刘禹锡都卷入其中，不过，韩愈是反对派。永贞革新是顺宗朝君臣试图重振朝纲的一次努力，只是皇帝病恹恹，主事者志大才疏，改革做了一些新皇帝即位后都要做的常规善政，不足以形成气候。在"永贞革新"灰烬中乘势而上的唐宪宗，在裴度等人的辅佐下，展开了一场声势浩大的消灭割据藩镇的战争，最终取得了"元和中兴"的胜利。

唐宪宗元和年间（806—820）制伏的藩镇［卢龙归附在穆宗长庆元年（821）］，首先是夏绥银杨惠琳（806）、西川刘辟（806）、浙西李锜（807）；其次是河北魏博（812）；最后是淮西吴元济（814—

817)、淄青李师道(818—819)、成德(818)、卢龙(821)等镇。其中,魏博田弘正的归附是一个转折点。平定淮西吴元济,则是最艰难的一仗。

有真正派兵拿下的藩镇,如西川、浙西(镇海);朝廷死打硬拼的是淮西和淄青,这两个藩镇的前身都可以追溯到平卢节度使;主动归附的是魏博、成德、卢龙、易定、沧景。由此看来,唐代对于藩镇斗争的胜利,关键是对安禄山、史思明叛乱的遗留问题进行清理。所谓"元和中兴",完全不能用来形容对于西川、浙西藩镇的胜利,而主要是指对于河北三镇的胜利,一扫安史之乱以来河北之地王师不入的状态。

宪宗元和初年,在宰相武元衡、李吉甫的主持下,朝廷对闹事藩镇采取了严惩不贷的方针。西川刘辟、夏州杨惠琳、浙西李锜先后被平定消灭。但是,当时真正割据一方与朝廷分庭抗礼的是盘踞在两河地区的成德、卢龙、魏博、淄青、淮西等镇。他们擅地自专,不输贡赋,表里依托,桀骜不驯。在代宗、德宗两朝期间曾多次出兵戏弄侮辱朝廷,气焰十分嚣张。因此,能否制伏这些骄横的藩镇,是解决唐代藩镇割据问题的关键。可是,不仅大历、建中、贞元时的讨伐战争,朝廷均遭失败,而且元和四年(809),朝廷发近二十万大军围剿成德镇,也以师老兵疲、饷费不继而告终。因此,是继续讨伐、扫平割据,还是偃旗息鼓、容忍了事,一直是元和时期中央官僚内部矛盾斗争的焦点。

元和七年(812),魏博镇发生内讧,田弘正被立为留后,向朝廷输送贡赋,以效忠诚,表示"守天子法,举六州版籍请吏于朝"[1]。这是瓦解河朔诸镇联盟的一个绝好机会。此时,裴度已入朝累迁至司封郎中,知制诰。朝廷派他前去安抚魏博。这位"劲正而言辨"、能"感动物情"的演说家,"遍至属州,布扬天子德泽,魏

---

[1]《新唐书》卷148《田弘正传》,第4782页。

人由是欢服"[1]。由于裴度此事办得很合宪宗的意思,因此拜中书舍人,迁御史中丞,越发为宪宗所信任倚重。

在两河割据的藩镇中,唯独淮西镇蔡、申、光三州孤悬在外,不与其他叛镇毗连,是整个骄藩"肱髀相依""急热为表里"的联盟中最薄弱的一个环节。元和初年,宪宗平定刘辟后,便想收复淮西,只因为之后出兵成德,因而没能实现。元和九年(814),淮西节度使吴少阳死,其子吴元济掌握军队,出兵四掠,"关东震骇"。朝廷便派宣武等十六道兵前去讨伐,打响了元和时期最激烈的一场恶战。

在宰相武元衡〔元和八年(813)入朝为相〕主持下,唐朝的讨伐战争来势很猛,引起了成德、淄青等骄藩的恐惧。正当唐朝与淮西鏖战之时,成德节度使王承宗再度寻衅,淄青节度使李师道也乘机闹事。据《资治通鉴》卷239记载,他们一面上表朝廷反对用兵淮西,一面派兵"劫都市,焚宫阙",搞得"所在盗贼窃发"。唐中央在河阴转运院贮存的30余万缗匹钱帛和3万余斛谷物均遭焚毁。"由是人情恇惧,群臣多请罢兵"。可是这年五月,裴度奉命去前线视察形势,回去之后极力主战,并向宪宗详细剖析了"淮西必可取之状",从而坚定了宪宗的讨叛决心。

武元衡、裴度的积极主战,引来割据藩镇的切齿痛恨,他们先是行贿收买,继而公开威胁,但都不能达到迫使朝廷罢兵的目的。于是,王承宗和李师道派刺客前去刺杀武元衡、裴度。元和十年(815)六月三日清晨,武元衡在上朝的路上经过靖安坊时遇害。同时,裴度在通化坊被刺,身中三剑,头部受伤,因为随从王义舍身救护才幸免于难。这一严重恶劣的暗杀事件,使不少官员吓破了胆,京城里人心惶惶。主和派乘机要求"罢度官以安恒(成德)郓(淄青)之心"。但是裴度"以平贼为己任"的决心却丝毫不为所动,宪宗当即拜他为中书侍郎、同平章事,"悉以用兵事委度,讨贼甚急"。

---

[1]《新唐书》卷173《裴度传》,第5209页。

裴度虽然得到了宪宗的支持，但面临的局势仍十分险恶。

首先是朝中有一大批主和派官员整天叫嚷着休兵止战，其中包括外朝宰相和号称"内相"的翰林学士，势力不可小觑。明末清初人王夫之在《读通鉴论》中讲到这件事时，怀疑这些反对派曾接受淮西、成德、淄青三镇的贿赂，所谓"皆醉饱于三寇之苞苴而为之唇舌"[1]。在一次宪宗召开的"诏群臣各献诛吴元济可否之状"的御前会议上，"朝臣多言罢兵赦罪为便，翰林学士钱徽、萧俛语尤切。唯度言贼不可赦"[2]。可见裴度已有孤军作战的危险。

其次是在前线，监军与监阵宦官控制了指挥大权，诸将互相观望，不肯力战；中央兵食供馈负担十分沉重，旷日持久的战争势必会给朝廷带来灾难性的后果，而这些又给反对派以罢兵的口实，他们屡屡以"用兵累岁，供以力瘅"为辞。宪宗虽然不想中途撒手，但对前方战争的不景气也一筹莫展。显然，这时唯一的办法是迅速打破僵持局面，尽快结束这场战争。于是，裴度挺身而出，毅然请求亲自前往淮西督战，表示了"臣誓不与此贼俱生"的坚强决心。宪宗欣然同意。

元和十二年（817）八月，裴度以门下侍郎、同平章事兼彰义军节度使（"彰义"为淮西军号），充淮西宣慰处置使的身份亲赴前线。据《资治通鉴》卷240记载，临别辞行，他向宪宗立下"军令状"："贼灭，则朝天有期；贼在，则归阙无日。"词情慷慨，涕泪交流，宪宗也被感动得歔欷流涕。

八月二十七日，裴度抵郾城（今河南漯河郾城）。他经常冒着被敌军劫持的危险，深入阵地前沿，抚慰将士，视察战情。有一次，裴度正在观察军士筑城，叛军骁将董重质突然袭击，"注弩挺刃，势将及度"，幸好唐将李光颜、田布眼疾手快，"力战拒之"，裴度才免

---

[1] 王夫之《读通鉴论》卷25《宪宗·一四》，第770页。
[2] 《旧唐书》卷170《裴度传》，第4415页。

遭毒手。裴度不顾个人安危亲临前线的行动大大鼓舞了士气,将领们斗志高昂,"士奋于勇"。此外,裴度又上奏罢免在战场上瞎指挥的监阵宦官,"诸将始得专军事,战多有功"。战争形势迅速向有利于朝廷方面好转。

在前线作战的将领中,唐邓节度使李愬是一个智勇双全的人物。当初裴度在朝廷主持兵务,李愬提出偷袭吴元济老巢蔡州的计划,朝廷表示同意,并且添拨昭义、河中、廊坊等镇步骑二千人相助。裴度亲临督师,唐军攻势遽加凌厉。吴元济内部空虚,只有招架之功,没有还手之力,为李愬偷袭计划创造了有利条件。十月,李愬派人把行军方案"密白裴度",再次得到裴度的鼓励和支持。十月十一日,李愬偷袭蔡州成功,吴元济被俘。其余各地叛军纷纷投降。裴度至前线督师仅两个月,就取得了淮西大战的胜利。平定淮西战役的胜利,也影响到朝廷对于淄青的平定,并且与魏博田弘正主动归朝事件一起,促成了河朔其他藩镇的归顺。

元和削藩的成功,原因是多方面的。首先从硬实力上说,元和朝是安史之乱以来最好的时期,国库充实、神策军人数达到十几万,训练有素,战斗力强。其次,宪宗励精图治,以武元衡、裴度为代表的宰辅,以高崇文、李愬为代表的神策军将,以韩愈、白居易为代表的文士,组成了一个高水平的团队。再次,藩镇内部力量的分化,尤其是魏博田弘正的归朝,打开了河朔三镇的一个缺口,形成了河朔三镇归附的连锁反应。这一点也很重要。

可惜,就在举国上下为河朔不沾王化垂六十年(763—820)如今重新回到中央的怀抱而欢欣鼓舞的时候,宪宗却因为食用仙丹引发性情暴戾,被宫中宦竖所杀。一个英武超群的帝王因为仙丹而被宦官所杀,致使王业受损,这是偶然的吗?不是,这恰恰是帝制时代最高领导者的痼疾。被仙丹毒死的还有英雄的唐太宗,因服用五食散性情暴戾而被下人所杀的还有英雄的拓跋珪。

四　河朔再叛之后的政局

中兴的局面很短暂。穆宗长庆年间之后，朝廷错误的销兵政策（硬性规定各藩镇兵每年必须有8%左右士兵因为逃亡和死去而自然减员），河北地区几位朝廷新任命的节度使处事失宜，以及河北骄兵品格的顽强习性，导致了河朔再乱的悲剧。河北诸镇故态复萌，朝廷只好承认既成事实，从此不再干预河北三镇的节度使继承和赋税征收事宜。但是，对于淄青、淮西等中原地区的藩镇，朝廷牢牢控制在握。

我们分析一下河北再乱的因由。

河北藩镇归附之后，朝廷曾对诸藩节帅整体调整岗位，但藩镇内部的权力结构并没有丝毫改变。以幽州节度使张弘靖（760—824）为例。张弘靖曾任宰相，是一个世家子弟，出身收藏书画的世家，他的孙子张彦远就是《历代名画记》的作者。他在军中经历很有限，担任过两任节度使，都是莅职不久随即迁改。

张弘靖初入幽州，受到当地百姓老幼男女的夹道欢迎。他坐着肩舆（轿子），悠然自得，三军将士，无不吃惊。因为军武出身的河北军将，素来与将士打成一片，完全不敢如此高高在上。即使从历来带兵传统说，也讲究要与官兵同甘共苦。春秋名将司马穰苴带兵，战国名将吴起带兵，无不如此。纸上谈兵的那位赵括之所以失败，按照他母亲的观察，不就是作为带兵之人，脱离将士，不懂得笼络吗？

张弘靖被囚，又被逐出河北，原因有二：

一是张弘靖习惯富贵安逸，不察此间风土人情，而又试图尽革幽州旧俗，甚至挖安禄山的坟墓、毁其棺柩，这不能不引起安史旧部后代的反感。至少刚刚莅任，当今急务并不是清除60年前的安史流毒。再加上新来的官员们吃喝腐败，晚上吃夜宵归来，烛火满街，前呼后拥，俨然占领者、胜利者，让幽州人很反感。这些以胜利者自居的幕僚们在诟责吏卒之时，多以反虏名之，说：如今天下无事，汝辈挽得两石力的大弓,也不如识一丁字。军士们受到侮辱,怀恨在心。

二是赏银遭到克扣。幽州节度使刘总主动归朝,朝廷以钱一百万贯赐军士,张弘靖扣留其中20万贯充军府杂用。这件事成为激起幽州将士反叛的导火索。张弘靖被囚禁,昔日遭人痛恨的几个幕僚全部被杀。次日,士兵们觉得事情有些过分,向张弘靖请罪,三问皆不答话。将士知道和解无望,一不做二不休,当即拥立军将朱克融为节度使。朝廷姑息,因而命之,三镇完全恢复到割据以前的状态。

值得注意的是,张弘靖前此担任宣武节度使时,"屡赏以悦军士,府库虚竭"[1],为政宽缓,并不苛刻。说明他在幽州的作为是有意为之,意欲威吓反叛将士,结果适得其反。

总之,新任节度使缺乏根基,人心不服,甚者昏庸骄横,颐指气使,致使矛盾激化。加上朝廷承诺的赏赐未能完全兑现,河北藩镇遂普遍发生了驱逐或杀戮朝廷所派节度使的叛乱。继幽州朱克融之后,成德王廷凑也出来发难,互为声援。朝廷迅速调集大军镇压,然而诸道兵观望不前,竟不能战胜二镇的万余叛军。长庆二年(822)魏博史宪诚杀害朝廷命帅田布,朝廷执政者昏庸,又缺少长期用兵的财力支持,被迫承认河北藩镇现状。

长庆年间河北三镇复叛之后,朝廷对于其节帅世袭和不上贡赋两大问题采取了默认的态度,河北藩镇也不再主动叛乱以挑战朝廷权威,中央与藩镇的关系重新趋于平衡。但朝廷对于其他地区的跋扈藩镇则往往采取镇压手段。如会昌三年(843)泽潞节度使(治潞州,今山西长治)刘从谏(803—843)死,其侄牙内都知兵马使刘稹继位。宰相李德裕在武宗的支持下,坚决派兵镇压,于次年平定了叛乱。

那么,河朔再叛后整个藩镇格局呈现怎样的特征呢?为此,我

---

[1]《资治通鉴》卷242,唐穆宗长庆二年(822)七月,第7818页;参见《旧唐书》卷129《张弘靖传》,第3611页。

们必须看看元和削藩之后的一些制度安排。

唐朝中央在元和之后，对于控制之下的藩镇进行了重大政策调整。元和十三年（818），横海军节度使乌重胤给朝廷上书："臣以河朔能拒朝命者，其大略可见。盖刺史失其职，反使镇将领兵事。若刺史各得职分，又有镇兵，则节将虽有禄山、思明之奸，岂能据一州为叛哉？所以河朔六十年能拒朝命者，只以夺刺史、县令之职，自作威福故也。臣所管德、棣、景三州，已举公牒，各还刺史职事讫，应在州兵，并令刺史收管。"朝廷"诏并从之"[1]。于是有元和十四年（819）四月丙寅的诏书："诸道节度、都团练、防御、经略等使所管支郡，除本军州外，别置镇遏、守捉兵马者，并合属刺史。如刺史带本州团练、防御、镇遏等使，其兵马额便隶此使。如无别使，即属军事。其有边于溪洞连接蕃蛮之处，特建城镇，不关州郡者，不在此限。"[2]

乌重胤提出的军制改革影响重大，朝廷不仅立即批准他的做法，并且推广到其他藩镇。这次改革的要点是，藩镇在支州屯驻的巡守兵马，都划归本州刺史统领；节度使直接统领的军队只能驻扎在本州（治所州）。支州刺史本身自带团练、防御、镇遏使职的（大多是军事要地），就将兵马隶属此等使职，没有这类军事使职的，便由刺史直接主管军事。这一条可以看成是对于代宗大历十二年（777）整顿地方军政的进一步深化和完善。

元和支州不隶属于本道的做法，是否得到贯彻？研究者的意见不一。[3]但是，总体而言，这取决于两点，即所在藩镇节度使的掌

---

[1]《旧唐书》卷161《乌重胤传》，第4223页；又见《册府元龟》卷60《帝王部六十·立制度第一》，第641页；后者记乌重胤上言是元和十四年（819）四月，大约是朝廷采纳后下旨的时间。
[2]《旧唐书》卷15《宪宗纪下》，第467页。又见《册府元龟》卷60《帝王部六十·立制度第一》，第641页；《唐会要》卷78《诸使中·诸使杂录上》，第1441—1442页。
[3]参见张达志《唐代后期藩镇与州之关系研究》，中国社会科学出版社，2011年，第125页。陈志坚《唐代州郡制度研究》，上海古籍出版社，2005年，第174页。屈卡乐《唐后期团练、防御州考述：以唐会昌五年为时间截面》，《历史地理研究》2020年第3期。

控能力和朝廷的贯彻能力。从唐代后期藩镇的动向看，情况是非常个性化的。

《全唐文》卷746卢子骏《濠州刺史刘公善政述》载文宗大和六年（832）武宁军节度使属州濠州之情状："客有自濠梁来者，余讯之曰：濠梁之政何如？客曰：今刺史彭城刘公，始受命至徐方，与廉使约曰：诏条节度团练兵镇巡内州者，悉以隶州。今濠州未如诏条，请如诏条。"[1]濠州刺史刘茂复新上任，向节度使提出濠州境内的巡守镇兵，应该移交本刺史管辖，得到节度使允诺。可见此前武宁军节度使并没有遵行元和十四年（819）诏令，至此已经13年之久。

李德裕《奏磁邢州诸镇县兵马状》提到："右件镇县兵马，并准江淮诸道例，割属本州收管，所有解补，并委刺史自处置讫。申使如镇遏十将已上，是军中旧将，兼有宪官，不愿属刺史者，并委卢钧追上驱使。"[2]时在武宗会昌四年（844）九月。上一年八月，李德裕亲自指挥平定泽潞刘稹叛乱之后，现在做出对昭义军队的处置决定。

从以上两例中可以看出两点，第一，江淮地区即本书所谈的东南型藩镇，更多地遵行了元和末年出台的军政改革，所谓"并淮江淮诸道例"。上述武宁镇的情况，以徐州、濠州而论，亦属于淮西地域，只是在性质上，我们把它列入中原型藩镇。它的改革落实没有到位。第二，在改革过程中，部分属于节度使的将领如镇遏十将以上的军官，本系节度使军中旧将，奉命到支州防遏，其中带有宪官（御史台头衔）者当属于资深军官，不愿意隶属支州刺史，可以调到节度使直属军队中任用。

这两条内容，从第一条可以看出元和末藩镇内部军政改革的地域特征，说明藩镇内部军政改革具有渐进性，并非一朝一夕完成，

---

[1] 卢子骏《濠州刺史刘公善政述》，《全唐文》卷746，第7729页。又据卢子骏《彭城公写经画西方像记》"大和六年十二月五日濠州刺史彭城刘茂复建"所言可知，刘茂复于大和六年（832）前后在濠州刺史之任。

[2] 李德裕《李德裕文集校笺》卷16《论用兵四·奏磁邢州诸镇县兵马状》，第373页。

以南方藩镇完成得最好。从第二条可以看出，藩镇内部军政改革的人事安排具有妥协性，这种妥协（兵留将不留），使得支州兵马隶属本州改革得以顺利进行，可以想见，大多数军将都会愿意到本节度使府任职的。

再谈谈藩镇财政的改革。

元和四年（809）两税法改革的初衷，并不是为了削弱藩镇的财权，而是要解决烦琐的赋税征收体制。

> 宪宗元和四年二月，度支奏："诸州府应上供受税、疋段及留使、留州钱物等……应带节度、观察使州府，合送上都两税钱，既须差纲发遣。其留使钱又配管内诸州供送，事颇重叠。其诸道留使钱，伏请各委节度、观察使，先以本州旧额留使及送上都两税钱充。如不足，即于管内诸州两税钱内，据贯均配。其诸州旧额供使钱，即请随夏税旨限收送上都度支，收入次年旨符，便为定制。"[1]

两税法设计之初，是按照州为征收单元计划的，藩镇的军费等开支分摊到属下各个支州。于是，每州的赋税都分成留州、送使、上供三部分，包括治所州也是这样，而藩镇治所州往往人口最多，经济最发达。这样势必增加不必要的运输成本：治所州的上供中央，支州却仍然需要送使。现在的改革，尽量用治所州的赋税支付本道军费，如果充足，就不需要支州送使，治所州也无须上供。当然，这不仅是解决赋税调节问题，还是为了在省估和实估（估指钱和实物之间的比价，有官估与时估之分）中，防止地方官鱼肉百姓。

但是，随着中央对于藩镇战争的胜利，这次赋税调拨制度上的

---

[1]《册府元龟》卷488《邦计部六·赋税第二》，第5534页。《唐会要》卷83《租税上》载此上奏之时间为元和四年（809）十二月。

改革也有了抑制藩镇权力的意义，削弱了藩帅对支州经济的控制权力。[1]元和十二年（817）三月，朝廷裁定："河中观察使赵宗儒，所收管内诸州钱物等，既有敕文，所宜遵守，纵缘军用，亦合奏陈。宜罚一季俸料。"[2]三月份还不是夏税征收时节，这次挪用支州钱物，与两税三分制度无涉，却清楚地表达了朝廷严格限制藩镇染指诸州财物的意图。

会昌年间，李德裕执政，对于藩镇的掌控更加做出了务实的革新。会昌平叛战争中，朝廷采取了许多重要的改革措施，包括改革出界粮制度和监军监使在前线干扰战场指挥问题。首先是"出界粮"问题。按照规矩，征调藩镇出兵讨叛，只要出了自己的辖境，朝廷即要供给钱粮。于是诸道出兵后，只要攻下叛镇一县一屯，就不卖力出战，坐享朝廷供给开支，战争拖的时间越长越有利。李德裕奏请皇帝下敕，各藩镇直接攻取州城，不要攻打县城。此外，过去将帅出征屡败，其弊一是军令不统一，二是监军拥兵自重，妨碍战时指挥；特别是战争小有失利，监军领亲兵率先逃遁，严重扰乱军心。李德裕乃约定，敕令监军不得干预军政，每兵千人任前线监使选十人自卫，有功随例沾赏。这个约定得到宦官枢密使的认可和皇帝的同意。因此，从抵御回鹘至平定泽潞，都遵守了此一规定，改变了在战场上政出多门的情况。"号令既简，将帅得以施其谋略，故所向有功。"[3]这些制度成果被坚持了下来。

五 藩镇与唐朝的灭亡

唐代中后期进行了各种改革，做出了各种努力，归纳起来说，

---

[1] 参见日野开三郎《藩镇体制下唐朝的振兴与两税上供》，《东洋学报》第40卷第3号，1957年；松井秀一《裴坦的税制改革》，《史学杂志》第76编第7号，1967年。
[2] 《册府元龟》卷153《帝王部一五三·明罚第二》，第1711页。
[3] 《资治通鉴》卷248，唐武宗会昌四年（844），第8010页。

德宗的改革，建立强大的神策军，建立新税制，为宪宗"元和中兴"削藩成功，提供了物质和军事基础。但是，元和削藩昙花一现，皇帝被宦官所杀。穆宗长庆销兵改革，当局者处事乖方，是失败的改革。敬宗以后，从文宗到武宗，从李德裕执政的会昌政绩（会昌是武宗年号）到号为"小太宗"的宣宗"大中之治"（大中是宣宗的年号），不是没有作为，也不是不想作为，更不是不想改革弊政，可是我们发现所有改革弊政的努力，都因种种原因而陷于失败，或者是没有根本性的成功，唯独对于藩镇的控制，在一定程度上取得了成功。

具体而言，唐朝通过军事上削弱藩镇、经济上限制藩镇、人事上控制藩帅任免权等措施，实实在在地实现了对于河朔之外藩镇的有效控制，特别是过去常常反叛的中原地区藩镇，再也没有发生类似德宗初年和宪宗时期淮西、淄青的直接反抗中央的叛乱。元和之后非常明显的特征是，各地藩镇反叛中央的行动大大减少了，除会昌时期的泽潞叛乱被平定外，藩镇的动乱更多表现为内部军士哗变。这一时期藩镇节度使不再谋求政治独立，他们作为唐朝地方合法的官僚，致力于个人财富的积累和仕途的顺达。于是腐败与苛政就随着从政目标的改变相伴而生，克扣军费，割剥民众，苛政猛于虎，而且愈演愈烈。我所说的藩镇动乱的"反暴性""嗜利性"和"凌上性"，就突出地出现在这个时期。对河朔藩镇，朝廷以"河朔故事"试图不予控制，河朔藩镇就衰落了；内地其他地区的藩镇（中原、边疆、东南）被有效控制住了，作为其制衡力量的神策军也因为失去军事目标，走向腐败而衰落。咸通九年（868）裘甫领导的桂林戍卒叛乱，不仅鲜明地反映了地方军政腐败情况，还突出地暴露了中央朝政腐败的现实。

晚唐政府缺乏强制能力和统合能力，靠藩镇来维护边疆安定，靠宦官来维持内政运行，无法对机构和官员行为加以约束。官员贪腐成风，皇帝奢侈成性，上自皇家下到官员都已经烂透；朝廷缺乏财政汲取能力，全靠东南各州的上供；贫富分化很严重，老百姓的生活很困苦。僖宗时东都留守刘允章曾经上书说国有"九破"：终年聚兵一破也,蛮夷炽兴二破也,权豪奢僭三破也,大将不朝四破也,广造佛寺五破也,赂贿公行六破也,长吏残暴地方官邸残暴七破也,赋役不平等八破也,食禄之人太多输税人太少九破也。"九破"的内容不难理解,说明当时社会问题严重,而国家基本没能力处理这些问题。同时,刘允章还提出民有"八苦":官吏苛刻一苦也,私债征夺(借债给别人,然后剥夺其财富使他们没法生活)二苦也,赋税繁多三苦也,所由乞敛四苦也,替逃人差科(替逃亡的人出差科)五苦也,冤不得理、屈不得伸六苦也,冻无衣、饥无食七苦也,病不得医、死不得葬八苦也。因为这"八苦",所以百姓都逃亡了,政府掌握的百姓越来越少了,也就是所谓"五去":势力侵夺一去也,奸吏隐欺二去也,破丁作兵三去也,降人为客四去也,避役出家五去也。[1]也就是说,豪强抢夺人口,奸吏的隐瞒人口,再加上百姓或去当兵,或去做佃客,或去出家,所以国家控制的人口越来越少了。刘允章对此感叹:人有五去而无一归,有八苦而无一乐,国有九破而无一成,加上官吏贪赃枉法,天下百姓都是哀号于道路,逃窜于山泽,夫妻不相活,父子不相救,百姓有冤无处伸,有苦无处说,他们出路何在呀!

其实,如果在各地藩镇有自我治理自觉的情况下,地方腐败是可以得到一定遏制的,藩镇内部的权力结构就有一定的调节能力。但是,唐末一个腐败的朝廷控制着衰弱的地方,只会导致地方治理溃败。于是,发生了王仙芝黄巢起义(878—884),几乎与安史之乱同样长达七年的农民起义,导致唐朝秩序大乱。唐朝组织藩镇平定叛乱,最大的平叛势力是黄巢降将宣武节度使朱温,以及沙陀人河东节度使李克用。他们及其后人建立了五代的后梁和后唐。

唐朝控制了藩镇,削弱了藩镇,也削弱了自己的力量,同时加速了地方治理的腐败。唐朝最终被新起的藩镇埋葬了。这就是唐末藩镇与政局关系的吊诡。

---

[1] 以上详见刘允章《直荐书》,《全唐文》卷804,第8449—8450页。

附录一 唐节度使始置年代考定

唐代节度使一官究竟始置于何年？《通典》《唐会要》《新唐书·兵志》本有比较清楚的记载。由于司马光在《资治通鉴》中提出异议，遂使后人各执一词，莫衷一是。从最近学术著作看，或从《资治通鉴》，如韩国磐《隋唐五代史纲》："实则在公元七一〇年（景云元年），已命薛讷为幽州镇守、经略、节度大使。"[1]或从《新唐书·兵志》，如范文澜《中国通史》："唐睿宗时，已有节度使的官名，如七一一年，以贺拔延嗣为凉州都督、河西节度使。"[2]或含糊其辞地兼采二说，如《中国历史大辞典》词条选登："睿宗景云元年，以幽州经略节度大使薛讷为左武卫大将军兼幽州都督，二年，以贺拔延嗣为凉州都督，充河西节度使，节度使名称始此。"[3]鉴于这种情况，有必要对节度使始置的确切年代，予以考定。

《通典》卷32："分天下州县制为诸道，每道置使，治于所部，即采访、防御等使也。其边方有寇戎之地，则加以旌节，谓之节度使。自景云二年四月，始以贺拔延嗣为凉州都督，充河西节度使。其后诸道因同此号。"[4]

《唐会要》卷78："永徽以后，除都督带使持节即是节度使，不

---

[1] 韩国磐《隋唐五代史纲》，人民出版社，1979年，第147页。
[2] 范文澜《中国通史》第三册，人民出版社，1978年，第148页。
[3] 《历史教学》1980年第8期。新版《辞海》同此。
[4] 《通典》卷32《职官十四·州郡上·都督》，王文锦等点校，中华书局，1988年，第894—895页。

带节者，不是节度使。[1]景云二年（711）四月，贺拔延嗣除凉州都督，充河西节度使，此始有节度之号，遂至于今不改焉。"[2]

《新唐书·兵志》："自高宗永徽以后，都督带使持节者，始谓之节度使，然犹未以名官。景云二年，以贺拔延嗣为凉州都督、河西节度使。自此而后，接乎开元，朔方、陇右、河东、河西诸镇，皆置节度使。"[3]

以上记载，文字上虽小有差异，但都肯定景云二年（711）四月，贺拔延嗣出任凉州都督、河西节度使，是以节度使之号名官之始，至于节度使这一名称，则至少自永徽以后就有了。司马光是凭什么推翻这一成说的呢？《资治通鉴》卷210景云元年（710）十月记："丁酉，以幽州镇守经略节度大使薛讷为左武卫大将军兼幽州都督，节度使之名自讷始。"[4]《资治通鉴考异》引述了《唐会要》等材料后云："按讷先已为节度大使，则节度之名不始于延嗣也。今从《太上皇实录》。"[5]这里需要辨明的有如下几点：

一、司马光只是从《太上皇实录》中看到这年十月"以幽州镇守经略节度大使薛讷为左武卫大将军兼幽州都督"的记载，便认为既然此处称薛讷为节度大使，则是节度使之名不始于延嗣而始于薛讷。他并未看到薛讷任节度使的"委任状"，也不知道薛讷自何时为节度使的，唯知在景云元年（710）十月以前或更早。

二、司马光与欧阳修等所谈的实际不是一码事。前者云节度使之"名"始于薛讷；后者则认为节度使之"官"始于延嗣。但上引《新唐书·兵志》等并未否定景云二年（711）以前有过节度使之"名"，

---

[1] 按唐都督总管例加号使持节而实际并不一定带节，因此，当从《通典》加旌节称节度使为是。唐长孺先生《唐书兵志笺正》辨之甚确，见《唐书兵志笺正》，第76—82页。
[2] 《唐会要》卷78《诸使中·节度使》，中华书局，1960年，第1425页。
[3] 《新唐书》卷50《兵志》，中华书局，1975年，第1329页。
[4] 《资治通鉴》卷210，唐睿宗景云元年（710）十月丁酉，中华书局，1956年，第6656页。
[5] 《资治通鉴考异》不引《通典》与《新唐书·兵志》，而所引《唐会要》又不录"永徽以后……"等语，殊为未当。《资治通鉴》卷210，唐睿宗景云元年（710）十月丁酉，第6656页。

只是说那是"犹未以名官",节度使的名称和节度使这一职官,应该是两回事。而先有名称,之后才入官衔,这在唐代是有先例可寻的。如"同三品""平章事",贞观之世即有其名,高宗以后,方入官衔。[1]

三、单从节度使之"名"来说,亦不自薛讷始。《新唐书》卷225 上:"安禄山,营州柳城胡也……及生,有光照穹庐,野兽尽鸣,望气者言其祥,范阳节度使张仁愿遣搜庐帐,欲尽杀之,匿而免。"[2]据《旧唐书》卷93《张仁愿传》载,万岁通天二年(697),仁愿擢肃政台中丞,检校幽州都督,并统兵击退突厥的入寇,他之称范阳节度使(范阳为幽州的借称)当在此时。《新旧唐书互证》卷20据此谓武后时已设节度使,虽欠细察,但张仁愿在薛讷之前已在幽州称节度使则是无疑的。又《唐会要》卷61《馆驿》:"大足元年(701)五月六日敕:诸军节度大使,听将家口八人;副大使六人……并给传乘。"[3]可见节度大使之名称,在武后时的制敕中即已广泛使用。再,《全唐文》卷156 谢偃《可汗山铭》:"维贞观十三年(639)……圣唐大使右武卫大将军慕容宝,节度副使朝散大夫任雅相等。"[4]既有节度副使,自当另有节度大使、副大使(参下文引《唐六典》)。总之,节度使之名,其来也尚,并非自薛讷始。[5]

---

[1] 参见《新唐书》卷46《百官志一》,第1183页。
[2] 《新唐书》卷225上《安禄山传》,第6411页。
[3] 《唐会要》卷61《御史台中·馆驿》,第1059页。
[4] 谢偃《可汗山铭》,《全唐文》卷156,中华书局,1983年,第1597—1598页。
[5] 节度使之"名",最早系由动词"节度"发展而来。宋人吴曾《能改斋漫录》卷2《事始》:"高承《事物纪原》云:'节度,本后汉公孙瓒讨乌桓,诏令刘虞节度(按见《后汉书》卷73),盖取此义。唐制,边阃戎寇之地,则加以旌节,谓之节度。始自睿宗景云二年四月,以贺拔延嗣为河西节度使。'"以上皆高说(按见"丛书集成"本卷6)。予按,《三国志·吴书·诸葛恪传》:"孙权欲试以事,令恪守节度。节度掌军粮谷。"江表传曰:'权为吴王,初置节度官,使掌军粮,非汉制也……'(按见《三国志》卷64)此见汉有节度之意而无其官,唐有其官而在孙权之后也。"(参见吴曾《能改斋漫录》卷2《事始》,上海古籍出版社,1979年,第23页)唐初"节度"一词屡见,武德元年(618)十月诏以李神通因山东道安抚大使,"山东诸军并受节度"[《资治通鉴》卷186,唐高祖武德元年(618)十月庚辰,第5816页],殆其最早者。

254　唐代藩镇研究

四、薛讷为什么冠称幽州镇守经略节度大使呢？据《资治通鉴》卷206，圣历元年（698）九月，"蓝田令薛讷，仁贵之子也。太后擢为左威卫将军[1]、安东道经略"，同书卷210，"幽州大都督薛讷镇幽州二十余年"，先天元年（712）三月，徙为并州长史。胡注："武后圣历元年，薛讷方自蓝田令擢为安东道经略。"两唐书本传与此同。可见薛讷自圣历元年（698）九月起，便以安东经略使的身份镇守幽州，这就是他被冠以幽州镇守经略使的由来。又《唐六典》卷5："凡亲王总戎则曰元帅，文武官总统者则曰总管。以奉使言之则曰节度使，有大使焉，有副大使焉，有副使焉。"可见节度大使可作为文武官奉使总军戎的泛称。因突厥寇河北，薛讷以左武威卫大将军、安东道经略前往镇守幽州，总管军戎，其被称为节度大使，自无足怪。之所以连司马光也检不到任命薛讷为幽州节度使的敕制，其原因即在于此。

五、幽州节度使的正式除授，其实史有明载。《唐会要》卷78："先天二年（713）二月，甄道一除幽州节度经略镇守使。"《唐书兵志笺正》卷2云："薛讷之后，甄道一之先，应尚有一人任幽州都督者，不审亦带节度使职否也？"今考《资治通鉴》卷210先天元年（712）三月，"以（孙）佺为幽州大都督，徙讷为并州长史"。又据《新唐书》卷219《北狄传》，延和元年（712），"以左羽林卫大将军幽州都督孙佺……帅兵十二万"袭击奚，战败被杀。新纪先天元年（712）十一月，"幽州都督宋璟为左军大总管"，《新唐书·宋璟传》亦云，睿宗朝，"历充冀魏三州，河北按察使，进幽州都督"。凡此可见，从712年三月至713年二月的一年时间里，任幽州都督者有薛讷、孙佺、宋璟、甄道一四人，而甄道一之前的孙、宋二人皆不曾官称节度使。此亦可为薛讷之时，不曾在幽州正式设节度使的佐证。

---

[1] 新传同此，旧传作左武威卫将军，按《唐会要》卷71，光宅元年（684）左右威卫改为左右豹韬卫，神龙元年（705）始复。可见圣历时无左威卫。故当依旧传。

总而言之,节度使之"名"与节度使之"官"是有区别的,其名不始自薛讷,其官亦不始自薛讷。司马光那条材料不能作为唐节度使始置年代的根据。因此,在没有其他证据之前,我们没有任何理由不依从《通典》《唐会要》《新唐书·兵志》诸书明确而一致的记载。

附录二　武则天废监军制辨误

范文澜先生《中国通史》云："唐旧制，大军出战，朝廷派遣御史监军。武则天废除监军制。"[1]一些谈到武则天的文章，也踵袭此说。稽诸史实，实为误会。

武则天废除监军制一事，新旧《唐书》《唐六典》《唐大诏令集》乃至《全唐文》所收武后时制敕奏疏，均不曾见。唯《资治通鉴》《通典》《唐会要》和《通志》《文献通考》各有一条材料涉及此事。《资治通鉴》卷204垂拱三年（687）十一月："太后欲遣韦待价将兵击吐蕃，凤阁侍郎韦方质奏，请如旧制遣御史监军，太后曰：'古者明君遣将，阃外之事悉以委之。比闻御史监军，军中事无大小皆须承禀。以下制上，非令典也；且何以责其有功！'遂罢之。"[2]

《通典》卷24《职官六》，杜佑在"监察侍御史"条下自注："垂拱三年（687）十一月，凤阁侍郎韦方质奏言：'旧制有御史监军，今未差遣，恐亏失节度。'武太后曰，'将出师，君授之以斧钺，阃外之事皆使裁之。始闻比来御史监军，乃有控制，军中大小之事，皆须承禀，非所以委专征也。以卑制尊，理便不可。'不许。"[3]

《唐会要》卷62《御史台下·杂录》："（垂拱）三年十二月，凤阁侍郎韦方质奏言，旧制有御史监军，今未差遣，恐亏失节度。夫古将军出师，君授之斧钺，阃外之事，皆使裁之。如闻被御史监军，

---

[1]　范文澜《中国通史》第三册，第150页。
[2]　《资治通鉴》卷240，则天垂拱三年（687）十一月，第6446—6447页。
[3]　《通典》卷24《职官六·监察侍御史》，第675页。

乃有控制，军中小大之事，皆须承禀，非所以委专征也。以卑制尊，礼便不可。不许。"[1]

《通志》卷54、《文献通考》卷53所载殆抄杜佑原文，可以不论。这些材料能否说明武后废除监军制呢？稍作分析就会发现，《唐会要》在"夫古将军出师"前，显系脱漏了"武太后曰"四字。否则，不仅韦方质的话语无伦次，前后矛盾，而且成了他极言监军之弊，言下之意欲罢之，而武后不许了。因此，以上三条材料，都是记载的同一件事，它们只是"三合一"的孤证，并且仅仅说明了如下一个事实：垂拱三年（687）十一月或十二月[2]，韦方质奏请在韦待价出师时，依旧制派御史监军，武则天"不许"。并不意味从此废除了监军制度。杜佑把这条材料置于夹注下，王溥把它附在《杂录》中，都只是作为涉及御史监军制度的一个故实处理而已。《通典》卷29《职官一一》，专列《监军》一条，详考其源流，却绝口不提武后曾废除监军制（引文详后），绝非杜氏疏忽。

据《资治通鉴考异》，司马光那段材料盖源于《实录》。成书在《资治通鉴》之前的杜佑《通典》、王溥《唐会要》或它们的前身刘秩《政典》、苏冕《会要》当亦系出于此。[3] 只是司马光在文字上做了修饰，但他把"不许"改为"遂罢之"，却不免使人望文生义，产生错觉，误认为不许韦待价出师时派监军是罢去整个监军制了。[4]

事实说明，武则天此后不久就又派出了御史监军。《资治通鉴》卷204垂拱四年（688）八月，琅邪王冲、越王贞先后起兵，反对武

---

[1]《唐会要》卷62《御史台下·杂录》，第1086页。
[2]《资治通鉴》垂拱三年（687）无十二月，《资治通鉴考异》引《实录》又有十二月命韦待价出师的记载。《新唐书》卷103、《旧唐书》卷75《韦云起附方质传》及《新唐书》卷98、《旧唐书》卷77《韦挺附待价传》于此事均付之阙如。
[3]《唐会要》与《通典》系月不同，说明前书非抄袭后书，而二书文字风格一样，说明它们可能源于同一材料并基本上保持了它的原貌。
[4]《唐会要》卷65《内侍省》："垂拱三年十二月，停御史监军事，在御史台卷。"即指前引那段材料。然此处用"停"字，似亦未当。同条又云："神龙元年（705）以后。始用中官为之。"更不足为据。详见下引《通典》卷29、《新唐书》卷112。

后篡唐，旋相继失败。"及贞败，太后欲悉诛韩、鲁等诸王，命监察御史蓝田苏珦按其密状。珦讯问，皆无明验。或告珦与韩、鲁通谋，太后召珦诘之，珦抗论不回。……乃命珦于河西监军。"[1]此事《新唐书》卷128、《旧唐书》卷100均载于垂拱初，《唐会要》卷62《御史台下·推事》则径作垂拱元年（685）四月，皆大误。因为越王贞起兵和韩、鲁诸王的被杀，均确在垂拱四年（688）无疑，苏珦出监河西军，断不应早于此。

尔后，有关御史监军的记载，仍然不乏其例。《新唐书》卷111《张仁愿传》："武后时，累迁殿中侍御史……王孝杰为吐刺军总管，与吐蕃战不利，仁愿监其军，因入言状，孝杰坐免。擢仁愿侍御史。"[2]此事同书《王孝杰传》系于证圣（695）初，《资治通鉴》卷205系于万岁通天元年（696）三月。

《册府元龟》卷520上《宪官部·弹劾三》："万岁通天二年（697），监察御史孙丞景清边军。战还，画战图以奏，每阵必画丞景躬当矢石，先锋御贼之状。则天叹曰：'御史乃能尽诚如此。'擢拜右肃政台中丞。"[3]

《新唐书》卷112《韩思彦附韩琬传》："拜监察御史，景云初[4]上言……书入，不报。出监河北军。"[5]

凡此可见，御史被派出监军，在韦待价出师后，大有人在。这是武则天未废除监军制的又一证据。

倘若从唐代御史监军制度本身考察，还可以进一步得到佐证。

---

[1]《资治通鉴》卷240，则天垂拱四年（688），第6452页。
[2]《新唐书》卷111《张仁愿传》，第4151页。又见《旧唐书》卷93《张仁愿传》，第2981页。
[3]《册府元龟》卷520上《宪官部·弹劾三》，周勋初等校订，凤凰出版社，2006年，第5905页。又见《新唐书》卷111、《旧唐书》卷93，孙丞景作孙承景，皆不确注年代。
[4]《唐会要》作景云二年，即711年。参见《唐会要》卷62《御史台下·谏诤》，第1077页。
[5]《新唐书》卷112《韩琬传》，第4164—4166页。《太平御览》卷623《治政二》系此事于解琬名下。解琬高宗武后时为监察御史。景云二年（711）则官为朔方军大总管。《太平御览》误。详见岑建功《旧唐书逸文》卷11《韩琬》，文怀沙主编《隋唐文明》第22卷，古吴轩出版社，2005年，第579页。

《通典》卷29《职官一一》云："至隋末，或以御史监军事，大唐亦然，时有其职，非常官也。开元二十年后，并以中官为之，谓之监军使。"[1]可见唐初派御史监军，本来就不是一种经常的制度，多半为承袭隋旧"时有其职"的习惯法。明乎此，韦待价出师时，武则天不许派监军而此后却屡有御史监军的记载，就易于理解了。[2]事实上，在唐初有关御史监军记载中，武则天时期为多。早在光宅元年（684）九月，即武则天掌权的第二年，就下诏："今人物殷烦，区宇遐旷，而所在州县，未能澄肃。可制右肃政御史台一司，其职员一准御史台，专知诸州按察；其旧御史台改左肃政御史台，专知在京有司，及监诸军旅并出使。"[3]其年十月，"徐敬业据扬州作乱，左玉钤卫大将军李孝逸督军讨之，则天诏（魏）元忠监其军事"[4]。说明至少在光宅时，御史监军已被明文规定并得到了实施。难怪韦方质在垂拱中要援引"旧制"了。

要之，尽管武后明知监军之弊，并出于"责将帅有功"的考虑，可以在某次出师时不派监军，但为了加强对武臣的控制，维护其取唐而代之尚不很稳固的统治，她不可能根本废除此制。这种制度直至睿宗景云时还存在，玄宗开元初亦仍其旧。

---

[1]《通典》卷29《职官十一》，第805页。
[2] 武后为何在韦待价这次出师时不派监军？考《旧唐书》本传"则天临朝"，待价官运亨通，出将入相，甚受武后信任。他自己感到"既累登非据，颇不自安，频上表辞职，则天每降优制不许之"。垂拱三年（687）又"上疏请自效戎旅之用"，于是有了那次派遣。估计武后既对待价如此垂青，出师时特诏不派监军，系表示特别信任，以要其死力。
[3] 武则天《改元光宅赦文》，《全唐文》卷96，第994—995页。
[4]《旧唐书》卷92《魏元忠传》，第2951页；《新唐书》卷122《魏元忠传》，第4343页。其年魏元忠为殿中侍御史。

附录三 敦煌唐代"进奏院状"辨

关于"邸报"是不是中国古代的报纸,这是学术界一个有争议的问题。占上风的意见认为"邸报"就是古代的报纸,其主要根据是唐人孙樵的《读开元杂报》和其他一些相关记载。最近有的报史专家撰文论证编号为S1156的敦煌文书"进奏院状"就是"邸报",认为:"这份'进奏院状'发报于唐僖宗光启三年,即公元887年,距今约1100年。在举世闻名的'开元杂报'已经杳不可寻的今天,它已经成为世界上现存的最古老的一份报纸了。"[1]这是一桩新闻史上的大案!因此在新闻界反应尤其强烈。《光明日报》在头版位置加以报道。有些报纸的新闻标题赫然大书:"世界上现存最古老的报纸《进奏院状》发行于887年。"[2]

然而,这实际上是违背历史事实的莫大误会!本文将首先对敦煌"进奏院状"文书进行介绍和考释,进而论证"进奏院状"不是报纸,"开元杂报"也并非邸报,与古代的报纸更是完全不相涉的。

一 两份"进奏院状"

从目前已知的著录状况看,今存敦煌出土的唐代"进奏院状"是两份而不是一份。一份是英人斯坦因劫去的,现存英国伦敦不列

---

[1] 方汉奇《从不列颠图书馆藏唐归义军"进奏院状"看中国古代的报纸》,中国人民大学新闻系《新闻学论集》编辑组编《新闻学论集》第5辑,中国人民大学出版社,1983年,第96页。
[2] 《羊城晚报》,1982年10月16日。

颠博物院，编号为 S.1156，这就是上面被人们提到的那份"进奏院状"。另一份是法人伯希和劫去的，现存法国巴黎国立图书馆，编号为 P.3547，这份卷子字迹清晰，行款也较完整，年代当在唐僖宗乾符年间（874—879），详下。比那份被称作"世界上最早的报纸"的进奏院状还要早。

这两份卷子都不长。S.1156 号文书，方文曾托人据原件转录，但经查对原文照片[1]，仍发现有不少增字、脱字和误识、误断方面的错误。P.3547 号文书，过去还很少有人加以研究，池田温曾在《中国古代籍帐研究》一书中加以著录，但其所拟标题则是错误的。以下分别对这两份文书进行著录和考说。

（一）S.1156 号文书

甲、录文

1．进奏院　　　　　　　状上
2．当道三般专使所论旌节次第逐件具录如后：
3．右伏自光启三年二月十七日专使押衙宋闰盈、高
4．再盛、张文彻等三般同到兴元
5．驾前。十八日使　进奏。十九日　对。廿日参见四
6．宰相、两军容及长官，兼送状启信物。其日面见
7．军容、长官、宰相之时，张文彻、高再盛、史文信、宋闰盈、
8．李伯盈同行□定。宋闰盈出班　只对叩击，具说
9．本使一门拓边效顺，训袭义兵，朝朝战敌，为
10．国输忠，请准旧例建节，廿余年　朝廷不以
11．指扢，今因遣闰盈等三般六十余人论节来者
12．如此件不获绝商量，即恐边塞难安，专使

---

[1] 以下两件文书的照片，均系邓文宽兄提供，谨志谢忱。

13. 实无归路。军容、宰相处分:"缘
14. 驾回日近,专使但先发于凤翔祗候,侍
15. 銮驾到,即与 指扐者。"至廿二日,夷则以专使同行
16. 发来。三月一日却到凤翔。四日驾入。五日遇寒
17. 食,至八日假开,遣参 宰相、长官、军容。九日便遣
18. 李伯盈修状四纸,同入中书,见 宰相论节,其日,宋
19. 闰盈恳苦再三说道理。却到驿内,其张文彻、王忠忠、
20. 范欺忠、段意意等四人,言路次危险,不用论节,且领
21. 取回 诏,随韩相公兵马相逐归去,平善得达
22. 沙州,岂不是好事者。其宋闰盈、高再盛、史文信、李伯盈
23. 等不肯。言:"此时不为 本使恳苦论节将去,虚
24. 破 仆射心力,修文写表万遍差人,涉厉沙碛,
25. 终是不了。"至十一日,又遣李伯盈修状四纸,经
26. 宰相过。至十三日,又遣李伯盈修状七纸,经四
27. 相公,两军容及长官过,兼宋闰盈□说道理。言:
28. "留状商量。"中间三日不过文状。至十七日,又遣李伯盈
29. 修状五纸,经四 宰相过,及见 长官,亦留状,不
30. 蒙 处分。中间又两日停。至廿日,又遣李伯盈修
31. 状七纸,经四 宰相、两军容及长官过。亦宋闰盈
32. 说道理。亦言:"留状"。见数日不得 指扐,其张文彻、
33. 王忠忠、范欺忠、段意意等,便高声唱快。又言:"趁韩相公
34. 兵马去者。"便招召三行官健,遣一齐乱语,称:"不发待甚者!"
35. 待甚者!"宋闰盈、高再盛、史文信、李伯盈等言:"颇耐
36. 煞人!我不得旌节,死亦不去!"夷则见他三行言语纷

37. 纭，抛却遂出驿来，又遣李伯盈修状五纸，见四
38. 宰相及长官。苦着言语，痛说理害。言："此件不赐
39. 旌节，三般专使誓不归还者。"其　宰相、长官依稀
40. 似许。其宋闺盈、高再盛、史文信、李伯盈等遂遣
41. 夷则、通彻求嘱得堂头要人，一切□称以作主，检
42. 例成持与节及官告者。遂将人事数目立一文书
43. 呈过，兼设言约，其日商量人事之时，三行军将
44. 官健一人不少总言相随论节，只有张文彻、王忠忠、
45. 范欺忠、段意意等四人不肯，言："终不相随。"其张
文彻
46. 就驿共宋闺盈相诤。其四人言："仆射有甚功
47. 劳，觅他旌节？二十年已前，多少楼罗人来论节
48. 不得，如今信这两三个憨屡生，悗沸万劫，不到家
49. 乡，从他宋闺盈、高再盛、史文信、李伯盈等诈祖乾圣，
50. 在后论节，我则亲自下卦看卜解圣，也不得旌节。
51. 待你得节，我四人以头倒行。"夷则见张文彻等四人
52. 非常恶口秽言，苦道不要论节，亦劝谏宋闺盈、李伯
53. 盈等荣则同荣，辱则同辱，一般沙州受职，其
54. 张文彻、王忠忠、范欺忠、段意意等四人，上自不怕
55. 仆射，不肯论节，一齐抛却发去，有何不得？其宋闺
56. 盈、高再盛、史文信、李伯盈等四人以死不肯。言：
"身死
57. 闲事，九族何孤。节度使威严不怕，争得我四人　如
58. 不得节者，死亦不归者。"夷则见他四人言语苦切，同见
59. 堂头要人，子细商量。言："不用疑惑，但频过状，我与
60. 成持。"至廿三日，又遣李伯盈修状四纸，经宰相
（下阙）

乙、考释

从这份文书的残存部分看，所记为唐僖宗光启三年（887）二月到三月间的事情，虽然下面阙文部分内容不详，但其写作年代当距此不久。英国学者翟理斯在整理英伦敦煌卷子时曾考证"此状为索勋请授节度使之文书"[1]，显然是错误的。因为它显然是归义军进奏院给本道的状文，翟氏斯论，当是不了解进奏院是本道在长安的派出机关的缘故。再说，这时归义军主帅是张义潮之侄张淮深。从懿宗咸通八年（867）张义潮入朝长安，张淮深即任归义军节度留后，至大顺元年（890）才为索勋所害。这份文书反映了张淮深连续三次派使节来长安请求旌节的活动情况。

从文书中我们很容易判定这位归义军进奏官亦即本文书的作者，名叫夷则，方文认为夷则是张义潮之兄义泽的"简写或别写"[2]，这种推测是站不住脚的。进奏官又称邸吏，一般由比较低级的军将担任，很难想象张义泽从大中五年（851）奉十一州户口图籍入朝之后的三十六年，一直在长安担任邸吏（其弟义潮早在咸通十三年，即872年亡故），何况那种"同音假借"也是完全没有根据的。

文书中几次提到的四宰相、两军容和长官。四宰相，唐长孺先生已据《新唐书·宰相表》和《资治通鉴》辨其为韦昭度、孔纬、杜让能和郑从谠。[3]唐代"军容"既可指朝廷宦官充任的观军容使，也可指地方之监军使和中央的左右神策军中尉，在此当指两中尉田令孜和西门思恭。"长官"当然可以泛指一切官署部门的首长，但此处当特指御史台长官。因为唐代邸官是受御史台约束的。宪宗曾有旨谕进奏院说："自今诸道进奉，无得申御史台。"[4]后唐时御史台官

---

[1] 商务印书馆编《敦煌遗书总目索引》，商务印书馆，1962年，第132页。
[2] 方汉奇《从不列颠图书馆藏唐归义军"进奏院状"看中国古代的报纸》，《新闻学论集》第5辑，第105页。
[3] 参见唐长孺《关于归义军节度的几种资料跋》，《中华文史论丛》第1辑，上海古籍出版社，1962年，第295页。
[4] 《资治通鉴》卷237，唐宪宗元和四年（809）四月，第7658页。

吏认为："朝廷在长安日,进奏官见大夫、中丞,如胥吏见长官之礼。"[1]皆可为证。

这份归义军进奏院状向本道报告了当道所遣宋闰盈、高再盛、张文彻三批专使一行六十余人在京求取旌节的情况。据 S. 2589 号文书中和四年（884）十一月一日肃州防戍都营田使汉君县县丞张胜君等状的报告,有"宋闰盈一行□凉州未发"的话,当是沙州使节前往长安途中的事。[2]宋闰盈等第一批节使至少在途中滞留了四年之久,则其他两批使臣当时是相继派至的,也许他们在凉州会合后才一道于光启三年（887）二月抵达。其时正值河东节度使李克用、河中节度使王重荣与天子交恶,进逼长安,僖宗避遁兴元府。唐代天子逃难,进奏官亦随之而往,称为"行在进奏"[3]。三批专使在本道进奏官夷则的帮助下见到了宰相、中尉和御史台长官。三月初又经凤翔回到长安。

三月五日,是寒食节,照例得放假。至三月八日假开后,从九日、十一日、十三日、十七日、二十日、二十三日连连修状请节,皆被敷衍而过。其间使者内部分成两派,宋闰盈、高再盛等为一派,坚决请节,表示"如不得节,死亦不归";张文彻、王忠忠等为一派,主张回沙州,说是如能得到旌节,"我四人以头倒行"。这里值得注意的是,宋闰盈、高再盛是第一、二批专使,出离沙州当较早,张文彻是最后派出的专使,离开沙州应较晚。光启三年距张淮深被杀不过三年时间,张淮深政权内部的矛盾和不稳定,张文彻比前两批专使应该更为清楚,这也许是张文彻等"上自不怕仆射,不肯论节"的一个原因吧。

（二）P. 3547 号文书

甲、录文

---

[1]《五代会要》卷17《御史中丞》,第223页。
[2] 参见唐长孺《关于归义军节度的几种资料跋》,《中华文史论丛》第1辑,第279页。
[3] 参见崔致远《曹鹏知行在进奏补充节度押衙》,《桂苑笔耕集校注》卷14,第484页。

1. 上都进奏院　　　　　　状上
2. 当道贺正专使押衙阴信均等，押进奉：表函一封、
3. 玉一团、羚羊角一角、犛牛尾一角，十二月廿七日晚到院，
4. 廿九日进奏讫。谨具专使上下共廿九人，到院安下，
5. 及于灵州勒住人数，分析如后：
6. 一十三人到院安下。
7. 押衙阴信均　张怀普　张怀德　衙前兵
8. 兵马使曹光进　罗神政　刘再升　邓加兴
9. 阴公遂　阴宁君　翟善住　十将康文胜
10. 长行王养养　安再晟。
11. 一十六人灵州勒住。
12. 衙前兵马使杨再晟　十将段英贤　邓海君
13. 索赞忠　唐叔达　长行一十一人。
14. 一、上四相公书启各一封、信二角。
15. 王相公　卢相公不受，并却付专使阴信均讫。
16. 郑相公就　宅送受将讫。
17. 一厅阙，其书信元在阴信均处。
18. 一、奏论请赐节事，正月廿五日奉　敕牒，宜令
19. 更详前后　诏敕处分者。其　敕牒一封
20. 谨封送上。
21. 一、贺正专使押衙阴信均　副使张怀普等二人，正
22. 月廿五日召于　三殿对设讫。并不赴对及
23. 在灵州勒住军将长行等，各赐分物锦彩
24. 银器衣等。
25. 押衙三人：各十五匹，银腕各一口，熟线绫绵衣各一副。
26. 军将十三人：各一十匹，银屈卮各一枚，杨绫绵衣各一副。

附录三　敦煌唐代"进奏院状"辨　　267

27．长行十三人：各五匹、绝绵衣各一副。

28．一、恩赐答恩及寄信分物等。

29．尚书答信物七十匹，寄信物五十匹，衣一副、

30．银檛一具、银盖碗一具、敕书一封。

31．判官一人、都押衙一人、各物廿匹、衣一副、银碗一口。

32．军将一十八人内

33．五人，各一十五匹，衣一副。

34．五人各一十匹，衣一副。

35．八人，各七匹。

36．已上赐物二月十六日于客省请领到院

37．元有皮袋盛，内记木牌子，兼有

38．司徒重印记全。

39．一、赐贺正专使阴信均等上下廿九人，驼马价：

40．绢，每人各册三匹三丈三尺六寸，三月廿一日

41．请领讫。

42．南公佐状一封。

43．右谨具如前。其　敕书牒并寄信匹段，并

44．专使押衙阴信均等押领。四月十一日发离院

45．讫。到日伏乞准此申　上交纳，谨录状上。

46．牒件状如前，谨牒。

47．年　月　日　署名　谨状[1]

乙、考释

这份文书的年代模糊不可辨识。原件无标题，有沙州印之朱记。池田温先生署题为"唐乾符年间？（874—879？）归义军上都进奏

---

[1] 池田温先生于署名处填以"都统阴信均"字样，似未当，详后。

院贺正使押衙阴信均状"[1]。我们不清楚池田先生的根据是什么。按文书中提到上田相公书的事，相公指宰相，考自大中以后，一朝有王、卢、郑三姓为相者只有僖宗一朝，而王、卢、郑三姓同时为相，则仅限于乾符四年（877）闰二月至五年（878）五月期间。文书中提到贺正专使十二月二十七日抵进奏院，四月十一日离京，其月份正与王、卢、郑三相同时在任期间合，因此，这份文书的写作年代可能即在乾符五年，即公元878年，比S.1156号文书早九年。再从文书中把归义军藩帅称"尚书"，而前举S.1156号文书称仆射，亦可见它的年代应在S.1156之前。

值得注意的是，乾符五年（878）距咸通十三年（872）张义潮死、张淮深即位为留后仅相差六年，这件文书中提到贺正使请旌节事，与前举S.1156号文书中"三般专使"请旌节的气氛大不相同，这可能是因为张义潮刚死、张淮深新继其政不久的缘故。当时朝廷"敕牒"的表态是"宜令更详前后诏敕处分"，这份敕牒据状文所记是被带回到沙州了的，可惜不可见。但是，从文意看还是没有领到旌节，这也可以印证前举S.1156号文书中从二十年前就有"多少搂罗人来论节不得"的话。

文书中作者的署名已不可识，但池田温先生认为是归义军贺正使阴信均，则是错误的。因为这是一份进奏院向本道藩帅反映贺正专使阴信均等一行在京活动情况的状文，其作者只能是归义军在上都进奏院的官员，文中"当道贺正专使阴信均等……到院安下"云云，清楚地反映了这一点。文书提到阴信均离京返本道时所携带的物件中有"南公佐状一封"，"南公"为复姓，无疑这位南公就是归义军进奏院官，亦即本文的作者，而这个"状一封"也许就是指的这份让贺正专使捎回的进奏院状。

关于"贺正使"。这是诸道派往中央的一个使职。"正"指正月

---

[1] 池田温《中国古代籍帐研究》，中华书局，1984年，第582页。

元旦，这一天朝廷要举行盛大的庆祝仪式。唐初诸州派的朝集使当兼有贺正之职，后来诸道亦遣使贺正，称为贺正使。天宝六载（747）十二月二十七日中书门下奏："承前，诸道差使贺正，十二月早到，或有先见，或有不见，其所贺正表，但送省司，又不通进，因循日久，于礼全乖。望自今以后，应贺正使，并取元日，随京官例，序立便见，通事舍人奏知。其表直送四方馆，元日伏（？仗）下候（？后）一时同进。"[1]这种贺正礼仪一直到唐后期还存在。穆宗长庆四年（824）正月一日德音中宣布对诸道贺正使"赐勋一转"[2]，"进奏院状"关于朝廷对贺正使赐以绵彩、银器、衣服的事，应当也是有前例的。

唐代后期诸道进奏频繁，其中有一项就是正（正旦）、至（冬至）、降诞（皇帝生日）等节日进奉，元和十二年（817）八月，宪宗即颁布过一份"罢正至进奉敕"[3]。这份"进奏院状"中提到贺正专使"进奉：表函一封、玉一团、羚羊角一角、牛尾一角"，"表函"当即贺正表，其余物件则无疑是正旦日的进奉。

归义军贺正专使一行29人，其中押衙3人，衙前兵马使8人，十将5人，长行13人。押衙、衙前兵马使、十将都是藩镇军府将校，"长行"即长行官健，是兵士。其中13人在贺正使阴信均、副使张怀普带领下于十二月二十七日到进奏院安下，余16人于灵州勒住。

状文把贺正使在京活动分为五项做了报告。一是上四相公书。二是请赐旌节事及朝廷的答复。三是正月二十五日贺正使、副使受到皇帝的召见并获得赐物名数。四是朝廷对归义军将领的赐物内容，这些赐物用皮袋盛装，是二月十六日从客省领到进奏院的。"客省"是代宗永泰中于鸿胪寺设置的一个机构，有时地方进京官员及外族

---

[1]《唐会要》卷24《受朝贺》，第457页；唐玄宗《命诸道贺正表随京官元日同进敕》，《全唐文》卷36，第396页。
[2]《长庆四年正月一日德音》，《唐大诏令集》卷85《政事》，中华书局，2008年，第486页。
[3]《罢正至进奉敕》，《唐大诏令集》卷80，第458页。

使节亦待命于此,有客省使、副使主其事。[1]第五件事是赐给贺正使上下二十九人的驼马价,可能这是为了酬劳和补充路途中的马力消耗。另外,文书最后指出阴信均等一行离院出发日期,请到本道日按前记内容"申上交纳"。

二 "进奏院状"是公文不是报纸

从以上对两份"进奏院状"的介绍中,已经可以清楚地看出,它只能是公文而不是报纸。在这里,我们有必要简单介绍一下进奏院及其"报事"制度。

进奏院是唐代藩镇设在长安的一个办事机构,以进奏官主之。其前称是上都留后务或称邸务,大概是安史之乱期间设置的,它与唐前期诸州邸舍完全是两码事,大历十二年(777)上都留务改为上都进奏院,留后使也改名进奏院官。[2]我们从徐松的《唐两京城坊考》里能找到许多进奏院的所在地。[3]进奏院的职能很多,"宾属受辞而来使,旅贲奉章而上谒"[4],说的是诸道进京官员得以进奏院为联络地,前面两份进奏院文书中"三般专使"和"贺正专使"在京的活动便证明了这一点。另外一个重要职能就是传递诏令文牒,称为"报事",所谓"闻白启导,属在留邸"[5]。白居易曾就襄阳节度使裴均在前月三日降德音禁诸道进奉后、竟于二十六日仍然进奉一

---

[1] 参见《唐会要》卷66《鸿胪寺》,第1151—1152页;孙逢吉《职官分纪》卷44《客省》,中华书局,1988年,第815页;高承《事物纪原》卷6《客省使》,李果订,金圆等点校,中华书局,1989年,第291页。
[2] 参见拙著《唐代进奏院考略》,见《文史》第18辑,中华书局,1983年,第83—84页。
[3] 参见徐松《唐两京城坊考》卷2《西京》"务本坊"条、"崇义坊"条、"长兴坊"条;同书卷三,《西京》"永兴坊"条、"崇仁坊"条、"平康坊"条、"宣阳坊"条、"胜业坊"条、"靖恭坊"条。参见徐松《增订唐两京城坊考》,李健超增订,三秦出版社,2006年,第39—155页。
[4] 柳宗元《邠宁进奏院记》,《柳宗元集》卷26,中华书局,1979年,第713页。
[5] 杜牧《景思齐授官知宣武军进奏官制》,《杜牧集系年校注》,第1116页。

事说:"准诸道进奏院报事例,不过四五日。"[1]这种"报事",是传递诏令、文牒,报告情况的意思,与新闻纸完全是两回事。不管我们怎样强调报纸的原始形态如何不同于后来的新闻纸,都不应该把官府公文信件作为报纸的起源。

像"进奏院状"这样的公文,其作者是唯一的——上都进奏院官,所反映的内容是个别的,都是归义军使者在京师的活动情况;其"发行"的份数也是唯一的,因为归义军进奏官不可能向其他藩镇发出同样的公文;即使其他进奏院官也把归义军使者来京的情况报告本道,那也只能是另外一种形式的公文。其"发行"对象也是唯一的,那就是本道藩帅,尽管本道幕僚亦能获睹。

从"进奏院状"的行文款式看,它与唐代其他同类公文完全相同。《旧唐书》卷43《职官志二》:"凡下之所以达上,其制亦有六,曰表、状、笺、启、辞、牒。"[2]又曰:"凡下之通上,其制有六,一曰奏抄,二曰奏弹,三曰露布,四曰议,五曰表,六曰状。"[3]可见,所谓"进奏院状"的"状"本身是唐代下级向上级报告情况的一种公文形式。因此,进奏院给本镇报告的公文,固然可称"状报",如《李义山文集》卷1《为濮阳公论皇太子表》:"臣得本道进奏院状报。"[4]《刘禹锡集》卷16《慰淄王薨表》:"臣得进奏官杨惕状报。"[5]又或称"报状"[6]、"报"[7]。但其他下级对上级的公文亦可称"状报"或"报状",如《全唐文》卷541令狐楚《为人作谢赐行营将士匹段并设料等物状》:"臣得行营兵马使李黯状报。"[8]《唐会要》

---

[1] 白居易《论裴均进奉银器状》,《白居易文集校注》卷21,第1226页。
[2] 《旧唐书》卷43《职官志二》,第1817页。
[3] 《旧唐书》卷43《职官志二》,第1824页。
[4] 李商隐《为濮阳公论皇太子表》,《李商隐文编年校注》卷1,刘学锴等校注,中华书局,2002年,第231页。
[5] 刘禹锡《慰淄王薨表》,《刘禹锡集》卷16,第196页。
[6] 于邵《为崔仆射陈情表》,《全唐文》卷425,第4331页。
[7] 柳宗元《贺诛淄青逆贼李师道状》,《柳宗元集》卷39,第1031页。
[8] 令狐楚《为人作谢赐行营将士匹段并设料等物状》,《全唐文》卷541,第5491页。

卷78《诸使杂录上》，长庆四年（824）二月敕："诸道节度使去任日……其交割状，限新人到任后一个月内，分析闻奏，并报中书门下。据替限，委中书门下据报状磨勘闻奏。"[1]这种"状"或"状报"的格式基本上是一样的。不仅唐代各种状文的格式如出一辙，而且，宋初的"公状之制"亦仍唐旧。可见，唐代进奏院状报，无论从内容还是形式，从实物还是记载，都只能是一个十足的官府公文，与报纸是毫无共同之处的。

最后，我们再就所谓"开元杂报"和"邸报"的问题略做辨析。孙樵《孙可之文集》卷10《读开元杂报》：

> 樵曩于襄汉间得数十幅书，系日条事，不立首末。其略曰：某日皇帝亲耕籍田，行九推礼；某日百僚行大射礼于安福楼南；某日安北诸蕃君长请扈从封禅；某日皇帝自东封还，赏赐有差；某日宣政门宰相与百僚廷争，十刻罢；如此凡数十百条。樵当时未知何等书，徒以为朝廷近所行事。（中略）有知书者自外来曰："此皆开元政事，盖当时条布于外者。"樵后得《开元录》验之，条条可复云。然尚以为前朝所行，不当尽为坠典，及来长安，日见条报朝廷事者，徒曰：今日除某官，明日授某官，今日幸于某，明日畋于某。诚不类数十幅书。（中略）是岁大中五年也。[2]

细读全文，可知孙樵压根儿就没说他所见到的那些文书是"邸报"，所谓"开元杂报"也只是作者所加的标题，并非那"数十幅书"原来的名称；所谓"条报"犹如前文中"条布"，是动词而非名词。说"开元杂报"即"邸报"，邸报又名"条报""杂报"，真不知

---

[1]《唐会要》卷78《诸使杂录上》，第1443页。
[2] 孙樵《读开元杂报》，《孙可之文集》卷10，上海古籍出版社，1994年，第85—87页。

道是从何说起。再进一步说,"邸报"之"邸"即上都进奏院,它是在安史之乱期间才设置的一个诸道在京的办事处,开元时还根本不存在[1],哪里会有它"发行"的所谓邸报呢?

唐制,宰相议政,于政事堂讨论,经皇帝画敕后,"然后政事堂出牒布于外"[2]。而使孙樵释惑的知书者也说:"此皆开元政事,盖当时条布于外者",可见那"系日条事"的文书,很可能是当时朝廷"条布"于外的公告。后来孙樵赴长安"日见条报朝廷事者",显然也反映了这一典制,与邸报云云绝非一回事。近人又传江陵杨氏藏有"开元杂报"七叶,为唐人雕本。[3]"开元杂报"不是专名,上面亦无开元字样,故一千年前的孙樵见之尚"未知何等书",杨氏怎么知道它就是"开元杂报"?原物无征,学者已不之信。[4]

另外,还有一则关于唐代邸报的记载,是与著名诗人韩翃的逸事联系在一起的。此事《全唐诗话》《唐诗纪事》皆有记载[5],但《全唐诗话》虽题尤袤撰,实则廖莹中剽窃《唐诗纪事》而成,故可撇开不论。《唐诗纪事》卷30"韩翃"条有"邸报制诰阙人"[6]之语,被后人据为"邸报"一词之最早记载。[7]然考《唐诗纪事》乃南宋人计有功所撰,本出于唐人孟棨《本事诗·情感第一》。该书记韩翃在宣武幕下郁郁不得志,一天夜晚,同僚韦某兴冲冲地前来叩门贺喜云:"员外除驾部郎中、知制诰。"韩(翃)大愕然曰:"必无此事,定误矣。"韦就座,曰:"留邸状报:制诰阙人,中书两进名,御笔不点出,又请之,且求圣旨所与,德宗批曰:'与韩翃'。"[8]

---

[1] 参见拙著《唐代进奏院考略》,《文史》第18辑,第84—85页。
[2] 宋敏求《春明退朝录》卷下,诚刚点校,中华书局,1980年,第47页。
[3] 参见孙毓修《中国雕板源流考》,上海书店,1990年,第2页。
[4] 参见张秀民《中国印刷术的发明及其影响》,人民出版社,1958年,第37页。
[5] 尤袤《全唐诗话》卷2《韩翃》,丛书集成初编本,中华书局,1958年,第29—30页。计有功《唐诗纪事》卷30《韩翃》,王仲镛校笺,中华书局,2007年,第1038页。
[6] 计有功《唐诗纪事》卷30《韩翃》,第1038页。
[7] 参见顾炎武《日知录集释》卷28《邸报》,黄汝成集释,栾保群校点,中华书局,2020年,第1431页。
[8] 孟棨《本事诗·情感第一》,董希平评注,中华书局,2014年,第39页。

由此可见,"邸报"乃"留邸状报"的简称。计有功采宋语入书,故改"留邸状报"为"邸报",实则在唐代是尚不见有"邸报"这个名词的。

总而言之,"开元杂报"是政府公告而不是邸报;"邸报"在唐代也许尚未成词;唐代"进奏院状"只是各自发回本镇的公函而已,视为最早的报纸或报刊的滥觞,都是不相宜的。

附录四　唐代藩镇动乱年表

说明：

一、《新唐书·方镇表》列地理改易；吴廷燮《唐方镇年表》，记人事变更（王寿南《唐代藩镇与中央关系之研究》附录对此做了新的排比考订）；本表则记一代之藩镇动乱。

二、本表所记，以《资治通鉴》为准。凡民变、禁军哗变而事不涉藩镇者不记。黄巢起义以后，藩镇之间互相攻伐无虚日，概不入录，而州镇内部兵乱则收记之。

三、每则动乱大体节录《资治通鉴》原文，叙明动乱起因与结局，动乱过程则尽量简省。

玄宗
天宝九载　　750年

朔方节度使张齐丘给粮失宜，军士怒，殴其判官，兵马使郭子仪以身捍齐丘，乃免。

肃宗
至德二载　　757年

正月，剑南兵贾秀等五千人谋反，七月，行营健儿李季、蜀郡兵郭千仞反，皆被平定。

正月，河西兵马使盖庭伦等杀节度使周泌，集众六万。支度判官崔称与中使刘日新平定之。

乾元元年　　　758年

三月，镇西北庭行营节度使李嗣业屯河内。北庭兵马使王惟良谋作乱，嗣业与裨将荔非元礼讨诛之。

十二月，平卢节度使王玄志死，肃宗遣中使往察军中所欲立者。裨将李怀玉杀玄志之子而立侯希逸，朝廷因而授之。节度使由军士废立自此始。

二年　　　759年

八月，襄州将康楚元，张嘉延据州作乱，刺史王政奔荆州。楚元自称南楚霸王。九月，张嘉延破荆州。楚元等众至万余人。十一月，商州刺史、荆襄等道租庸使韦伦发兵讨平之。

上元元年　　　760年

四月，襄州将张维瑾、曹玠杀节度使史翙，据州反。以陕西节度使来瑱为山南东道节度使。瑱至襄州，张维瑾等皆降。

十一月，宋州刺史兼淮西节度副使刘展为节度使王仲昇、监军使邢延恩所谮间，遂起兵反，连下广陵及润、宣、杭、苏、湖、常等东南州县。命平卢都知兵马使田神功讨刘展。次年正月，刘展败死。

二年　　　761年

四月，梓州刺史段子璋从玄宗在蜀有功，东川节度使李奂奏替之。子璋举兵，下绵、遂二州，自称梁王，改元黄元，以绵州为龙安府，置百官，又陷剑州。五月，西川节度使崔光远与李奂共讨平之。

十月，楚州牙将高干诬刺史李藏用谋反，袭杀之。

代宗

宝应元年　　　762年

二月（建卯月），河东节度使邓景山为政苛察，为部下所杀。诸将请以都知兵马使代州刺史辛云京为帅，朝廷许之。云京推按杀景山者，诛数十人。

二月，绛州素无积蓄，将士粮赐不充，军中咨怨。突将王元振作乱，杀朔方等诸道行营都统李国贞。时镇西北庭行营兵屯于翼城，亦杀节度使荔非元礼，推裨将白孝德为节度使。肃宗发京师绢四万匹、布五万端、米六万石以给绛州军，以郭子仪为帅往镇之。子仪杀王元振。

宝应元年　　762年

七月，剑南兵马使徐知道反，以兵守要害，拒朝廷所除西川节度使严武。八月，徐知道为其将李忠厚所杀，剑南平。

广德元年　　763年

正月，山南东道节度使来瑱坐削官爵，赐死。军乱，分成属州诸将皆回兵襄阳。众推梁崇义为帅。朝廷因而命之。

六月，同华节度使李怀让为宦官程元振谮，恐惧自杀。

十二月，宦官市舶使吕太一逐岭南节度使张休，纵下大掠广州。

同年，朔方、河北副元帅仆固怀恩反，代宗起郭子仪等讨之。怀恩引吐蕃、回纥、党项之众寇边。凡历三年，永泰元年（765）怀恩死。

二年　　764年

二月，朔方行营节度使仆固玚从其父怀恩反，十将白玉、焦晖帅众攻杀之。

九月，河中尹兼节度副使崔寓发镇兵西御吐蕃，为法不一。镇兵作乱，掠官府及居民，终夕乃定。

永泰元年　　765年

七月，平卢淄青节度使侯希逸好游畋，营塔寺，军州苦之，兵马使李怀玉得众心。军士逐希逸，奉怀玉为帅。朝廷因以怀玉为留后，赐名正己。

闰十月，西川节度使郭英义残暴，西山兵马使崔旰起兵杀之。邛、泸、剑州牙将各起兵讨旰，蜀中大乱。

大历二年　　767年

正月，密诏郭子仪讨同华节度使周智光。智光"聚亡命无赖，众至数万，纵其剽掠以悦其心"。擅留关中漕米，拦劫藩镇贡献。又杀陕州监军。及被讨，智光部下皆离心，华州牙将姚怀等杀之。

三年　　768年

二月，商州兵马使刘洽杀防御使殷仲卿，寻讨平之。

六月，幽州兵马使朱希彩、经略副使朱泚及弟滔共杀节度使李怀仙，希彩自称留后。成德节度使李宝臣讨之，不克。代宗以宰相王缙为节度使，希彩副之。缙度终不能制，劳军而还。十一月，遂以希彩为节度使。

九月，颍州刺史李岵以事忤滑亳节度使令狐彰，彰使判官姚奭代之。岵激怒将士，杀姚奭等百余人。岵走依田神功于汴州。次年正月，诏赐李岵死。

十二月，诏马璘将四镇北庭兵自邠宁徙镇泾原，时四镇北庭兵以久羁旅，数迁徙，皆怨诽。刀斧兵马使王童之谋作乱。都虞候段秀实捕童之及其党八人，皆斩之。遂徙于泾。

十二月，平卢行军司马许杲将卒三千人驻濠州不去，有窥淮南意，寻为其将康自劝所逐。自劝拥兵继掠，和州刺史、行营防御使张万福讨平之。

四年　　769年

六月，郭子仪自河中迁于邠州，其精兵皆自随。军士久家河中，颇不乐迁，往往自邠逃归，行军司马严郢悉捕得，诛其渠帅，众心乃定。

九月，河东节度使王缙遣兵马使王无纵、张奉璋将步骑三千人诣盐州防秋。二人逗留不进，王缙擒斩之。

五年　　770年

二月，凤翔节度使李抱玉徙镇山南西道，军士愤怒，大掠坊市，数日乃定。

四月，湖南兵马使臧玠构乱，杀观察使崔瓘，朝廷以禁军大将辛京杲为湖南观察使。

七年　　772年

七月，卢龙节度使朱希彩残虐士卒，孔目官李怀瑗因众怒杀之。众推经略副使朱泚为帅。十月，朝廷命为节度使。

八年　　773年

正月，相卫节度使薛嵩死，将士胁其子薛平为帅，平伪许之；既而让其叔父崿，夜奉父丧逃归乡里。朝廷命崿知留后。

二月，永平军节度使令狐彰死，将士欲胁其子建为帅。建誓死不从，举家西归，诏以李勉为永平节度使。

九月，岭南裨将哥舒晃杀其帅吕崇贲。

九年　　774年

二月，徐州军乱，刺史梁乘逾城走。

二月，汴宋节度使田神功死，其防秋兵千五百人盗库财溃归，诏以神功弟神玉知汴宋留后。

十年　　　775年

正月，昭义兵马使裴志清逐留后薛嵩，帅其众归田承嗣。承嗣乘机袭取相卫四州之地。代宗发河东、成德、幽州、淄青、淮西、永平、汴宋、河阳、泽潞诸道兵进讨。越二年不克，不得已而赦之。

二月，河阳三城使常休明苛刻少恩，为军士所逐，奉兵马使王惟恭为帅，大掠数日乃定。监军冉庭兰抚慰之。次年三月，军复乱，逐监军冉庭兰出城。庭兰成备而入，诛乱者数十人。

三月，陕州军乱，逐兵马使赵令珍，观察使李国清遍拜将士，乃得脱去。军士大掠库物。

十一年　　　776年

五月，汴宋留后田神玉死，都虞候李灵曜杀兵马使、濮州刺史孟鉴，北结田承嗣为援，悉以其党为管内刺史县令，欲效河北藩镇。八月，诏淮西、永平、河阳等诸道兵进讨，十月讨平之。

十二月，泾原节度使马璘病危，都虞候史廷干、兵马使崔珍、十将张景华谋因丧作乱，行车司马段秀实严兵以备，未遂。

十三年　　　778年

三月，回纥使还经河中，朔方驻屯将士掠其辎重，因大掠坊市。

十二月，郭子仪入朝，朔方河东都虞候李怀光与监军谋代其位，欲诛大将温儒雅等为乱，未遂。

十四年　　　779年

三月，淮西节度使李忠臣贪残好色，将吏妻女美者，多逼淫之，悉以军政委妹婿副使张惠光。惠光挟势横暴，其子为牙将，暴横更甚。左厢都虞候李希烈为众所服。希烈与大将丁暠等杀惠光父子而逐忠臣。朝廷命希烈为留后。

三月，河东副元帅留后部将凌正谋作乱，未遂。河中尹王翃诛之。

德宗

大历十四年　　779年

八月，李怀光为邠宁节度使，诸将史抗、温儒雅等不服。怀光发兵防秋，屯长武城，军令不行。怀光遣其宿卫，既而使人追杀之。

建中元年　　780年

二月，征泾原节度使段秀实为司农卿，以邠宁节度使李怀光兼泾原帅，使移军原州。泾州将士不乐迁徙，又惧怀光军令严酷。泾州别驾刘文喜因而为乱，求旌节。德宗不许。五月，文喜为部下所杀。

七月，先是湖南牙将王国良戍外镇，观察使贪其家富，以死罪加之。王国良据县叛，集兵千人，连年讨之不克。至是观察使曹王皋招降之，诏赦其罪，赐名惟新。

二年　　781年

正月，成德节度使李宝臣死，传位于其子惟岳，德宗发兵讨之。魏博节度使田悦、淄青节度使李正己、山南东道节度使梁崇义连兵拒命。是年七月，淄青李正己死，子李纳擅袭父位。朝廷又讨之。次年闰正月，成德兵马使王武俊杀惟岳归降，河北几平。

二月，振武节度使彭令芳苛虐，监军刘惠光贪婪，军士共杀之。

三年　　782年

二月，唐军讨河北略定，唯魏州未下，淄青李纳势穷蹙。朝廷瓜分成德地分属张孝忠、王武俊、康日知等将，幽州朱滔以未得深州而不满，田悦乘机煽动反叛。于是朱滔、田悦、王武俊、李纳等连兵叛乱，十一月又分别自称冀王、魏王、赵王、齐王，号为四国。次年，因泾原兵变，德宗出居奉天，使人说田悦、王武俊、李纳赦其罪。兴元元年（784），三人皆去王号，上表谢罪。

四月，幽州节度使朱滔将步骑二万五千擅自深州南救田悦，至束鹿，军士大乱，不欲南下，朱滔杀其唱首者二百余人。

七月，演州司马李孟秋举兵反，自称安南节度使，安南都护辅良交讨斩之。

十二月，淮西节度使李希烈自称天下都元帅。是后兴兵数年，希烈称帝，国号楚，攻陷汴州等地。贞元二年（786）希烈为其牙将陈仙奇所杀。

是年，沧州刺史李固烈离任前，悉取军府绫缣、珍货数十车以行。军士大噪，遂杀固烈，屠其家。

四年　　783年

十月，发泾原兵救襄城李希烈之围。兵士皆携子弟而来，冀得厚赐给其家。至是，一无所赐。军乱，争劫琼林、大盈库，德宗出奔奉天。乱军推朱泚为帅。不久，泚自称帝，国号秦。

十月，凤翔、泾原将张廷芝、段诚谏将数千人救襄城，未出潼关，闻朱泚据长安，杀其大将陇右兵马使戴兰，溃归朱泚。

十月，凤翔后营将李楚琳等杀节度使张镒，自为节度使，降于朱泚。

十月，商州团练兵杀其刺史谢良辅。

十一月，剑南西山兵马使张朏以所部兵作乱，攻入成都，西川节度使张延赏弃城奔汉州；鹿头戍将叱干遂等讨之，斩朏及其党，延赏归成都。

兴元元年　　784年

二月，朔方节度使李怀光自河北回救奉天、为卢杞所构，以兵逼朝廷逐卢杞，因内不自安，遂有异志，潜与朱泚通谋，逼攻德宗，其下纷纷叛去。次年八月，怀光势穷，自缢而死。

三月，田悦用兵屡败，其下厌苦之。兵马使田绪乘朝廷派孔巢父宣慰魏博之时，率众作乱，杀田悦。四月，朝廷命绪为魏博节度使。

三月，李怀光使人令邠宁留后张昕发留兵万余人及行营将士家属会泾阳，兵马使韩游瓌等杀昕，拒怀光。因命游瓌知军府事。

四月，灵武守将宁景璿为李怀光治第，别将李如暹攻杀之。

四月，泾原大将田希鉴与朱泚通谋，杀节度使冯河清，以军府归泚；泚以希鉴为节度使。

七月，李怀光请束身归朝，朝廷派给事中孔巢父前往宣慰。宣诏未毕，巢父为怀光左右兵士所杀。

闰十月，以李晟为凤翔、陇右节度使及四镇、北庭行营副元帅，晟杀泾州屡为乱者石奇等三十余人，并缢杀田希鉴。

十二月，淮南节度使陈少游死，大将王韶令将士推己为留后，且欲大略，浙江东西节度使韩滉遣使威胁制止。

贞元元年　　785年

七月，陕虢都知兵马使达奚抱晖鸩杀节度使张劝，邀求旌节。以李泌为陕虢都防御水陆运使，泌至，械林滔等五人送京师，抱晖亡遁。

二年　　786年

四月，李希烈反叛以来，兵势日蹙，淮西大将陈仙奇毒杀之。德宗命仙奇为节度使。

七月，兵马使吴少诚杀仙奇，朝廷因而授少诚节度使。

八月，义成节度使李澄死，其子克宁谋总军务，秘不发丧。九月始发丧，杀行军司马马铉。汴宋节度使刘玄佐出师屯境上制之。诏以东都留后贾耽为义成节度使，克宁悉取府库之财夜出，军士从而剽之，比明殆尽。

三年　　787年

正月，淮西防秋兵马使吴法超擅引步骑四千自鄜州叛归，陕虢观察使李泌奉命发兵拦截,杀略殆尽。

五月,淮西留后吴少诚欲拒朝命,判官郑常、大将杨冀等谋逐之。事泄,常、冀等为少诚所杀。

四年　　788年

四月,福建观察使吴诜苦役军士,兵乱,杀诜腹心十余人,逼诜牒大将郝诚溢掌留务。诚溢上表请罪。德宗以太子宾客吴凑镇福建,贬吴诜为涪州刺史。

七月,以金吾将军张献甫为邠宁节度使,戍卒裴满惮献甫之严,以其"不出本军"而拒之,请以范希朝为节度使。邠宁都虞候杨朝晟与诸将谋,斩乱卒二百余人,迎献甫为帅。以希朝为宁州刺史,副献甫。

八年　　792年

三月,山南东道节度使曹成王李皋死,知留后事李实性刻薄,裁损军士衣食。鼓角将杨清潭帅众作乱。都将徐诚号令禁遏,收清潭等六人斩之。以荆南节度使樊泽徙镇山南东道。

四月,宣武节度使刘玄佐死,朝廷遣使问军中,拟以陕虢观察使吴凑为代,监军与行军司马卢瑗皆以为便。玄佐亲军作乱,立玄佐之子士宁为帅。德宗惧其与李纳合,授以旌节。

九年　　793年

十二月,刘士宁为帅,诸将多不服。士宁淫乱残忍,出畋辄数日不还,军中苦之。都知兵马使李万荣得众心,假朝命而逐之。德宗以万荣为留后。

十年　　794年

四月,宣武亲兵三百人素骄横,留后李万荣遣其赴京西防秋。

大将韩惟青等诱亲兵作乱，攻万荣，万荣击破之。亲兵掠而溃，多奔宋州刺史刘逸准。

六月，昭义节度使李抱真死，其子李缄谋袭位，秘不发表。德宗知其诈，遣中使往观变，且以军事授步军都虞候王延贵。

七月，以延贵为留后，赐名虔休。行军司马、摄洺州刺史元谊不服，表请磁、邢、洺为一镇，昭义精兵多在此，德宗不许。于是元、王互相攻战。久之，元谊率洺州兵五千人及其家属万余口奔魏博。

十一年　　795 年

九月，横海节度使程怀直不恤士卒，猎于野，数日不归。其从父兄兵马使怀信因众之怨，闭门拒逐之。十月，以怀信为留后。

十二年　　796 年

六月，宣武节度使李万荣病风。诏以押牙刘沐为行军司马。万荣子兵马使李迺谋夺兵柄。都虞候邓惟恭与监军俱文珍执迺送京师。七月，以董晋为宣武帅。

十四年　　798 年

闰五月，以神策行营节度使韩全义为夏绥节度使，从长武城徙镇夏州，士卒以夏州贫瘠，又盛夏，不乐徙居；军乱，杀大将王栖岩等。都虞候高崇文诛首乱者，众然后定。

十二月，浙东明州镇将栗锽杀刺史卢云，攻陷浙东州县，次年二月为观察使裴肃所擒。

十五年　　799 年

二月，宣武节度使董晋死，留后陆长源性刻急，扬言将以法治军士之弛慢。故事，主帅死，给军士布以制服，判官孟叔度克扣其值。军士怨怒，杀长源、叔度。监军俱文珍密召宋州刺史刘逸准入汴州，乱众乃定。寻以逸准为节度使，赐名全谅。

十六年　　800年

三月，宣武自刘玄佐以来，凡五作乱，士卒益骄纵。至是节度使韩弘陈兵牙门，召屡为唱首刘锷等三百人，悉斩之。自是二十余年，士卒不敢为乱。

四月，黔中观察使韦士宗，政令苟刻，为牙将傅近等逐之，出奔施州。五月，士宗复入黔中，妄杀长吏，人心大扰，次年三月，复逃去。

五月，徐泗濠节度使张建封死，军乱，推建封之子张愔知军府事，表求旌节，德宗不许。加淮南节度使杜佑兼徐州节度使以讨之，官军屡败。朝廷不得已，除愔为徐州团练使，泗州刺史张伾为泗州留后，濠州刺史杜兼为濠州留后，仍加杜佑兼濠泗观察使。

十七年　　801年

五月，邠宁节度使杨朝晟死，朝廷将以定平镇兵马使李朝宗（时隶神策军）代之。军士拒纳，兵马使高固以宽厚得众心，军士拥立之；诏授固节度使。

七月，河东节度使郑儋暴死，不及命后事，军中喧哗，将有变。八月，以行军司马严绶为河东节度使。

十八年　　802年

十月，鄜坊节度使王栖曜死，中军将何朝宗谋作乱，都虞候裴玢擒斩之。

十九年　　803年

二月，安南牙将王季元逐其观察使裴泰，左兵马使赵匀斩季元及其党，迎泰而复之。

六月，陈许节度使上官涚死，其婿田俌欲胁其子使袭军政。牙将王沛以其谋告监军范日用，讨擒之。以行军司马刘昌裔为帅。

闰十月，盐州节度判官崔文先权知盐州事，为政苛刻，部将李庭俊作乱，杀而食之。左神策兵马使李兴干戍盐州，杀庭俊以闻。

二十年　　804 年

正月，天德军都防御团练使李景略死，军士以判官任迪简仁者，欲奉以为帅。监军抱置别室，军士发扃取之。诏以迪简代景略。

宪宗

元和元年　　806 年

正月，四川刘辟求领三川，宪宗不许。辟遂发兵围攻梓州。以神策行营节度使高崇文等将步骑数千进讨刘辟，九月，平定之。

三月，夏绥节度使韩全义入朝，以其甥杨惠琳知夏绥留后，俄有诏除李演夏绥节度使，惠琳勒兵拒之。诏河东、天德军讨之。寻夏州兵马使张承金斩惠琳。

十月，兴元府兵士讨刘辟还，未至城，诏复遣戍梓州，军士皆怨，胁监军谋作乱。新任节度使柳晟急入城慰劳晓谕，乃诣戍所。

二年　　807 年

九月，浙西节度使李锜谋反。十月兵马使张子良、李奉仙、田少卿与牙将裴行立合谋，擒锜送京师。

四年　　809 年

四月，成德节度使王士真死，子承宗擅立。九月，宪宗授以成德节度使，另割德、棣二州别为节度，以德州刺史薛昌朝为德棣二州观察使。承宗以兵掳昌朝归德州。十月，以左军中尉吐突承璀统诸道兵讨之，逾年不克。次年五月罢兵，仍以德棣二州与之。

五年　　810年

　　三月，昭义节度使卢从史潜与成德王承宗相结。诏吐突承璀诱捕之。五月，昭义军士三千人溃奔魏州。

　　十月，义武节度使张茂昭入朝，以任迪简为行军司马。既去，虞候杨伯玉、兵马使张佐元相继作乱，先后皆为将士所杀，奉迪简主军士。时易定府库空虚，迪简无以犒军，乃设粝饭与士卒共食之，身居戟门下经月，将士感之。宪宗命以绫绢十万匹赐易定将士，以迪简为义武帅。

七年　　812年

　　十月，魏博留后田怀谏幼弱，军政皆决于家僮蒋士则，数以爱憎移易诸将，众皆愤怒。时朝命久不至，军中不安，乃推步射都知兵马使田兴主军务，杀蒋士则等十余人。田兴向朝廷申版籍，请官吏。宪宗命赐钱一百五十万缗，以田兴为魏博节度使，赐名弘正。

八年　　813年

　　十月，振武节度使李进贤，不恤士卒，判官严澈刻剥。进贤遣牙将杨遵宪将五百骑趣东受降城以备回鹘，所给资装多虚估；至鸣沙，遵宪屋处，而士卒暴露。众怒，焚其屋而还，进贤逃走，兵士杀其家并严澈。朝廷移夏绥节度使张煦镇振武，将夏州二千兵赴任，仍命河东王锷以二千兵相助。次年正月，张煦入军府，诛乱者苏国珍等二百五十三人。李进贤与监军骆朝光均坐贬。

九年　　814年

　　八月，淮西节度使吴少阳死，其子元济匿丧，自领军务，又发兵四出屠掠。十年正月，诏宣武等十六道军进讨。越二年（元和十二年），裴度赴前线督师，同年十二月，李愬雪夜袭蔡州，淮西平。

十年　　815年

二月，河东防秋将士刘辅杀丰州刺史燕重旰，节度使王锷诛刘辅及其党。

十二月，成德王承宗为阻止朝廷讨淮西，纵兵四掠，幽、沧、定三镇皆苦之，争上表请讨承宗，宪宗许之。越数年不克。十三年四月，承宗见淮西平而惧，请献德、棣二州，输租税，请官吏。

十一年　　816年

四月，宥州军乱，逐刺史骆怡，夏州刺史田进讨平之。

十二月，义武节度使浑镐与王承宗战失利，诏以易州刺史陈楚代镐。军中闻之，掠镐及家人衣，至于裸露。陈楚驰入定州，镇遏乱者，送镐入朝。陈楚乃前节度使张茂昭之甥。

十三年　　818年

七月，淮西平，淄青李师道惧，遣使奉表，请使长子入侍，并献沂密海三州。既而悔之。至是，宪宗命宣武、魏博诸道兵讨之。次年二月，淄青都知兵马使刘悟回兵杀师道，淄青平，被肢解为三道。

十一月，乌重胤自河阳徙镇横海，以精兵三千赴镇。河阳兵不乐去乡里，中道溃归。新任河阳节度令狐楚抚慰之。

十四年　　819年

正月，沧州刺史李宗奭不受横海节度使郑权节制。宪宗遣中使追之，宗奭使其军中留己，表称惧乱未敢离州。诏以乌重胤代郑权镇横海，将吏惧，逐之，宗奭奔京师，斩之。

七月，兖海沂密观察使王遂专以严酷为治，盛夏兴役，督责严急。骂将卒为反虏，将士愤怒。役卒王弁等五人作乱，杀王遂，自称留后。诏以棣州刺史曹华为节度使，诡授王弁开州刺史，弁至徐州境而执之。九月，朝廷以李师道余党未尽，使曹华以棣州兵讨之，华杀郓州兵在沂者千二百人。

十月，安南都护李象古贪纵苛刻，失众心。象古召蛮首杨清为牙将，使将兵三千讨黄洞蛮，清因人心怨怒，引兵夜还，杀象古及妻子、官属、部曲千余人。

穆宗

元和十五年　　820年

二月，杨清拒纳新任安南都护桂仲武。清用刑惨虐，其党离心。三月，将士开城纳仲武，执杨清，斩之。

十月，成德王承宗死，军中欲立其弟观察支使承元，承元不从，表请朝廷除帅。朝廷以田弘正镇成德，以承元为义武帅。十一月，承元将赴镇，诸将号哭不从，承元出家财以散之。牙将李寂等十余人固留承元，承元斩以徇，军中乃定。

长庆元年　　821年

三月，卢龙节度使刘总乞归朝，朝廷派张弘靖为节度使。总落发为僧，将士欲遮留之，总杀其唱帅者十余人，以印授留后张玘而遁。

七月，幽州兵士再乱，囚张弘靖，杀幕僚韦雍、张宗元、崔仲卿、郑埙、都虞候刘操，押牙张抱元。推朱克融主军政。先是河北节度使皆亲冒寒暑，与士卒均劳逸。及张弘靖至，雍容骄贵，肩舆于万众之中，又涉旬乃一出坐决事，宾客将吏罕得闻其言，情意不接，政事多委之幕僚。而所辟判官韦雍辈皆年少轻薄之士，嗜酒豪纵，出入传呼甚盛，或夜归，烛火满街，皆燕人所不习也。诏以百万缗赐将士，弘靖留其二十万缗充军府杂用，韦雍辈复减军士粮赐，数以反房苛责吏卒，谓军士曰："今天下太平，汝曹能挽二石弓，不若识一丁字！"由是，军中人人怨怒。故及于乱。

七月，田弘正以魏兵二千赴镇州，因留宿卫，请度支供其粮赐，朝廷不许。乃遣魏卒归。时弘正兄弟子侄在两都日费二十万，弘正辇魏镇之货以供之，相属于道，河北将士颇不平。诏以钱百万缗赐成德军，度支辇运不时至，军士益不悦。都知兵马使王庭凑潜结牙兵作乱，杀弘正及僚佐、元从将吏并家属三百余人。自为留后，朝廷发兵讨之。成德大将王俭等五人谋杀庭凑，事泄，并部下三千人皆死。

八月，瀛州军乱，执观察使卢士玫及监军僚佐送幽州。

九月，相州军乱，杀刺史邢楚。

十一月，淄青节度使薛平遣大将李叔佐将兵救棣州。刺史王稷供军稍薄，军士怨怒，宵溃，推突将马廷鉴为主，径逼青州，行且收兵至七千人。薛平发家财召募，得精兵二千，大破乱兵，斩廷鉴及其党死者数千人。

二年　822年

正月，魏博节度使田布以魏兵讨成德，将士骄惰，无斗志，会大雪，度支馈运不继，布发六州租赋以供军，将士不悦。先锋兵马使史宪诚因以鼓煽之，田布军令不行，因自杀。史宪诚以遵河北故事谕其众，被奉为留后，寻授节度使。

二月，昭义监军刘承偕恃恩，凌辱节度使刘悟，阴与磁州刺史张汶谋缚悟送京师，以汶代之。悟知之，讽军士作乱，杀张汶，囚刘承偕。

三月，陈许节度使李光颜将兵击成德，诏授横海节度使。光颜所将兵闻当留沧景，皆大呼西走，光颜不能制。上表固辞横海节，请归许州，许之。

七月，汴州节度使李愿性奢侈，赏劳兵士薄于前帅张弘靖，又峻威刑，军士不悦。愿妻弟窦瑗典宿直兵，以骄贪为军士所恶。牙将李臣则作乱，即帐中斩瑗头，愿逾城走。乱兵推都押牙李㝏为留后。宣武巡属宋、亳、颍三州刺史不服，奏请别命帅，诏以韩充为节度使，征李㝏入朝，㝏拒命。朝廷发忠武、武宁等道兵讨之。八月，宣武都知兵马使李质与监军姚文寿擒㝏，杀之，并李臣则等。

及韩充至汴，密籍军中为恶者千余人，并父母妻子悉逐之出境。

九月，浙西观察使窦易直闻汴州军乱而惧，欲散金帛以赏军士，或曰："赏之无名，恐益生疑。"乃止。而外已有知之者，大将王国清作乱，易直讨擒之，并杀其党二百余人。

九月，横海节度使李全略贪德州刺史王稷家财，密教军士杀稷，屠其家，纳其女为妾，以军乱闻。

敬宗

宝历二年　　826年

三月，横海节度使李全略死，其子节度副使同捷擅领留后，重赂邻道，以求承继。次年五月（时文宗在位），诏以同捷为兖海节度使，同捷拒命。朝廷发天平、武宁、淄青、魏博等诸道兵讨之。连岁用兵，大和三年（829）四月，沧景平。

五月，幽州军乱，杀朱克融及其子延龄，军中立其少子延嗣主军务。

八月，朱延嗣虐用其人，都知兵马使李载义与弟牙内兵马使载宁共杀延嗣，并屠其家三百余人。十月，以载义为节度使。

文宗

大和二年　　828年

六月，峰州刺史王升朝叛，安南都护韩约讨斩之。

九月，安南军乱，逐都护韩约。

十二月，镇州王庭凑鼓动魏博大将亓志绍杀史宪诚父子取魏博，志绍遂作乱，引所部兵二万人还逼魏州。朝廷发义成、河阳兵讨志绍。次年正月，志绍奔镇州，余众万五千人降于昭义。

三年　　829年

正月，义成行营兵三千人先屯齐州，使之禹城，中道溃叛；横海节度使李祐讨诛之。

二月，武宁捉生兵马使石雄爱士卒，节度使王智兴残虐，军中欲逐智兴而立雄。智兴奏除雄壁州刺史。雄去，智兴悉杀军中与雄善者百余人。四月，智兴又奏雄摇动军情，文宗不得已而流之。

六月，以魏博节度使史宪诚为河中节度使，分相、卫、澶三州，以史孝章为节度使。宪诚竭府库以治行，军乱，杀之，奉牙内都知兵马使何进滔知留后。八月，以进滔为节度使，复以相卫澶三州归之。

四年　　830年

二月，山南西道先所募救西川兵，因蛮退而还。兴元兵有常额，诏新募兵悉罢，节度使李绛赐以廪麦而遣之。监军使杨叔元恶李绛不奉己，以赐物薄激怒军士作乱，杀绛及推官、判官等。诏以温造为山南西道节度使。三月造至府，杀作乱将士八百余人。

五年　　831年

正月，卢龙副兵马使杨志诚逐节度使李载义，又杀莫州刺史张庆初。二月，以杨志诚为卢龙留后。

六年　　832年

三月，以邠宁节度使李听徙镇武宁，听遣亲吏先往慰劳。武宁牙将不欲听来，讽军士杀其亲吏。听惧，以疾固辞。

八年　　834年

十月，幽州军乱，逐节度使杨志诚及监军李怀作，推兵马使史元忠主留务。十一月，元忠献杨志诚所造衮衣及诸僭物。流志诚于岭南，道杀之。十二月，以元忠为幽州留后。

十一月，莫州军乱，刺史张元汎不知所终。

开成二年　　837 年

六月，河阳节度使李泳，本寓籍禁军，以赂得方镇。所至贪残不法，下不堪命。军乱，焚府署，杀泳二子，大掠数日方止。诏贬李泳澧州长史。

九月，河阳军士既逐李泳，相煽欲乱。新任节度使李执方索得首乱者七十余人，悉斩之，余党分隶外镇。遂定。

三年　　838 年

九月，义武节度使张璠疾甚，戒其子元益举族归朝，毋得效河北故事。及死，军中欲立元益，杀阻议者观察留后李士季，并大将十余人。诏以易定刺史李仲迁为义武节度使，军中不纳。宰相议讨易定。文宗认为"易定地狭人贫，军资半仰度支。急则靡所不为，缓则自生变"。乃除张元益代州刺史。不久，军中果有异议，于是出元益，以蔡州刺史韩威镇义武。

武宗

开成五年　　840 年

八月，义武军乱，逐节度使陈君实。君实募勇士数百人，复入军城，诛乱者。

会昌元年　　841 年

九月，卢龙军乱，杀节度使史元忠，推牙将陈行泰主留务。

闰九月，卢龙军复乱，杀陈行泰，立牙将张绛。先是，行泰遣监军傔入朝求节钺，朝廷不问，军中果乱。

十月，雄武军使张仲武起兵击张绛，并遣军吏吴仲舒入朝游说，遂授仲武卢龙留后，寻克幽州，绛为军中所逐。

三年　　843年

四月，昭义节度使刘从谏死，其侄稹谋求节钺，朝廷不许，发诸道兵讨之。次年八月，邢、磁、洺三州相继归降，刘稹始惧。都押牙郭谊等杀稹降，昭义平。

十一月，安南经略使武浑役将士治城，将士作乱，烧城楼，劫府库。浑奔广州，监军段士则抚安乱众。

十二月，河东节度使李石召横水栅戍卒千五百人赴榆社行营。戍卒至太原。故事军士出征，人给绢二匹，时太原军用乏，人才得一匹。时岁已尽，军士求过正旦而行，监军吕义忠累牒趣之。都将杨弁因众心之怒，遂作乱，剽掠城市。弁与刘稹约为兄弟。次年二月，诏易定、宣武等道抽兵讨杨弁。河东兵戍榆社者闻以客军讨太原，恐妻孥为所屠灭，乃拥监军吕义忠自取太原、擒杨弁，尽诛乱卒。

五年　　845年

七月，昭义节度使卢钧发骑兵五百、步卒千五百戍振武。士卒惮于远戍，中途回城，卢钧出奔，伤监军致死。乱卒奉都将李文矩为帅，文矩不从，喻以祸福，乱兵听命，卢钧复得入。刻遣戍振武，潜遣兵追杀之。

宣宗

会昌六年　　846年

九月，浙西观察使李景让杖都押牙致死，军中愤怒，将为变。赖李母挞景让而止。

大中三年　　849年

五月，武宁节度使李廓在镇不治，为军士所逐。以义武节度使卢弘止镇武宁。武宁士卒素骄，有银刀都尤甚，屡逐主帅。弘止至镇，都虞候胡庆方复谋作乱，弘止诛之，抚循其余。

闰十一月，卢龙节度使张直方，暴忍，喜游猎。军中将作乱，直方托言出猎，举族逃归京师。

九年　　855年

七月，浙西观察使李讷性卞急，遇将士不以礼，为军中所逐。九月，贬讷朗州刺史，监军王宗景杖四十。仍诏："自今戎臣失律，并坐监军。"以礼部侍郎沈询为浙西观察使。

十一年　　857年

五月，容州军乱，逐经略使王球。以安南经略使王涯为容管经略使。

八月，成德节度使王绍鼎沉湎无度，好登楼弹射人以为乐，众欲逐之；会病死，军中立其弟节度副使绍懿为留后。

十二年　　858年

四月，岭南部将王令寰作乱，囚节度使杨发。五月徙泾原帅李承勋镇岭南，发邻道兵讨平乱者。

五月，湖南观察使韩琮待将士不以礼，为都将石载顺所逐，乱卒又杀都押牙王桂直。诏山南东道节度使徐商遣捕盗将二百人讨平之。

六月，江西都将毛鹤作乱，逐观察使郑宪。十月，以韦宙为江西观察使，发邻道兵讨平乱者。宙奏留山南东道捕盗将二百人于江西。

七月，宣州都将康全泰作乱，逐观察使郑薰。淮南节度使崔铭出兵讨之。十月，斩康全泰及其党四百余人。

七月，容管经略使来正谋叛，经略使宋涯捕斩之。

十三年　　859年

四月，武宁节度使康季荣不恤士卒，为兵士所逐，宣宗以左金吾大将军田牟为武宁节度使，贬季荣岭南。

懿宗

咸通三年　　862年

　　七月，徐州军乱，逐节度使温璋。徐州有骄悍之卒二千人，分银刀、彫旗等七都，动辄逐帅。朝廷以浙东观察使王式镇武宁。式时以忠武、义成两军讨裘甫，遂帅两军赴任，尽杀骄卒。又肢解武宁节度，以徐州为团练使，隶兖海节度，濠州归淮南，更于宿州置宿泗团练观察使。留二千兵守徐州，余分隶兖宿。

　　八月，岭南西道节度使蔡京为政苛惨，设炮烙之刑，合境怨之，遂为邕州军士所逐。以桂管观察使郑愚为岭南西道节度使。赐蔡京死。

四年　　863年

　　十二月，昭义节度使沈询奴归秦结牙将作乱，杀询。次年正月以京兆尹李耺为昭义节度使，杀归秦。

九年　　868年

　　七月，徐州募卒戍桂林者初约三年一代，至此六年，不使代还。戍卒怒，杀都将王仲甫，推粮料判官庞勋为主，拥兵北归。十月，破徐州。唐廷发十道兵及沙陀朱邪赤心围攻。一年后，庞勋失败。

十年　　869年

　　六月，横海军讨庞勋，有沧州卒四千人戍鲁桥（在洺州任城县），卒擅还。节度使曹翔勒兵迎之于兖州城外，择违命者二千人，悉诛之。

十一年　　870年

　　八月，魏博节度使何全皞年少，骄暴好杀，又减将士衣粮，为将士所杀。乱卒推大将韩君雄为主，九月，朝廷命为留后。

十月，定边节度使李师望贪残，聚私货以百万计，戍卒怨怒，欲生食之，师望以计免。

十三年　872年

正月，卢龙节度使张允伸死，平州刺史张公素为幽人所服，帅州兵来奔丧，留后张简会惧奔京师。四月，以公素为卢龙留后。

僖宗
乾符二年　875年

三月，徐州感化军在灵武防秋者，奉敕往救西川，中途因蛮退而遣还，至凤翔，不肯还灵武，欲擅归徐州。都将刘逢等搜为首者胡雄等八人斩之，众乃定。

四月，西川节度使高骈夺前使所募突将职名衣粮，又刑罚严酷，蜀人皆怒。突将乃起兵作乱，骈走匿，监军使谕以复职名衣粮，乃肯还营。六月，高骈阴籍突将之名，围其家，老幼悉杀之。

四月，浙西狼山镇遏使王郢等六十九人有战功，节度使赵隐赏以职名而不给衣粮。郢等论诉不获，遂劫库兵作乱。其后众至万人。

六月，卢龙节度使张公素暴戾，不为军士所服；纳降军使陈贡言，幽之宿将，为军士所信服，大将李茂勋潜杀之，自称贡言举兵向蓟。公素大败，茂勋入城，众乃知非贡言，不得已而立之，朝廷因以为留后。

十月，昭义军乱，大将刘广逐节度使高湜，自为留后。诏以左金吾大将军曹翔为昭义节度使。

三年　876年

正月，郓州天平军遣将士张晏等救沂州还，中途又使留北边防捍；晏等不从，喧噪趣郓州。都将张思泰、李承祐出城裂袖与盟，以俸钱备酒肴慰喻，乃定。诏本军宣慰一切，不得穷诘。

四月，原州刺史史怀操以贪暴为军中所逐。

十二月，青州、沧州兵戍安南还，至桂州，观察使李瓒失政，逐之。

四年　　877年

四月，陕州军乱，逐观察使崔碣，贬碣怀州司马。五月，以给事中杨损为陕虢观察使。损至官，诛首乱者。

六月，忠武都将李可封戍边还，至邠州，追胁主帅，索旧欠粮盐。七月，还至许州，节度使崔安潜悉按诛之。

八月，盐州军乱，逐刺史王承颜，诏宦官牛从珪慰谕之，贬承颜象州司户。承颜及陕州观察使崔碣素有政声，以严肃军纪为骄卒所逐。军中请以大将王宗诚为刺史。十月，邠宁节度使李侃遣兵讨王宗诚，斩之。

八月，忠武大将张贯等四千人与宣武兵援襄州，自申、蔡间道逃归，诏忠武、宣武镇遣人约还。

十月，河中军乱，逐节度使刘侔，纵兵焚掠。

五年　　878年

正月，大同防御使段文楚因代北荐饥，漕运不继，颇减军士衣粮，又用法稍峻，军士怨怒。云州沙陀兵马使李尽忠等谋迎沙陀李克用主军政，乃帅牙兵作乱，执文楚及判官柳汉璋系狱。

二月，李克用入大同，求为防御使，朝廷不许。四月，移其父振武节度使李国昌镇大同，国昌父子欲并有大同、振武两镇，毁制书，杀监军。

三月，湖南军乱，都将高杰逐观察使崔瑾。

五月，河东节度使窦澣发土团千人赴代州。土团行至城北不发，求优赏。时府库空竭，澣遣都虞候邓虔往慰谕之，为乱兵所杀。澣乃与监军自出慰谕，人给钱三百，布一端，众乃定。押牙田公锷给乱军钱布，众遂劫之以为都将，赴代州。瀚借商人钱五万缗以助军。以昭义节度使曹翔代窦瀚镇河东。七月，翔捕土团杀邓虔者十三人斩之。

七月，义武行营兵至晋阳，不解甲，喧噪求优赏，翔杀其十将一人，乃定。

九月，河东节度使曹翔暴卒，昭义行营兵大掠晋阳，坊市民自起共击之，杀千余人，乃溃。

十二月，昭义行营兵与李克用战败，还至代州，士卒剽掠，代州民起而杀之殆尽。

六年　　879年

二月，河东军救石州，中途作乱，杀孔目官石裕等，节度使崔季康逃归晋阳。都头张锴、郭昢帅行营兵攻入，杀季康，诏以邠宁节度使李侃为河东帅。

三月，天平节度使张杨死，牙将崔君裕自知州事。淄州刺史曹全政讨诛之。遂授全政天平军节度使。

五月，敕赐河东军士银。牙将贺公雅所部士卒作乱，焚掠三城，执孔目官王敬送马步司。节度使李侃与监军自出慰谕，为之斩敬于牙门，乃定。

五月，都虞候每夜密捕贺公雅部卒作乱者，族灭之。余党近百人称"报冤将"，大掠三城，焚马步都虞候张锴、府城都虞候郭昢家，以贺公雅为马步都虞候。锴、昢申以"所杀皆捕盗司密申"，于是军士复大噪，篡取锴、昢归都虞候司，复其旧职。收捕盗司元义宗等三十余家，诛灭之。以马步教练使朱玫为三城斩斫使，将兵分捕报冤将，悉斩之，军城始定。

十一月，以河东行军司马、雁门关已来制置使康传圭为河东节度使。传圭自代州赴晋阳，杀张锴、郭昢及其家。

广明元年　　880年

二月，河东节度使康传圭，专事威刑，多复仇怨，强取富人财。都教练使张彦球将兵三千追击沙陀，中途军变，还晋阳杀康传圭。三月，以郑从谠镇河中，诛首乱者，知张彦球乃为兵士所胁，委以兵柄，军府遂安。

三月，安南军乱，节度使曾衮出城避之，诸道兵戍邕管者往往自归。

四月，泰宁都将段彦谟杀荆南安抚使宋浩。浩残酷，故为众所诛。以彦谟为朗州刺史，工部尚书郑绍业为荆南节度使。

九月，忠武大将周岌领兵往屯溵水，闻节度使薛能厚待过境之徐州兵，乃回师尽杀徐卒，又逐杀薛能。周岌自称留后。寻授岌忠武节度使。

十一月，河中都虞候王重荣作乱，剽掠坊市。诏以重荣为河中留后，征河中节度使李都为太子少傅。

十一月，忠武牙将秦宗权调发至蔡州，闻许州杀薛能，亦逐刺史。至是，即以宗权为蔡州刺史。

中和元年　　881年

七月，河东教练使论安等屯军百井以备李克用，论安擅还，节度使郑从谠杀之，灭其族，更遣都头温汉臣将兵屯百井。

七月，田令孜在西川，赏赐不及当地土军，都将郭琪帅兵作乱，后逃依高骈。

八月，徐州感化节度使支详遣牙将时溥、陈璠将兵五千入关攻黄巢，时溥、陈璠中途引兵还，杀支详，溥自称留后。

九月，石镜镇将董昌引兵入杭州逐刺史路审中，自称杭州都押牙知州事。镇海节度使周宝不能制，表昌为杭州刺史。

九月，昭义十将成麟杀节度使高浔，引兵还据潞州，天井关戍将孟方立起兵杀麟。次年十二月，方立自为留后，迁昭义军于邢州。

十月，凤翔行军司马李昌言将兵屯兴平。时凤翔仓库虚竭，犒赏稍薄，粮馈不继。昌言因而激其众怒，还府城逐节度使郑畋。寻授昌言凤翔节度使。

十二月，江西将闵勖戍湖南，还过潭州，逐观察使李裕，自为留后。

二年　　882年

五月，抚州刺史钟会逐江西观察高茂卿，据洪州，高骈为之请授江西观察使。

六月，荆南监军朱敬玫杀节度使段彦谟，以少尹李燧为留后。

九月，桂州军乱，逐节度使张从训，以前容管经略使崔焯为岭南西道节度使。

九月，平卢大将王敬武逐节度使安师儒，自为留后，朝廷因而授之。

十二月，和州刺史秦彦使其子将兵数千袭宣州，逐观察使窦潏而代之。

三年　　883年

二月，魏博大将乐行达逐杀节度使韩简，自为留后，朝廷因而授之。

三月，庐州牙将杨行密为都将所忌，使出戍于外。行密杀都将，自称八营都知兵马使，刺史郎幼复不能制，荐于淮南节度使高骈请自代，朝廷因而命之。

十二月，忠武大将鹿晏弘声云赴西川行在，至兴元，逐节度使牛勖，自称留后。

四年　　884年

三月，前杭州刺史路审中客居黄州，闻鄂州刺史崔绍卒，募兵三千人据之。武昌牙将杜洪亦逐岳州刺史而代之。

十一月，鹿晏弘为唐禁兵所败，还军许州，逐忠武节度使周岌，朝廷不能讨，因而命为节度使。

是岁，余杭镇使陈晟逐睦州刺史柳超，颍州都知兵马使王敬荛逐其刺史，各领其州事，朝廷皆命为刺史。

光启元年　　885年

正月，荆南监军朱玫所募忠勇军横暴，节度使陈儒使大将申屠琮除之。又有淮南将张瓌、韩师德叛高骈据复、岳二州。陈儒置二人右职，使击雷满。瓌引兵还逐陈儒而代之，荆南旧将夷灭殆尽。牙将郭禹（即成汭）领千余人亡去，袭据归州。

六月，卢龙将李全忠取易州丧师，还军攻幽州，节度使李可举自杀。七月，朝廷授全忠为留后。

七月，沧州义昌军乱，逐节度使杨全玫，立牙将卢彦威为留后，全玫奔幽州。诏以保銮都将曹诚为义昌节度使，以彦威为德州刺史。

八月，洺州刺史马爽起兵，胁昭义节度使孟方立诛行军司马奚忠信。既而众溃，爽奔魏州。

八月，光州刺史王绪为秦宗权所逼，举兵五千人渡江而南，至是因猜刻不仁为部下王潮所杀，众推王潮为帅。潮寻引兵攻据泉州。

二年　　886年

正月，镇海牙将张郁作乱，攻陷常州。

十月，徐州感化军牙将张雄、冯弘铎以得罪于节度使时溥，聚众三百，渡江袭据苏州。

十一月，义成节度使安师儒委军政于两厢都虞候夏侯晏、杜标，二人骄恣、军中怨之；小校张骁潜出，聚众二千攻州城，师儒斩晏、标首谕之，军中稍定。

十二月，邠宁将王行瑜受本帅之命追逼僖宗，中途返兵，杀节度使朱玫。

是年，天平牙将朱瑾袭兖州，逐泰宁节度使齐克让。朝廷因授瑾节度使。

三年　　887年

三月，镇海节度使周宝募亲军千人，号后楼兵，衣粮倍于镇海军，镇海军皆怨；而后楼兵亦浸骄不可制。及镇海兵刘浩作乱，宝呼后楼兵不应，遂出奔。众推薛郎为留后。

六月，河中节度使王重荣用法严苛，为牙将常行儒所杀。诏以陕虢节度使王重盈镇河中，重盈执行儒而杀之。

六月，亳州将逐其刺史宋衮。

文德元年　　888年

二月，魏博节度使乐彦祯骄泰不法，其子从训尤凶险，聚亡命五百为亲兵，谓之子将，牙兵疑之不安，从训惧而逃，彦祯因以为相州刺史。牙兵益疑，彦祯惧，请避位为僧，众推都将赵文㺲知留后事。寻又杀文㺲，推罗弘信为节度使。

昭宗

龙纪元年　　889年

十月，平卢节度使王敬武死，子师范年十六，军中推为留后。棣州刺史张蟾不从，诏以太子少师崔安潜为平卢帅。蟾迎安潜至州，共讨师范。大顺二年（891）师范遣都指挥使卢弘击张蟾，弘引兵还攻师范，师范计杀之。师范乃厚赏士卒，自将攻棣州，杀张蟾，朝廷命为节度使。

大顺元年　　890年

正月，简州将杜有迁执刺史吴虔嵩，降于王建，建以有迁知州事。

二月，资州将侯元绰执刺史杨戡降于王建，建以元绰知州事。

四月，宿州将张筠逐刺史张绍光，附于时溥。

五月，昭义节度使李克恭骄恣不晓军事，将士离心。牙将安居受帅其党作乱，杀克恭，自为留后。时昭义有精兵号"后院将"，被克用召往晋阳，小校冯霸中途叛归。安居受逃死，冯霸引兵入路，自为留后。

二年　　891年

十月，曹州都将郭铢杀刺史郭词，降于朱全忠。

景福二年　　893年

二月，卢龙节度使李匡威救镇州还，至博野，其弟匡筹据军府称留后，以符追行营兵，匡威众溃归。

四月，幽州戍蔚州将士过期未代，奉大将刘仁慕还攻幽州，为李匡筹击败。

乾宁二年　　895年

四月，湖南武安军节度使刘建锋嗜酒，不亲政事，长直兵陈瞻杀之，瞻复为诸将所杀。众迎马殷为帅。

光化二年　　899年

六月，陕虢节度使王珙性猜忌，军乱，为麾下所杀，推都将李璠为留后。

十一月，陕州都将朱简杀李璠，自称留后，附于朱全忠，仍请更名友谦，预于子侄。

三年　　900年

五月，邕州军乱，逐节度使李铖，借兵邻道讨平之。

十月，义武后院都知兵马使王处直将兵迎战朱全忠，大败，余众拥处直奔还，节度使王郜弃城走，军中推处直为留后。

天祐二年　　905年

七月，魏博牙将李公佺与牙兵谋作乱，节度使罗绍威觉之，公佺焚府舍，大剽掠，奔沧州。

三年　　906年

正月，魏博节度使罗绍威引朱全忠兵尽屠牙兵，凡八千家。由是魏博诸军皆惧。四月，天雄牙将史仁遇作乱，聚众数万据高唐，自称留后，天雄巡内诸县多应之，魏兵在行营者亦作乱与之相应。全忠移军击平之。

参考文献

一 经典论著

《马克思恩格斯全集》第1卷，北京：人民出版社，1956年。
《马克思恩格斯全集》第14卷，北京：人民出版社，1964年。
《马克思恩格斯全集》第42卷，北京：人民出版社，1979年。

二 历史文献

［西汉］司马迁《史记》，北京：中华书局，2014年。
［东汉］班固《汉书》，北京：中华书局，1977年。
［唐］魏徵等《隋书》，北京：中华书局，1973年。
［五代］刘昫等《旧唐书》，北京：中华书局，1975年。
［宋］欧阳修、宋祁等《新唐书》，北京：中华书局，1975年。
［宋］司马光等《资治通鉴》，北京：中华书局，1956年。
［唐］李林甫等《唐六典》，陈仲夫点校，北京：中华书局，1992年。
［唐］杜佑《通典》，北京：中华书局，1988年。
［宋］王溥编《唐会要》，北京：中华书局，1955年。
［宋］王栐《燕翼诒谋录》，诚刚点校，北京：中华书局，1981年。
［日］圆仁《入唐求法巡礼行记校注》，石家庄：花山文艺出版社，1992年。
［唐］白居易《白居易文集校注》，谢思炜校注，北京：中华书局，2011年。
［唐］元稹《元稹集》，冀勤点校，北京：中华书局，2010年。

[唐]杜牧《杜牧集系年校注》，吴在庆校注，北京：中华书局，2008年。

[唐]陆贽《陆贽集》，王素点校，北京：中华书局，2006年。

[唐]韩愈《韩愈文集汇校笺注》，刘真伦等校注，北京：中华书局，2010年。

[唐]韩愈《韩昌黎诗集编年笺注》，方世举编年笺注，郝润华等整理，北京：中华书局，2012年。

[唐]柳宗元《柳宗元集》，北京：中华书局，1979年。

[唐]李商隐《李商隐文编年校注》，刘学锴、余恕诚编校，北京：中华书局，2002年。

[唐]封演《封氏闻见记校注》，赵贞信校注，北京：中华书局，2005年。

[唐]李白《李白全集编年笺注》，北京：中华书局，2015年。

[唐]刘禹锡《刘禹锡集》，《刘禹锡集》整理组点校，卞孝萱校订，北京：中华书局，1990年。

[唐]元结《元次山集》，孙望校，上海：中华书局，1960年。

[唐]赵璘《因话录》，丛书集成初编本，北京：中华书局，1985年。

[唐]李翱《李文公集》，上海：上海古籍出版社，1993年。

[唐]李德裕《李德裕文集校笺》，傅璇琮、周建国校笺，北京：中华书局，2018年。

[新罗]崔致远《桂苑笔耕集校注》，党银平校注，北京：中华书局，2007年。

[唐]裴庭裕《东观奏记》，北京：中华书局，1994年。

[唐]李肇《唐国史补》，上海：上海古籍出版社，1979年。

[唐]赵元一《奉天录》，夏婧点校，北京：中华书局，2014年。

[唐]孙樵《孙可之文集》，上海：上海古籍出版社，1994年。

[唐]李绛《李相国论事集》，"丛书集成初编"本，北京：中华书局，1985年。

[唐]皇甫湜《皇甫持正文集》，上海：上海古籍出版社，1994年。

[唐]孟棨《本事诗·续本事诗·本诗词》，李学颖标点，上海：上海古籍出版社，1991年。

[唐]李筌《神机制敌太白阴经》，"丛书集成初编"本，北京：中华书局，1985年。

［五代］王定保《唐摭言》，上海：上海古籍出版社，1978年。

［五代］孙光宪《北梦琐言》，贾二强点校，北京：中华书局，2002年。

［宋］孙甫《唐史论断》，"丛书集成初编"本，北京：中华书局，1985年。

［宋］曾公亮等《武经总要前集》，郑诚整理，长沙：湖南科学技术出版社，2017年。

［宋］王钦若等编纂《册府元龟》，周勋初等校订，南京：凤凰出版社，2006年。

［宋］李昉《太平广记》，北京：中华书局，1961年。

［宋］王溥《五代会要》，北京：中华书局，1998年。

［宋］李昉等编《文苑英华》，北京：中华书局，1966年。

［宋］宋敏求编《唐大诏令集》，北京：中华书局，2008年。

［宋］宋敏求《春明退朝录》，诚刚点校，北京：中华书局，1980年。

［宋］乐史《太平寰宇记》，北京：中华书局，2007年。

［宋］陈傅良《陈傅良文集》，周梦江点校，杭州：浙江大学出版社，1999年。

［宋］陈思编《宝刻丛编》，收入《石刻史料新编》（第1辑·第24册）。

［宋］钱易《南部新书》，黄寿成点校，北京：中华书局，2002年。

［宋］赵彦卫《云麓漫钞》，北京：中华书局，1996年。

［宋］王谠《唐语林校证》，周勋初校证，北京：中华书局，2008年。

［宋］欧阳修《欧阳修全集》，李逸安点校，北京：中华书局，2001年。

［宋］范祖禹《唐鉴》，上海：上海古籍出版社，1984年。

［宋］叶适撰《叶适集》，刘公纯等点校，北京：中华书局，2010年。

［宋］王应麟《玉海》，上海：上海书店，1987年。

［宋］王应麟《汉制考》，张三夕等点校，北京：中华书局，2011年。

［宋］张舜民《画墁录》，"丛书集成初编"本，北京：中华书局，1991年。

［宋］洪迈《容斋随笔·三笔》，孔凡礼点校，北京：中华书局，2005年。

［宋］曹彦约《经幄管见》，"丛书集成续编"本，上海：上海书店，1994年。

［宋］吴曾《能改斋漫录》，上海：上海古籍出版社，1979年。

［宋］孙逢吉《职官分纪》，北京：中华书局，1988年。

［宋］高承《事物纪原》，［明］李果订，金圆等点校，北京：中华书局，1989年。

[宋]尤袤《全唐诗话》,"丛书集成初编"本,北京:中华书局,1958年。

[宋]计有功《唐诗纪事》,王仲镛校笺,北京:中华书局,2007年。

[元]马端临《文献通考》,北京:中华书局,2011年。

[元]脱脱等《宋史》,北京:中华书局,1985年。

[元]辛文房《唐才子传笺证》,周绍良笺证,北京:中华书局,2010年。

[清]董诰等编《全唐文》,北京:中华书局,1983年。

[清]嵇璜,刘墉等编《续通典》,上海:商务印书馆,1935年。

[清]王鸣盛《十七史商榷》,北京:中华书局,2010年。

[清]钱大昕《廿二史考异》,上海:上海古籍出版社,2004年。

[清]王夫之《读通鉴论》,舒士彦点校,北京:中华书局,1975年。

[清]赵翼《廿二史札记校证》,王树民校证,北京:中华书局,2013年。

[清]顾祖禹《读史方舆纪要》,贺次君、施和金点校,北京:中华书局,2005年。

[清]吴廷燮《唐方镇年表》,北京:中华书局,1980年。

[清]王昶编《金石萃编》,北京:中国书店,1985年。

[清]孙星衍《礼记集解》,沈啸寰等点校,北京:中华书局,1989年。

[清]岑建功《旧唐书逸文》,文怀沙主编《隋唐文明》第22卷,苏州:古吴轩出版社,2005年。

[清]李塨《阅史郄视》,"丛书集成初编"本,北京:中华书局,1985年。

[清]陆增祥编《八琼室金石补正》,北京:文物出版社,1985年。

[清]徐松《增订唐两京城坊考》,李健超增订,西安:三秦出版社,2006年。

[清]徐松《西域水道记》,朱玉麒整理,北京:中华书局,2005年。

[清]纪昀等《历代职官表》,上海:上海古籍出版社,1989年。

[清]顾炎武《日知录集释》,黄汝成集释,栾保群等校点,上海:上海古籍出版社,2014年。

毛汉光编《石刻史料新编》,全4编,台北:新文丰出版公司,1977—1986年。

周绍良主编《唐代墓志汇编》,上海:上海古籍出版社,1992年。

三 今人论著

艾冲《论唐代"河曲"内外驻防城群体的分布及其对北疆民族关系的作用》，《唐史论丛》第 10 辑，2008 年。

岑仲勉《隋唐史》，上海：上海古籍出版社，2020 年。

陈寅恪《金明馆丛稿二编》，北京：生活·读书·新知三联书店，2001 年。

陈寅恪《隋唐制度渊源略论稿·唐代政治史述论稿》，北京：生活·读书·新知三联书店，2001 年。

陈志坚《唐代州郡制度研究》，上海：上海古籍出版社，2005 年。

范文澜《中国通史》第三册，北京：人民出版社，1978 年。

方汉奇《从不列颠图书馆藏唐归义军"进奏院状"看中国古代的报纸》，中国人民大学新闻系等编《新闻学论集》第 5 辑，北京：中国人民大学出版社，1983 年。

傅筑夫《中国经济史论丛》（上册），北京：生活·读书·新知三联书店，1980 年。

谷霁光《府兵制度考释》，上海：上海人民出版社，1962 年。

韩国磐《隋唐五代史纲》，北京：人民出版社，1979 年。

胡如雷《唐五代的藩镇割据与骄兵》，《光明日报》（史学版），1963 年 7 月 8 日。

胡如雷《略论安史之乱的性质》，《光明日报》，1962 年 10 月 10 日。

黄冕堂《唐代河北道的经济地位》，《山东大学学报（人文科学）》1957 年第 1 期。

金宝祥《安史之乱后唐代封建经济的特色》，《甘肃师大学报》1981 年第 2 期。

吕思勉《隋唐五代史》下册，北京：中华书局，1959 年。

宁可《唐代宗初年的江南农民起义》，《历史研究》1961 年第 3 期。

屈卡乐《唐后期团练、防御州考述：以唐会昌五年为时间截面》，《历史地理研究》2020 年第 3 期。

孙继民《从吐鲁番出土文书看唐前期的行军制度》，武汉大学历史系，油印稿。

孙毓修《中国雕板源流考》，上海：上海书店，1990年。

商务印书馆编《敦煌遗书总目索引》，北京：商务印书馆，1962年。

史念海《三门峡与古代漕运》，见《河山集》，北京：生活·读书·新知三联书店，1963年。

唐长孺《唐书兵志笺证》，北京：科学出版社，1957年。

唐长孺《唐代军事制度之演变》，《国立武汉大学社会科学季刊》1948年第9卷第1期。

唐长孺《关于归义军节度的几种资料跋》，《中华文史论丛》第1辑，上海：上海古籍出版社，1962年。

王仲荦《魏晋南北朝史》上册，上海：上海人民出版社，1979年。

王仲荦《〈沙州伊州地志〉残卷考释》，王仲荦著，郑宜秀整理《敦煌石室地志残卷考释》，上海：上海古籍出版社，1993年。

吴玉贵辑《唐书辑校》，北京：中华书局，2008年。

严耕望《唐代方镇使府僚佐考》，《严耕望史学论文集》，上海：上海古籍出版社，2009年。

杨志玖《试论唐代藩镇割据的社会基础》，《历史教学》1980年第6期。

张达志《唐代后期藩镇与州之关系研究》，北京：中国社会科学出版社，2011年。

张国刚《唐代官制》，西安：三秦出版社，1987年。

张国刚《文明的边疆：从远古到近世》，北京：中信出版集团，2020年。

张国刚《唐代的神策军》，收入张国刚《大唐气象：制度、家庭与社会新论》，广州：广东高教出版社，2020年。

张秀民《中国印刷术的发明及其影响》，北京：人民出版社，1958年。

张泽咸《唐代的寄庄户》，《文史》第5辑，北京：中华书局，1978年。

张泽咸《唐五代农民战争史料汇编》，北京：中华书局，1979年。

张纯明《清代的幕制》，《岭南学报》第9卷第2期。

郑炳林《敦煌地理文书汇辑校注》，兰州：甘肃教育出版社，1989年。

郑天挺《清代的幕府》，《中国社会科学》1980年第6期。

朱雷《唐开元二年西州府兵——"西州营"赴陇右御吐蕃始末》，《敦煌学辑刊》1985年总第8辑。

中国社会科学院历史研究所资料室编：《敦煌资料》第1辑，北京：中华书局，1961年。

［日］池田温《中国古代籍帐研究》，北京：中华书局，2007年。

［日］菊池英夫《节度使制确立以前"军"制度的展开》（一）（二），《东洋学报》，1962年第4期、1963年第1期。

［日］日野开三郎《关于藩镇时代的州税三分制》，《史学杂志》第65编7号，1956年。

［日］日野开三郎《支那中世的军阀》，日本：三省堂，1942年。

［日］日野开三郎《日野开三郎东洋史学论集》，日本：三一书房，1980年。

［日］日野开三郎《藩镇体制下唐朝的振兴与两税上供》，《东洋学报》第40卷第3期，1957年。

［日］松井秀一《裴垍的税制改革》，《史学杂志》第76编第7号，1967年。

［日］西川恭司《神策军的两面性》，《东洋史苑》第16辑，1980年；《史学杂志》，1981年第5期。

［日］羽田亨《唐光启元年写本沙州伊州地志残卷考》，万斯年辑译《唐代文献丛考》，上海：商务印书馆，1947年。

［英］崔瑞德（Denis Twitchett）《唐末的藩镇和中央财政》，载日本《史学杂志》第74编第8号，1965年。

近年所出唐代藩镇论著与博论

1987 年

张国刚《唐代藩镇研究》,长沙:湖南教育出版社,1987 年。

1991 年

曾贤熙《唐代汴州 - 宣武军节度使研究》,台北:"中国"文化大学博士学位论文,1991 年。

1992 年

王德权《唐五代(712—960)地方官人事递嬗之研究》,台北:台湾师范大学博士学位论文,1992 年。

1994 年

张国刚《唐代政治制度研究论集》,台北:文津出版社,1994 年。

孟艳红《藩镇与中唐政治》,北京:首都师范大学博士学位论文,1994 年。

1995 年

郑炳俊《唐代藩镇体制の研究》,京都:京都大学博士学位论文,1995 年。

1996 年

荣新江《归义军史研究》,上海:上海古籍出版社,1996 年。

1997 年

郑炳林主编《敦煌归义军史专题研究》,兰州:兰州大学出版社,1997 年。

1998 年

李治安主编《唐宋元明清中央与地方关系研究》,天津:南开大学出版社,1998 年。

1999 年

Lu Yang　Dynastic Revival and Political Transformation in Late Tang China: A Study of Emperor Hsien-tsung (805-820) and His Reign, Princeton: university of Princeton　Ph.D, 1999.

赖青寿《唐后期方镇建置研究》,上海:复旦大学博士学位论文,1999 年。

강경중《唐代河北三镇에관한研究》,大田:忠南大学校博士论文,1999 年。

2000 年

李鸿宾《唐朝朔方军研究——兼论唐廷与西北诸族的关系及其演变》,长春:吉林人民出版社,2000 年。

Josephine Chiu-Duke, To Rebuild the Empire: Lu Chih's Confucian Pragmatist Approach to the Mid-T'ang Predicament, Albany: State University of New York Press, 2000.

陈志坚《唐后期中央和地方关系研究》,北京:北京大学博士学位论文,2000 年。

2002 年

堀敏一《唐末五代変革期の政治と経済》,东京:汲古书院,2002 年。

穆渭生《唐代关内道军事地理研究》,西安:陕西师范大学博士学位论文,2002 年。

王义康《唐河北藩镇时期的社会经济》,天津:南开大学博士学位论文,

2002年。

张玉芳《藩镇与中唐文学》,台北:台湾大学博士学位论文,2002年。

2003年

郑炳林主编《敦煌归义军史专题研究续编》,兰州:兰州大学出版社,2003年。

赵国光《唐代河南道及都畿道与国势兴衰之关系》,台北:"中国"文化大学博士学位论文,2003年。

邵承芬《唐代江南道研究》,台北:"中国"文化大学博士学位论文,2003年。

坂尻彰宏《河西归义军节度使政权の文书处理システム》,大阪:大阪大学博士学位论文,2003年。

2004年

森部丰《唐五代时期の华北における北方系诸族と河北藩镇》,东京:筑波大学博士学位论文,2004年。

陈长征《唐宋之际地方政治体制转型研究》,济南:山东大学博士学位论文,2004年。

冯培红《敦煌归义军职官制度:唐五代藩镇官制个案研究》,兰州:兰州大学博士学位论文,2004年。

2005年

陈志坚《唐代州郡制度研究》,上海:上海古籍出版社,2005年。

郑炳林主编《敦煌归义军史专题研究三编》,兰州:甘肃文化出版社,2005年。

夏炎《唐代州级行政体制研究》,天津:南开大学博士学位论文,2005年。

陈弈亨《唐五代河南道藩镇与中央关系之研究》,台北:台湾师范大学博士学位论文,2005年。

2006年

冯金忠《唐代地方武官研究》,北京:北京师范大学博士学位论文,2006年。

이영철《唐代藩镇幕职官研究》,庆山:岭南大学校博士论文,2006年。

2007 年

卢建荣《飞燕惊龙记:大唐帝国文化工程师与没有历史的人》,台北:时英出版社,2007年。

张正田《"中原边缘":唐代昭义军研究》,台北:稻香出版社,2007年。

刘进宝《唐宋之际归义军经济史研究》,北京:中国社会科学出版社,2007年。

顾乃武《唐代河朔三镇的社会文化研究》,厦门:厦门大学博士学位论文,2007年。

王凤翔《晚唐五代秦岐割据政权研究》,西安:陕西师范大学博士学位论文,2007年。

赤木崇敏《河西归义军节度使政权の研究》,大阪:大阪大学博士学位论文,2007年。

2008 年

卢建荣《咆哮彭城:唐代淮上军民抗争史》,台北:台北五南图书出版股份有限公司,2008年。

李鸿宾主著《隋唐对河北地区的经营与双方的互动》,北京:中央民族大学出版社,2008年

苑汝杰《唐代藩镇与唐五代小说》,天津:南开大学博士学位论文,2008年。

张天虹《河北藩镇时期的社会流动:以763—914年为中心》,北京:清华大学博士学位论文,2008年。

2009 年

林伟洲《安史之乱与肃代二朝新政权结构的开展》,台北:花木兰出版社,2009年。

朱祖德《唐代淮南道研究》,台北:花木兰文化出版社,2009年。

王凤翔《晚唐五代秦岐割据政权研究》,西安:三秦出版社,2009年。

张达志《唐代后期藩镇与州之关系研究》，上海：复旦大学博士学位论文，2009年。

马吉兆《藩镇割据下的河北中晚唐诗》，北京：首都师范大学博士学位论文，2009年。

朱德军《唐代中原藩镇研究》，西安：陕西师范大学博士学位论文，2009年。

车根和《8—9世纪唐罗日地方涉外权力的增强与东亚贸易圈的形成——以淄青平卢节度使、清海镇和大宰府为中心》，济南：山东大学博士学位论文，2009年。

2010年

张国刚《唐代藩镇研究》（修订版），北京：中国人民大学出版社，2010年。

森部丰《ソグドの东方活动と东ユーラシア世界の历史的展开》，大阪：关西大学出版部，2010年。

赵贞《归义军史事考论》，北京：北京师范大学出版社，2010年。

陈长征《唐宋之际地方政治体制转型研究》，济南：山东大学出版社，2010年。

2011年

张达志《唐代后期藩镇与州之关系研究》，北京：中国社会科学出版社，2011年。

吴格言《敦煌归义军文学研究》，北京：蓝天出版社，2011年。

冯培红《归义军官吏的选任与迁转：唐五代藩镇选官制度之个案》，香港：香港大学饶宗颐学术馆，2011年。

曾咸熙《唐代汴州——宣武军节度使研究》，台北：花木兰文化出版社，2011年。

李碧妍《危机与重构——唐帝国及其地方诸侯》，上海：复旦大学博士学位论文，2011年。

2012年

冯金忠《唐代河北藩镇》，北京：科学出版社，2012年苑汝杰《唐代藩镇与唐五代小说》，天津：天津教育出版社，2012 年。

郭声波《中国行政区划通史（唐代卷）》，上海：复旦大学出版社，2012 年。

王效峰《唐代中期战争问题研究》，西安：陕西师范大学博士学位论文，2012 年。

罗凯《隋唐政治地理格局研究——以高层政区为中心》，上海：复旦大学博士学位论文，2012 年。

高文文《唐河北藩镇粟特后裔汉化研究——以墓志材料为中心》，北京：中央民族大学博士学位论文，2012 年。

傅安良《唐代河北地区与中央政治关系之研究》，台北："中国"文化大学博士学位论文，2012 年。

李娟《唐德宗研究》，厦门：厦门大学博士学位论文，2012 年。

2013 年

冯培红《敦煌的归义军时代》，兰州：甘肃教育出版社，2013 年。

任艳艳《唐代河东道政区"调整"之研究》，武汉：武汉大学博士学位论文，2013 年。

2014 年

曹建刚《唐代"江东"地域政局研究》，济南：山东大学博士学位论文，2014 年。

赵国光《唐代河南道及都畿道与国势兴衰之关系》，台北："中国"文化大学博士学位论文，2014 年。

李翔《中晚唐五代藩镇文职幕僚研究》，天津：南开大学博士学位论文，2014 年。

2015 年

李碧妍《危机与重构：唐帝国及其地方诸侯》，北京：北京师范大学出版社，2015 年。

杨宝玉等《归义军政权与中央关系研究：以入奏活动为中心》，北京：中国社会科学出版社，2015年。

傅飞岚《"高王"镇守安南及唐末藩镇割据之兴起》，梁斯韵译，香港：香港大学饶宗颐学术馆，2015年。

王炳文《从胡地到戎墟：安史之乱与河北胡化问题研究》，北京：清华大学博士学位论文，2015年。

胡耀飞《黄巢之变与藩镇格局的转变（875—884）》，上海：复旦大学博士学位论文，2015年。

陈乐保《唐代剑南道研究——以政治地理与戍防体系为中心》，济南：山东大学博士学位论文，2015年。

曾成《唐代幽营地域的族群与政治——以唐与奚、契丹的互动为中心》，武汉：武汉大学博士学位论文，2015年。

秦中亮《诸侯与帝国：成德镇变迁与中晚唐政治》，上海：上海大学，2015年。

新見まどか《唐代藩鎮と東部ユーラシアの歴史展開》，大阪：大阪大学博士论文，2015年。

2016年

陆扬《清流文化与唐帝国》，北京：北京大学出版社，2016年。

林伟洲《唐代藩镇研究论文集》，台北：花木兰文化事业有限公司，2016年。

2017年

罗洪《藩镇格局下的国家治理——陆贽治国理念研究》，成都：四川大学出版社，2017年。

闫建飞《唐末五代宋初北方藩镇州郡化研究(874—997)》，北京：北京大学博士学位论文，2017年。

李佳哲《唐后期河北地区民众生活研究》，天津：南开大学博士学位论文，2017年。

2018 年

仇鹿鸣《长安与河北之间：中晚唐的政治与文化》，北京：北京师范大学出版社，2018 年。

蒲立本《安禄山叛乱的背景》，丁俊译，上海：中西书局，2018 年。

李翔《中晚唐浙东镇研究》，杭州：浙江大学出版社，2018 年。

张冠凯《中央权力与地域集团——玄宗朝藩镇格局的演进》，南京：南京大学博士学位论文，2018 年。

林云鹤《唐代山南道研究》，上海：上海师范大学博士学位论文，2018 年。

屈卡乐《唐末五代中央与方镇政治关系研究》，上海：复旦大学博士学位论文，2018 年。

2019 年

刘永强《河东镇与中晚唐政治研究》，上海：上海师范大学博士学位论文，2019 年。

李殷《奏议所见中唐的政治演进》，上海：复旦大学博士学位论文，2019 年。

2020 年

王炳文《从胡地到戎墟：安史之乱与河北胡化问题研究》，北京：北京师范大学出版社，2020 年。

卢建荣《没有历史的人：中晚唐的河北人抗争史》，台北：暖暖书屋文化事业出版社，2020 年。

梁丽《唐五代时期河中镇与中央关系研究》，西安：陕西师范大学博士学位论文，2020 年。

2021 年

张天虹《中晚唐五代的河朔藩镇与社会流动》，北京：社会科学出版社，2021 年。

蔡帆《朝廷、藩镇、土豪：唐后期江淮地域政治与社会秩序》，杭州：浙江大学出版社，2021年。

赵满《唐五代藩镇体制与地方社会变迁研究》，上海：华东师范大学博士学位论文，2021年。

黄图川《宪、穆之际唐廷与河北三镇关系的变动及其意义》，北京：北京师范大学博士学位论文，2021年。

许超雄《中晚唐京西北藩镇研究》，杭州：浙江大学博士学位论文，2021年。

2022年

岳鹏《唐代河东道军政关联问题研究》，北京：线装书局，2022年。

张照阳《流动与共生：中晚唐的朝廷与藩镇》，北京：北京大学博士学位论文，2022年。

吴晓丰《中唐藩镇体制的嬗变与地方秩序》，北京：北京大学博士学位论文，2022年。

（赵雨陶　编）

跋　语

我自1979年负笈南开，师从杨志玖先生攻习隋唐史，便选定了唐代藩镇问题作为研究课题。我本想写一本《唐代藩镇割据史》，还列了一个简单的提纲。但先生认为这样下笔，易于流为史实过程的叙述，应该从专题论文入手，进行系统深入的研究。于是，这些年来，我便在先生的指导下，陆续发表了一些藩镇问题的论文。现在看来，先生当时的这个指点是十分正确的；否则，这本关于唐代藩镇的研究著作是不可能以现在这种专题论文的形式完成的。

全书正编凡十二章。"引言"一章，基本是概述全书主要内容和我对藩镇问题的概括认识。其余十一章分别探讨唐代藩镇的形成、藩镇割据的社会基础、藩镇的类型划分与动乱特点、藩镇割据长期存续的原因、藩镇的若干军政制度与财政问题等，力图从各个侧面勾勒唐代藩镇的真实面目。其中包括已经刊布的研究论文、硕士学位论文和尚未发表的箧中旧稿。已发表的论文这次做了文字上的修订或内容增补。有些论文的标题有所变动，则主要是使全书在内容和形式上都真正像一部专著，而不完全同于论文集。另有附编三章，收入与正编内容有关的两篇论文和《唐代藩镇动乱年表》。《唐代藩镇动乱年表》是据我旧日的卡片编制而成的，所收动乱内容限于《资治通鉴》。之所以未旁搜载籍，是考虑到那样做既难以周悉，反不如以《资治通鉴》一书为准，能反映唐代藩镇动乱的基本面貌，符合统计学中的"整群抽样"原则。关于唐代藩镇兵制，涉及的问题比较多，篇幅也比较大，将放在我要写的另一本关于唐代军事制度研究的书里，这里就从略了。

本书各部分的写作，不仅始终得到杨志玖先生的悉心指导，而且其中第四、十、十二章三篇内容还是我们共同发表的成果。这次征得先生同意，亦收录于此。本书的编集也得到了先生的关怀，《唐代藩镇动乱年表》就是先生建议增入的。本书杀青之后，先生又于百忙中放下手中其他工作，仔细审阅全书，从内容的安排到文字的讹误都提出了不少宝贵意见。先生还热情洋溢地撰写了长篇序言。所有这些，都令人感激不已。作为一个亲炙教泽的学生，对于受业老师的如此鼓励与关怀，只有竭尽驽钝，在学业上不断进取以图报之而已。

本书的写作，还曾得到其他许多师长和朋友的帮助，尤其是湖南教育出版社高教编辑室和"博士论丛"编委会的诸位先生，他们为本书的出版提供了条件，付出了许多辛勤的劳动，谨此一并致以深切的谢意。

恳请读者对书中的错误或不当之处予以批评指正。

张国刚
1987年初夏于南开园

增订版后记

《唐代藩镇研究》是二十多年前出版的旧书。从攻读硕士学位开始，我就在杨志玖先生的指导下研究唐代政治和制度史问题，而以藩镇与兵制、职官制度为重点。本书出版前，我已经先后在《中国史研究》《历史研究》《文史》《学术月刊》《南开学报》等杂志上发表了一些相关主题的文章。湖南教育出版社出版"博士论丛"，在刘东兄（如今已是我在清华的同事）等朋友的鼓动下，我撰写了这本书。其实，当时我的情况十分窘迫，儿子刚出生不久，妻子即将去欧洲留学，我自己还是在职博士研究生，一家三口挤在15平方米的斗室里，屋子被小孩的摇篮、一张大床和几个简易书架塞得满满的，我的码字劳动只能在折叠的餐桌上进行。加上《唐代官制》刚交稿不久，时间紧迫，本书只是把已发表和尚未发表的论文加以缀合，来不及做更系统的研究了。书中的一些看法曾获唐史学界前辈的肯定，主要内容发表后，曾获《历史研究》纪念创刊三十周年优秀论文奖，对于这些鼓励，至今仍心存感激。二十多年来，有的同行朋友对藩镇问题做出了更进一步的深入研究，比如，关于藩镇类型中某镇的深入的研究，关于藩镇幕府的细致探讨，等等，这次再版都无法将其成果吸收到本书中来了。增订版主要是增补了藩镇兵制的相关内容（第七、八章）及附录《敦煌唐代"进奏院状"辨》，纠正了原稿中的一些排版错误，更换了部分引文的版本出处。

中国官方史学传统的惯常现象是，新王朝关注什么问题，就会在官修史书中特别突出地总结前朝在这个问题上的得失。北宋一朝以摧抑地方势力为能事,《新唐书》首次增加《藩镇传》《兵志》,都与此有关。唐代藩镇的各项制度,是在秦汉奠定的赋税、兵役、选举制度历经千年之后的进一步调整变化过程中,中央集权制度下重新划定中央与地方经济、军事、政治权力关系的新尝试,只要我们不一叶障目(如以河北三镇代替一切藩镇)、以偏概全(如以黄巢起兵后的藩镇代替唐后期全部时间的藩镇),就有必要认真清理一下藩镇体制中的一些新因素、新探索。生当千年之后,我们不能依然完全按照宋人编制的"古为今用"的曲子跳舞,不应该继续为其"兵也收了、财也收了、赏罚刑政一切收了"的错误国策张本。唐代藩镇研究中的一些细节问题需要探讨,但是,探讨这些细节问题的目的,不是为了无谓地增加书稿的厚度,而是旨在有助于我们认清藩镇体制的历史真相及其在唐代后期政治史中的意义,乃至在整个帝制时代的中国历史变革中的意义。心中一直想扩充内容,重新写作这本书,但是,世事纷纷,诸事匆匆,不知道什么时候能够如愿以偿。

从1979年开始研究藩镇问题到现在整整三十年了,中国人民大学出版社愿意将其收入"当代中国人文大系",惶恐之余,写下这简短的后记。今年是业师杨志玖先生逝世6周年,先生的栽培和奖掖,奠定了我人生的新起点。谨以此书的再版纪念在先生身边学习和工作的那段难忘时光。

还要感谢编辑谭徐锋先生,如果不是他的执着催约,我恐怕还是没有拿出这份稿子;感谢王琬莹女士,她的细心编校,改正了不少错误;感谢学生赵璐璐在查阅资料中诸多协助。书中错误不当之处,幸请读者诸君,予以指正。

张国刚

2009年12月2日于东京客座旅次